De Nederlandsche Zeemagt in Hare
Verschillende Tijdperken Geschetst
by Jacobus Johannes Backer Dirks

Copyright © 2019 by HardPress

Address:
HardPress
8345 NW 66TH ST #2561
MIAMI FL 33166-2626
USA
Email: info@hardpress.net

Harvard College Library

FROM

Hendrik Willem van Loon,
Washington, D.C.

DE NEDERLANDSCHE ZEEMAGT,

IN HARE

VERSCHILLENDE TIJDPERKEN GESCHETST

DOOR

J. J. BACKER DIRKS,

Leeraar in de letterkundige vakken aan het Koninklijk Instituut voor de Marine, te Willemsoord.

De zeemagt na den vrede van Nijmegen, tot aan den val der oude republiek in 1795.

NIEUWEDIEP,
J. C. DE BUISONJÉ
1871.

DE
NEDERLANDSCHE ZEEMAGT.

DE NEDERLANDSCHE ZEEMAGT

IN HARE

VERSCHILLENDE TIJDPERKEN GESCHETST

DOOR

J. J. BACKER DIRKS,

Leeraar in de letterkundige vakken aan het Koninklijk Instituut voor de Marine, te Willemsoord.

De zeemagt na den vrede van Nijmegen, tot aan den val der oude republiek in 1795.

III.

NIEUWEDIEP,
J. C. DE BUISONJÉ.
1871.

AAN

ZIJNE KONINKLIJKE HOOGHEID

WILLEM FREDERIK HENDRIK,

PRINS DER NEDERLANDEN,

LUITENANT-ADMIRAAL EN OPPERBEVELHEBBER DER VLOOT,

WORDT

DIT WERK,

ALS EEN GERING BLIJK VAN HULDE, MET VERSCHULDIGDE HOOGACHTING EN DEN MEESTEN EERBIED OPGEDRAGEN,

DOOR

VAN ZIJNE KONINKLIJKE HOOGHEID

den zeer gehoorzamen dienaar
J. J. BACKER DIRKS.

VOORBERIGT.

Sedert de uitgave van het eerste gedeelte dezer schets, ben ik teruggekomen van mijn oorspronkelijk plan, om mij uitsluitend van gedrukte en dus meer algemeen bekende bronnen te bedienen. De pogingen door mij aangewend, om inzage te bekomen van de nog voorhanden manuscripten in het Rijks-Archief, zijn naar wensch geslaagd. Wat ik vroeg, is mij zeer welwillend verstrekt. In dit opzigt, heb ik de grootste verpligting aan de heeren Mr. L. P. C. VAN DEN BERGH, *Rijks-Archivaris, en* P. A. LEUPE, *gep. Majoor van het corps Mariniers, tijdelijk ambtenaar bij dat Archief, evenals aan den heer* M. F. A. G. CAMPBELL, *Bibliothecaris der Koninklijke Bibliotheek te 's Gravenhage, van wien ik menig gedrukt werk ten gebruike ontving. Zoowel hun, als anderen, die steeds bereid waren mij de gevraagde hulp te verleenen, breng ik hiervoor openlijk mijn dank.*

Heeft de overvloed van stof mij welligt tot grooter uitvoerigheid verlokt, zoo wensch ik hierdoor evenwel niet alle aanspraak op den titel eener schets te verbeuren; want ook in de eigenlijke beteekenis van dit woord, mogen de beelden iets meer afgewerkt worden, naarmate zij meer op den voorgrond staan.

Niets heeft mij, bij de behandeling der achttiende eeuw, meer bezwaren opgeleverd, dan het aanroeren der staatkundige gebeurtenissen, omdat ik vaak, bij zeer uiteenloopende meeningen, eene keuze moest doen, zonder hiervan, in een zoo klein bestek als dit, altijd rekenschap te kunnen geven. Dienaangaande kan ik slechts mijne vroegere verklaring herhalen, dat het mijn streven is geweest zoo onpartijdig mogelijk te blijven.

Wat de uitvoering betreft, gelieve de lezer eenige drukfouten te verschoonen, die, ondanks alle zorg aan de correctie besteed, vooral in blad 17, zijn achtergebleven. De mij bekende zijn echter te weinig zinstorend, om er uitdrukkelijk melding van te maken.

Moge nu ook dit gedeelte van mijn arbeid, dien ik met nog een vierde stuk van nagenoeg denzelfden omvang hoop te voltooijen, iets bijdragen, tot de kennis en waardering van het verleden onzer zeemagt!

B. D.

VIERDE TIJDVAK.

HET NEDERLANDSCHE ZEEWEZEN, GEDURENDE DE OORLOGEN, WELKE DE REPUBLIEK, IN BONDGENOOTSCHAP MET ENGELAND, TEGEN FRANKRIJK HEEFT GEVOERD.

1678—1713.

a. *Plannen tot versterking der zeemagt.* — *Toegeeflijkheid jegens de Barbarijsche staten.* — *Een eskader onder den luitenant-admiraal Bastiaensze naar het noorden.* — *Twee Nederlandsche convooijers door de Franschen aangetast.* — *Expeditie naar Engeland.* — *Willem III en Maria, koning en koningin van Groot-Brittanje.* — *Oorlogsverklaring van Lodewijk XIV.*

Volkeren en staten hebben, evenals bijzondere personen, hunne verschillende levenstijdperken. Ook zij ontwikkelen zich tot op zekere hoogte, en verouderen daarna, gelijk andere voor hen. Dit is, volgens de ervaring der eeuwen, de noodwendige uitkomst eener reeks van oorzaken, die onderling met elkander in het naauwste verband staan. Sommige hiervan kunnen het verloop, dat op zich zelf natuurlijk is, bespoedigen of vertragen. Op het tooneel, dat zich, bij een blik op de lotgevallen der natiën, voor het oog ontrolt, beweegt toch niet alles zich, naar de vaste regels eener kunstig zamengestelde mechaniek. Er treden personen op met allerlei hartstogten en veelsoortige begrippen, wier daden te grooter invloed op het geheel hebben, naar gelang de hun aangewezen rol gewigtiger is. Het opsporen van den invloed en de drijfveren dier handelende personen; van tallooze omstandigheden, die van hun wil niet afhankelijk waren;

in één woord, van al wat de opkomst en den ondergang van volkeren of staten heeft bewerkt, zal altijd belang inboezemen; en wel des te meer, naarmate het voorwerp der beschouwing een merkwaardiger schakel vormt in den keten der geschiedenis, of naauwer zamenhangt met ons eigen volksbestaan. Is het dan wonder, dat menig vreemdeling, dat elk beschaafd landgenoot steeds een open oog heeft gehad voor alles, wat eenig licht kon verspreiden over het verleden van de republiek der Vereenigde Nederlanden?

Bij den aanvang van dit tijdvak, bekleedde zij nog eene eervolle plaats onder de mogendheden van Europa; en slechts dertig jaren later — voorwaar niet lang in het leven van een staat, die zijn duur bij eeuwen rekent, — slechts dertig jaren later, vertoonde zij alle kenteekenen van een vervroegden ouderdom. Dit in bijzonderheden na te gaan, behoort zeker tot het gebied der staatkundige geschiedenis. Maar deze is te zeer dooreengeweven met het onderwerp, dat wij ons ter behandeling kozen, om gansch en al onaangeroerd te blijven. Met en door hare zeemagt was de republiek groot geworden; te gelijk met hare zeemagt, geraakte zij zelve in verval.

Wie gaarne leest van hetgeen de vaderen goeds en groots hebben gewrocht, zal intusschen nog menig feit aantreffen, dat hem bevredigt. Het personeel verloochende den ouden heldenaard niet; het materiëel bereikte, na 1678, eene voor dien tijd nooit gekende hoogte. Spreekt echter de onverbiddelijke historie, schier in denzelfden adem, van begane misslagen, ingeslopen misbruiken en zigtbaren achteruitgang, dan heeft zij ook hier ten volle regt op gehoor; want hare wenken zijn dikwijls veelbeteekenend.

Doch er is meer! Evenals een bijzondere persoon, moge de staat verzwakken, verouderen en sterven: zoolang de natie zelve hare levenskracht behoudt, geldt het slechts den staatsvorm, dien zij als een versleten kleed aflegt, om zich met een nieuw te tooijen. Troostvolle gedachte, dat volkeren en natiën, zoolang de nationale geest blijft leven, als de Phoenix, uit de asch van hun eigen verleden, telkens met jeugdige kracht verrijzen! Door haar bezield, kon de dichter, te midden van de diepste vernedering zijns vaderlands, nog uitroepen:

„Ik juich, schoon thans geen zon van welvaart ons meer streelt,
Dat ik, o Nederland, ben op uw grond geteeld!"

Tijdens het sluiten van den vrede te Nijmegen, was het materiëel der zeemagt slechts middelmatig. Nieuwe oorlogsschepen had men, sedert den tweeden oorlog met Engeland, niet gebouwd. Van de toen aanwezige, die in 1672 en de volgende jaren uitstekend hadden gebaat, waren enkele verloren gegaan, en hadden de meeste, door langdurige of herhaalde diensten, veel geleden. Bovendien was alles meer voor den oorlog, dan voor den vrede ingerigt, en gingen de tijdelijk ongebruikte schepen in de ondoelmatige dokken der admiraliteiten, waarin men die thans moest opleggen, sterk achteruit. Het personeel was afgedankt, met uitzondering van eenige officieren, die het Amsterdamsche collegie, evenals vroeger, boven het vereischte getal in dienst hield, [1]) om desgevorderd onmiddellijk over hen te kunnen beschikken.

Wat er tot instandhouding der zeemagt moest worden gedaan, konden de admiraliteiten niet bekostigen uit hare gewone middelen, die omstreeks drie millioen gulden 's jaars bedroegen [2]). Dit was naauwelijks voldoende tot bestrijding der allernoodzakelijkste uitgaven, waaronder de renten van gemaakte schulden. Eene verlaging van het last- en veilgeld, dat op den handel drukte, waartoe de Staten in 1681 overgingen, besnoeide nog het reeds schrale inkomen der admiraliteiten. Wenschte de hooge regering 's lands vloot dus niet te zien vervallen, dan moest zij buitengewone maatregelen nemen. Hiertoe strekte een voorstel, in 1680 gedaan, om in twee jaren tijds 36 nieuwe schepen te bouwen, waaronder tien van 80, acht van 70, acht van 60 en tien van 50 stukken, hetgeen eene uitgaaf van 2.090.000 gl. zou vorderen. De onverschilligheid van sommigen, en de ongenegenheid van anderen, om zich in vredestijd op mogelijke gebeurtenissen voor te bereiden, waren echter oorzaak, dat het gedane voorstel, eerst in 1682, schoorvoetend aangenomen, en daarna, onder den drang van andere omstandigheden, ten minste gedeeltelijk opgevolgd werd [3]).

Inmiddels poogden de Staten-Generaal de zorg der admirali-

---

[1]) Mr. J. C. de Jonge, Het Nederlandsche Zeewezen, 2e druk, III p. 4, 73.
[2]) Sylvius, Saken van staat en oorlogh, ten vervolge op Aitzema, XXVe boek p. 85.
[3]) Hollandsche Mercurius voor 1680 p. 160, en voor 1682 p. 249; Sylvius, XVIII p. 21 en XX p. 219; Bijvoegsels bij Wagenaar, XV p. 30; de Jonge, III p. 74.

teiten voor de veiligheid van handel en visscherij wat te verligten, door het sluiten van tractaten met Algiers, Marokko, Tunis en Tripoli. Die overeenkomsten waren echter meestal kort van duur, en werden doorgaans slecht nageleefd, wanneer er geene oorlogsschepen bij de hand waren, om haar te doen eerbiedigen. Zelfs begonnen de roofstaten allerlei voorwaarden te stellen, die maar al te gereedelijk werden toegestaan. De lijst der jaarlijksche geschenken aan Algiers kwam, in 1679, op 35.000 gl. te staan. Bovendien gaf het consulaat meer dan 10.000 gl. en eischte de dey nog acht stukken van veertig pond, na welker ontvangst de vrede zou beginnen [1]. Drie jaren later, stelde de keizer van Marokko voor, den vrede tusschen hem en de Staten-Generaal te verzekeren, door een geschenk van 600 quintalen kruid en eene „brave karosse" waarin de laatsten toestemden, onder beding, dat de keizer met het betalen der waarde van het kruid tevreden zou wezen. Tunis vroeg een volgend jaar geld, Tripoli buskruid, kabeltouwen, kogels van bepaalde zwaarte en masten. Niet lang daarna, klaagde Marokko weder, dat een aantal van hier ontvangen geweerloopen te kort waren, met verzoek om andere van bepaalde lengte [2]. Hoe voordeelig het inwilligen dier eischen oogenschijnlijk was, zoo riep het toch een toestand in het leven, die weinig met de eer eener zeemogendheid strookte. Daarenboven eerbiedigden zij, die er slechts op uit waren, zich ten koste der onzen te verrijken, een tractaat, dat op die wijze tot stand was gekomen, niet veel, waarom men in de republiek eerlang toch weder tot meer afdoende maatregelen moest overgaan. Voor het er toe kwam, verscheen een Nederlandsch eskader in zee, dat, om staatkundige redenen, eene vrij zonderlinge vertooning maakte.

Hoogst onrustbarend was, in deze jaren, de houding van Lodewijk XIV, die zijne heerschzucht bot vierde, zonder zich om gesloten verdragen of internationale verpligtingen te bekommeren. Om zijne handelingen een glimp van regt te geven, had hij, in 1680, zoogenaamde „chambres de réunion" ingesteld, en op grond harer uitspraken vele plaatsen in België, ja zelfs het gewigtige Straatsburg

---

[1] Kronijk van het Historisch genootschap te Utrecht, XII p. 153 e. v.; Hollandsche Mercurius voor 1679 p. 125 en voor 1680 p. 163.

[2] Hollandsche Mercurius voor 1682, p. 249; voor 1683, p. 248; voor 1686, p. 206.

bezet. Het gebied der Staten lag niet zoo dadelijk onder zijn bereik, zoodat deze slechts zijdelings getroffen werden in den persoon van hun stadhouder, wiens heerlijkheden de Franschen niet ontzagen. Hoe weinig eerbied Lodewijk echter voor hunne hoogheid en hun souverein gezag koesterde, bleek uit den last, dien hij aan een luitenant met eenige dragonders gaf, om te Amsterdam een uitgeweken Franschman te arresteren [1]. De Staten, die zulks nog in tijds verhinderden, waren tegen Frankrijk op hunne hoede. Zij sloten zich nader aan bij Spanje, Duitschland en Zweden, doch werden niet weinig belemmerd, door eene partij in eigen boezem, die vooral uit handelsbelang Franschgezind was.

Te midden van dien gespannen toestand, beklaagde Denemarken zich over eenige uitrustingen in Zweden. Het wees op de goede verstandhouding tusschen dit rijk en de republiek, en riep de hulp in van Lodewijk XIV, die vermoedelijk de gansche zaak had uitgelokt. Hij zond, in 1683, werkelijk een Fransch eskader, onder de Preuilly, naar Koppenhagen [2], hetgeen de Staten deed besluiten nog enkele bodems te voegen, bij het eskader, welks uitrusting zij reeds bij voorraad hadden vastgesteld. Het verzamelde zich in de nabijheid der kust, en werd, om redenen van gezondheid, of omdat er eenig misnoegen tusschen den stadhouder en Tromp was gerezen, niet onder dezen, maar onder den luitenant-admiraal Bastiaensze gesteld [3]. Intusschen was de Franschgezinde partij ijverig in de weer, om het onschadelijk te maken, en wist zij inderdaad te bewerken, dat Bastiaensze, met de *Vrijheid* (80) en een twintigtal andere van alles wel voorziene bodems, eigenlijk niets hoegenaamd uitrigtte. Van half Augustus tot in het laatst van September, kruiste hij in de Noordzee. Eerst den 9den October, ging hij onder zeil naar Gothenburg, waar hij den 22sten, bij zijne aankomst vernam, dat de Franschen, reeds acht dagen geleden, uit de Sond vertrokken waren [4]. Noch zij, noch de Denen, noch de Zweden hadden met

---

1) Hollandsche Mercurius voor 1681, p. 249.
2) Hollandsche Mercurius voor 1683, p. 149; Sylvius, XXI p. 44.
3) Naleezingen op Wagenaar, II p. 257; Négociations du comte d'Avaux, I p. 308.
4) Brieven van Bastiaensze aan H. H. M. van 11 Aug., 31 Aug. en 26 September, M. S. in het Rijks-Archief; brief van 25 October, opgenomen in de Kronijk van het Historisch genootschap, V p. 67; d'Avaux, I p. 302, 321.

hunne schepen iets van belang gedaan. De onzen, die zelfs te laat kwamen, om nog troepen over te brengen, maakten zich onmiddellijk voor de terugreis gereed, en werden nu, gedurende den overtogt, door een storm beloopen, die het collegie van Amsterdam een verlies van zes, dat van het Noorder-Kwartier een verlies van twee groote schepen berokkende. Onder hen, die bij deze ontzettende ramp den dood in de golven vonden, behoorde ook de viceadmiraal Vlug, die met schip en volk spoorloos verdween [1]. Het is wel te begrijpen, dat zulk eene aanzienlijke schade, zonder dat er zelfs kans op voordeel was bejaagd, veel ongenoegen onder de bevolking veroorzaakte.

Ongetwijfeld kwam de weifelende houding der regering, die uit een zeker evenwigt der partijen voortsproot, den onzen duur te staan. Had de eene partij, aan welker hoofd zich de stadhouder bevond, haar zin gekregen, dan ware er krachtiger opgetreden; had de andere, die vooral onder de regenten van Amsterdam warme aanhangers telde, kunnen beslissen, dan ware er vermoedelijk niets gedaan, omdat zij deels uit handelsbelang, deels tot vermindering van het stadhouderlijk gezag, de vriendschap van Frankrijk poogde te verwerven. Eerlang bleek het, dat sommige regenten der genoemde stad zich met den graaf d'Avaux, Lodewijk's gezant, zelfs wat al te zeer hadden ingelaten, hetgeen der anti-Franschgezinde partij eenig voordeel schonk, dat slechts het begin was eener volkomen zegepraal.

Zoo lang de vrede, door Spanje en Duitschland, in 1684, ten koste van groote opofferingen verkregen [2], stand hield, namen de Staten geene doortastende maatregelen, tot verbetering hunner zeemagt. Zij onderzochten en redeneerden, zonder dat het veel baatte. Hunne pogingen, om de geldmiddelen der admiraliteiten, in 1683, op geregelden voet te brengen, leden schipbreuk op den onderlingen naijver der gewesten; wat het eene aannemelijk achtte, vond het andere te bezwarend, en omgekeerd [3]. Het drijvend materiëel ging

---

[1] Hollandsche Mercurius voor 1683, p. 250; Naleezingen, II p. 259; de Jonge Zeewezen, III p. 17 e. v.
[2] Hollandsche Mercurius voor 1684, p. 244 en 247.
[3] Hollandsche Mercurius voor 1683, p. 39.

intusschen achteruit; want de republiek bezat, in 1685, niet meer dan 50 bodems van 50 tot 80 stukken en 32 fregatten, waaronder sommige nog in aanbouw en andere, die belangrijke herstellingen moesten ondergaan. Deze ervaring, hoe bedroevend op zich zelve, leidde echter tot een ontwerp, om 's lands zeemagt op te voeren tot 20 schepen van 80, 28 van 70, 24 van 60 en 24 van 50 stukken [1]). Het omhelzen van dit plan, om de republiek door eene vloot van 96 oorlogsschepen haren rang te doen behouden, was een heugelijk verschijnsel. En schoon de uitvoering alles behalve snel was, daar het aanbouwen der eerste 18 schepen maar langzaam voortging, zoo verblijdde het kiezen en inslaan van dien weg toch allen, die het bezit eener goede zeemagt op prijs stelden. Het ontwerp, als zoodanig, is te merkwaardiger, omdat men dit eene reeks van jaren steeds voor oogen hield, en de Nederlandsche marine, dien ten gevolge werkelijk, voor een tijd lang, nagenoeg tot het voorgestelde standpunt werd opgevoerd.

Ten behoeve der admiraliteiten, was het last- en veilgeld weder verhoogd. Doch er kwamen ongelukkigerwijze, bij het onderzoek naar den staat harer geldmiddelen, bij vernieuwing, allerlei misbruiken aan het licht, vooral te Rotterdam, waar de heer Kievit en anderen, ten gevolge van een regterlijk vonnis, zelfs op onteerende wijze gestraft werden [2]). Om de opbrengst der convooijen en licenten voor een gedeelte uit de handen der mindere ambtenaren te houden, en de sluikerij te weren, besloten de Staten de helft dier middelen voor een zekeren tijd te verpachten, hetgeen, volgens sommigen, uitstekend aan het oogmerk beantwoordde [3]), doch stellig geene duurzame verbetering aanbragt. Waartoe de geldverlegenheid der admiraliteiten kon leiden, ondervond men, tijdens den opstand van Monmouth in Engeland. Het verbod der regering, om hem hulp te verleenen, kon zonder oorlogsschepen in de zeegaten niet behoor-

---

1) Hollandsche Mercurius voor 1685, p. 127; Sylvius, XXIII p. 50; de Jonge, Zeewezen, III p. 77 e. v. en bijlage V.
2) Hollandsche Mercurius voor 1686, p. 193; voor 1687, p. 174; voor 1688, p. 123; voor 1689, p. 272; Sylvius, XXVI p. 23, 82; XXVIII p. 218; Wagenaar, XV p. 326 e. v.
3) Recueil van Zeesaaken, II; Hollandsche Mercurius voor 1687, p. 173; d'Avaux, VI p. 122.

lijk worden gehandhaafd. Een schip met voorraad, te Texel reeds in beslag genomen, was, bij gebrek aan voldoende bewaking, toch uitgezeild [1]).

Eerst in 1686 kwam er meer leven bij de zeemagt, toen het de bescherming des handels gold. De Algerijnen hadden, nadat het tractaat geëindigd en niet onmiddellijk vernieuwd was, eene menigte prijzen gemaakt. Hunne kaperschepen vertoonden zich in het Kanaal en in de Noordzee, tot digt bij de Nederlandsche kust [2]). Zij werden in de Engelsche havens toegelaten en van benoodigdheden voorzien, waarover de Nederlandsche regering zich beklaagde, hoewel deze, nog kort geleden, dien roovers juist hetzelfde had ingewilligd [3]). Thans nam zij hare toevlugt niet tot tractaten, en ging zij tot meer afdoende maatregelen over. Nog in 1686 verscheen de vice-admiraal van Stirum, met zes schepen, nabij de Spaansche kust, terwijl de vice-admiraal van de Putte, met vijf andere, zich in het Kanaal ophield. In het volgende jaar, kruisten de vice-admiraal Almonde en de schout bij nacht van Brakel, elk met vier schepen, bij de kusten van Portugal en Spanje, en was van de Putte, met eene dergelijk taak, in de Noordzee belast [4]). Geen der Nederlandsche schepen was echter zoo gelukkig een enkelen Algerijn te veroveren. Men weet dit aan hunne onbezeildheid, die ook twee gewapende koopvaarders had belet, drie roofschepen, welke zij hadden afgeslagen, te achterhalen [5]).

Tot eer van Frankrijk moet worden gezegd, dat het, omstreeks dezen tijd, den overmoed der Barbarijsche staten met nadruk beteugelde [6]). Jammer, dat het kruisen van talrijke Fransche schepen, in de Middellandsche zee, voortdurend aanleiding gaf tot allerlei

---

[1]) Hollandsche Mercurius voor 1685, p. 178.
[2]) Hollandsche Mercurius voor 1686, p. 204, en voor 1687, p. 181: Sylvius, XXIV p. 28.
[3]) Wagenaar, XV p. 54; Bijvoegsels, XV p. 69.
[4]) De Jonge, Zeewezen, III p. 22, 31, 34.
[5]) Brief van kapitein Pijn, in de Hollandsche Mercurius voor 1687, p. 182 en p. 185; Sylvius, XXV p. 57.
[6]) Guérin, Histoire maritime de France, I p. 538, 574 e. s.; Lapeyrouse Bonfils, Histoire de la marine Française, I p. 247 e. s.; Hollandsche Mercurius voor p. 159 en 170; voor 1683, p. 189; voor 1685, p. 207.

gehaspel: nu over het saluut, dan over wat anders. Geen voorval dreigde een ernstiger keer te nemen, dan het aanhouden van twee Nederlandsche convooijers, kort voor de komst van den vice-admiraal van Stirum. Het waren de kapiteins Manard en van Ewijck, die, met de *Harderwijk* en de *Cornelia* uit de Middellandsche zee terugkeerende, door een Fransch eskader genoopt werden, dit naar Cadix te volgen. Eene poging door de Nederlandsche kapiteins aangewend, om het bij nacht te ontzeilen, nog voor zij de gemelde haven bereikten, werd spoedig ontdekt, en gaf aanleiding tot het plegen van vijandelijkheden. Kapitein Belisle, met de *Marquis*, achterhaalde toch de *Cornelia*, waarop van Ewijck, ondanks het verschil in strijdkrachten, zich kloekmoedig en met goeden uitslag verweerde, tot dat andere Fransche bodems kwamen opdagen. Nu moest hij den verder hopeloozen strijd opgeven en voor de overmagt bukken, evenals Manard, wiens schip te gelijk door verscheidene bodems was aangetast [1]. Verontwaardigd over zulk eene handelwijze, vroegen de Staten opheldering aan het Fransche hof, dat zich eensdeels beriep op de regten der blokkade; en anderdeels het gebeurde eenigermate verontschuldigde, waarmede de Staten, om des vredes wille, maar genoegen namen [2]. Zij hadden dit echter naauwelijks gedaan, of de lang gevreesde oorlog stond voor de deur, en wel om redenen, die op het lot der republiek een beslissenden invloed hadden.

Karel II van Engeland was, in 1685, opgevolgd door zijn broeder Jacobus II, dien wij vroeger, als hertog van York, meer dan eenmaal op de Britsche vloot hebben aangetroffen. De pogingen van Monmouth en anderen, om dien katholijken vorst te verdrijven, waren mislukt, en in bloed gesmoord. Maar naauwelijks was Jacobus hierin geslaagd, of zijne onderdanen begonnen een zeker wantrouwen tegen hem op te vatten, omdat hij blijkbaar zijne geloofsgenooten voortrok en de perken van het koninklijk gezag uitbreidde. Weldra openbaarde zich een algemeen misnoegen. Sommige Britten ontweken hun vaderland, wegens het verkorten hunner godsdienstige en staatkundige vrijheden, en velen sloegen het oog op den prins van

---

[1] Brieven hierover in de Hollandsche Mercurius voor 1686, p. 80 e. v.: Sylvius, XXIV p. 44; de Jonge, Zeewezen, III p. 25 e. v.
[2] Hollandsche Mercurius voor 1686, p. 86 tot 94; d'Avaux, V p. 280 e. s.

Oranje, den gemaal van 's konings oudste dochter en vermoedelijke opvolgster, die, evenals hare eenige zuster, in het protestantsche geloof was opgevoed.

Reeds in 1686 hadden eenige dier uitgewekenen, tot niet geringe ergernis van Jacobus, zich bij den prins van Oranje vervoegd, hetgeen in den loop van het volgende jaar, tusschen dezen en de misnoegden in Engeland zelf, eene vrij levendige correspondentie deed ontstaan [1]. Bij herhaling waarschuwde de Fransche gezant zijn meester tegen de plannen, te 's Gravenhage gesmeed [2], ofschoon de gegevens nog zwak waren. Op raad van Halifax, had de prins van Oranje geweigerd de binnenlandsche maatregelen van zijn schoonvader formeel goed te keuren [3]. In December 1687, besloot men, in de republiek, tot de uitrusting van twintig schepen [4], hetgeen de kooplieden, met het oog op de rooverijen der laatste jaren, luide toejuichten, en wat in het ergste geval toch wel niet beschouwd kon worden, als eene dadelijke bedreiging van Engeland, dat zijne vloot nog onlangs had versterkt [5]. Evenmin was de weigering der Staten, om zes Engelsche regimenten, die zij in dienst hadden, naar Engeland te zenden, behalve in het geval, waarin de overeenkomst hiertoe duidelijk verpligtte [6], als eene regtstreeksche vijandelijkheid aan te merken. Nogtans broeide er iets, terwijl het billijk wantrouwen, door Jacobus zelf opgewekt, aanhoudend door allerlei tijdingen werd gevoed [7]. Welke plannen de prins van Oranje hierop bouwde, doet weinig ter zake, daar zij blijkbaar eerst tot rijpheid kwamen, nadat zich de mare had verspreid, dat Engeland's koningin, den 20sten Junij 1688, van een zoon was bevallen.

Deze geboorte van een troonopvolger, die onder andere omstan-

---

[1] Burnet, History of his own time, ed. Oxford 1823, III p. 123; VI p. 268; Dalrymple, Memoirs of Great-Britain, ed. London 1773, II a. p. 166, 190; Macaulay, III p. 87, 88.
[2] d'Avaux, VI p. 106, 118, 147, 168.
[3] Dalrymple, II a. p. 180, e. s.
[4] d'Avaux, VI p. 117, 123.
[5] Dalrymple, II a. p. 171.
[6] Hollandsche Mercurius voor 1688, p. 184; Sylvius, XXVI p. 3; Rapin-Thoyras, X p. 73; Dalrymple, II a. p. 265; Burnet, III p. 208.
[7] Macaulay, III p. 132; Dalrymple, II a. p. 216, 218.

digheden slechts stof tot blijdschap had moeten geven, was thans eene bron van bittere teleurstelling voor de misnoegde partij in Engeland, die verreweg het aanzienlijkste en talrijkste gedeelte der natie onder hare leden telde. Nu alle hoop op verbetering eensklaps verijdeld scheen, betwijfelde zij de waarheid van het gebeurde, bewerende, dat Jacobus, om staatkundige en kerkelijke redenen, slechts een vreemd kind voor het zijne liet doorgaan. Van die loopende geruchten, droeg men aanvankelijk te 's Gravenhage geene kennis; ten minste verhinderden zij niet, dat er eenige vreugdebedrijven plaats hadden, en dat er voor den jongen prins van Wallis openlijk gebeden werd [1]). Dit was evenwel niet van langen duur, dewijl de prins van Oranje, slechts weinige dagen later, anders werd ingelicht, en zelfs eene uitnoodiging ontving, geteekend door zeven voorname Engelschen, om door zijne tusschenkomst aan den onhoudbaren toestand van hun vaderland een einde te maken [2]).

Moeijelijk is het te bepalen, hoe ver de uitzigten van den stadhouder reeds op dat tijdstip reikten. Hij verklaarde zich vrij van alle nevenbedoelingen. Met zekerheid, kon hij den lateren afloop zijner onderneming, bij het ontwerpen hiervan, ook kwalijk berekenen. Overleg en geheimhouding waren intusschen eerste vereischten. Hierom nam hij slechts een klein getal bekwame en invloedrijke mannen in zijn vertrouwen, onder welke de raadpensionaris Fagel, Nicolaas Witsen en twee andere burgemeesters van Amsterdam, alsmede de Wild, de secretaris der aldaar gevestigde admiraliteit [3]).

Vreemd genoeg, dat Lodewijk XIV, de belangstellende vriend van Jacobus, omstreeks denzelfden tijd, een uitstekend voorwendsel aan de hand gaf tot het werven van troepen, dat anders opzien had moeten baren. Nu hij, in zijn twist over de opvolging in het aartsbisdom Keulen, dit met Fransch krijgsvolk liet bezetten, was er toch niets onnatuurlijks in, dat de Staten, beducht voor de veiligheid hunner grenzen, hunne landmagt wat versterkten. Zelfs wettigde

---

[1]) Hollandsche Mercurius voor 1688, p. 175, 176; Macaulay, III p. 182; Burnet, III p. 246.
[2]) Macaulay, III p. 221; Hume, History of England, X p. 61; Rapin-Thoyras, X p. 16; Dalrymple, II a. p. 254.
[3]) Wagenaar, XV p. 425, 426.

het toenemend oorlogsgevaar de werving van 9000 man ten behoeve van 's lands vloot. Het krijgsvolk verzamelde zich op de Mokerheide, van waar men het later gemakkelijk naar de zeeplaatsen kon overbrengen, nadat sommige Duitsche vorsten de zorg voor de grenzen der republiek op zich genomen hadden [1].

Door zijn gezant te 's Gravenhage, bleef Lodewijk inmiddels vrij goed op de hoogte van hetgeen er voorviel. Hij was beter gediend van den graaf d'Avaux, dan Jacobus van den marquis van Albeville, wien het aan bekwaamheid of goede trouw ontbrak. Van het Fransche hof ontving ook Jacobus allerlei onrustbarende berigten, die hij echter aanvankelijk weinig telde [2]. Eerst na de geboorte van den prins van Wallis, liet hij de kusten van zijn rijk door een eskader onder Strikland bewaken, en tevens de bewegingen in de Nederlandsche havens gadeslaan, waarvan kapitein Shovel, in Julij en September, een en ander berigtte [3]. Meer dan al het overige moest het klimmend getal misnoegden, dat zich naar de republiek begaf, den koning gegronde bezorgdheid inboezemen. Hij liet daarom, den 8sten September, aan de Staten-Generaal opheldering vragen, hetgeen 's anderen daags ook de Fransche gezant, namens zijn meester deed, onder bijvoeging, dat een aanslag tegen Engeland onmiddellijk eene vredebreuk met Frankrijk ten gevolge zou hebben [4]. Dit was duidelijk genoeg. Maar de gevraagde opheldingen gaven ruime stof tot praten en schrijven, waardoor een tijd verliep, dien men hier te lande niet verspilde. Toen Jacobus, in October, eindelijk de zekerheid had, dat het hem gold, dien ten gevolge zijne vloot versterkte, en het bevel hierover aan lord Dartmouth, een bekend koningsgezinde, opdroeg [5], waren de toebereidselen, ook in de republiek, zoo goed als gereed.

---

[1] Wagenaar, XV p. 420, 433 e. v. over de bestemming der 9000 bootsgezellen, zie men: de geschiedenis der mariniers, door Leupe en van Braam Houckgeest, p. 33.
[2] d'Avaux, VI p. 202, 226; Macaulay, III p. 255; Dalrymple, II a. p. 282.
[3] Bijvoegsels bij Wagenaar, XV p. 97; Lediard, Histoire navale d'Angleterre, ed. Lyon 1751, II p. 676; Naval Chronicle, VI p. 28 e. s.
[4] Hollandsche Mercurius voor 1688, p. 191, 192; Sylvius, XXVI p. 92; d'Avaux, VI p. 219 e. s.
[5] Lediard, II p. 681; Naval chronicle, XXVIII p. 187, in eene biographie van Dartmouth.

Sedert Mei, had zich het reeds vroeger gemelde eskader van omstreeks twintig schepen voor de Maas opgehouden, onder den luitenant-admiraal C. Evertsen, over wiens verrigtingen in West-Indië en Noord-Amerika vroeger gesproken is [1]). Slechts eene wijle had deze, in Augustus, zijn post moeten verlaten, om eene Oost-Indische retourvloot af te halen, die men, benoorden Schotland om, te gemoet zag. Den 20sten September, kreeg de bevelhebber van het inmiddels versterkte eskader, onverwacht den last, zich in alle stilte met den vice-admiraal Almonde naar 's Gravenhage te begeven, waar de prins hun, in een geheim onderhoud, iets van zijne plannen schijnt te hebben medegedeeld. Tevens vernamen de beide vlagofficieren, dat het opperbevel over de vloot, om gewigtige redenen, tijdelijk aan een vreemdeling zou worden opgedragen [2]). Aangenaam klonk dit berigt hun zeker niet in de ooren, maar het was verstandig, zoodoende de nationale ligtgeraaktheid der Britten te sparen, die sedert de dagen der Noormannen uiterst gevoelig zijn voor al wat naar eene invasie zweemt. Tegen den persoon van Arthur Herbert, op wien de prins zijne keuze had gevestigd, konden de Nederlandsche officieren geen bezwaar hebben. Hij had lang bij de Britsche zeemagt gediend, en was nu bij den koning in ongenade gevallen, omdat hij geweigerd had, als lid van het parlement, voor het afschaffen der test-acte te stemmen. Op het verlangen van den prins, was hij, in het begin van Julij, te 's Gravenhage gekomen, waar hij insgelijks de uitnoodiging der zeven Engelsche heeren had overhandigd [3]).

Nadat reeds vele oorlogsschepen in gereedheid gebragt, transportvaartuigen gehuurd, en andere voorloopige maatregelen genomen waren, met behulp der gelden, hem bij wijze van voorschot verstrekt, vroeg de stadhouder, die enkele leden der hooge regering had voorbereid, de regtstreeksche medewerking der Staten-Generaal. In de volle vergadering, verklaarde hij, dat het belang van de gereformeerde religie, van de republiek en van hem zelven zijne tusschenkomst in

---

1) Zie tweede stuk, bladz. 294 en Kok, Vaderlandsch woordenboek, XIV p. 566.
2) De Jonge, Zeewezen, III p. 44 e. v.
3) Macaulay, III p. 44, 221, 223 en 283: Burnet, III p. 95; Dalrymple, II a. p. 225, 228; d'Avaux, VI p. 169, 171.

Engeland vereischte. Hij wilde noch den koning onttroonen, noch het rijk veroveren, maar slechts de bijeenroeping van een vrij parlement uitwerken. Hiertoe riep hij de hulp der Staten-Generaal in, met de verzekering, dat hij alleen in zijn eigen naam en in dien zijner gemalin zou handelen. Hij twijfelde niet, of de Staten zouden, uit dankbaarheid jegens hem, dit verzoek inwilligen. En zij deden het; want zij namen den 8sten October, een geheim besluit, om den prins van Oranje, zoo te land als te water, met volk en schepen bij te staan [1]).

Nu kon men de toebereidselen met verdubbelden ijver voortzetten. Half October, lagen 47 oorlogsschepen en fregatten, 10 branders, 7 adviesjagten en meer dan 800 transportschepen gereed, waarbij later nog 60 of 70 pinken kwamen [2]). De troepen werden, ten deele langs de Maas, naar Goeree gebragt, en ten deele naar Texel, van waar zij met de aldaar liggende schepen uitzeilden, om zich bij het gros der vloot te voegen [3]). De tegenwoordigheid eener legermagt, waarop hij des noods kon rekenen, had de prins van zijn kant bedongen. Omstreeks 15.000 man, die hij medenam, vormden zeker eene niet onbeduidende magt, die echter niet geëvenredigd was aan de kwade bedoelingen, welke sommigen hem toedichtten [4]). Zoo werkelijk de Britsche natie hem riep, dan zou hij dit krijgsvolk spoedig kunnen ontberen; zoo niet, dan moest het zijn persoon behoeden. Met eigen oogen wilde hij zich van de heerschende stemming overtuigen. Het was trouwens van een zoo koel berekenend staatsman, als prins Willem III, niet te verwachten, dat hij, als de eerste de beste gelukzoeker, eene onverantwoordelijke roekeloosheid zou begaan.

Den 26sten October, nam de stadhouder een aandoenlijk afscheid van de Staten-Generaal, de Staten van Holland, de leden der admiraliteiten en andere regenten. Hij begaf zich vervolgens naar Hellevoetsluis en den Briel, waar hij zich den 28sten met den luitenant-

---

[1]) Bijvoegsels, XV p. 106; Kronijk van het Historisch genootschap, XIV p. 135.
[2]) De Jonge, Zeewezen, III p. 41 en bijlage I, welke lijst vrij wel overeenkomt met die van Ludolf Smids, bij de platen van Romeyn de Hooge.
[3]) Wagenaar, XV p. 473; d'Avaux, VI p. 272
[4]) Wagenaar, XV p. 454; Rapin-Thoyras, X p. 121.

admiraal Bastiaensze, den vice-admiraal van Stirum en eenige voorname Engelschen, op het fregat *den Briel* (30) inscheepte [1]). Denzelfden dag, gaven de Staten-Generaal aan de vreemde hoven kennis van de redenen, waarom zij den prins van Oranje bijstand hadden verleend. Hunne verklaring en de declaratiën, op naam van den prins zelven verspreid, strookten geheel met hetgeen, in de vergadering van den 8sten October, als het doel van den togt was opgegeven [2]).

Reikhalzend zagen de Britten uit naar de schepen, die uit het oosten moesten opdagen. Niet zonder bekommering, vernamen de Nederlanders, dat zij den 29sten en 30sten October waren vertrokken. Welke aandoeningen moest het in Engeland en de republiek opwekken, toen de vloot, twee dagen later, door storm verstrooid, zich weer voorgaats liet zien en grootendeels in de havens terugkeerde [3]). Men kwam echter gelukkig met den schrik vrij, daar de schade niet belangrijk was, ofschoon men het, om ligt te bevroeden redenen, verkieslijk vond, de overdreven geruchten niet onmiddellijk te wederleggen. Reeds den 10den en 11den November, kon dezelfde vloot andermaal in zee steken.

Thans begunstigde een oostenwind de onderneming. Het oorspronkelijke plan om noordwaarts te stevenen, liet men, om welke reden dan ook, varen, en zette den koers regtstreeks naar het Kanaal. Hier moet die vloot van nagenoeg vijfhonderd zeilen, vooral den 13den November, bij het passeren der Hoofden, volgens een ooggetuige, een prachtig schouwspel hebben opgeleverd. [4]). Maar de schoone gelegenheid, ware haar bijna noodlottig geworden. Voortgestuwd door een gunstigen wind, ontdekten de vlotelingen, in den morgen van den 15den met ontsteltenis, dat zij tot Goudstaart genaderd, en dus Torbay, de plaats hunner bestemming, voorbij gezeild waren. Hun toestand was uiterst bedenkelijk, daar men het niet geraden vond, zooveel westelijker dan Torbay, te landen, en

---

[1]) Hollandsche Mercurius voor 1688, p. 288; Rapin-Thoyras, X p. 124; de Jonge Zeewezen, III p. 57.
[2]) Hollandsche Mercurius voor 1688, p. 254 e. v.; Sylvius, XXVI p. 141 e. v.
[3]) Burnet, III p. 299, 308; de Jonge, t. a. p.
[4]) Wagenaar, XV p. 476; Rapin-Thoyras, X p. 8, 125, 128; de Jonge, Zeewezen, III p. 55 e. v.

nogtans bezwaarlijk in den wind tot laatstgenoemde plaats zou kunnen opwerken, eer de Engelsche vloot, die inmiddels was uitgeloopen, alle verdere ondernemingen door hare tegenwoordigheid kon verhinderen. Juist op dit tijdstip, liep echter de wind naar het zuiden, hetgeen de onzen in de gelegenheid stelde Torbay te bereiken, en nog denzelfden dag een aanvang te maken met de landing, die zij 's anderen daags volbragten. [1]. Wat hun zoo uitstekend te pas kwam, belemmerde natuurlijk de Engelsche vloot, die wel iets naderde, doch vervolgens, door storm beloopen, te Portsmouth weder binnenviel. Ongetwijfeld had deze meer kunnen doen, indien men den raad gevolgd had van hen, die haar vroeger wilden uitzenden, om elke magt, die met een vijandelijk oogmerk naderde, te bestrijden [2]. Nu zij, op voorstel van Strikland en Dartmouth, en met goedvinden van Jacobus zelven te Gunfleet was gestationneerd, om het geschikte tijdstip af te wachten, had de oostenwind haar binnengehouden [3], en had zij de Nederlandsche ongehinderd moeten laten passeren. Dit was zeker niet allen ongevallig; want er bevonden zich ook op de Britsche vloot vele misnoegden [4]. Doch onder de zeelieden bezat Jacobus, die hen zoo menigmaal had aangevoerd, een betrekkelijk grooten aanhang. Bovendien was de opperbevelhebber, schoon geen blind werktuig van den vorst, een opregt en geacht voorstander van diens zaak [5]. Er bestaat dus geen reden, om aan te nemen, dat hij een dertigtal groote schepen, die onder de landingsvloot eene schromelijke verwarring konden aanrigten, voorbedachtelijk en uit vrije keuze werkeloos hield. Zijne gehechtheid aan 's konings zaak deed hem eerlang zijn ambt verliezen, en bleef voortduren, nadat hij oogenschijnlijk had berust in de gewigtige gebeurtenissen, die nu volgen. [6].

---

[1] Burnet, III p. 310, zegt dat een der kundigste Engelsche loodsen, op het vooruitzeilend schip, waarop ook hij zich bevond, zich des nachts had vergist.
[2] Dalrymple, II a. p. 314; Lediard, II a. p. 683.
[3] Dalrymple, I p. 144; II a. p. 321; Campbell, Lives of the British admirals, continued by Berkenhout and others, London 1812, III p. 25.
[4] Dalrymple, I p. 136; II a. p. 314; Hume, X p. 67.
[5] Macaulay, III p. 268; Burnet, III p. 271; Dalrymple, II a. p. 320; Campbell, III p. 296; Naval Chronicle, XXVIII p. 186.
[6] Macaulay, III p. 386 en V p. 251; Dalrymple, II a. p. 323; Campbell, t. a. p.

Sedert de landing van Willem III, nam alles voor Jacobus een ongunstigen keer. Met eene indrukwekkende meerderheid verklaarden zich de Britten voor den prins van Oranje, onder wiens banier zich ook weldra een gedeelte van de koninklijke troepen schaarden. Op de aanvankelijk trouw geblevene viel weinig te rekenen. Dezelfde stemming openbaarde zich vervolgens onder de bemanning der vloot. Reeds op den weg naar Salisbury, ontving de prins de verzekering, dat vele zeeofficieren hem genegen waren. Zoowel een schrijven van hem zelven aan lord Dartmouth en het personeel der vloot, als eene vroegere uitnoodiging van Herbert aan zijne wapenbroeders, had thans de beoogde uitwerking [1].

Inmiddels drong de prins van Oranje, met eene aanhoudend toenemende magt, dieper landwaarts in. Vruchteloos deed hij inderdaad gematigde voorstellen [2]), om zijn schoonvader zoo mogelijk nog te redden. Den 29sten December, bereikte hij Londen, waar hij zijn intrek nam in het paleis van St. James. Ongerekend de gedachten aan eigen grootheid, die thans onwillekeurig bij hem moesten oprijzen, was zijne stelling uiterst moeijelijk, tusschen een volk, dat hij kwam verlossen, en een vorst, dien hij niet wilde onttroonen. Hierin bragt Jacobus zelf verbetering, door zich op de vlugt te begeven. In de eerste dagen van Januarij 1689, landde hij op de kust van Frankrijk, waar zijne gemalin met den prins van Wallis reeds vroeger was aangekomen, en de gansche koninklijke familie een gastvrij onthaal vond. Die vlugt van Jacobus bespoedigde den loop der zaken niet weinig, dewijl men haar in Engeland als een vrijwilligen afstand beschouwde. Onder die omstandigheden, beraadslaagde eene conventie, zamengesteld uit gewezen parlementsleden, over hetgeen er nu te doen stond, waaraan de prins van Oranje geen deel nam [3]. Eerst toen men, na veel overleg, de meening had geuit, of het niet wenschelijk ware hem, als regent, of zijne gemalin, de regtmatige opvolgster, als koningin aan te stellen,

---

1) Dalrymple, II a. p. 317; Hollandsche Mercurius voor 1688, p. 289; Campbell, III p. 28, 321.
2) Macaulay, III p. 336 e. s.
3) Dalrymple, I p. 191; Burnet, III p. 372; Rapin-Thoyras, X p. 188; XI p. 32; Hume, X p. 93.

liet ook hij zijn gevoelen hooren, hetwelk hierop nederkwam, dat hij noch regent, noch slechts gedurende het leven zijner gemalin, koning wenschte te zijn; dat hij de kroon zou aannemen, bij aldien de conventie hem die voor zijn leven opdroeg, en anders tevreden over hetgeen hij gedaan had, naar de republiek zou terugkeeren [1]. Dit schijnt beslissend geweest te zijn; want de conventie, die bovenal de nationale vrijheden wilde verzekeren, besloot van de geregelde erfopvolging af te wijken, door Willem van Oranje en Maria tot koning en koningin van Engeland te verklaren, met het regt van overleving. Overeenkomstig dit besluit, bood zij den prins en diens gemalin, den 23sten Februarij 1689, de kroon aan, welke beiden aanvaardden, ofschoon de eerste, ten einde toe volhield, dat hij oorspronkelijk niets had bedoeld, dan wat zijne declaratie behelsde. Schotland volgde eerlang het voorbeeld van Engeland, doch Ierland bleef, vooral om kerkelijke redenen, de zaak van Jacobus nog een tijd lang aankleven.

Het zal wel niet noodig zijn hierbij te voegen, met welk eene opgetogenheid men dit alles in de republiek vernam. Sommige tegenstanders van het stadhouderlijk gezag mogten zich te leur gesteld vinden, toen de prins zijne waardigheden in de republiek niet nederlegde; doch zij maakten eene kleine minderheid uit. Hoe ingenomen de menigte was met het gebeurde, bleek uit de vreugdebedrijven, die overal plaats hadden [2]. Te regt hield men het er voor, dat een deel van den glans, welke thans den stadhouder omstraalde, op de republiek zou terugkaatsen, die hem de middelen had verschaft om Engeland te bevrijden. De nadeelen, die er later uit voortvloeiden, kon men niet zoo dadelijk voorzien; des te meer hoopte men op praktische voordeelen, welke de stadhouder der republiek in zijne nieuwe waardigheid zou kunnen aanbrengen. Hij verzekerde haar al aanstonds van zijne voortdurende belangstelling, en was inderdaad levenslang, met hart en ziel, aan het land zijner geboorte gehecht. Dat hij zoodoende te veel Nederlander bleef, was echter eene van de voornaamste grieven der Britten tegen hun nieuwen koning, en eene der bronnen van het wantrouwen, dat

[1] Macaulay, III p. 431.
[2] Hollandsche Mercurius voor 1689, p. 31.

zich spoedig openbaarde. Geen wonder, dat veler hoog gespannen verwachting later niet werd vervuld.

Onmiddellijk na de landing van Willem III in Engeland, had Lodewijk XIV, die zich tot beschermer van Jacobus opwierp, der republiek den oorlog verklaard. Zonderling echter, dat hij, in September, vooraf had laten aankondigen, dat hij eene expeditie tegen Engeland als eene reden tot oorlog zou beschouwen, en dat nu in de oorlogsverklaring, welke hij den 26sten November deed overreiken [1]), met geen enkel woord van den ganschen togt werd gerept, maar wel van de houding, welke de Staten, evenals andere mogendheden, in de Keulsche zaak hadden aangenomen.

b. *Oogmerk van Willem III. — Nadere overeenkomsten tusschen de republiek en Engeland. — Het Zeeuwsche admiraalschip verongelukt. — Groot-Verbond. — Blokkade der Fransche kust. — Zeeslag bij Bevesier. — Latere bedrijven en zeerampen. — Moeijelijkheden over het handelsverbod. — Regtsgeding van den Britschen opperbevelhebber.*

„Wy hopen mede, en sullen het aen de eene en aen de andere sijde daertoe soecken te dirigeren, dat gedurende onse Regeeringe tusschen onse Koninckrijcken en de Vereenighde Nederlanden meer ende meer mag aengroeyen ende worden geëstablisseert een oprechte ende vertroude goede Intelligentie en werden gemaeckt en onderhouden een onverbreeckelijcke Verbintenisse ende Vrundschap tusschen wedersijts Ingesetenen ende Onderdanen, tot Verseeckeringe van de Rust en Vrede in beyder Landen, mitsgaders tot beveylinge en maintien van de ware Protestantsche Religie." — Zoo schreef de prins van Oranje, den 22sten Februarij [2]), toen hij den Staten aanstonds kennis gaf van het besluit der conventie, om hem de kroon op te dragen. Deze woorden behelsden een programma, dat hij sedert

---

[1]) Hollandsche Mercurius voor 1688, p. 196; Sylvius. XXVI p. 164; Suite de l'histoire de Neuville (Baillet), I p. 133.
[2]) Hollandsche Mercurius voor 1689, p. 18.

2*

nooit uit het oog verloor: naauwe vereeniging tusschen de republiek en Engeland, die, in het kerkelijke en staatkundige, tegenover Frankrijk een gemeenschappelijk belang te verdedigen hadden. Nadat andere mogendheden waren toegetreden, welker belangen in het kerkelijke niet met die van Engeland en Nederland strookten, ontwikkelde het plan zich tot eene poging, om met vereende krachten Frankrijk's overwigt te fnuiken. Afgescheiden van den verkregen uitslag, schonk het Willem III de gelegenheid, zich een onsterfelijken naam te maken, door het overleg, waarmede hij alle partijen, met hare vaak tegenstrijdige inzigten, tot het hoofddoel wist te bepalen; door het beleid, waarmede hij, als het middelpunt der Europesche politiek, hare voornaamste draden, gedurende eene reeks van jaren, in handen hield. Uit dit oogpunt, is hij zeker een der merkwaardigste personen van den nieuweren tijd.

Slechts weinig dagen na de vlugt van Jacobus, had de prins van Oranje den Franschen gezant te Londen gelast, binnen vier en twintig uren Engeland te verlaten [1]. Het was dus te vermoeden, dat de Staten, wien de vrede reeds weken te voren door Frankrijk was opgezegd, niet lang alleen zouden staan. Uit dien hoofde zonden zij, in Januarij 1689, de heeren Witsen, Odijk en Dijkvelt naar Engeland, en in de volgende maand nog eenige leden der admiraliteit, omdat er in de eerste plaats over de uitrusting eener vloot zou gehandeld worden. Kort na zijne troonbeklimming, had Willem III zijn gevoelens reeds uitgesproken: „dat de wapenen van den coninc van Vranckrijck geen grooter diversie sal connen werden gegeven, als door een magt te water, die de syne sal surpasseren" [2].

Op grond van oude tractaten en overeenkomstig het gevoelen der Staten-Generaal, stelde men den 29sten April vast, dat Engeland 50 oorlogsschepen, 15 fregatten en 8 branders zou leveren, te zamen met 17.155 man, de republiek daarentegen 30 schepen, 9 fregatten en 4 branders, met eene bemanning van 10.572 koppen. Wanneer deze magt gedurende twaalf maanden werd in dienst gehouden, begrootte men de kosten voor de republiek op 4.932.264 gl. [3].

[1] Macaulay, III p. 383.
[2] Hollandsche Mercurius voor 1689, p. 124.
[3] Brief van H. H. M. aan de admiraliteiten, van 5 Januarij 1689, M. S. in het Rijks-Archief; de Jonge, Zeewezen, III p. 180; Bijvoegsels bij Wagenaar, XVI p. 19.

Veel gehaspel was er over de onderlinge verhouding van de officieren van beide partijen. Witsen schreef zelfs het vertrek van de leden der admiraliteit, vóór de beslissing, hoofdzakelijk toe, aan hun verlangen om zich hieraan te onttrekken. Hij beklaagde zich, dat hij zoo goed als alleen stond. De bepaling, dat een Britsch officier over elke vereenigde magt het opperbevel zou voeren, leverde echter minder bezwaren op, dan het regelen der gemeenschappelijke krijgsraden, dat eindelijk nagenoeg geheel naar den zin der Britten geschiedde. Hunne vlagofficieren en zelfs hunne kapiteins, zoo deze tegenwoordig waren, moesten altijd aan het hooger einde der tafel zitten. Als de zaak die te behandelen was, een persoon gold, zou de krijgsraad uit officieren van eene of van beide natiën worden zamengesteld, naar gelang de betrokken persoon in de dienst van eene of van beiden was [1]). Uit deze overeenkomst, waarbij de koning, die zelf reeds met allerlei belemmeringen te kampen had, den Britten toegaf, sproten later, voor de Nederlandsche zeeofficieren, vele onaangenaamheden voort.

Wegens de gemelde beraadslagingen, gepaard met de late terugkomst der schepen, die aan de expeditie hadden deelgenomen, en de schaarschheid der geldmiddelen, na de onlangs gedane uitschotten, konden de Nederlandsche schepen zich, eerst in Junij en Julij, met de Britsche vereenigen [2]). Voor dien tijd hadden deze, onder het bevel van Herbert, bij de Bantry-baai, eene ontmoeting gehad met een Fransch eskader, onder Chateaurenaud, hetwelk de plannen van Jacobus, die zich in Ierland bevond, moest ondersteunen. Het gevecht, waaraan de Franschen meer waarde hechten, dan de Britten [3]), beteekende inderdaad niet veel, ofschoon Herbert, na zijne terugkomst te Portsmouth, er zijne verheffing tot graaf van Torrington aan te danken had. In weerwil van dit blijk van koninklijke goedkeuring, is het te betwijfelen, of hij wel alle hoedanigheden bezat, die hem tot een waardig opperbevelhebber der vereenigde zeemagt konden maken. Zeker was hij dikwijls afwezig,

---

1) Wagenaar, XVI p. 26 e. v,; Scheltema, Geschied- en letterkundig mengelwerk, III, 2e stuk p. 148, 149.
2) De Jonge, Zeewezen, III p. 186, 187.
3) Guérin, II p. 106; Lapeyrouse Bonfils, I p. 284; Sue, IV p..317; Hume, XI p. 47; Allen, I p. 66; Macaulay, IV p. 200; Campbell, III p. 41.

om allerlei vermaak te bejagen, waarom men hem, met zinspeling op den hem verleenden titel, thans spottender wijze *Tarry-in-town* noemde [1]).

Gansch onbeduidend waren de verrigtingen der zeemagt, ook nadat de luitenant-admiraal C. Evertsen, met de Nederlandsche schepen, zich bij de Britsche had gevoegd. Onder het opperbevel van Torrington, zeilde de vereenigde vloot naar de bogt van Frankrijk, waar zij te vergeefs Tourville, met een Fransch eskader uit Toulon, van Brest poogde af te snijden, het vervolgens niet doenlijk vond iets tegen die haven te ondernemen, en niet eenmaal belette, dat Tourville nog met een eskader naar Ierland vertrok. Slechts een Engelsch schip ontmoette, bij de Sorlings, een der schepen van dit eskader, en bevocht het met een ongunstigen uitslag. Nu zich evenwel de gelegenheid aanbood, om Tourville zelf op te sporen, zeilde de vereenigde vloot naar het Kanaal, om bier en water in te nemen [2]). Niet lang daarna, werd zij, uithoofde van het gevorderde jaargetijde, ontbonden, hoewel de meeste schepen, met verschillende bestemming, in dienst bleven. Van de Nederlandsche, zouden 15, onder Almonde, met een gelijk aantal Britsche, naar de straat van Gibraltar en de Middellandsche zee stevenen, en 9 andere, onder Callenburg, met 25 Britsche, in het Kanaal blijven [3]). Slechts zeven schepen, waaronder dat van den luitenant-admiraal Evertsen, keerden huiswaarts.

Hoe aangenaam dit laatste, vooral met het oog op de bezwaren eener wintervloot in het Kanaal, den opvarenden mogt zijn, zoo waren echter niet allen te benijden; want de *Walcheren* (70), het vlaggeschip van Evertsen, stootte, bij het binnenkomen te Vlissingen, tegen het havenhoofd, sloeg om en zonk onmiddellijk. Het is te begrijpen, dat zulk eene ramp nog al opspraak verwekte. Slechts de tusschenkomst van den stadhouder behoedde den luitenant-admiraal tegen ernstige gevolgen [4]).

---
[1]) Macaulay, V p. 98 e. s.
[2]) Hollandsche Mercurius voor 1689, p. 150; Rapin-Thoyras, XI p. 77; Guérin, II p. 112; Lapeyrouse Bonfils, I p. 288; Sue, IV p. 345; brief van den luitenant-admiraal Evertsen van 10 September, bij Sylvius, XXVIII p. 202.
[3]) Hollandsche Mercurius voor 1689, p. 158; Sylvius, XXVIII p. 203.
[4]) De Jonge, Zeewezen, III p. 190.

Van de ondernemingen ter zee, in 1689, kon men dus waarlijk niet zeggen: eind goed, al goed. Sommigen achtten het zelfs onverklaarbaar, dat eene zoo aanzienlijke vloot den ganschen zomer niets gedaan, ja niet eenmaal de kusten van Ierland goed bewaakt, en den Franschen, door eene landing, wat afleiding gegeven had [1]).

Intusschen waren de staatslieden ijverig in de weer geweest, om alles tot een hardnekkigen oorlog voor te bereiden. De Staten-Generaal hadden de oorlogsverklaring van Lodewijk XIV, den 9en Maart, met een dergelijk stuk beantwoord, waarin zij zich o. a. beklaagden over de „sware equipagiën ter zee," waartoe de koning hen in de laatste jaren had genoopt. Zij vaardigden te gelijk een plakaat uit, waarbij zij den ingezetenen der republiek allen handel op Frankrijk, en den onzijdigen slechts dien in contrabande verboden, onder welken naam zij de scheepsmaterialen niet uitdrukkelijk begrepen. Zij vermaanden alle belanghebbenden, zooveel mogelijk de ruime zee te houden, ten einde elke verdenking van zich te weren. Het varen met dubbele of onvoldoende scheepspapieren zou de verbeurdverklaring van schip en lading na zich slepen. Wie een schip, uit Frankrijk verwacht of derwaarts bestemd, hier assureerde, zou gestraft worden met eene boete, gelijk aan de verzekerde waarde [2]). Voorts hadden de Staten, door een verdrag met den keizer, die reeds met Lodewijk in oorlog was, den grond gelegd tot het later zoo vermaarde Groot-Verbond, terwijl zij het geheele jaar in Engeland onderhandelden over de wijze, waarop men den gemeenschappelijken vijand zou bestrijden.

In Mei 1689, had de koning van Groot-Brittanje insgelijks den oorlog verklaard aan Lodewijk, die het aantal zijner bestrijders ook met Spanje zag vermeerderen, en op de declaratie van Willem III met een vrij curieus stuk antwoordde, waarin hij dezen een overweldiger noemde, van wien hij gehoopt had, dat alle eerlijke lieden een afschrik zouden hebben. Wel verre van die hoop te vervullen, schaarden andere mogendheden zich meer en meer om den koning

---

[1]) Brief van Schomberg van 12/22 October, bij Dalrymple, II b. p. 43.
[2]) Hollandsche Mercurius voor 1689, p. 114; Sylvius, XXVII p. 61; Recueil van Zeesaaken, II p. 144.

van Groot-Brittanje, die zich, in December, met de Staten-Generaal en den keizer verbond [1]).

Tot het bespreken der voorwaarden, was de heer Schimmelpenninck, in Junij, uit de republiek naar Engeland vertrokken, waar hij met de heeren Witsen, Odijk en Dijkvelt, alsmede den gewonen ambassadeur van Citters, die er reeds waren, de Staten-Generaal buitengewoon moest vertegenwoordigen [2]). Hoogst gewigtig waren de onderhandelingen, welke de genoemde heeren met eenige Britsche gemagtigden voerden. Nadat zij al eenig bezwaar hadden geopperd tegen de voorgestelde bepaling, dat beide mogendheden niet dan te gelijk vrede zouden sluiten, kwam een ander punt van geschil, hetwelk een beginsel gold. De Engelschen, die in oorlogstijd bijna alles geoorloofd vinden, wat den vijand kan schaden, drongen er namelijk op aan, dat men den onzijdigen, niet alleen den handel in contrabande, maar ook allen handel op Frankrijk, zou verbieden. Te vergeefs beriep Witsen zich op de gebruiken en de verpligtingen der republiek, tot dat hij eindelijk, in overleg met Heinsius, die inmiddels tot raadpensionaris van Holland benoemd was, toegaf en de overeenkomst met bevende hand teekende. Ook van Citters moest voor de meerderheid zwichten [3]).

Reeds voor de teekening van het tractaat, hadden de Engelschen de geheele Fransche kust in staat van blokkade gesteld. Nu verklaarden ook de Staten-Generaal, met prijsgeving van een Nederlandsch beginsel, dat zij, evenals de koning van Groot-Brittanje, het personeel hunner vloot hadden bevolen, alle havens en baaijen van den Allerchristelijksten koning te sluiten en alle schepen, naar Frankrijk bestemd of met Fransche goederen geladen, aan te houden, waar deze zich mogten bevinden. Alleen die schepen, welke nog onbekend met den inhoud van dit plakaat waren uitgezeild, zou men eenvoudig afwijzen, en bijaldien zij uit eene Fransche haven kwamen, tot het terugbrengen hunner lading nopen. Alle aanhoudingen, die op grond van dit plakaat regtmatig

---

[1]) Hollandsche Mercurius voor 1689, p. 134, 149, 161; Sylvius, XXVII p. 118 en XXVIII p. 142.
[2]) Hollandsche Mercurius voor 1689, p. 142; Sylvius, XXVII p. 128.
[3]) Wagenaar, XVI p. 31 e. v.; Scheltema, III, 2e stuk p. 153 e. v.

geoordeeld werden, zouden het verlies van schip en lading ten gevolge hebben [1]).

Zweden en Denemarken, die er als neutrale mogendheden vooral door bedreigd werden, kwamen tegen die louter fictieve blokkade op, en wisten later, door eene flinke houding, eenige veranderingen te bewerken. Zij ondervonden nadeelen genoeg van de verschillende voorschriften, welke de oorlogvoerende mogendheden, bij gemis van algemeen gevolgde, ieder voor zich gaven. Frankrijk, vroeger zeer gematigd, had in 1681 en 1689 ook wetten gemaakt, die met de bestaande overeenkomsten niet strookten. Hoe onbillijk de Britten, op het punt van zeeregt, zelfs tegen hunne vrienden waren, bleek uit de wijze, waarop zij zich het regt aanmatigden uitspraak te doen over de prijzen, door Nederlanders in Engelsche havens opgebragt, zich beroepende op hunne landswetten, die meer gezag hadden, dan alle door den koning gesloten tractaten. Is het wonder, dat Willem III begon te lagchen, toen de Nederlandsche gezanten hem eens ter loops vroegen, of er geen kans zou bestaan voor het intrekken der acte van navigatie [2])?

Noch bij het sluiten der overeenkomst, noch door volledige en prompte afdoening der voorschotten, toonden de Britten zich dankbaar voor de inderdaad edelmoedige hulp, die zij van de republiek hadden ontvangen.

Tegen het einde van 1689, zonden de Staten-Generaal den heer de Wild naar Engeland, om de uitrusting van het volgende jaar te bespreken, die men voor de republiek, evenals vroeger, op 30 schepen, 9 fregatten en 4 branders vaststelde, welk getal de onzen tot eigen veiligheid, nog met enkele bodems vermeerderden [3]). Van eene vloot van 30 Nederlandsche en 50 Britsche schepen, was het nu billijkerwijs te verwachten, dat zij bestand zou wezen, tegen elke magt, die Lodewijk XIV kon uitzenden. Maar zij was ongelukkig niet bijeen, op het tijdstip, waarop zij moest handelen.

---

[1]) Hollandsche Mercurius voor 1689, p. 143; Sylvius, XXVIII p. 179 en XXX p. 141, evenals in de Europische Mercurius voor 1690, 3e stuk p. 91, als een nieuw tractaat, zonder datum.

[2] Wagenaar, XVI p. 41; Scheltema, III 2e stuk p. 152 e. v.

[3]) Wagenaar, XVI p. 110; Bijvoegsels XVI p. 47; Hollandsche Mercurius voor 1690, p. 190.

Allerlei oponthoud had de afreize van den vice-admiraal **Almonde** vertraagd. Hij vertrok eerst in Maart 1690, vereenigd met een Engelsch eskader, onder Russell, hetwelk de bruid van den Spaanschen koning moest overbrengen. Na dit gedaan te hebben, keerde Russell met eenige Britsche en Nederlandsche schepen terug, de zorg voor de koopvaarders, die zich insgelijks bij de oorlogsvloot bevonden, overlatende aan een vereenigd eskader, onder Killegrew en Almonde, die tevens zoo mogelijk moesten verhinderen, dat zich weder een Fransch eskader uit Toulon naar Brest begaf. Zij werden echter door een storm beloopen, waarin het Nederlandsche schip de *Ridderschap* (66) verging, en de *Vrijheid* (72) zooveel schade bekwam, dat het vooreerst geen dienst kon bewijzen. Dien ten gevolge waren ook niet alle schepen gereed, toen de bevelhebbers den 22sten **Mei** vernamen, dat Chateaurenaud, met het bewuste eskader uit Toulon, in aantogt was. Toch staken zij in zee, om hem den weg te versperren, hetgeen hun evenwel niet gelukte, dewijl de Fransche bevelhebber den strijd ontweek en zich door kracht van zeilen aan de vervolging onttrok [1]). Dat hij zoodoende onverlet te Brest aankwam, had een overwegenden invloed op het lot der hoofdvloot, waar hij, met zijne schepen, op het beslissende oogenblik tegenwoordig was, terwijl Almonde en Killegrew, met de hunne, te laat opdaagden.

Nog in een ander opzigt had de fortuin het plan van Lodewijk XIV begunstigd, daar eene vloot van 36 oorlogsschepen, die in Maart vele transportvaartuigen, ter ondersteuning van Jacobus, naar Ierland had geleid, reeds in het begin van Mei weder behouden te Brest was aangeland [2]), om vereenigd met de schepen uit Toulon en andere, de aanzienlijke magt te vormen, welke de Fransche koning dit jaar in zee wenschte te brengen.

Daarentegen was zelfs het eskader van Shovel, dat in April op de kusten van Ierland gekruist, en in Junij koning Willem der-

---

[1]) Europische Mercurius voor 1690, 1e stuk p. 160 en 217; Sylvius, XXIX p. 67, 86 en 106; Lediard, III p. 22 e. s.; de Jonge, Zeewezen, III p. 232 e. v.
[2]) Sue, Histoire de la marine Française, IV p. 329; Lapeyrouse Bonfils, I p. 292; Europische Mercurius voor 1690, 1e stuk p. 210 en 2e stuk p. 83.

waarts gebragt had [1]), niet eenmaal tegenwoordig, toen de graaf van Torrington, den 2den Julij, op de reede van St. Helens ten anker liggende, eensklaps vernam, dat eene talrijke Fransche vloot zich in het Kanaal bevond.

Geen wonder dat hij aarzelde, met 35 Britsche en eenige Nederlandsche schepen, die eerst twee dagen later tot 22 aangroeiden, een strijd te wagen, tegen minstens 75 Fransche bodems, die onder het bevel van den graaf de Tourville, met een gunstigen wind naderden [2]. Hoe men denke over het later gedrag van den Britschen bevelhebber, er bestaat geen reden hem te verwijten, dat hij wel uitliep, doch evenals Tromp en andere bevelhebbers, wier trouw en dapperheid boven allen twijfel verheven zijn, aanvankelijk voor de overmagt week, om deze in een naauwer vaarwater, of in de nabijheid van banken met voordeel te kunnen bestrijden [3]). Zijne bewering, dat hij, door tijd te winnen, misschien de komst van Killegrew en Almonde zou kunnen afwachten, is bovendien niet van allen grond ontbloot.

Terwijl beide vloten, wegens den wind, die inmiddels naar het oosten was geloopen, laverende, meer en meer de Hoofden naderden, spoorden de gouvernementen hunne opperbevelhebbers tot den strijd aan. Den 7den Julij, ontving Tourville, van den marquis de Seigneley, die zijn vader Colbert in het bestuur der Fransche marine was opgevolgd, een bevel, waaraan hij echter om redenen, die hem voldoende toeschenen, geen gehoor gaf [4]). Twee dagen later kreeg ook Torrington een brief van koningin Maria, waarin deze,

---

1) Europische Mercurius voor 1690, 2e stuk p. 13; Lediard, III p. 25; Macaulay V p. 265; biographie van Shovel in de Naval Chronicle, XXXIII p. 181 en die van Norris, XXXV p. 354.
2) Naukeurig verhaal van de laatste bataille ter zee, ed. Rotterdam 1690; de Jonge, Zeewezen, III p. 198; bijlagen XI en XII; Sylvius, XXIX p. 94; Sue, IV p. 354, 357; Lapeyrouse Bonfils, I p. 297; Burnet, IV p. 92 uit Ralph's History of England.
3) Brief van Evertsen aan H. H. M. van 11 Julij, voorkomende in de Hollandsche Mercurius voor 1690, p. 202, en de Europische Mercurius voor 1690, 3e stuk p. 38; Sylvius, XXX p. 125; Dalrymple, I p. 131; Naukeurig verhaal, p. 7.
4) Sue, IV p. 344; Rapin-Thoyras, XI p. 99.

tijdens de afwezigheid van haren gemaal, met het bestuur der zaken belast, hem tot het gevecht aanmaande [1]).

Men wachtte, in Engeland, ieder oogenblik het uitbreken eener zamenzwering, welke de Franschen door hunne nabijheid moesten begunstigen, en zag dus met schrik, hoe de vloot, waarop de hoop der welgezinden was gevestigd, het Kanaal ruimde. Dit bewoog de koningin, onder den indruk van het berigt, dat er te Fleurus door de bondgenooten met nadeel gestreden was, haren admiraal den gemelden brief te schrijven, dien hij als een stelligen last beschouwde.

Den 10^{den} Julij, bij het aanbreken van den dag, ging Torrington, die, wegens den nog altijd heerschenden oostenwind, naar goedvinden kon naderen, met de vloot der bondgenooten onder zeil. Op dit tijdstip waren de Franschen echter niet gereed, daar Chateaurenaud met zijn eskader schier even ver van de hoofdmagt, als van de bondgenooten verwijderd lag. Maar dezelfde wind, waarmede deze op hem afkwamen, schonk ook hem de gelegenheid zich nog in tijds met Tourville te vereenigen, zoodat de Fransche vloot, op de hoogte van Bevesier (Beachy-head), behoorlijk in linie geschaard lag, eer de Nederlandsche en Britsche schepen, omstreeks acht uren in den voormiddag, zich tot den aanval gereed maakten.

Ten gevolge van een sein des opperbevelhebbers aan de beide eskaders, die als voor- en achterhoede de einden zijner linie vormden, naderde Evertsen, die met de Nederlandsche schepen de voorhoede uitmaakte, de Fransche vloot, en kon reeds te negen uren het vuur tegen haar openen. Volgens zijne eigene verklaring, bevocht hij, met zijn eskader, dat van Chateaurenaud, gedurende den voormiddag, niet zonder vrucht [2]), schoon hem en den zijnen voortdurend een dreigend gevaar boven het hoofd hing, dat sommigen

---

[1]) Brief van Maria van $\frac{25\ \text{Junij}}{5\ \text{Julij}}$, bij Dalrymple, II b. p. 123. Verschillend opgevat door Burnet, IV p. 92; Dalrymple, I p. 132, II b. p. 170; Macaulay, V p. 270; Campbell, III p. 61. Dat men het hier vrij algemeen voor een bevel hield, is op te maken, uit deze regels, bij Rotgans, Wilhem de Derde, II p. 39:
"De koningin, hiervan verwittigt, geeft straks last
Aan Herbert door geschrift."

[2]) Brief van Torrington 1/11 Julij bij Dalrymple, II b. p. 112; brief van Evertsen van 11 Julij; brief van Chateaurenaud van 11 Julij, bij Sue, IV p. 362.

aan een misslag van hem zelven wijten [1]). De voorste schepen van zijn eskader lagen namelijk niet tegenover de uiterste schepen der Fransche linie, die nu de gelegenheid konden zoeken eenige Nederlandsche bodems te enfileren of hen tusschen twee vuren te brengen. Slaagde Villette, wien dit werkelijk door Chateaurenaud was opgedragen [2]), hierin niet ten volle, dan strekten zijne manoeuvres toch om het Nederlandsche eskader zeer te bemoeijelijken, terwijl de meeste schepen daarvan, om andere redenen, het al hard genoeg te verantwoorden hadden. Een blik op het overige gedeelte der vloot zal dit voldoende ophelderen.

Slechts een half uur later dan Evertsen, had Delavall met de Britsche achterhoede het tegenovergestelde einde der Fransche linie aangetast, waar hij, ten minste aanvankelijk, vrij ernstig en niet zonder gunstigen uitslag vocht. Daar zijn eskader ook de achterste schepen bezig hield, verkeerde het niet in gevaar, om van dien kant verdubbeld te worden [3]), hetgeen alleen kon geschieden, wanneer Fransche schepen van de andere zijde der achterhoede of van het centrum zich tot dit einde buiten de linie begaven. Er was toch eene ontzaggelijke ruimte tusschen de eskaders van Evertsen en Delavall, waar de Fransche schepen schier werkeloos lagen, omdat slechts nu en dan sommige bodems van het centrum der vereenigde vloot iets tegen hen beproefden, zonder evenwel meer, dan tot op een half kanonschot afstands te naderen [4]). Torrington deed het, zoo als men later voorgaf, omdat hij toch de geheele linie niet kon bestrijden, en nu, boven den wind liggende, een wakend oog kon houden op de beide eskaders, die in het gevecht waren, ten einde

---

[1]) Burnet, IV p. 92; Dalrymple, I p. 132, II b. p. 172; Lediard, III p. 32; brief van Chateaurenaud.

[2]) Brief van Chateaurenaud; brief van Renau, bij Sue, IV p. 366; brief van Villette, bij Sue, IV p. 374; Lediard, III p. 32.

[3]) Lediard, III p. 31; brief van Renau; Campbell, III p. 62. Wagenaar begaat, XVI p. 111, een zonderlingen misslag, door het centrum onder Herbert en de achterhoede onder Torrington te stellen. Rapin plaatst Callenburg ten onregte in het centrum, en Guérin, die, II p. 119 zegt, dat men Sue niet als evangelie moet aannemen, noemt p. 122 van de Putte, als bevelhebber van het centrum.

[4]) Naukeurig verhaal, p. 8; brief van Tourville, bij Sue, IV p. 360; Byng, bij Ekins, Naval battles of Great-Britain, p. 2; Benbow, in de Naval Chronicle, XX p. 173.

onmiddellijk hulp te verleenen, waar dit noodig bleek. Ware zijn plan gelukt, dan had men vermoedelijk het doorzigt van Torrington geroemd. Doch het mislukte ten eenen male, daar eene windstilte, die omstreeks den middag inviel, alle berekeningen deed falen.

Evertsen verklaarde, dat zijn eskader, om dezelfde reden, wat in verwarring geraakte en niet van de Franschen kon afkomen. Toch moest hij den strijd nog vijf uren voortzetten, zonder dat er hulp kwam opdagen, terwijl zijne schepen meer en meer te midden van die des vijands dreven [1]. Eene opening, die hij in de vijandelijke linie had gemaakt, door een der Fransche schepen te doen wijken, baatte hem weinig, dewijl het niet geraden was, met zijne ontredderde schepen door de vijandelijke linie heen te breken [2]. Inmiddels kreeg hij ook met enkele bodems van het Fransche centrum te doen, waardoor zijn toestand nog hagchelijker werd [3]. Onder dit alles, handhaafden hij en de zijnen luisterrijk den voorvaderlijken roem, doch niet zonder belangrijke verliezen aan materiëel en personeel. Welk eene ontzettende schade leed niet de schout bij nacht Schey, die op de *Princes Maria* (92) nagenoeg 25.000 pond buskruid verschoten, en alleen in het hol van zijn schip, niet minder dan 140 schoten deels onder, deels boven water bekomen had [4]. Met andere bodems was het weinig beter, zoo niet erger gesteld, waarom Evertsen eindelijk maatregelen moest beramen, om 's lands eskader tegen volslagen ondergang te behoeden.

Hierbij kwam de stilte, waaraan ook hij de werkeloosheid van Torrington toeschreef, hem uitmuntend te stade. Want zij bood hem de gelegenheid, om met zijne schepen, welke, tijdens de ebbe, hoe langs hoe meer dooreen, en in de nabijheid der Franschen geraakten, onverwacht, met staande zeilen ten anker te komen. Natuurlijk verliep er nu eenige tijd, alvorens de Franschen dit bespeurden en

---

[1] Brief van Evertsen van 11 Julij.
[2] Brief van Chateaurenaud van 11 Julij.
[3] Brief van Renau en Fransch verhaal in de Hollandsche Mercurius voor 1690, p. 198 e. v.
[4] Brief en memorie van Schey, in de Europische Mercurius voor 1690, 3e stuk p. 47 e. v.; Sylvius, XXX p. 128; opgave van Evertsen, bij zijn brief van 17 Julij, die bij Sylvius, in de Europische Mercurius en in de Hollandsche Mercurius voor 1690 p. 205 wordt gevonden.

insgelijks het anker lieten vallen, waarin er meer ruimte tusschen de strijdende partijen kwam, hetgeen den onzen verademing schonk, al ware het dan slechts tijdelijk [1]). Over die krijgslist zelve, hetzij dan al of niet op last van den opperbevelhebber volbragt, bewaarde Evertsen het stilzwijgen. In zijn brief staat eenvoudig: „de beide vlooten, door het Ty van den ander gedreven zynde."

Torrington had, volgens alle berigten, tot dusverre weinig of niets gedaan. Delavall, die met zijn eskader in het gevecht was geweest, had, volgens een ooggetuige, zijn vuur merkelijk doen verflaauwen, toen dat der Nederlanders nog onafgebroken werd voortgezet [2]). Was dit alles niet opzettelijk geschied, dan moesten de Britten ten minste nu hun uiterste best doen, om de zwaar beschadigde schepen hunner bondgenooten te redden. Hiertoe lieten zij eenige bodems, met de ebbe, tusschen de onze en den vijand drijven [3]), hetgeen wel de reden zal wezen, waarom de schout bij nacht Schey later verklaarde, dat er over de houding van den opperbevelhebber, na het gevecht, niet te klagen viel, ofschoon Evertsen ook deze manoeuvre verzwijgt.

Donker zag het er uit voor het Nederlandsche eskader, waarop de schouten bij nacht van Brakel en Dik, met vele officieren en matrozen, gesneuveld waren. Behalve de *Vriesland* (68), die veroverd en door den vijand in brand gestoken was, lagen de schepen wel buiten oogenblikkelijk gevaar, doch in zeer ontramponeerden toestand. Vele moesten eerst geboegseerd, en daarna op sleeptouw genomen worden [4]). Wat een geluk voor de onzen, dat op dit

---

[1]) Brieven van Tourville en Chateaurenaud; Lapeyrouse Bonfils, I p. 304; Ekins, p. 2; Burnet, IV p. 93; brief van Torrington, bij Dalrymple, II b. p. 112. Vergelijk de Jonge, III p. 205 (noot). Forbin, Mémoires, Amsterdam 1730, I p. 302, noemt het niet onmiddellijk ten anker komen der Franschen een misslag van den admiraal.

[2]) Brieven van Tourville en Renau; Dalrymple, II b. p. 171; Naval Chronicle, XXXV p. 355; Hoste, Naval tactics, p. 151.

[3]) Brief van Torrington aan lord Caermarthen van 1/11 Julij, bij Dalrymple, II b. p. 112: Naval Chronicle, t. a. p.; Campbell, III p. 62; Hume, XI p. 89; Ekins, p. 2.

[4]) Brieven van Evertsen en Torrington.

tijdstip de galeijen, die Tourville bij den ingang van het Kanaal had achtergelaten [1]), niet tegenwoordig waren.

Ofschoon de Franschen er niet zonder schade afkwamen, en sommige bevelhebbers zelfs gebrek aan amunitie kregen, zoo hadden zij toch geene schepen verloren, en waren verreweg de meeste in voldoenden staat, om er het reeds behaalde voordeel mede te vervolgen. Vier dagen lang, bleven zij nog in de nabijheid der wegtrekkende vloot, evenals deze, met de ebbe ten anker komende en met den vloed laverende [2]). Hadden zij hunne slagorde minder bewaard en ieder schip maar laten doen, wat het kon, tegen de vloot van Torrington, waarbij zich de ontredderde schepen der onzen bevonden, dan zouden hun vermoedelijk nog sommige in handen gevallen zijn [3]). Nu kregen de bondgenooten gelegenheid enkele bodems, die hun togt belemmerden, onder den wal in veiligheid te stellen, andere te vernielen. Doch terwijl de Britten slechts één schip, de *Anna* (70) moesten verbranden, waren de onzen genoodzaakt nog een zestal der vernieling prijs te geven, namelijk de *Noord-Holland* (72), het *Wapen van Utrecht* (64), de *Maagd van Enkhuysen* (72), de *Gekroonde Burg* (62), de *Tholen* (60) en de *Elswout* (52) [4]). Weinig scheelde het, of de *Maas* (62) had een dergelijk lot van de Franschen ondergaan, toen kapitein Snellen dien bodem in veiligheid poogde te brengen; maar hij slaagde er in, de tegen hem uitgezonden fregatten af te weren, en bereikte later Goeree [5]).

Den 15den Julij, was de vloot, welke daags te voren de Franschen had uit het oog verloren, op de hoogte van Dover, waar zich twee commissarissen aan boord vervoegden, om een voorloopig onderzoek in te stellen. Zij betuigden Evertsen de hooge tevredenheid der koningin over de wijze, waarop hij en de zijnen zich hadden gekweten, en vroegen hem tevens, wat hij van den opperbevelhebber

---

[1]) Brief van Tourville van 11 Julij; Sue, IV p. 359; Guérin, II p. 121; Lapeyrouse Bonfils, I p. 299.

[2]) Brief van Schey; Evertsen, 17 Julij.

[3]) Dalrymple, II b. p. 171; Campbell, III p. 63; Lapeyrouse Bonfils, I p. 304.

[4]) Lediard, III p. 33; Hollandsche Mercurius voor 1690, p. 210; staat van 's lands schepen bij den brief van Evertsen van 17 Julij.

[5]) Lediard, III p. 34; Hollandsche Mercurius voor 1690, p. 208; de Jonge, Zeewezen, III p. 211.

dacht. Hierover liet hij zich hoogst voorzigtig uit, evenals in zijn schrijven aan de Staten-Generaal, bewerende, dat Torrington zelf zich behoorde te verantwoorden. Hij kon echter niet verzwijgen, dat de gecombineerde vloot waarschijnlijk de victorie zou hebben behaald, indien de Engelschen met dezelfde hevigheid hadden gevochten, als de onzen [1]. Zoodra Torrington met het overschot zijner vloot op den Theems was aangeland, poogde hij, door het wegnemen der boeijen en andere maatregelen, zich tegen een mogelijken aanval te vrijwaren [2].

Welk eene stemming deze nederlaag te weeg bragt, kort nadat het leger der verbondenen insgelijks aanzienlijke verliezen had geleden, is te begrijpen. Terwijl men Evertsen en den zijnen een uitbundigen lof toezwaaide, hetgeen ook Torrington deed in zijn reeds meermalen aangehaalden brief, uitte zich de verontwaardiging over de rol, welke de opperbevelhebber zelf had gespeeld. De Britsche zeeofficieren en matrozen waren schier uitzinnig, wegens de hun berokkende schande. Het gouvernement, dat eene uitbarsting vreesde, trachtte door gepaste maatregelen de gemoederen wat te bevredigen. Naauwelijks was Torrington te Londen gekomen, waar hij een mondeling verslag uitbragt, of hij werd, in afwachting van een nader onderzoek, naar den Tower gevoerd [3]. Bovenal lieten Willem III en Maria niets onbeproefd, om den ongunstigen indruk, dien het gebeurde in de republiek moest maken, uit te wisschen of te verzachten. Men zorgde, in Engeland, voor de verpleging der gekwetste Nederlandsche zeelieden, en verklaarde zich bereid er de beschadigde schepen te herstellen [4]. Ten spoedigste zond de koningin een buitengewonen gezant aan de Staten-Generaal, om de Britten te verontschuldigen en alles aan te bieden, wat tot eenige vergoeding kon strekken. De koning zelf schreef aan H. H. M. dat hij de geleden verliezen met smart had vernomen, er de ver-

---

[1] Brief van Evertsen van 17 Julij.
[2] Dalrymple, II b. p. 171; Lediard, III p. 35; Campbell, III p. 66; Macaulay, V p. 273.
[3] Macaulay, V p. 276, 278; brief van Nottingham in de Hollandsche Mercurius voor 1690, p. 208, en in de Europische Mercurius voor 1690, 3e stuk p. 41. Campbell, III p. 69.
[4] Brief van Evertsen van 17 Julij; Dalrymple, I p. 145.

zekering bijvoegende, dat hij een naauwkeurig onderzoek zou instellen, en dat hij de schuldigen, anderen ten exempel, naar behooren zou doen straffen [1]).

Zoodra de vijandelijke vloot, den 4den Julij, de vervolging staakte, was echter voor Engeland niet alle gevaar geweken. Tourville bleef zich toch nog eene wijl in het Kanaal ophouden, en vertoonde er zich na eene korte afwezigheid andermaal. Doch hij kwam niet verder, zoodat hetgeen de Staten tot beveiliging der Nederlandsche kust verordenden, overbodig bleek te zijn. Zelfs in het Kanaal bepaalden de ondernemingen der Franschen zich tot eene landing, waarbij slechts enkele gewapende vaartuigen vernield en vele eenvoudige landlieden en visschers van have en goed beroofd werden [2]). Terwijl de Fransche vloot zich in de nabijheid der Engelsche kust ophield, konden echter de bondgenooten hunne voorhanden schepen niet vereenigen. Killegrew en Almonde, eindelijk teruggekeerd, moesten den 23sten Julij te Plymouth binnenvallen, waar ook Shovel, die een tijd lang bij de Sorlings had gekruist, zich met enkele schepen bevond. Hier stelden zich allen echter in zoo goeden staat van tegenweer, dat de Franschen hunne plannen tegen de haven moesten opgeven [3]). Eerlang kwam er verandering. Onder den invloed eener ernstige ongesteldheid van den marquis de Seignelay, staakten de Franschen alle verdere bedrijven. Zij verlieten het Kanaal, en legden, nog in den loop van Augustus, de meeste hunner schepen op [4]). Hun vertrek schonk den bondgenooten de gewenschte gelegenheid, om de thans beschikbare bodems te vereenigen, en hiervan nog elders gebruik te maken.

Daags na den ongelukkigen slag bij Bevesier, had Willem III aan

---

[1]) Hollandsche Mercurius voor 1690, p. 212, 231; Europische Mercurius voor 1690, 3e stuk p. 52, 95; Sylvius, XXX p. 125.

[2]) Hume, XI p. 90; Rapin-Thoyras, XI p. 100; Macaulay, V p. 274 en VI p. 35; Burnet, IV p. 96; Poncet la Grave, Histoire des descentes, I p. 307; Lapeyrouse Bonfils, I p. 306.

[3]) Hollandsche Mercurius voor 1690, p. 238; Europische Mercurius voor 1690, 3e stuk p. 136, 166; Lediard, III p. 26; Naval Chronicle, XXXIII p. 181; Dalrymple, II b. p. 176; Campbell, III p. 56.

[4]) Guérin, II p. 131, 141; Lapeyrouse Bonfils, I p. 306; Europische Mercurius, t. a. p.; Sylvius, XXX p. 196; Poncet la Grave, I p. 309.

de Boyne, in Ierland, een beslissend voordeel behaald, op Jacobus, welke dien ten gevolge zelfs naar Frankrijk was teruggekeerd. Dit beurde de gemoederen niet weinig op, vooral daar het uitzigt gaf op eene spoedige onderwerping van het genoemde eiland. Hiertoe kon de vloot, in het najaar, nog krachtig medewerken. Evertsen, die in het begin van September den Theems verliet, voegde zich, na te Duins ook de schepen van Almonde bij zich gekregen te hebben, den 26sten der genoemde maand bij de Britsche vloot te Spithead. Hier lagen nu 42 schepen van meer dan vijftig stukken bijeen, die, onder het bevel van drie commissarissen, nieuwe troepen naar Ierland bragten, en veel tot de inneming der stad Cork bijdroegen [1]. Den 12den October, vier dagen na deze heugelijke gebeurtenis, keerde de vloot terug, met achterlating van eenige bodems te Cork en van een klein eskader bij de Sorlings. Te Duins, waar ook Shovel met andere schepen binnenviel, werd de vloot ontbonden. Evertsen kon zich dus met de Nederlandsche schepen naar het vaderland begeven, uitgezonderd enkele, die onder den schout bij nacht Schey moesten achterblijven [2].

Behalve de reeds gemelde verliezen, had de republiek nog andere te betreuren. In September, was de *Cortgene* (50) verongelukt, en daarna was de *Zeelandia* (64), die voor Duinkerken gelegen en in de Noordzee gekruist had, bij het binnenkomen te Duins vergaan. Deze rampen deden het verlies der republiek, binnen een jaar tijds, tot niet minder dan twaalf groote schepen klimmen. Hoog noodig was dus het besluit der Staten tot den aanbouw van 18 nieuwe [3].

Handel en zeevaart waren, na het uitbreken der vijandelijkheden, verbazend gestremd, ofschoon de regtstreeksche nadeelen, door de kapers van Duinkerken en andere plaatsen den onzen toegebragt, aanvankelijk weinig te beteekenen hadden. De gevechten tegen die gevreesde belagers van den Nederlandschen eigendom geleverd, wa-

---

[1] De Jonge, Zeewezen, III p. 230, 237; Hollandsche Mercurius voor 1690, p. 244 e. v.; Europische Mercurius voor 1690, 4e stuk p. 13 e. v.; Lediard, III p. 40.
[2] Brief van Evertsen van 18 October, bij Sylvius, XXX p. 179; Lediard, III p. 49; de Jonge, Zeewezen, III p. 238.
[3] De Jonge, Zeewezen, III p. 229.

ren tot dusverre schaarsch [1]. Leefde dan Jan Bart niet meer, of was de oude veerkracht bij hem uitgedoofd? Hierop zouden de volgende jaren, niet zonder toedoen der Britten, een maar al te duidelijk antwoord geven. Men kon dit met regt aan de zorgeloosheid onzer bondgenooten wijten, omdat zij in 1689 het geluk hadden gehad, hem en den weinig minder geduchten Forbin, in handen te krijgen, doch beiden uit hunne gevangenis te Plymouth lieten ontsnappen [2]. De reden, waarom zij niet aanstonds als kaperkapiteins waren opgetreden, is te zoeken in hunne tegenwoordigheid op de vloot van Tourville, waaraan het Fransche gouvernement alle beschikbare krachten had besteed. Eerlang zou men hier te lande weder meer dan genoeg van hunne ondernemingen hooren.

Andere belemmeringen van den handel sproten voort uit de algemeene verbodsbepalingen, die tevens de Noordsche mogendheden ten zeerste ontstemden. Zweden aarzelde zelfs met het verleenen der toegezegde hulp, en verbond zich tot eene soort van gewapende neutraliteit met Denemarken, dat, bij wijze van represailles, eenige Nederlandsche schepen in de Sond aanhield [3] Een en ander noopte de Staten-Generaal en den koning van Groot-Brittanje, door eene nadere overeenkomst, de hoofdbezwaren der genoemde mogendheden uit den weg te ruimen. Hamburg, dat zich met reden verongelijkt gevoelde, omdat men in Engeland zelfs schepen opbragt, die voor de oorlogsverklaring waren vertrokken, lokte een speciaal verbod uit voor de kooplieden dier stad, welke zich later slechts noode aan de bevelen des keizers onderwierpen. Spanje handhaafde het handelsverbod met de uiterste gestrengheid [4].

De Staten-Generaal ondervonden echter niet dan al te zeer, hoe moeijelijk dit viel. Nadat zij allen, die den koning van Frankrijk de gewone oorlogs-contrabande, alsmede scheepsbehoeften en ver-

[1] Europische Mercurius voor 1690, 2ᵉ stuk, p. 23, 55, 63; 4ᵉ stuk, p. 96; Sylvius, XXIX p. 85 en 100; XXX p. 194.
[2] Forbin, Mémoires, ed. Amsterdam 1730, I p. 274 e. s.; Richer, La vie de Jean Bart, p. 24 e. s. Sue, IV p. 142; Guérin, II p. 116; Charnock, History of marine architecture, II p. 444.
[3] Wagenaar, XVI p. 135; Europische Mercurius voor 1690, 1ᵉ stuk, p. 201 en 2ᵉ stuk p. 101; Hollandsche Mercurius voor 1690, p. 320.
[4] Wagenaar, XVI p. 43; Europische Mercurius voor 1690, 2ᵉ stuk p. 9, 51 en 100.

schillende metalen toevoerden, reeds zonder genade, als verraders des vaderlands, met den dood bedreigd hadden [1]), baarde hun de invoer van Fransche waren nieuwe moeite. Hiertoe bezigde men allerlei kunstgrepen. Zelfs bragten sommige commissievaarders de verboden goederen mede, onder den schijn van die te hebben veroverd, hetgeen aanleiding gaf tot verschillende plakaten, volgens welke allen, die zich aan dergelijke overtreding schuldig maakten, en allen, die het oogluikend aanzagen, met boeten, verbanning, geeseling, ja zelfs met de galg gestraft zouden worden [2]). Genoeg om te doen zien, dat het nog al wat inhad, om den verboden handel te weren.

Tot een besluit der gebeurtenissen van dit jaar, kan de afloop der zaak van Torrington strekken. Deze had reeds maanden lang in den Tower doorgebragt, eer men het eens was over de regtbank, die hem, als admiraal en pair van het rijk, moest vonnissen. Zoodra het hoogerhuis, met kleine meerderheid, er genoegen mede had genomen, dat het aan een krijgsraad zou worden opgedragen, zocht de beschuldigde heul bij het lagerhuis. Hier verdedigde hij zijn gedrag in hevige bewoordingen, waarbij hij zelfs de onzen niet spaarde. De Nederlandsche schepen waren, volgens zijne bewering, alleen ten gevolge van de overhaasting hunner bevelhebbers verdubbeld, terwijl hij, tot hun geluk, inmiddels den wind had behouden. Het gouvernement had hem niet voldoende ingelicht, aangaande den staat van 's vijands vloot, en de zijne niet genoeg versterkt. Al wat hij aanvoerde, leidde echter niet tot het doel, daar men hem, in December, voor een krijgsraad van twaalf Britsche officieren bragt, die aan boord van de *Kent*, onder het voorzitterschap van Delavall, zitting hield.

Behalve een aantal Britsche officieren, meest allen van lagen rang, hoorde men er ook den schout bij nacht Schey en de Nederlandsche kapiteins Taelman en Swaen. Het getuigenis der beide laatsten klonk niet zeer bezwarend voor den opperbevelhebber; dat van den eersten wel. Uit het tamelijk grappig tafereel, dat de Nederlandsche schout bij nacht zelf van zijn verhoor ophing, is op te

---

[1]) Europische Mercurius voor 1690, 2ᵉ stuk, p. 180; Sylvius, XXIX p. 121.
[2]) Europische Mercurius voor 1690, 3ᵉ stuk, p. 217; Sylvius, XXX p. 173.

maken, dat hij, in weerwil zijner gebrekkige kennis van de Engelsche taal, zich nog al weerde. Nadat hij zijne meening duidelijk had uiteengezet, verdroten hem de vragen naar allerlei bijzaken. Maar toen, bij eene opsomming van hetgeen zijne landgenooten vroeger tegen overmagt hadden gedaan, verscheidene leden te gelijk hem in de rede vielen, verloor hij zijn geduld. Luidkeels riep hij, dat men hem niet zou overbluffen, er de weinig vleijende opmerking bijvoegende, dat de vergadering meer naar een nest met jonge vogels [1], dan naar een krijgsraad geleek. En het bleef er niet bij. Want zoodra een der aanwezigen eenigen twijfel opperde, aangaande het gedrag der Nederlanders zelven, en meer bepaald dat van Callenburg, greep de schout bij nacht den spreker bij diens rok, vragende wat hij er voor een was, en of hij bereid was satisfactie te geven. Onder protest tegen het verhandelde, verliet Schey het Britsche vlaggeschip, met de verklaring, dat hij zich tot den koning zou wenden.

Deze toch had, in zijn brief aan de Staten-Generaal en later bij de opening van het parlement, uitdrukkelijk beloofd, dat hij een voorbeeld zou stellen. Dit ware hem ligt gevallen, indien de krijgsraad het schuldig had uitgesproken. Maar deze sprak den opperbevelhebber, in weerwil van alle tegen hem ingebragte bezwaren, ten eenen male vrij. Dien ten gevolge kon Torrington zegepralend naar de hoofdstad terugkeeren, waar de stemming reeds zeer in zijn voordeel veranderd was. Nu begreep Willem III, dat hij, tot behoud der goede verstandhouding, ten minste iets moest doen, om zijne land- en bondgenooten te bevredigen, die zich ongestraft ter slagtbank gevoerd waanden. Hij weigerde den vrijgesprokene te ontvangen, en ontsloeg hem uit de dienst [2]. Bij de grootsche plannen, die men tot gemeenschappelijke bestrijding van Frankrijk had gevormd, kon de man, die het vertrouwen

---

[1] Rapin-Thoyras, XI p. 117, zegt: oiseaux. In de hieronder gemelde Nederlandsche berigten, is het woord uitgelaten. Misschien zal hij wel spreeuwen of iets dergelijks hebben gezegd.

[2] Campbell, III p. 77, 334; Macaulay, VI p. 100 e. s.; Rapin-Thoyras, XI p. 115; Dalrymple, I p. 152; Hume, XI p. 91; Hollandsche Mercurius voor 1690, p. 343 e. v.; Europische Mercurius voor 1690, 4^e stuk, p. 12, 107, 160 e. v.; Sylvius, XXX p. 202, 221.

van den bondgenoot had verbeurd, in geen geval aan het hoofd der vereenigde zeemagt blijven.

Opmerkelijk is het, dat men, reeds kort na het gebeurde, de schuld niet uitsluitend bij Torrington zocht [1]. Reden te meer, om hier met een enkel woord aan te stippen, wat er van een onpartijdig standpunt over diens handelwijze te zeggen valt. Met al zijne losbandigheid, was hij een der bekwaamste en dapperste zeeofficieren, dien men slechts in de eerste opwelling van lafhartigheid kon beschuldigen [2]. Aan verraad, ofschoon in die dagen onder de Britten niet zeldzaam, is bijna niet te denken. Des te meer aan beleedigd eergevoel, nu de koningin den strijd had bevolen, en wel op raad eener commissie, waartoe Russell, een verklaard tegenstander van den admiraal, behoorde [3]. In zijn eerste schrijven, onmiddellijk na het gevecht, had Torrington zich reeds aldus uitgelaten: „God almagtig weet alleen, wat de gevolgen van dezen ongelukkigen slag zullen wezen; maar ik durf stellig verzekeren, dat ik, indien ik vrijelijk had kunnen begaan, elken aanslag tegen de kust zou hebben verhinderd, en de schepen uit het westen zou hebben beveiligd. Had ik den slag uit eigen beweging ondernomen, ik zou niet weten, wat te zeggen; maar dat ik het op bevel heb gedaan, zal mij, naar ik hoop, van blaam zuiveren" [4]. Dit geschiedde echter niet volkomen. Zelfs wie hem vrijspreekt van lafhartigheid en verraad, wie ook de later opgegeven redenen voor de werkeloosheid van het centrum tot op zekere hoogte kan billijken, moet het afkeuren, dat een admiraal te weinig had gerekend op eene verandering van de weersgesteldheid, en dat hij, bij eene altijd uiterst hagchelijke onderneming, vermoedelijk uit nationaal vooroordeel, juist zijne bondgenooten het spits liet afbijten.

---

1) Naukeurig Verhaal, ed, 1690, p. 15, 16, 54.
2) Macaulay, V p. 99; Dalrymple, I p. 145; Sylvius, XXX p. 150.
3) Burnet, IV p. 118; Macaulay, V p. 271.
4) Brief van Torrington aan Caermarthen, bij Dalrymple, II b. p. 112.

c. *Dood van den luitenant-admiraal C. Tromp. — Onbeduidende verrigtingen der vloot in* 1691, *onder Russell en Almonde. — Kaapvaart. — Bijzondere gevechten. — Landingsplannen van Jacobus II in* 1692. *— Zeeslag bij La Hogue. — Verliezen der Franschen na het gevecht. — Werkeloosheid der bondgenooten. — Rampzalig lot eener koopvaardijvloot in* 1693. *— Kloek gedrag van de kapiteins Schrijver en van der Poel. — Latere gebeurtenissen.*

Men kon tot dusverre waarlijk niet zeggen, dat het den bondgenooten was gelukt, de magt van Lodewijk XIV eenigermate te knotten. Zelfs had de Fransche marine, kort geleden nog weinig in tel, zich thans een zeker overwigt verworven op de vereenigde vloot der beide mogendheden, die elkander vroeger de heerschappij der zee hadden betwist. Dit moest het nationale gevoel, zoowel in Groot-Brittanje als in de republiek, ten diepste krenken, en strekte inderdaad tot een spoorslag om den ijver te verdubbelen.

Terwijl er, in het voorjaar van 1691, reeds druk werd gearbeid aan het uitrusten der benoodigde schepen, bezocht Willem III de republiek, waar vele aanzienlijke personen hem kwamen begroeten. Onder hen behoorde ook de luitenant-admiraal C. Tromp, die sedert den vrede van Nijmegen niet meer in werkelijke dienst was geweest. Den grijzen held viel thans niet alleen eene heusche ontvangst te beurt, maar de stadhouder opende hem zelfs het uitzigt op frissche lauweren, door hem het bevel op te dragen over het Nederlandsch eskader, dat zich eerlang bij de Britsche vloot zou voegen. Voor dat het echter gereed was, overleed de genoemde admiraal, den 29sten Mei, aan eene slepende ziekte [1]).

Hij werd nu vervangen door Almonde, vice-admiraal onder het collegie van Amsterdam, zeker omdat men in Holland ongaarne had gezien, dat het bevel over 's lands eskader nu al twee jaren door een Zeeuwsch admiraal was gevoerd. Wel een klaar bewijs, dat het oude geschil in het binnenland bleef voortleven. Gelukkig bezat Holland thans vele bekwame vlagofficieren, zoodat er geene

---

[1]) Europische Mercurius voor 1691, 1e stuk, p. 151; 2e stuk, p. 121; Sylvius XXXI p. 26, 33 Bijvoegsels bij Wagenaar, XVI p. 59.

sprake behoefde te zijn van opoffering van 's lands belangen, ter wille van den onderlingen naijver der provinciën.

Het eskader, dat zich, onder den vice-admiraal Almonde, met de Britsche vloot vereenigde, telde, behalve de kleinere vaartuigen en branders, 39 schepen van meer dan vijftig stukken, waaronder 6 van de admiraliteit te Harlingen, die in geruimen tijd niets tot versterking der vloot had bijgedragen [1]). De vereenigde magt, waarover Russell het opperbevel voerde, beantwoordde echter, ook in 1691, niet aan de verwachting, hetgeen minder te wijten was aan hare bevelhebbers, dan aan het Fransche gouvernement, dat eene vloot onder Tourville uitzond, met uitdrukkelijken last, hiermede geen slag te leveren, tenzij dit met groot voordeel kon geschieden. Zelfs werd de wijze, waarop de Fransche admiraal dien ten gevolge de vloot der bondgenooten zorgvuldig vermeed, hem later tot eene eer gerekend [2]). Daarentegen was hij niet geslaagd in het onderscheppen eener koopvaardijvloot, ter waarde van meer dan veertig millioen gl., welke de bondgenooten uit de Middellandsche zee te gemoet zagen. Nu het Fransche gouvernement hem de verovering van dien kostbaren buit als zijne voornaamste taak had aangewezen, konden de onzen er zich op beroemen, dat Tourville zijn hoofddoel had gemist; want de rijk geladen vloot kwam, tot vreugde der Nederlandsche en Britsche kooplieden, en tot spijt der Franschen, behouden te Kingsale. Eerst daar nam de oorlogsvloot de koopvaarders onder haar geleide, zoodat men de heugelijke gebeurtenis inderdaad slechts voor een klein gedeelte aan hare tusschenkomst te danken had [3]). Met te meer reden kon men zich over de onbeduidende rol der vereenigde vloot beklagen, omdat zij eene laatste poging tot ondersteuning der partij van Jacobus in Ierland niet had verhinderd, en evenmin, dat eindelijk de aanhangers van dien vorst, na eene beslissende nederlaag, ongemoeid Frankrijk

---

[1]) De Jonge, Zeewezen, III p. 244, 256 en bijlage XIV.
[2]) Instructie van Tourville, bij Sue, V p. 17; Hoste, Treatise on naval tactics, p. 142; Guérin, II p. 146; Lapeyrouse Bonfils, I p. 309.
[3]) Brief van kapitein Schrijver in de Europische Mercurius voor 1691, 3ᵉ stuk, p. 21 en verder p. 69 en 130; Sylvius, XXXII p. 113 en 124; Campbell, III p. 82; Lediard, III p. 65; Wagenaar, XVI p. 152.

bereikten [1]. De onderwerping van het eiland, die weldra volgde, had men dus niet aan de krachtige medewerking der zeemagt te danken.

Op den uitslag van het bewaken der haven van Duinkerken, welks kapers zich weêr begonnen te vertoonen, viel insgelijks niet te roemen. Immers hadden acht Nederlandsche schepen en een gelijk aantal fregatten, onder kapitein van Toll, benevens een zestal Britsche schepen, niet belet, dat Jan Bart, in Julij, met eenigen der zijnen, was uitgeloopen, hetgeen de vernieling van acht of negen onzer haringbuizen en de vermeestering van een onzer convooijers ten gevolge had [2]. Eenigermate werd die op zich zelf weinig beduidende schade vergoed door onze eigen commissievaarders, waarvan er velen aan de gebroeders Sautijn en anderen in Zeeland toebehoorden. Naauwelijks was de kaapvaart in Julij 1691 opengesteld, of er liepen, alleen in de genoemde provincie, meer dan dertig schepen te gelijk uit, die, evenals de later vertrokkene, eene menigte prijzen opbragten, maar door overdreven ijver den onzijdigen vaak reden tot klagen gaven [3].

Bij gemis van belangrijke gebeurtenissen op groote schaal, was men in de republiek opgetogen over de manhaftigheid, door sommige Nederlandsche zeelieden in bijzondere gevechten aan den dag gelegd. Zoo was de bemanning van de *Duinwijk*, na op de hoogte van kaap St. Vincent, een herhaalden aanval van twee Algerijnen afgeslagen, en hierbij den kapitein, den opperstuurman, benevens vele anderen verloren te hebben, met den zwaar gehavenden bodem, te Cadix, de plaats harer bestemming, binnengevallen. Even verdienstelijk, had kapitein Opmeer zich gekweten, toen zijn schip, de *Jufvrouw Louïse*, in Augustus, door vier Fransche schepen was aangetast. Na eene vruchtelooze poging om te ontzeilen, had hij het aangeboden kwartier met eene volle laag beantwoord en vervolgens een hopeloozen strijd gevoerd, tot dat zijn schip in brand geraakte. Nu zocht de

---

[1] Europische Mercurius voor 1691, 2e stuk, p. 89, 103, en 4e stuk, p. 83; Hume, XI p. 131; Sue, V p. 47; Guérin, II p. 145.

[2] De Jonge, Zeewezen, III p. 263; Europische Mercurius voor 1691, 2e stuk, p. 162, 3e stuk, p. 71, 129; Sylvius, XXXII p. 124; Wagenaar, XVI p. 153.

[3] De Jonge, Zeewezen, III p. 269 e. v.; Bijvoegsels bij Wagenaar, XVI p. 60.

bemanning een goed heenkomen, deels met de sloep, deels met de boot, deels door eenvoudig over boord te springen. Opmeer zelf was anderhalf uur te water geweest, toen de Franschen er in slaagden hem, evenals anderen, op te visschen. Hij had zijn schip zien verbranden en oogstte zelfs den lof zijner bestrijders. Omstreeks denzelfden tijd, was het schip de *Romein*, in de Spaansche zee, door drie Algerijnen, niet minder dan zesmaal in brand geschoten en vijfmaal geënterd. Na het sneuvelen van den kapitein en anderen, spraken sommigen van overgave. Maar de bottelier, die later schreef: „Doen was ik, Dirk Monses, het opperhoofd tusschendeks," behield het veege schip; want hij verklaarde, in de gemelde hoedanigheid, dat hij liever den brand in het kruid zou steken, dan zich over te geven, en weerde zich vervolgens dermate, dat hij den bodem, waarop schier alles kort en klein geschoten was, toch uit 's vijands handen redde en te Lissabon bragt [1]. Zoolang de natie nog zulke mannen onder hare zeelieden telde, mogt zij de hoop voeden, dat ook hare vloot zich naar den eisch zou kwijten, indien de gelegenheid tot handelen zich slechts aanbood. En dit geschiedde eerlang, ten gevolge der nieuwe plannen van Lodewijk XIV.

Na het verlies van Ierland, besloot men, aan het Fransche hof, tot eene landing in Engeland. Hiertoe verzamelde zich, in den aanvang van 1692, op de kust van Normandië, eene legermagt, onder het opperbevel van den maarschalk de Bellefonds. Driehonderd transportschepen moesten haar, onder bescherming der Fransche vloot, overbrengen. Jacobus zelf begaf zich naar de legerplaats, en poogde het Engelsche volk op zijne terugkomst voor te bereiden, door eene declaratie, waarin hij Willem III, als een overweldiger en een anderen Nero, afschilderde [2]. Maar noch dit stuk, noch de onderhandelingen met sommige Engelschen, om hen tot ontrouw te bewegen, hadden de beoogde uitwerking. De schout bij nacht Carter hield de hem gedane aanbiedingen voor de koningin niet geheim, en Russell, ofschoon in verboden correspondentie met Jaco-

---

[1] Brieven in de Europische Mercurius voor 1691, 2e stuk, p. 101; 3e stuk, p. 188; 4e stuk, p. 59; Sylvius, XXXI p. 86; XXXII p. 133, 137.

[2] Guérin, II p. 154; Lapeyrouse Bonfils, I p. 321; Europische Mercurius voor 1692, 2e stuk p. 120, 130; Sylvius, XXXIII p. 47, 54.

bus, was toch niet voornemens, als admiraal en Engelschman, zich aan pligtverzuim schuldig te maken. Hij verzekerde ten minste der tegenpartij, dat hij de verwachte Fransche schepen zou bevechten, al stond Jacobus zelf op het dek [1]).

Willem III, die zich in Maart naar de republiek had begeven en hier vervolgens nadere berigten ontving van de toebereidselen op de Fransche kust, schreef den 4^{den} Mei aan Heinsius, dat hij nu werkelijk eene landing begon te duchten, die men vermoedelijk niet beter zou kunnen verijdelen, dan door het spoedig uitloopen der Nederlandsche schepen. Reeds den 7^{den} Mei vertrokken er eenige uit Texel, onder Almonde, die inmiddels tot luitenant-admiraal bij het collegie van Amsterdam, en tot ergernis der staten van Zeeland, weder tot bevelhebber van het Nederlandsche eskader benoemd was. Bij het uitzeilen, geraakte het *Wapen van Reygersbergh* (74), een nieuw schip, aan den grond, en ging verloren. De gansche equipage, op drie man na, kwam er echter af. Twee dagen later, vertrokken andere schepen, die onder den schout bij nacht van der Goes zich, evenals de eerstgemelde, op de hoogte van Rye, met de Britsche vloot vereenigden [2]). Deze zeilde vervolgens naar de baai van St. Helens, waar zich nog enkele bodems onder de vlag schaarden.

Omstreeks half Mei, kon Russell, als opperbevelhebber der vereenigde vloot, over niet minder dan 88 schepen van vijftig tot honderd stukken beschikken, ongerekend een dertigtal kleinere en 19 branders. Het daaronder begrepen Nederlandsche eskader bestond uit 26 schepen van meer dan vijftig, 8 van zes en twintig tot zes en veertig stukken, alsmede 10 kleinere en 7 branders. De geheele vloot telde 6756 stukken en 38.000 man.

Thans waren de bondgenooten beter geslaagd in het zamentrekken hunner magt, dan de Franschen. Tourville lag te Brest, met 44 schepen en 13 branders, die te zamen 3240 stukken en 21.000 man aan boord hadden. Hij verbeidde er een eskader, dat onder d'Estrées uit Toulon was vertrokken, doch ten slotte, wegens storm, niet ter

---

[1]) Rapin-Thoyras, XI p. 153; Hume, XI p. 141; Lediard, III p. 80; Dalrymple, I b. p. 195, 200, 202; Macaulay, VII p. 35, 45.

[2]) De Jonge, Zeewezen, III p. 287, 290 (noot); Europische Mercurius voor 1692, 2e stuk, p. 145.

bestemder tijd kwam, waar het wezen moest ¹). Die tegenspoed, in verband met de tijdige komst van het Nederlandsche eskader, stelde alles, naar de meening der Franschen, dermate op losse schroeven, dat zij, op de kust van Normandië, eenige ingescheepte troepen reeds weder hadden ontscheept, toen zij eensklaps vernamen, dat Tourville, met zijne oogenschijnlijk niet toereikende magt naar het Kanaal stevende ²).

Lodewijk had dit bevolen, in den waan, dat de Nederlandsche schepen er nog niet waren, en dat vele Britten, uit gehechtheid aan Jacobus, ten minste buiten gevecht zouden blijven, indien zij zich al niet aan de zijde der Franschen schaarden. Op het gemis aan havens in het Kanaal, waar zijne schepen zich des noods konden bergen, schijnt hij volstrekt niet te hebben gerekend, ofschoon het voorbeeld der Spaansche armada in 1588 had geleerd, hoe noodlottig dit zelfs voor eene magtige vloot kon worden. Daar echter Lodewijk spoedig vernam, dat ook de andere gegevens niet juist waren, zond hij renboden met tegenbevel naar de kust, waar aanstonds tien vaartuigen in zee staken, om den admiraal op te zoeken. Geen daarvan bereikte hem echter in tijds ³), zoodat hij geheel onkundig bleef van de veranderde zienswijze des konings.

Aangaande de stemming der Britsche zeeofficieren liepen inderdaad allerlei geruchten. Deze hadden zelfs aanleiding gegeven tot een schrijven van lord Nottingham aan het personeel der vloot, waarin hij verzekerde, dat koningin Maria alles voor lasterlijke uitstrooisels hield en ten volle op hare officieren rekende. Die loijale verklaring, wel geschikt om sommige weifelaars tot inkeer te brengen, ontlokte aan het personeel een adres van trouw, dat alle bevelhebbers teekenden, uitgezonderd Russell ⁴). Twee dagen later ging de

---

1) De Jonge, Zeewezen, III p. 292; Sue, V p. 69, 73; Guérin, II p. 155; Lapeyrouse Bonfils, I p. 324. In de Europische Mercurius, bij Lediard, Charnock, e. a. zijn de strijdkrachten der bondgenooten iets grooter, die der Franschen veel te groot opgegeven.
2) Europische Mercurius voor 1692, 2ᵉ stuk, p. 149.
3) Guérin, II p. 25 en 156; Sue, V p. 71 en 78, een Fransch verhaal, dat ook voorkomt in de Europische Mercurius voor 1692, 2ᵉ stuk, p. 159, en bij Sylvius, XXXIII p. 83.
4) Dalrymple, I p. 205; Rapin-Thoyras, XI p. 153; Hume, XI p. 143; Macaulay, VII p. 47; Naval Chronicle, XXXIII p. 183; Europische Mercurius voor 1692, 2ᵉ stuk, p. 188.

vereenigde vloot van St. Helens onder zeil, op het berigt dat de Franschen in aantogt waren, en den 29sten Mei, tusschen drie en vier uren in den morgen, kregen de beide vloten elkander in 't zigt, omtrent zes mijlen van kaap Barfleur [1]).

Tourville, die het voordeel van den wind had, liet zijne schepen bijdraaijen en seinde de bevelhebbers aan boord. Deze vonden den strijd onder de gegeven omstandigheden niet geraden, doch verklaarden zich hiertoe bereid, nadat hun de bevelen des konings waren medegedeeld [2]). Vermoedelijk heeft ook de admiraal, evenals aanvankelijk zijn meester, niet dan al te zeer op den afval der Britten gerekend; want het besluit, dat hij nam, om den strijd tegen zulk eene overmagt aan te vangen, en zoo doende alles in de waagschaal te stellen, ware anders, volgens een onzer vlagofficieren, niet te houden voor een bewijs van couragie of beleid, maar wel van „temeriteit ofte dolligheit." Intusschen waren de schrijver van dien brief en andere Nederlandsche zeeofficieren, ook voor zich zelven, niet zeker van de houding der Britten, voor en aleer deze doorslaande blijken van hunne gezindheid hadden gegeven [3]).

Russell, voornemens zelf zijn pligt te doen, had bij de laatste inspectie der vloot, met zinspeling op de loopende geruchten, tot de bemanning gezegd: „Indien uwe bevelhebbers zich als verraders gedragen, werpt hen over boord, en mij in de eerste plaats" [4]). Zoodra nu het beslissend oogenblik was aangebroken, liet ook hij zijne schepen bijdraaijen, formeerde voor acht uren zijne linie van bataille, en wachtte den aanval bedaard af. Almonde lag met de Nederlandsche schepen in de voorhoede, Russell in het centrum, John Ashby in de achterhoede [5]).

---

1) Fransch verhaal, bij Sue e. a.; brief van Almonde van 31 Mei en van Russell van 12 Junij, in de Europische Mercurius voor 1692, 2e stuk, p. 176 en 191; Sylvius, XXXIII p. 77 en 80; Campbell, III p. 99; Naval Chronicle, XXXIII p. 187.
2) Sue, V p. 74 e. s.; Lapeyrouse Bonfils, I p. 326; Lediard, III p. 99.
3) Brief van den vice-admiraal van de Putte van 2 Junij, bij de Jonge, III p. 298; brief van den schout bij nacht van der Goes van 1 Junij in de Europische Mercurius voor 1692, 2e stuk, p. 188, en bij Sylvius, XXXIII p. 80.
4) Macaulay, VII p. 49.
5) Brief van Russell van 12 Junij; Campbell, III p. 94.

Wegens het afnemen van den wind, naderden de Fransche schepen niet dan uiterst langzaam, en konden eenige bodems hunner voorhoede, eerst tusschen tien en elf uren, de voorste schepen der Nederlanders aantasten. Opmerkelijk dat d'Amfréville, de bevelhebber der Fransche voorhoede, wiens eskader niet talrijk genoeg was, om alle Nederlandsche schepen bezig te houden, hier nagenoeg hetzelfde deed, wat men, twee jaren geleden, Torrington zoo kwalijk had genomen. Hij bleef toch met een deel van zijn eskader op een afstand, terwijl andere schepen van de voorhoede en het centrum in het gevecht waren. Wel verre van dit evenwel te misduiden, prezen de Franschen later zijn gedrag, beweerende dat hij, door niet te vechten, de vloot had beveiligd [1]).

Nu hadden de Nederlanders, wier voorste schepen tot omstreeks drie uren in den namiddag wat langer of korter bevochten werden, niet te klagen over de schade, die zij boven hunne bondgenooten beliepen. Alleen het gewezen admiraalschip de *Zeven Provinciën*, dat vele schoten onder water had bekomen en met drie pompen naauwelijks was gaande te houden, moest na het gevecht met 18 dooden en een veertigtal gekwetsten worden opgezonden. De *Admiraal-Generaal*, het vlaggeschip van den schout bij nacht van der Goes, dat veel schade aan want en rondhout, zelfs vier schoten door het hart van den grooten mast had gekregen, kon, evenals de *Amsterdam* en andere schepen, die eenig deel aan den strijd hadden genomen, voorloopig bij de vloot blijven [2]). Maar de meeste Nederlandsche bodems, namelijk die, welke het digtst bij de Engelsche hadden gelegen, waren volstrekt niet in de gelegenheid geweest iets te doen, „daar het gedeelte, dat ons moest attaqueeren," zoo luidde het in een brief van kapitein Schrijver, „geen lust hadde om geheelyk op ons af te komen; zodat de vice-admiraal van de

---

1) Pertinent verhaal in de Europische Mercurius voor 1692, 2e stuk, p. 187; brief van kapitein Schrijver van 3 Junij, aldaar p. 184; brief van den vice-admiraal Schey van 2 Junij, aldaar p. 181; brieven van Almonde van 31 Mei, en van der Goes van 1 Junij; Fransch verhaal, bij Sue e. a.; Guérin, II p. 161; Lapeyrouse Bonfils, I p. 329.

2) Journaal gehouden op 's lands schip de Seve Provintje, waerop commandeert den capteyn Evert de Lieffde, M. S. in het Rijks Archief; brieven van Almonde van 31 Mei en van der Goes van 1 Junij.

Putte, wiens seconde ik gesteld ben, nevens mij en anderen van zyn smaldeel, niet een schoot hebben kunnen schieten met profijt, en consequentelyk niet een schoot hebben gedaan. Wy scheenen hier maar verzocht te zyn om toe te kyken, terwyl voor ons, na den tyd, en achter ons dapper gevochten wierd" [1].

Onwillekeurig rijst hier de vraag, of niet de Nederlandsche bevelhebbers, die geen vijandelijk schip tegenover zich kregen, evenals Villette, in den slag bij Bevesier, pogingen hadden kunnen aanwenden, om al laverende boven den vijand te geraken en sommige van diens schepen tusschen twee vuren te brengen. Russell had dit uitdrukkelijk bevolen, doch in de vooronderstelling dat alle schepen der vijandelijke voorhoede zouden naderen. Het waren echter niet de schepen van d'Amfréville, maar eerst de sterke tegenwind, en daarna de invallende stilte, die onze bevelhebbers terughielden. Ook de Franschen moesten, uithoofde der stilte, hunne schepen laten boegseren, toen zij zich wenschten te verwijderen. Russell verklaarde, dat Almonde het bevel niet had kunnen opvolgen, en sprak als zijne overtuiging uit, dat de Nederlanders dit als een groot ongeluk beschouwden [2]. En hoe schoon klinkt niet het oordeel van Macaulay, als hij zegt: „De Nederlanders hadden inderdaad hun pligt gedaan, gelijk zij dien ter zee altijd gedaan hebben, hetzij met of tegen ons strijdende, hetzij overwinnend of overwonnen" [3].

Langduriger en hardnekkiger hadden thans de andere gedeelten der vloot gevochten. Tourville, die omstreeks half twaalf het centrum der Britsche vloot had aangetast, was na een paar uren strijdens met de *Soleil-Royal* (104) tegen de *Brittannia* (100), het vlaggeschip van Russell, in het nadeel geraakt, zonder dat hij zich gemakkelijk kon verwijderen. Gelukkig kwamen eenige bodems zijner achterhoede, waarvan er een het zwarte kruis van den ridder Chateaumorand voerde, tot ontzet opdagen. Spoedig bedreigde hem

---

[1] Brief van kapitein Schrijver, welks inhoud volkomen strookt met dien van Van de Putte, bij de Jonge, III p. 304.

[2] Brief van Russell van 12 Junij; Dalrymple, I b. p. 206; Campbell, III p. 94; Charnock, II p. 347.

[3] Macaulay, VII p. 54.

echter een nieuw gevaar, dewijl kapitein Shovel, met eenige schepen van het Britsche centrum, het eskader van Tourville verdubbelde en eenige van diens schepen tusschen twee vuren bragt. Dit kwam Shovel zelven bijna duur te staan; want toen de wind, omstreeks te zes uren meer opstak, doch uit het oosten, lag hij in lij van de Franschen en afgescheiden van de zijnen, dus in een hagchelijken toestand, waaruit hij zich later niet dan met moeite redde [1].

De achterhoeden, die eerst later slaags waren geraakt, hielden tot den avond vol. Het was toch reeds acht uren, toen de Britsche schout bij nacht Carter, bij het doorbreken der vijandelijke slagorde, eene doodelijke wonde bekwam, waarbij hij tevens het bewijs leverde, dat sommigen hem ten onregte wantrouwden. Nog met stervende lippen, vermaande hij zijne bemanning tot het voortzetten van den strijd, zoo lang het schip maar boven water te houden was [2].

Omstreeks denzelfden tijd moesten Shovel en de zijnen op eigen veiligheid bedacht zijn. Na eene vergeefsche poging, om den Franschen met branders afbreuk te doen, lieten zij zich, met het laatst van den vloed, tusschen de schepen des vijands afdrijven; eene zeker hoogst gewaagde manoeuvre, daar zij zich hierbij uitermate moesten bloot geven. Later verklaarde d'Amfréville dan ook, dat geen zijner kogels, bij het passeren van den Britschen schout bij nacht, zijn doel had gemist. Hiermede eindigde de strijd bij La Hogue, nu en dan wegens stilte en mist afgebroken, des avonds te tien uren [3].

Inmiddels was de wind, volgens alle berigten, meer naar het oosten geloopen. Dit kon Tourville baten, om zich te verwijderen, en Russell, om den vijand te vervolgen. Doch er was niet veel wind, terwijl bovendien een zware mist beide opperbevelhebbers verhinderde ook van dat weinige partij te trekken. „Het is zeker," schreef Almonde, „en niemand kan twyffelen, indien men onder en gedurende het gevecht een weinig koelte hadde gehad, of die

---

[1] Brief van Russell van 12 Junij; Naval Chronicle, XXXIII p. 185; Lediard, III p. 89, 90.

[2] Fransch verhaal bij Sue, e. a.; Lediard, III p. 92; Dalrymple, I p. 207; Hume, XI p. 142; Naval Chronicle, XXXIII p. 184.

[3] Fransch verhaal bij Sue, e. a.; Forbin, Mémoires, I p. 333; Guérin, II p. 164; Lapeyrouse Bonfils, I p. 332.

volgende Nacht tot 's anderen daags 's morgens ten acht uren toe, geen zo swaare Mist, of men hadde in staat geweest om van de Fransche Vloot vrij veel schepen te veroveren of te ruineeren" [1]).

Sommigen verhalen, dat de Franschen, tegen den avond, naar het voorbeeld der onzen, hun bij Bevesier gegeven, met staande zeilen ten anker kwamen, waardoor de vloed, die Shovel bij de zijnen bragt, het gros der bondgenooten iets meer had verwijderd [2]). Hoe dit zij, al de schepen der Franschen waren in den ongelijken strijd behouden gebleven; doch zij konden dien natuurlijk niet hervatten. Thans ondervonden hunne bevelhebbers, welke gevaren aan eene expeditie met groote schepen, buiten het bereik van eigen of bevriende havens, verknocht zijn. Voor dat Tourville, om de Normandische eilanden heen, St. Malo of Brest kon bereiken, zouden de bondgenooten toch hoogst waarschijnlijk zijne ontramponeerde schepen achterhalen. Dit leidde hem tot het gewaagde besluit, om met de 35 schepen, die hij 's anderen daags bijeen had, in den nacht van den 30sten Mei, het Ras van Blanchard, een zeer moeijelijk vaarwater tusschen Aurigny en de kust, binnen te stevenen. Twee en twintig geraakten er door, maar hij zelf moest met dertien schepen terugkeeren. De *Soleil-Royal* en twee andere, allen zeer beschadigd, zochten nu eene schuilplaats te Cherbourg. De tien overige begaven zich naar de baai van La Hogue, waar tegen den avond van den 31sten Mei, met inbegrip van twee vroeger aangekomene, twaalf groote schepen lagen, die men, evenals de andere te Cherbourg, door het oprigten van batterijen als anderzins, zoo goed mogelijk trachtte te beveiligen [3]).

Vruchteloos hadden de bondgenooten pogingen aangewend, om Tourville te genaken, nog voor deze het Ras van Blanchard binnenliep. Evenmin slaagden Almonde en Ashby, die met een eskader om de Normandische eilanden heen gezonden waren, in het onderscheppen der bodems, die het Ras gelukkig passeerden, doch waarvan men eerst veel later vernam, dat zij te St. Malo waren aange-

---

[1] Brief van Almonde van 31 Mei.
[2] Lapeyrouse Bonfils, I p. 333; Allen, Battles of the British navy, I p. 71.
[3] Fransch verhaal, bij Sue e. a; Guérin, II p. 166; Europische Mercurius voor 1692, 2e stuk, p. 158; Rapin-Thoyras, XI p. 156.

komen [1]). Den 2^{den} Junij van dien vergeefschen togt teruggekeerd, vonden de genoemde bevelhebbers een eskader onder Delavall voor Cherbourg, hetwelk de aldaar liggende schepen had vernield, waaruit de onzen reeds van verre den rook zagen opstijgen. Almonde, Ashby en Delavall vereenigden zich nu weder met het gros der vloot, dat voor de baai van La Hogue lag, waar vervolgens de gemelde twaalf schepen, benevens een aantal transportvaartuigen, ten aanschouwen van Jacobus en Tourville, onder een luid gejuich van Nederlandsche en Britsche zeelieden, in brand gestoken of in den grond geboord werden [2]).

Hier, op de kust van Normandië, zag de verdreven koning van Engeland, in den letterlijken zin des woords, zijne hoop in rook verdwijnen. Bij dezelfde gelegenheid verloor zijn beschermer het overwigt ter zee, dat hij eene wijle had bezeten. Doch het verlies aan materiëel, schoon op twintig oorlogsbodems geschat [3]), was voor Frankrijk niet onoverkomelijk. Bedenkelijker was de verslagenheid, onder het personeel te weeg gebragt. Zelfs achtte d'Estrées, inmiddels te Brest aangekomen, zich in die haven niet veilig. En was het niet veelbeteekenend, dat hij, eerlang met zijn eskader naar de Middellandsche zee terugkeerende, uitdrukkelijk last kreeg, zich in de straat van Gibraltar zoo ver mogelijk buiten den wal te houden, en bovendien eene Nederlandsche of Britsche vlag te voeren? [4])

Alles scheen zamen te loopen, om de verlegenheid van het Fransche gouvernement te vergrooten. De ontevredenheid der lagere volksklassen, reeds diep gebukt onder de gevolgen van misgewas en gebrek aan toevoer, klom dagelijks. De bewoners der kustprovinciën, die het middel tot hunne verdediging, zoo goed als met eigen oogen, hadden zien vernietigen, duchtten eene landing. Onderwijl verscheen

---

[1]) Brief van Almonde van 28 Junij, M. S. in het Rijks-Archief.

[2]) Brief van Russell van 12 Junij; brieven van Schey Schrijver; brief van Delavall van 1 Junij en brieven van Almonde van 1 en 3 Junij, allen in de Europische Mercurius voor 1692, 2e stuk p. 175 en 179; Pertinent verhaal; Fransch verhaal; Sylvius, XXXIII p. 78; Lediard, III p. 95; Naval Chronicle, XVI p. 452 en XXXIII p. 185; Sue, V p. 86 e. s.

[3]) Brief van Van de Putte, geschreven 3 Junij, opgenomen in de Kronijk van het Historisch genootschap, V p. 359.

[4]) Sue, V p. 89, 92.

een pamflet, getiteld: *Nouveau voyage de la flotte de France à la rade des Enfers*, waarin de onbekende schrijver zich met bijtenden spot over het gebeurde uitliet [1]).

Onbegrijpelijk is het, dat de bondgenooten van al deze omstandigheden volstrekt geen partij trokken. Men kan dit niet uitsluitend aan de admiraals wijten, die hun eerste voornemen, om de Fransche schepen bij den togt van St. Malo naar Brest te bemoeijelijken, wegens tegenwind moesten opgeven [2]). Wat evenwel te zeggen van den afloop van een plan, welks volvoering de Franschen, op dit tijdstip, meer dan ooit vreesden? Nadat er troepen ingescheept en andere maatregelen tot het doen eener landing genomen waren, liep de vloot, in het begin van Augustus, werkelijk uit. Nu eerst, begon men allerlei bezwaren te opperen [3]). Den 13den der genoemde maand, terwijl de vloot, wegens den heerschenden wind, zich nog in het Kanaal bevond, kwamen er zes leden van den geheimen raad aan boord, die een krijgsraad bijwoonden, waarin echter volgens een schrijven van Almonde, geen bepaald besluit werd genomen. Toch schreef deze, in denzelfden brief, dat er vier dagen later reeds troepen ontscheept waren, en dat Shovel andere naar Duins moest geleiden [4]). Alles loste zich nu op, in het zenden van een eskader naar St. Malo, dat weinig baatte, en in het overbrengen van eenige troepen naar Vlaanderen, waartoe Willem III bevel gaf, om den afloop der onderneming wat minder belagchelijk te maken [5]).

Hoewel men het eindbesluit, waaraan toch zeker de vlagofficieren van beide natiën deel namen, ten volle moet eerbiedigen, zoo is het toch verbazend, dat men al de geopperde bezwaren niet eenige dagen vroeger had ingezien [6]). Wat het jaargetijde betreft, dat hieronder insgelijks werd gerangschikt, is het zelfs te betwijfelen, of mannen, als Maarten Harpertsz. Tromp en Witte Cornelisz. de

---

[1]) Guérin, II p. 170.
[2]) Brief van Almonde van 28 Junij, M. S. in het Rijks-Archief.
[3]) Campbell, III p. 112.
[4]) Brief van Almonde van 17 Augustus, M. S. in het Rijks-Archief.
[5]) Lediard, III p. 103 e. s.; Rapin-Thoyras, XI p. 157; Europische Mercurius voor 1692, 2e stuk, p. 197 en 3e stuk, p. 69, 151; Sylvius, XXXIV p. 125, 131, 153; Hume, XI p. 146; Burnet, IV p. 164.
[6]) Macaulay, VII p. 103.

With, voor wie de saisoenen maar zelden een hinderpaal opleverden, zich wel aan de zijde der meerderheid zouden hebben geschaard.

Een ernstig misnoegen openbaarde zich, vooral in Engeland, over het geheimzinnig staken eener onderneming, waarvan niemand het regte begreep. Werkelijk hadden Nederlanders en Britten alle reden, zich bitter teleurgesteld te gevoelen, nu de schitterende overwinning bij Cherbourg en La Hogue weinig regtstreeksche voordeelen aanbragt, ja eerlang door onderscheiden verliezen werd gevolgd.

Alle nadeelen, waaronder sommige in verwijderde oorden, kon men zeker niet verhoeden, zonder tevens den handel meer te stremmen, dan men in het belang der republiek raadzaam vond. Hier is dus geene sprake van de *Waterland*, een Oost-Indisch retourschip, hetwelk door Fransche kruisers vernield was, eer andere bodems het konden bijspringen; noch van een gevecht, dat schipper Hodorp, uren lang tegen drie Algerijnen moest volhouden, en waaraan hij zich eindelijk slechts met moeite onttrok, na vooraf den hem toevertrouwden bodem in brand gestoken te hebben; noch zelfs van den ongelukkigen strijd, dien de kapiteins Broeder en Bontemantel, reeds in Januarij, tot bescherming van hun convooi, op de kust van Biscaye, tegen vijf Fransche schepen hadden gevoerd [1]. Niets van dit alles kon men aan 's lands zeemagt wijten, die, in het voorjaar van 1692, een inderdaad groot gevaar had afgewend. Met betrekking tot hare latere verrigtingen, was echter het opgeven der landingsplannen niet het eenige punt van bezwaar.

Na den slag bij La Hogue, was kapitein van Zyll met een eskader naar de Vlaamsche kust gezonden, om er de Duinkerkers in bedwang te houden. Met eenige Britsche schepen, en later nog met Nederlandsche versterkt, vertoefde het eskader er tot in November [2], hetgeen niet belette, dat men elders met vijandelijke kruisers en kapers te worstelen had. Dit komt natuurlijk ook niet ten zijnen laste, en pleit zelfs niet onvoorwaardelijk tegen het doelmatig gebruik der hoofdvloot; want de zee, die onder alle hemelstreken door Nederlandsche schippers werd beploegd, kon toch kwalijk, in hare

---

[1] Europische Mercurius voor 1692, 1e stuk, p. 151, 4e stuk, p. 93, en die voor 1693, 1e stuk, p. 73.
[2] De Jonge, Zeewezen, III p. 326.

gansche uitgestrektheid, van vijanden gezuiverd worden. Maar is het niet bedroevend, dat twee Nederlandsche kapiteins, Taelman en van der Saen, met een convooi van St. Ubes komende, den 31sten Augustus, op de hoogte van kaap Lezard, — dus niet ver van de Engelsche kust, waar de vloot werkeloos in de havens lag, — een bijna hopeloozen strijd moesten voeren tegen vijf Fransche schepen, onder den ridder de Forbin? Zij verdedigden zich heldhaftig, doch met nadeeligen uitslag. Beider schepen gingen verloren, en van der Saen bekwam eene doodelijke wonde. Met het oog op den ongelijken strijd, dien zij hadden aangevangen, mogten zij er roem op dragen, dat alle koopvaarders, welke zich onder hun geleide bevonden, op twee of drie na, behouden bleven [1]. Nadat van Zyll van zijn post teruggekeerd, en de hoofdvloot reeds lang ontbonden was, moest weder een ander Nederlandsch convooi een aanval van Jan Bart doorstaan. Met vier schepen, tastte deze, op de hoogte van de Doggersbank, den 15den November, eene koopvaardijvloot aan, die onder het geleide van den reeds genoemden kapitein Broeder uit de Sond kwam. Gesteund door twee zwakke convooijers en een der koopvaarders, verweerde de Nederlandsche bevelhebber zich kloekmoedig. Hij zelf en velen der zijnen sneuvelden, waarna de vloot, met verlies van een der convooijers en nagenoeg twintig koopvaarders, nog betrekkelijk gelukkig ter reede van Texel kwam [2]. En dit was niet het eenige voordeel, waarop Jan Bart zich omstreeks dezen tijd beroemde! Men had waarlijk in de Noordzee, en vooral gedurende den zomer in het Kanaal, grootere veiligheid mogen verwachten.

Sommigen wierpen de schuld op Russell, een Whig; anderen op lord Nottingham, den secretaris van staat, die tot de partij der Tories behoorde. Willem III, die wel inzag, dat er iets aan haperde, trad beslissend tusschenbeiden. Dien ten gevolge verloor Russell het opperbevel, dat voorloopig aan de admiraals Killegrew, Delavall en Shovel gezamenlijk werd opgedragen [3]. Jammer slechts, dat er

---

[1] Europische Mercurius voor 1692, 3e stuk, p. 221; Forbin, Mémoires, I p. 337; de Jonge, Zeewezen, III p. 328.
[2] Europische Mercurius voor 1692, 4e stuk, p. 152; Sylvius, XXXIV p. 179; Richer, la vie de Jean Bart, p. 69; de Jonge, Zeewezen, III p. 336.
[3] Campbell, III p. 121 en IV p. 233; Macaulay, V p. 232, VI p. 172, VII

over de aanwending der vereenigde strijdkrachten, onder hun bevel, in 1693, nog vrij wat meer te klagen viel, dan te voren over die, onder Russell!

Zeer wijselijk besloot het gouvernement, eene rijk geladen koopvaardijvloot, die eerlang naar de Middellandsche zee moest vertrekken, te doen geleiden door een vereenigd eskader, waarbij zich vervolgens, overeenkomstig een tractaat met Spanje, ook eenige oorlogsschepen van dit rijk zouden voegen. Doch er verliep zooveel tijd, eer het de reis kon aanvaarden, dat men het noodig oordeelde meer te doen. Hierom kregen de admiraals der hoofdvloot, waarbij zich ook Almonde met de Nederlandsche schepen bevond, den allezins verstandigen last, dit kostbare convooi, hetwelk den 9^{den} Junij 1693, onder het bevel van den Britschen vice-admiraal Rooke en den Nederlandschen schout bij nacht van der Goes, van St. Helens vertrok, tot op zekere hoogte te geleiden [1].

Weinig gebeurtenissen dier dagen hebben zooveel opspraak verwekt, als de wijze, waarop de bevelhebbers zich van dien last kweten. Op grond hiervan had een krijgsraad van alle vlagofficieren, den 1sten Junij, besloten, de koopvaardijvloot tot dertig Engelsche mijlen W. Z. W. van Ouessant te vergezellen, waartoe de hoofdvloot, te gelijk met het convooi, van St. Helens onder zeil ging. Nadat zich nog meer koopvaarders te Plymouth en elders hadden aangesloten, bereikte men, den 14^{den}, gezamenlijk de vastgestelde plaats. Hier deden de admiraals sein tot scheiden. Doch niet wetende, waar zich de Fransche vloot ophield, bleven zij het convooi nog iets westelijker volgen, tot in den namiddag van den 15^{den}, op welk tijdstip men elkander uit het zigt verloor [2]. Daarna kruisten de admiraals, met de hoofdvloot, nog zeven dagen voor

---

p. 116, 184; Dalrymple, III p. 14; Burnet, IV p. 180; Naval Chronicle, XXXIII p. 191; Lediard, III p. 117; Europische Mercurius voor 1693, 1e stuk, p. 63; Sylvius, XXXV p. 17 en 28.

[1] Journaal van Rooke, ed. 1693, ook voorkomende bij Sylvius, XXXVI p. 89, en in de Europische Mercurius voor 1693, 2e stuk, p. 260; journaal van Van der Goes, M. S. in het Rijks-Archief; verklaring in de Europische Mercurius voor 1693, 2e stuk, p 85; Wagenaar, XVI, p. 177; Hume, XI p. 189: Macaulay, VII p. 126

[2] Brieven van Almonde van 4 Junij en 3 Julij, M. S. in het Rijks-Archief; journaal van Van der Goes, M. S.; journaal van Rooke.

het Kanaal, eer zij ernstige pogingen in het werk stelden, om aangaande het tegenwoordig verblijf der Fransche vloot eenige zekerheid te erlangen. Nadat zij den 25sten hadden vernomen, dat deze vermoedelijk in zee was, stevenden zij met tegenwind naar de Sorlings en vervolgens naar Torbay, waar zij, den 2den Julij, ten anker kwamen, om te ververschen [1]).

Aanstonds kregen zij nu de meest onrustbarende tijdingen. Reeds den 14den Mei, was d'Estrées, met een Fransch eskader, uit Toulon gezeild; iets later Tourville, met eene gansche vloot, uit Brest. Den 9den Junij, had eene aanzienlijke magt des vijands zich vertoond, op de hoogte van Lagos [2]). Welk eene bezorgdheid dit alles inboezemde, is ligt te denken. En er bestond werkelijk reden toe; want de koopvaardijvloot liep nu toch, met een ontoereikend geleide, het gevaar in den mond.

Rooke en van der Goes hadden, nadat vele koopvaarders met hunne convooijers waren vertrokken, den togt voortgezet, met elf Britsche en vijf Nederlandsche oorlogsschepen, benevens omstreeks 120 koopvaarders. Den 26sten Junij, op de hoogte van kaap St. Vincent, geraakte een hunner schepen in gevecht met een Fransch schip, en kregen zij weldra negen andere in 't zigt. Onbekend met de sterkte des vijands, waaromtrent de bemanning van een klein vaartuig, dat zij veroverd hadden, hen geheel op den dwaalweg hielp, besloten zij voorzigtig den wal te naderen, om er zoo mogelijk eenig berigt in te winnen. Later heeft men beweerd, dat zij dit wel vroeger hadden kunnen doen. Thans baatte het zeker niet veel, daar zij 's anderen daags reeds ontdekten, dat zich eene aanzienlijke vloot des vijands, in hunne onmiddellijke nabijheid, ophield. Van een gevecht daartegen was, ook volgens het oordeel van den Nederlandschen schout bij nacht, niets te hopen. Ontzeilen scheen nog de eenige kans op behoud. Hierom werd bevel gegeven aan de koopvaarders, vooral aan de kleine, om slechts een goed heenkomen te zoeken, terwijl de oorlogsschepen met een aantal andere zeewaarts

---

[1]) Brief van Almonde van 3 Julij, M. S.
[2]) Europische Mercurius voor 1693, 1e stuk, p. 245 en 280; Sylvius, XXXV p. 56; Richer, la vie de Jean Bart, p. 72; brief van Almonde van 5 Julij, M. S. in het Rijks-Archief.

liepen. Zonder ernstig vervolgd te zijn, bereikte het eskader, na een verlies van twee oorlogsschepen, Madera, van waar het later terugkeerde met de koopvaarders, die het insgelijks ontzeild waren, en te Kingsale in Ierland aankwam [1]).

De twee verloren oorlogsschepen waren de *Zeeland* (64) en *Het wapen van Medemblik* (64), gevoerd door de kapiteins Schrijver en van der Poel. Nederland had dus ook hier weder het grootste verlies te betreuren, doch mogt de voldoening smaken, dat zijne genoemde bevelhebbers, met hunne equipagiën, naar het oordeel van vriend en vijand, zich allezins verdienstelijk maakten. Dit vereischt nadere toelichting.

Bij een algemeenen aanval der Fransche vloot, ware er misschien van het gansche convooi niets te regt gekomen. Nog onder den indruk der gebeurtenissen van het vorige jaar, en vermoedelijk wanende, dat het de hoofdvloot der bondgenooten was, had Tourville zich echter met het gros op een afstand gehouden, en slechts een eskader, onder Gabaret, tot den eersten aanval gedetacheerd [2]). Dit maakte, in den namiddag van den 27sten, jagt op de zeewaarts loopende schepen, nadat het besluit tot ontzeilen reeds genomen was. Des avonds te zes uren, achterhaalden de voorste schepen van Gabaret de genoemde Nederlandsche bodems. Schrijver en van der Poel, wel verre van aanstonds voor de overmagt te bukken, vingen een hardnekkigen strijd aan, terwijl zij dadelijk over stag gingen en het, al vechtende, in den wal leiden. Zoodoende behielden zij andere schepen van het convooi; want de voorste bodems van den vijand volgden hen, waardoor de wegzeilende oorlogsschepen en koopvaarders tijd wonnen [3]). Rooke noemde het eene der grootste zaken, die hij

---

1) Journalen van Rooke en Van der Goes; pertinent verhaal, brief van Rooke van 1 Julij, en een van schipper Dwyn, in de Europische Mercurius voor 1693, 2e stuk, p. 37 e. v. alsmede p. 94; Campbell, III p. 129 en IV p. 273; Naval Chronicle, XXXIII p. 446 en XXXV p. 347, in de biographie van Norris, die het bevel aan de koopvaarders overbragt; Hume, XI p. 189; Lediard, III p. 125, 132; Burnet, IV p. 202; Rapin-Thoyras, XI, p. 182; Sylvius, XXXVI p. 89.

2) Lapeyrouse Bonfils, I p. 348; Richer, la vie de Jean Bart, p. 75; Forbin, Mémoires, I p. 340, waar echter wordt beweerd, dat Forbin zelf den opperbevelhebber, aangaande den aard der naderende vloot, goed had ingelicht.

3) Journalen van Rooke en van der Goes, M. S.; brieven van Rooke en schipper Dwyn; Europische Mercurius voor 1693, 2e stuk, p. 30.; Sylvius, XXXVI p. 65; Sue, V p. 96.

ooit in eene actie had gezien, bijaldien de kapiteins werkelijk met intentie hadden gehandeld. Tourville, verrukt over de dapperheid, welke zij hadden betoond, alvorens tot de overgaaf te besluiten, ontving kapitein Schrijver aan de valreep, met de vraag: „Zijt gij een duivel of een mensch?" Door een goed onthaal, gaf hij vervolgens, den beiden Nederlandschen kapiteins, een doorslaand bewijs zijner hoogachting [1]).

Treurig was het intusschen gesteld met de koopvaarders, die zich niet in tijds konden bergen. Vruchteloos zochten de meeste eene schuilplaats in de havens van het magtelooze Spanje, waar menige schipper zijn eigen bodem moest vernielen, om dien uit 's vijands handen te redden. Ontzaggelijk was het verlies, dat men later schatte op twaalf millioen gulden, d. i. op omstreeks een vierde van de waarde der geheele vloot [2]).

Willem III vond de ramp te verdrietiger „naer dien het seeckerlyck een pure negligentie off mogelyck yets slimmers was, hetgeen het meest chagrineert; want ongeluckige toevallen van den oorlogh en kan men niet voorsien, maer dit ongeval en is van die natuer niet" [3]). Hierin had hij volkomen gelijk. Zelfs is het bevreemdend, dat een later Britsch schrijver het nog durft aanmerken, als eene straf voor de zuinigheid der heeren Staten [4]), aangezien het gebeurde in geenerlei verband staat met de sterkte, maar wel met het gebruik der hoofdvloot. En hier lag de schuld uitsluitend aan de zijde der Britten. Want toen de admiraals, den 2den Julij, bij hunne komst te Torbay, hadden vernomen, dat zich de Fransche vloot werkelijk in zee bevond, was Almonde van alles voorzien en bereid aanstonds naar de Spaansche kust te zeilen, hetgeen de Britten niet konden doen, wegens gebrek aan victualie. Vervolgens leverden hunne langdurige beraadslagingen en verwarde instructiën niet geringe belet-

---

[1]) Pertinent verhaal in de Europische Mercurius voor 1693.
[2]) Europische Mercurius voor 1693, 2e stuk, p. 45°; Sylvius, XXXVI p. 66; Dalrymple, III p. 36; Campbell, III p. 132; Lediard, III p. 128; Hume, XI p. 190.
[3]) De Jonge, Zeewezen, III p. 373, uit een brief, die echter niet de opgegeven dagteekening kan voeren. Den 27sten Junij is vermoedelijk eene drukfout, daar 27 Julij met het volgende strookt.
[4]) Charnock, II p. 348.

selen op [1]). Eerst nadat er een verslag van Rooke was ingekomen, waarvan Almonde, bij gemis van regtstreeksche tijdingen, eene vertaling naar het vaderland zond, ging de gecombineerde vloot, den 27sten Julij, van Torbay onder zeil. Zij begaf zich echter weder naar het gemelde rendez-vous, dertig mijlen van Ouessant, en bleef er kruisen, tot dat de Engelsche schepen weder gebrek aan bier kregen. Den 26sten Augustus, lag zij weder te Torbay, waar Rooke en van der Goes, die inmiddels teruggekeerd waren, zich bij haar aansloten [2]). Vrij natuurlijk had men, tijdens den laatsten kruistogt, niets bespeurd van de Fransche vloot, die intusschen het vernielingswerk langs de Spaansche kust voortgezet, en zich vervolgens naar Toulon begeven had. Toen de Fransche opperbevelhebber, in September weder uitgezeild, na een langen en moeijelijken togt te Brest aankwam, was de vloot der bondgenooten reeds uiteengegaan. Was nu het oordeel van Willem III te hard? Is het zelfs te verwonderen, dat hij, misnoegd over zooveel onverstand of verkeerd beleid, kort na zijne terugkomst van het vaste land, andermaal tusschenbeiden trad? Hij besliste nu in anderen geest, door den secretaris van staat eervol te ontslaan, en Russell, als opperbevelhebber, te herstellen [3]).

Hoogst onstuimig waren de debatten in het parlement, over de oorzaak van het geleden verlies. Beide staatkundige partijen schreven het aan verraad toe, ofschoon beide zich om het zeerst beijverden, dit op rekening harer tegenstanders te stellen. Ten slotte zegepraalden de Whigs, daar Killegrew en Delavall, evenals Nottingham, hun ambt verloren. Shovel kwam er beter af, daar hij, over wiens aanstelling en beschuldiging Macaulay, zonderling genoeg, het stilzwijgen bewaart [4]), slechts zijn aandeel in het opperbevel verloor, doch in dienst bleef. Ofschoon hij dit voorzeker wel eenigzins aan

---

[1] Brief van Almonde van 5 Julij, M. S. in het Rijks-Archief; Lediard, III p. 121; Charnock, II p. 455; Dalrymple, III p. 35; Naval Chronicle, XXXIII p. 191.

[2] Brieven van Almonde van 24 Julij en 28 Augustus, M. S. in het Rijks-Archief, Europische Mercurius voor 1693, 2e stuk, p. 94; Sylvius, XXXVI p. 89.

[3] Europische Mercurius voor 1693, 2e stuk, p. 254 en 312; Sylvius, XXXVI 121 en 124; Lediard, III p. 134 en 136: Burnet, IV p. 215; Dalrymple, III p. 40; Macaulay, VII p. 282.

[4] Macaulay, VII p. 184 en 281.

de bemoeijingen zijner staatkundige vrienden te danken had, zoo luidde toch ook het oordeel der Nederlanders voor hem minder bezwarend, dan voor zijne ambtgenooten. Men verhaalt, dat er in de republiek zelfs eene schilderij werd vervaardigd, voorstellende de vernieling der Smyrna-vloot, waarop ook Shovel voorkwam met de handen op den rug gebonden, en door de twee andere admiraals vastgehouden. Rooke, die niet tot de bovendrijvende partij behoorde, had zich, krank van ligchaam, naar het parlement laten dragen, om zich te verdedigen. Hij slaagde naar wensch, en stelde zijn journaal door den druk verkrijgbaar, om ook de natie van zijne onschuld te overtuigen. De Nederlanders gewaagden van zijn gedrag met lof [1]). Een speciaal onderzoek naar dat hunner eigen bevelhebbers was ten eenen male overbodig, daar niemand hiertegen eenig bezwaar inbragt.

Van de kaperijen der Duinkerkers, hoorde men in 1693 slechts bij uitzondering, hetgeen zich vermoedelijk liet verklaren, ten deele uit het bewaken der Vlaamsche havens, en ten deele uit de afwezigheid van Jan Bart en andere bevelhebbers, die zich, gedurende den zomer, op de vloot van Tourville bevonden. Des te meer hadden de kapers van St. Malo zich geweerd, door het nemen van 28 walvischvaarders. Tot straf voor deze en andere buitensporigheden, werd nog in November een eskader uitgezonden, om de genoemde stad te beschieten [2]). Verreweg de meeste koopvaarders uit het noorden waren intusschen behouden aangekomen, hetgeen men ongetwijfeld ook voor een gedeelte te danken had aan de zorg van een landseskader, dat eigenlijk met eene andere bestemming was uitgerust [3]). Waarom verstrekte evenwel de regering niet doorgaans een zoodanig geleide? Het beschermen van den eigendom der kooplieden was toch, voor de marine eener handeldrijvende natie, geenszins als bijzaak te beschouwen.

Lodewijk XIV, wiens vloot in dit jaar de meeste voordeelen had behaald, ondervond, hoe deze vergald kunnen worden, door allerlei

---

[1]) Campbell, IV p. 236, 245, 275; Naval Chronicle, XXXIII p. 191 en 447.
[2]) Wagenaar, XVI p. 250; Naval Chronicle, XX p. 174; Lapeyrouse Bonfils I p. 354.
[3]) De Jonge, Zeewezen, III p. 372.

binnenlandsche moeijelijkheden, die uit den krijg voortspruiten. Wat al bekommering baarden hem niet het gebrek aan toevoer en de hieruit ontstane onlusten. Zijne herhaalde verbodsbepalingen hadden natuurlijk de kwaal verergerd. Daarentegen zocht hij Marokko tot den uitvoer van granen te bewegen, en zijn voordeel te doen met de wijziging, die het algemeene handelsverbod, ten behoeve der noordsche mogendheden, had ondergaan. Uit Zweden en Denemarken, hoopte hij niet alleen levensmiddelen, maar ook scheepsmaterialen te ontvangen. Geheel in dien geest, waren dan ook de schepen van de genoemde rijken, die zich onder het convooi van Rooke bevonden, door Tourville gespaard [1]).

Ondanks alle verliezen, konden de bondgenooten, voor welke de bezwaren hunner tegenpartij geen geheim waren, de toekomst met vertrouwen te gemoet gaan, en zich met een gewenschten uitslag vleijen, indien zij hunne eigen krachten slechts bleven inspannen. Hoe bereid de Staten-Generaal hiertoe waren, bleek uit hun besluit, om voor 1694, ten behoeve der zeemagt, acht millioen gulden, dat is bijna twee millioen meer, dan in het afgeloopen jaar, aan buitengewone middelen in te willigen [2]). Groot-Brittanje legde niet minder belangstelling aan den dag. Maar de ervaring had reeds geleerd, dat alleen het bezit van aanzienlijke strijdkrachten weinig baat, indien zij niet tevens doelmatig worden aangewend. Op de staatslieden en bevelhebbers, die hiervoor aansprakelijk zijn, rust zeker eene zware verantwoordelijkheid; doch het is slechts tot dezen prijs, dat zij, boven de massa hunner tijdgenooten, zich eene duurzame gedenkzuil kunnen stichten, waarop de late nakomeling met eerbied staart, indien het opschrift eene lofwaardige daad vermeldt.

---

[1]) Europische Mercurius voor 1691, 1e stuk, p. 96; voor 1692, 1e stuk, p. 143 2e stuk, p. 116 en 4e stuk, p. 69; voor 1693, 2e stuk, p. 251; Sylvius, XXXIII p. 19 en XXXIV p. 171; Lediard, III p. 133.
[2]) De Jonge, Zeewezen, III p. 380.

d. *Bezwaren van geldelijken aard.* — *Drieledige taak der zeemagt in 1694 en 1695.* — *Gedwongen werkeloosheid der Fransche marine.* — *Mislukte landing bij Brest.* — *Bombardeergaljooten.* — *Machineschepen.* — *Kustbombardementen.* — *Kaperijen.* — *Nalatigheid en pligtverzuim van sommigen.* — *Onveiligheid der Noordzee.* — *Maatregelen tegen de kapers.*

Lodewijk XIV, wien het geld, de ziel van den oorlog, langzamerhand begon te ontbreken, had, onder den drang van deze en andere omstandigheden, reeds in 1693 voorstellen tot vrede gedaan, welke de bondgenooten niet aannemelijk vonden [1], ofschoon ook zij verlangden naar het einde eener worsteling, die tot dusverre meer roem dan voordeel had aangebragt. Bovendien ondervonden Willem III en de staatslieden, die hem ter zijde stonden, meer en meer, wat het inhad aller streven, bij zeer uiteenloopende belangen, op één punt te rigten, en gingen velen hunner insgelijks onder geldverlegenheid gebukt.

Verschillende regeringscollegiën in de republiek, en met name de admiraliteiten, welker geldmiddelen reeds bij het uitbreken van den oorlog in slechten staat waren, konden, in weerwil der aanzienlijke sommen, bij wijlen door de Staten-Generaal toegestaan, niet behoorlijk rondkomen; want hare gewone inkomsten bedroegen, uit den aard der zaak, in oorlogstijd minder, terwijl vele gewesten de buitengewone middelen slechts zeer traag en soms in het geheel niet opbragten. Hoe ver dit ging, kan men opmaken uit het gezamenlijk bedrag der achterstallen, die in 1694 meer dan vijftien millioen gulden beliepen [2]. Is het vreemd, dat sommige admiraliteiten òf niet aan hare verpligtingen konden voldoen, òf zich in schulden moesten steken? Bestaat er niet veeleer reden, om zich te verbazen, dat zij, ondanks alle bezwaren, in het genoemde jaar, meer dan 60 schepen, waaronder 49 van vijftig tot negentig stukken, in dienst hielden, welke, met inbegrip van 9 branders en 8 behoefteschepen, meer dan 3800 stukken en nagenoeg 20.000 man voerden; dat zij ook in de volgende jaren bleven voortgaan met het

---

[1] Sylvius, XXXVII, p. 83.
[2] De Jonge, Zeewezen, III p. 382 (noot).

uitrusten van een iets grooter of kleiner aantal schepen, naar gelang de omstandigheden dit vorderden, altijd ongerekend de convooijers, welke in 1696, ten getale van 35, gezamenlijk nog meer dan 1100 stukken en 4400 man aan boord hadden? [1])

Bij het beoordeelen dier uitrustingen, oogenschijnlijk kleiner, dan in vroeger tijd, en meestal beneden de raming, vergete men niet, dat ook bij andere natiën het getal der schepen afnam, naarmate de bodems zelven zwaarder werden, en dat het thans een pleit gold, hetwelk niet uitsluitend te water moest worden beslecht. Zelfs is het de vraag, of de republiek zich niet te zeer uitputte, terwijl de klagten over het ondoelmatig aanwenden der kostbare oorlogsschepen alles behalve ongegrond, en die over het onvoldoende convooi, op zijn zachtst genomen, zeer bedenkelijk waren.

Ten einde in 1694 vroegtijdig gereed te zijn, hadden de Franschen in alle havens met ijver aan het uitrusten der voorhanden schepen gearbeid. Dien ten gevolge kon Chateaurenaud, met een eskader uit de westelijke havens vertrokken, zich nog voor het einde van Mei, op de hoogte van Rosas, bij de hoofdmagt voegen, die te Toulon was uitgezeild [2]). Russell, met eenige beschikbare Britsche schepen uitgezonden, om dit te verhinderen, was te laat in de Bogt gekomen, en moest zich vergenoegen met de schade, die hij onder eene vijandelijke koopvaardijvloot had aangerigt [3]). Naar het Kanaal teruggekeerd, waar inmiddels de Nederlandsche schepen waren aangekomen, kon hij, in de eerste helft van Junij, met de vereenigde vloot onder zeil gaan. Reeds bij kaap Lezard, scheidde zij zich in twee gedeelten, waarvan het eene, bestaande uit 32 Britsche en 15 Nederlandsche schepen, bestemd was om, onder Russell, naar de Middellandsche zee te gaan, waar zich nu de vereenigde magt der Franschen bevond, terwijl het andere, onder lord Berkley, in den Oceaan moest achterblijven [4]). Met inbegrip der gewone diensten in de Noordzee, had de zeemagt dus in 1694 eene

---

1) De Jonge, Zeewezen, III bijlage XVII, XVIII en XIX.
2) Europische Mercurius voor 1694, 1e stuk, p. 261.
3 Europische Mercurius voor 1694, 1e stuk, p. 263; Campbell, III p. 147; Lediard, III p. 147; Hume, XI p. 207.
4) De Jonge, Zeewezen, III p. 385.

drieledige taak te vervullen, die haar ook in het volgende jaar werd aangewezen, zoodat wij thans gevoegelijk kunnen nagaan, wat zij, in dit tijdsbestek, op elk der aangeduide plaatsen verrigtte, voor dat hare krachten, in 1696, weder meer werden zamengetrokken.

Onder den indruk van het rampzalig lot der Smyrna-vloot, was in het begin van 1694 een vereenigd eskader, onder den admiraal Wheeler en den vice-admiraal Callenburg naar de Middellandsche zee gezonden, om koopvaarders te geleiden en den handel te beschermen. Het was in Maart, bij Gibraltar, door een hevigen storm beloopen, waarin de *Sussex* (80), het vlaggeschip van Wheeler, met meer dan 500 man totaal verongelukte en andere bodems ernstige schade bekwamen [1]. Uit dien hoofde had Chateaurenaud, bij den togt naar Rosas, ook van dit eskader niets te duchten en zelfs op de hoogte van Malaga, nog een convooi met eenig voordeel kunnen aantasten [2]. Het tijdelijke overwigt der Franschen in die wateren was echter niet van langen duur; want de komst van Russell te Cadix, waar hij zich met de aldaar liggende Britsche, Nederlandsche en Spaansche schepen vereenigde, veranderde de verhouding der partijen, geheel in het voordeel der bondgenooten. Tegen omstreeks 70 bodems, waaronder in het geheel 24 Nederlandsche, waren de Franschen blijkbaar niet opgewassen [3]. Zij staakten dus hunne aangevangen ondernemingen ter zee, en begaven zich naar Toulon. Russell, die nu geene vijandelijke vloot te bestrijden vond, ondersteunde het Spaansche leger in Catalonië, en hield voorts de vijandelijke kruisers en zeeroovers in ontzag [4]. Dit alles beantwoordde dermate aan het oogmerk, dat Russell van Willem III een eigenhandig geteekenden last ontving, om in de Spaansche havens te overwinteren.

Natuurlijk deed het Spaansche Gouvernement, dat hierbij veel belang had, ook thans weder schoone beloften. Maar er viel weinig

---

[1] Europische Mercurius voor 1694, 1e stuk, p. 188 en 201; Sylvius, XXXVII p. 49 en 60; Campbell, III p. 144.

[2] Sylvius, XXXVII p. 78; Lediard, III p. 144.

[3] Europische Mercurius voor 1694, 2e stuk, p. 102; Sylvius, XXXVIII p. 110; Campbell, III p. 161; Lediard, III p. 163; de Jonge, Zeewezen, III p. 425.

[4] Europische Mercurius voor 1694, 2e stuk, p. 216 en 250; Sylvius, XXXVIII p. 111 en 120; Forbin, Mémoires, I p. 344; Lapeyrouse Bonfils, I p. 359.

op te rekenen, daar het al aanstonds niet bij magte was ten volle aan zijne geldelijke verpligtingen te voldoen, zoodat er dienaangaande eene nadere schikking moest worden gemaakt. Met de uitrusting van schepen, welker getal in het afgeloopen jaar eigenlijk niet meer dan vier bruikbare had bedragen, was het nog ellendiger gesteld [1]. Een sprekend bewijs van de magteloosheid, waartoe Spanje vervallen was, gaf het, door zelfs de hulp der bondgenooten in te roepen, tot het overbrengen zijner troepen uit Italië naar Barcelona, hetgeen Russell echter niet met de oorlogsschepen wilde doen, ofschoon bereid het transport te convooijeren, bijaldien men de benoodigde vaartuigen te Genua of elders huurde [2]. Noch raadgevingen, noch klagten schenen te baten; want in 1695 leverde Spanje geen enkel oorlogsschip tot versterking van de vloot der bondgenooten.

Deze hervatte inmiddels hare taak, na de aankomst eener transportvloot, en nadat sommige als convooijers gebezigde oorlogsschepen door andere vervangen waren. Met eene nagenoeg even sterke magt, als in het vorige jaar, kruisten Russell en Callenburg, in 1695, nabij de kusten van Spanje en Frankrijk [3], steeds wakende voor de belangen van den handel, terwijl de Fransche marine werkeloos binnen de havens bleef. Langzamerhand moesten de admiraals der vereenigde magt hunne vloot echter verzwakken, door het opzenden van schepen, die reparatie behoefden. Zij vonden het dus raadzaam, zich voorloopig tot het bewaken der Straat te bepalen, waarmede zij naauwelijks een aanvang gemaakt hadden, of zij kregen te Cadix bevel, met ruim 30 bodems huiswaarts te keeren. Hieraan voldeden zij, in October, achterlatende 13 of 16 Britsche schepen, onder den schout bij nacht Mitchell, en 7 Nederlandsche, onder kapitein van Toll, welk getal spoedig, door de komst van Rooke met andere, tot omstreeks 40 bodems aangroeide [4]. Dit

---

[1] Europische Mercurius voor 1694, 2e stuk, p. 261; Bijvoegsels bij Wagenaar, XVI p. 88, 89; Campbell, III p. 161.

[2] Lediard, III p. 168.

[3] Europische Mercurius voor 1694, 2e stuk, p. 167; Burnet, IV p. 226; Campbell, III p. 168; de Jonge, Zeewezen, III p. 429, 437.

[4] Europische Mercurius voor 1695, 1e stuk, p. 258, 310; 2e stuk, p. 301; Sylvius, XL p. 70, 124, 127, 128; Lediard, III p. 176; Campbell, III p. 171, 184; de Jonge, Zeewezen, III p. 441, 442.

was tijdelijk voldoende, doch geenszins, indien de bondgenooten voornemens waren op den ingeslagen weg te blijven volharden. Daarom arbeidde men, zoowel in de Engelsche, als in de Nederlandsche havens, druk aan schepen tot versterking van Rooke, die evenwel niet allen gereed waren, toen het in den aanvang van 1696 verkieslijk bleek hun eene andere bestemming te geven. Dit achterblijven der versterking, gepaard met het berigt uit Toulon, dat de Franschen zich vermoedelijk een doortogt zouden banen, leidde vervolgens tot het besluit, Rooke en van Toll liever terug te roepen, dan hen aan eene bijna gewisse nederlaag bloot te stellen. Willem III ging er slechts noode toe over, vreezende, dat het staken eener onderneming, waarvan de ervaring het doeltreffende had aangetoond, groote opspraak zou verwekken [1]).

Aanzienlijke kosten hadden de bondgenooten zich voorzeker getroost tot het onderhouden dier magt in de Middellandsche zee. Zij behoefden zich echter de gedane uitgaven niet te beklagen, al wogen de regtstreeksche voordeelen hiertegen niet op. Zoodoende hadden zij toch een groot gedeelte der vijandelijke zeemagt, gedurende twee achtereenvolgende jaren, werkeloos gehouden, en den koopvaarders inmiddels eene allezins gewenschte veiligheid geschonken. Zelfs hadden zij door hunne vloot, een jaar te voren, even doelmatig aan te wenden, rampen, als die bij Lagos, kunnen verhoeden. Bovendien hield de tegenwoordigheid der verbonden vloot de zeeroovers in bedwang. Wat al ellende het ongestraft kruisen van Algerijnen en anderen kon te weeg brengen, had schipper Christiaan Vlies, met de *St. Jan*, nog onlangs ondervonden. Den 18den Januarij 1694, was hij, op de hoogte van Lissabon, door drie roofschepen aangetast, die na een gevecht van negen uren wel afhielden, doch hem en de zijnen op een zinkenden bodem achterlieten. Tot overmaat van ramp, sloeg het schip in den voornacht om, en moesten de overgeblevenen, zestig in getal, van alles ontbloot, zich aan het wrak vastklemmen, om er ten minste het leven af te brengen. Met de sloepen, die zij des anderen daags drijvende vonden, zwalkten zij, acht dagen lang, zonder eten of drinken en zonder kompas rond.

---

[1]) Lediard, III p. 178 e. s.; Rapin-Thoyras, XI p. 249; Sylvius, XLI p. 45; de Jonge, Zeewezen, III p. 480. 481.

Vier en twintig hunner kwamen van gebrek om, eer Vlies met de overigen, deerlijk uitgeput, de Portugesche kust bereikte [1].

Intusschen was niet de geheele vloot der bondgenooten in de Middellandsche zee gebezigd. Op de hoogte van kaap Lezard, had Russell immers, den 15den Junij 1694, lord Berkley en Almonde, met 20 Britsche en 16 Nederlandsche schepen, benevens een aantal kleine vaartuigen achtergelaten. Hiermede hadden de genoemde admiraals zich naar Brest begeven, voor welks reede zij twee dagen later ten anker kwamen [2].

Dit stond in verband met een plan, waarop reeds geruimen tijd door de republiek was aangedrongen [3]. Men zou er, bij verrassing, eene landing beproeven, waartoe de generaal Talmash zich met eenige troepen had ingescheept. Ondanks alle voorzorgen, was echter alles verraden, en wel, zoo als later gebleken is, door den hertog van Marlborough, die het aan Jacobus had overgebriefd [4]. Behalve hetgeen er reeds vroeger was gedaan, om Brest, eene der belangrijkste zeehavens tegen een onverwachten aanval te dekken, waren er thans, op last van Lodewijk, allerlei maatregelen genomen, door het zenden van troepen, het wapenen der kustbevolking, en het oprigten van batterijen, onder toezigt van den bekwamen Vauban [5].

Ten eenen male onbekend met den waren stand van zaken, overlegden de hoofden der vereenigde vloot, hoe zij hunne beperkte middelen het best zouden kunnen aanwenden. Daar het oploopen van de eigenlijke reede hun uiterst gevaarlijk toescheen, besloten zij in de nabij gelegen baai van Camaret te landen, waar zij de versterkingen deden verkennen. Schoon de uitslag hiervan niet medeviel, wenschte men toch door te zetten, en bestemde vier Britsche met vier Nederlandsche schepen, om de batterijen van den wal bezig te

---

1) Europische Mercurius voor 1694, 1e stuk, p. 134.
2) De Jonge, Zeewezen, III p. 385, 386.
3) Wagenaar, XVI p. 262
4) Dalrymple, III p. 43; Rapin-Thoyras, XI p. 205; Hervey, Naval history of Great-Britain, ed. 1779, II p. 464; Macaulay, VII p. 320; Mahon, History of England, ed Tauchnitz, I p. 15.
5) Guérin, II p 22, 101, 190; Poncet la Grave, Histoire des descentes, II p. 172; Lapeyrouse Bonfils, I p. 368; Campbell, III p 152.

houden. Toen het er evenwel toe kwam, was een der Britsche schepen teruggekeerd, en lagen slechts de zeven overige op de hun aangewezen plaats [1]).

Jammer dat men het plan niet opgaf, zoodra het bleek, dat er toch eenige buitengewone voorzorgen waren genomen. Nu ging Talmash, met 8 à 900 man, in open sloepen, een deerniswaardig lot te gemoet; want naauwelijks is de helft zijner soldaten, onder het vuur der batterijen, geland, of zij stuiten op eene geregelde krijgsmagt, die hen, met de sabel in de vuist, terugdrijft. Alles wijkt in de grootste wanorde naar de sloepen, die echter of te hoog op het strand zitten, of wegens te grooten aandrang van volk, niet in beweging te krijgen zijn. Onder het onverpoosde vuur des vijands, roepen de weerlooze soldaten om kwartier, dat hun wordt verleend, nadat velen in de eerste verbittering zijn afgemaakt. Slechts een honderd bereikten de vloot, met hun aanvoerder, die echter eene zware wonde had bekomen, waaraan hij later overleed. De overigen waren dood of gevangen. Aan boord der zeven schepen, die ontzettend hadden geleden, waren omstreeks 400 zeelieden buiten gevecht gesteld. De bodems zelven geraakten weder uit de baai, met uitzondering van het Nederlandsche fregat de *Wesep* [2]).

Bitter teleurgesteld over den afloop eener onderneming, waarvan velen zich de schoonste uitkomst hadden voorgespiegeld, moesten de admiraals terugkeeren. Het gepleegde verraad had den bondgenooten een strik gespannen, waarvan Talmash met velen der zijnen het slagtoffer werd. Hoezeer dergelijke gebeurtenissen, welker oorzaak men begreep, zonder aanstonds den waren schuldige te kennen, den koning van Engeland griefden en, bij zijne veelomvattende taak, hem bemoeijelijkten, is ligt na te gaan.

Berkley en Almonde kwamen, den 25sten Junij, met hunne vloot te St. Helens, van waar zij omstreeks drie weken later weder vertrokken [3]),

---

[1]) Lediard, III p. 153; Hume, XI p. 207; Naval Chronicle, IV p. 484, waar ook een kaartje der reede voorkomt.
[2]) Europische Mercurius voor 1694, 1e stuk, p. 288 e. v.; Burnet, IV p. 227, 228; Campbell, III p. 150, 151; Dalrymple, III p. 46; Lediard, III p. 153, 154; Guérin, II p. 192; Lapeyrouse Bonfils, I p. 370; de Jonge, III p. 388.
[3]) Europische Mercurius voor 1694, 2e stuk, p. 46; Campbell, III p. 158.

om langs de noordelijke en westelijke kusten van Frankrijk te kruisen, en aldaar, in denzelfden geest, als men dit in het vorige najaar te St. Malo had gedaan, zooveel mogelijk schade aan te rigten. Alvorens te spreken van den uitslag, dien zij verkregen, moeten wij met een enkel woord gewagen van twee nieuwe middelen, welke hun daarbij ten dienste stonden.

Eenige jaren geleden, was Renau, een Fransch ingenieur, op het denkbeeld gekomen, om het werpgeschut, dat men reeds nagenoeg twee eeuwen bij den oorlog te lande bezigde, ook op schepen aan te brengen. Hieraan waren de zoogenaamde bombardeergaljooten haren oorsprong verschuldigd. Deze vaartuigen, die zich vooral door breedte en stevigheid onderscheidden, voerden twee masten en op den bak enkele mortieren, terwijl de ruimte tusschen het dek en de kiel, ten minste waar het geschut stond, met oude, stuk gesneden kabels was opgevuld [1]). Schoon de eerste proefnemingen niet ten volle gelukt waren, zoo hadden de Franschen deze soort van schepen toch met vrucht tegen de roofstaten en de stad Genua gebruikt [2]), hetgeen Groot-Brittanje en andere zeemogendheden tot navolging had opgewekt. Nederland ging er eerst in 1694 toe over, en bezat weldra eenige van die vaartuigen, met twee mortieren, zes stukken van twee pond, en 25 à 30 man [3]). Zij bouwden echter slecht zee en konden hierom de vloot meestal niet volgen, zonder haar grootelijks te belemmeren. Waren zij daarentegen niet onmiddellijk bij de hand, dan ging het gunstige oogenblik dikwijls verloren. Met welk een ongeduld de vice-admiraal van de Putte de hieruit voortspruitende teleurstellingen droeg, blijkt uit een zijner brieven, waarin hij schrijft: „als men bekwaam wind en weer heeft, zoo zijn er geen bombardeerschepen, en als men bombardeerschepen heeft, zoo worden wij gediverteerd en verhinderd door Gods weer en wind" [4]).

Het tweede middel, dat men omstreeks denzelfden tijd begon toe te passen, waren de ontploffingsvaartuigen, springers of machine-

---

[1]) Charnock, II p. 311, 312; Lapeyrouse Bonfils, I p. 249.
[2]) Sue, IV p. 131; Guérin, I p. 539, 544, 571, 576; Lapeyrouse Bonfils, I p. 252 e. s.
[3]) De Jonge, Zeewezen, III, p. 164; bijlagen XVIII en XIX.
[4]) De Jonge, Zeewezen, III p. 420.

schepen, die eene groote overeenkomst hadden met de drijvende mijnen, meer dan honderd jaar geleden, te Antwerpen, door Gianibelli uitgedacht, tot vernieling van Parma's brug over de Schelde. In het najaar van 1693, was er een gebruikt, bij het bombardement van St. Malo, van welks zamenstelling men zich echter, wegens de zeer uiteenloopende berigten, niet gemakkelijk een eenigzins juist denkbeeld kan vormen. Nederlanders en Britten lieten het toch voorkomen, als ware het slechts een gewone brander geweest, die op raad van een ingenieur in zee was toegerust [1]. Zij maakten dus al weinig ophef van een werktuig, welks gedeeltelijke ontploffing, volgens de Franschen, meer dan drie mijlen in den omtrek alle glas- en aardewerk verbrijzeld en meer dan driehonderd huizen van hun dak beroofd had; waarbij zich eene zoodanige kracht had ontwikkeld, dat de spil van het vaartuig, hoewel ongeveer 2000 pond zwaar, over den wal heen, boven op een huis was te regt gekomen [2]. Anderen daarentegen hebben de voorstelling tot in het belagchelijke overdreven [3]. Wat echter de Franschen verhalen van de overblijfselen, die zij te St. Malo hadden gevonden, schijnt het naast aan de waarheid te komen. Onder in een vaartuig van omstreeks driehonderd ton, hadden vermoedelijk een honderdtal vaatjes buskruid gelegen, bedekt met teer, zwavel, hars, werk, stroo en takkebossen, waarop zware balken kruiswijze rustten, zoodat de vlammen er door konden spelen. Hierop waren vervolgens aangebragt, naar gissing meer dan driehonderd karkassen, gevuld met granaten, kogels, stukken van kettingen, geladen pistoolloopen, schroot en allerlei brandbare stoffen. Vele schrijvers hebben blijkbaar uit dit verhaal geput, terwijl sommige [4], in strijd met de officiëele berigten, er bijvoegen, dat het vaartuig rondom bemetseld, en vooraf, in alle stilte, binnen de haven in gereedheid gebragt was. Dat de bondgenooten slechts ter loops gewaagden van een geducht middel, hetwelk zij andermaal wilden beproeven, is voorzeker niet vreemd.

---

[1] Pertinent verhaal in de Europische Mercurius voor 1693, 2e stuk, p. 323; Sylvius, XXXVI p. 126.
[2] Fransch verhaal in de Europische Mercurius voor 1693, 2e stuk. p. 320.
[3] Charnock, I, preface, p. XLIX, waar hij de voorstellingen van St. Rémi en Grose bestrijdt.
[4] Rapin-Thoyras, XI p. 183; Poncet la Grave, II p. 166.

Wordt echter van dit eene machineschip reeds aangemerkt, dat het vele kosten had veroorzaakt; dan mag men het er wel voor houden, dat eene dergelijke soort van schepen, die omstreeks dezen tijd, onder denzelfden naam, ten getale van 14 of meer bij de vloot voorkomen [1]), zeker niet veel grooter zijn geweest, dan het gemelde. Om die meer ongemerkt op de aangeduide plaats te kunnen brengen, liet men hen, volgens een schrijven van Almonde, soms door smookschepen voorafgaan, die ten onregte wel met de machineschepen verward worden, en waarvan in een later tijdperk nog wordt gewaagd, als van een middel, om gewone branders beter te doen slagen [2]). Maar de oogenschijnlijk geduchte machineschepen voldeden niet aan hunne bestemming, hetgeen men voor een gedeelte toeschreef aan nationaal vooroordeel. Sommigen beweerden toch dat W. Meesters, een Nederlandsche ingenieur, onder wiens opzigt zij werden zamengesteld en die hen zelfs eenmaal in persoon aanvoerde, uit dien hoofde, van de zijde der Britsche zeeofficieren de grootste tegenwerking ondervond [3]). Wat daarvan zij, de geringe uitwerking van het thans beproefde vernielingsmiddel zal weldra blijken.

Kort na hun vertrek van St. Helens, hadden Berkley en Almonde eene koopvaardijvloot, onder Deensch en Zweedsch geleide, aangehouden, hetgeen den gezanten der betrokken mogendheden gegronde reden tot klagen gaf, waarom de meeste bodems dan ook later werden vrijgegeven [4]). Vervolgens lieten zij het anker vallen voor Dieppe, hetwelk bijna geheel in de asch werd gelegd. Van de machineschepen trok men hier bitter weinig voordeel; des te meer echter van de bombardeerschepen der Britten, die meer dan 1100 bommen en karkassen in de stad wierpen. Te Havre-de-Grâce, waaraan de admiraals een dergelijk lot hadden toegedacht, was de uit-

---

[1]) Europische Mercurius voor 1694, 2e stuk, p. 104, 166; Sylvius, XXXVIII p. 121; Rapin-Thoyras, XI p. 209.

[2]) Brief van Almonde van 13 Augustus, in de Europische Mercurius voor 1695, 2e stuk, p. 100; Lediard, III p. 203; Europische Mercurius voor 1739, 2e stuk, p. 274.

[3]) Campbell, III p. 178; VI p. 188; Lediard, III p. 161, 202; Charnock, II p. 458; Hume, XI p. 208, 244; de Jonge, III p. 391 (noot), 450, 457.

[4]) Europische Mercurius voor 1694, 2e stuk, p. 46, 105; Sylvius, XXXVIII p. 112, 122; Lediard, III p. 156.

werking van het bombardement minder, deels omdat men, wegens harden wind en holle zee, niet met de noodige juistheid kon vuren, deels omdat de mortieren zelven reeds minder bruikbaar waren [1]. De vloot keerde naar St. Helens terug, en begaf zich vervolgens naar Duins, waar de admiraals eerlang bevel kregen, de zwaarste schepen naar de havens te zenden.

Nog in September verscheen een vereenigd eskader, onder Shovel en van de Putte, voor Duinkerken, welks bewaking, gedurende den zomer, allerlei reden tot klagen had opgeleverd. Het rigtte er evenwel niets van belang uit, daar de bombardeergaljooten er niet bij tijds waren, en de machineschepen vruchteloos werden aangewend. Te Calais bereikten de bevelhebbers hun oogmerk evenmin, dewijl zij de nu aanwezige bombardeerschepen, wegens de onstuimige zee, niet behoorlijk konden gebruiken [2], hetgeen den Nederlandschen vice-admiraal de reeds gemelde woorden in de pen gaf.

Afgescheiden van de vraag, of deze kustbombardementen met de wetten van den oorlog strookten, en of de hierdoor verkregen voordeelen geëvenredigd waren aan de kosten, waarop wij nader zullen terugkomen, zij hier slechts opgemerkt, dat de bondgenooten zoodoende den vijand hadden genoodzaakt een gedeelte zijner krijgsmagt naar de kust te zenden [3]. Dit leidde tot het besluit, om in 1695 op den ingeslagen weg te volharden, ofschoon de tegenwoordigheid der vereenigde vloot zich eerst later dan het vorige jaar deed gevoelen. Niet voor half Julij, verschenen Berkley en Almonde met hunne schepen voor St. Malo, waarbinnen de bombardeergaljooten omstreeks 900 bommen en karkassen wierpen. Omdat de admiraals het niet raadzaam vonden ook met de grootere schepen te naderen, besloten zij zich te vergenoegen met de aangerigte schade, en liever hun geluk elders te beproeven. Zij lieten het stadje Granville door een gedetacheerd eskader in brand schieten, en herhaalden, na de havens te hebben aangedaan, de pogingen tot het bombarderen van

---

[1] Lediard, III p. 157, 158; Rapin-Thoyras, XI p. 207; Guérin, II p 193; Europische Mercurius voor 1694, 2de stuk, p. 90 e. v.; Sylvius, XXXVIII p. 107, 112, 121.

[2] Lediard, III p. 159 e. s.; Europische Mercurius voor 1694, 2de stuk, p. 103, 165, 166; Sylvius, XXXVIII p. 131.

[3] Burnet, IV p. 229, 271; Europische Mercurius voor 1695, 1e stuk, p. 257.

Duinkerken en Calais, doch met even weinig vrucht, als in 1694. Bij den aanslag tegen de eerstgenoemde stad, waarbij de onzen het fregat de *Batavier* (26) verloren, waren vergeefsche proeven genomen met de hiervoor gemelde smookschepen [1]). Over het geheel had de vereenigde vloot, toen zij in het laatst van Augustus 1695 uiteenging, minder gedaan, dan een jaar te voren.

Terwijl nu een gedeelte der verbonden zeemagt, onder Russell en Callenburg, zich in de Middellandsche zee ophield, en een ander, onder Berkley en Almonde, bij tusschenpoozen, zich op de Fransche kusten deed gelden, waren ook in de Noordzee Britsche en Nederlandsche bevelhebbers werkzaam. Hoewel zij doorgaans niet gelukkig waren in het beteugelen der kaapvaart, zoo kan men dit toch slechts bij uitzondering aan nalatigheid of pligtverzuim toeschrijven, waarvan het jaar 1694, helaas, meer dan een bedroevend voorbeeld heeft opgeleverd.

Omstreeks den tijd, waarop Berkley en Almonde de gemelde koopvaardijvloot aanhielden, waren er inderdaad maatregelen genomen, om den toevoer van granen naar Frankrijk te verhinderen. De geschillen, nu en dan met Denemarken gerezen, over hetgeen den wederzijdschen onderdanen geoorloofd was, gaven zeker het regt, om op den handel der bewoners van dit rijk streng te letten. Of echter hieruit de bevoegdheid voortsproot, om behoorlijk geconvooijeerde schepen te visiteren, waartegen de Nederlanders ten minste altijd krachtig opkwamen, indien zij zelven in het geval verkeerden, en of zulks met de bestaande overeenkomsten [2]) te rijmen was, blijft hier buiten rekening. Nu het gouvernement dit had bevolen, is het slechts de vraag, hoe de kommandanten zich van den hun opgedragen last kweten.

Er lagen, bij den aanvang van 1694, in verschillende noordsche havens, eene menigte schepen, met granen en andere behoeften geladen, welker aankomst de Franschen verlangend te gemoet zagen.

---

[1]) Europische Mercurius voor 1695, 2de stuk, p. 58 e. v. en 99 e. v.; Sylvius, XL p. 68, 73, 87, 104; brieven van Almonde van 18 Julij en 13 Augustus, gedrukt in de genoemde werken, en een brief van 28 Augustus, M. S. in het Rijks-Archief Lediard, III p. 201 e. s.; Campbell, III p. 174 e. s.; de Jonge, III p. 454.

[2]) Europische Mercurius voor 1692, 1e stuk, p. 143 e. v. ook afzonderlijk gedrukt bij Scheltus, in 1692.

Lodewijk XIV, niet bij magte hen door een aanzienlijk eskader te doen afhalen, rekende op de stoutheid van Jan Bart en andere Duinkerkers, die het hun geschonken vertrouwen niet teleurstelden. Zij bragten toch, reeds in het voorjaar, een twintig dier schepen behouden binnen, zonder dat de Britsche kapitein Gortner, die met 14 schepen kruiste, om dit te beletten, er iets van gemerkt had. Verontwaardigd over dien uitslag, schreef Willem III aan Heinsius: „UEd. kan niet gelooven, hoeseer my dit chagrineert, vreesende, dat er al weder negligentie ofte quade conduite is geweest, niettegenstaande al de voorsorghe, die ick hadt genomen. Ick heb doen opontbieden den officier, die het esquader heeft gecommandeert, om van syn doen rekenschap te geven." Gortner moest later, voor het gepleegde verzuim, met eene schorsing in de dienst boeten [1]). Doch tot welk eene hoogte moest de verontwaardiging van Willem III, ja die van alle Nederlanders niet stijgen, toen een Nederlandsch eskader zich eene nog kostbaarder prooi, door Jan Bart en de zijnen, liet ontrukken!

Dat eskader onder den schout bij nacht Hidde de Vries, waaraan echter, wegens de geldverlegenheid der admiraliteiten, niet minder dan zes schepen ontbraken, bestond uit acht bodems, van welke twee met 58, drie met 50, en de drie overige met 46, 38 en 34 stukken bewapend waren [2]), toen het, den 27sten Junij, meer dan honderd koopvaarders, onder het geleide van twee Deensche schepen en een Zweedsch, in het zigt kreeg. De schout bij nacht hield, ingevolge den hem verstrekten last, op die koopvaardijvloot aan, en zou, nu hij deze toch wenschte te visiteren, ongetwijfeld het veiligst gedaan hebben door haar eenvoudig op te brengen, en dan binnengaats uit te maken, welke schepen hunne reis mogten voortzetten. Aangezien dit echter, volgens zijne meening, niet strookte met de hem gegeven instructie, liet hij het onderzoek, op de gebruikelijke wijze, in zee bewerkstelligen, hetgeen, wegens het aantal der schepen, zooveel tijd vorderde, dat men op den avond van den volgenden dag nog niet gereed was.

---

[1]) Europische Mercurius voor 1694, 1e stuk, p. 187 en 243; Sylvius, XXXVII p. 57, 59, 65; Richer, la vie de Jean Bart, p. 83; de Jonge, III p. 398.
[2]) de Jonge, III p. 404, 405.

Toen de Nederlandsche bevelhebbers, wier schepen zeer verspreid lagen, om de gansche koopvaardijvloot des nachts behoorlijk te kunnen bewaken, den 29sten Junij, met het aanbreken van den dag, hunne taak wilden voortzetten, ontwaarden zij, dat een vijandelijk eskader zich in hunne nabijheid bevond. En zij mogten inderdaad van geluk spreken, dat het niet aanstonds op hunne verspreide bodems afkwam, in welk geval de tien vijandelijke schepen, waaronder zes van 40 tot 52 stukken, zeker eene schoone kans hadden gehad. Maar Jan Bart, die er het bevel over voerde, scheen zich eerst van de sterkte der onzen en van de identiteit der aangehouden vloot te willen vergewissen. Het inwinnen van berigten dienaangaande, het beraadslagen over de wijze van aanval en het gereedmaken van een zijner kleine vaartuigen kostten hem een geruimen tijd, dien Hidde de Vries en eenigen der zijnen niet ongebruikt lieten voorbijgaan. Dien ten gevolge lagen de schout bij nacht en twee kapiteins, bereid hun pligt te doen, slagvaardig, toen de Franschen, tusschen negen en tien uren, voor den wind naderden en hen met onstuimigheid aanvielen. Zonder zich om het vuren der onzen te bekommeren, hield Jan Bart met de *Maure* (52) op de *Prins Friso* (58), het vlaggeschip, aan, gaf dit, op een musketschot afstands, de volle laag, en klampte het vervolgens aan boord. Met de handwapenen verweerde zich de equipage naar behooren, tot dat zij het moest opgeven, na in een half uur tijds honderd en vijftig dooden en gekwetsten bekomen te hebben. De schout bij nacht zelf was zwaar gewond, en overleefde de noodlottige gebeurtenis niet lang. Met denzelfden ijver hadden de equipagiën van de *Stad en lande* (52) en de *Triton* (34) gevochten, toen ook deze bodems voor de overmagt moesten zwichten [1]. De Franschen vonden hunne taak dus veel ligter, dan zij zich hadden voorgesteld, omdat de vijf andere Nederlandsche bevelhebbers, van welke ten minste een of twee aanvankelijk nog iets tot eigen verdediging hadden gedaan, geenerlei

---

[1] Brieven van Jan Bart, bij Sue, V, p. 153; Richer, 'la vie de Jean Bart, p. 84; Lapeyrouse Bonfils, I p. 403; Europische Mercurius voor 1694, 2de stuk, p. 58; Sylvius, XXXVII p. 80; bijvoegsels bij Wagenaar, XVI p. 82; de Jonge, III p. 399, 406 e. v. Het extract van den brief van kapitein van der Hoeven, een der later veroordeelden, verdient natuurlijk weinig vertrouwen.

bijstand verleenden. Zij sloegen reeds op de vlugt, zoodra de schout bij nacht zich moest overgeven, en werden, tot hunne eeuwigdurende schande nog eene wijle vervolgd, eer zij het gat van Texel bereikten, ofschoon Jan Bart, die zelf nog al geleden had, de vervolging nu wijselijk staakte, om de hoofdzaak niet uit het oog te verliezen. Deze gelukte hem volkomen; want de aangehouden koopvaardijvloot, die zich tijdens het gevecht met haar convooi had verwijderd, kwam goed en wel in de Fransche havens. Te Duinkerken bragt Jan Bart ook zijne gemaakte prijzen in zegepraal binnen, met welk bedrijf Lodewijk XIV dermate was ingenomen, dat hij den eenvoudigen, doch stoutmoedigen kaperkapitein eerlang tot den adelstand verhief [1].

Wie een onbevangen blik heeft voor krijgsmansdeugd, waar deze zich openbaart, zal, eenstemmig met den vijandelijken monarch, het gedrag van Jan Bart moeten bewonderen. Had niet menig Nederlander, in den strijd tegen Spanje, zich door gelijksoortige daden een onsterfelijken naam verworven? Doch juist hierom staarde de bevolking der republiek, bewogen met het lot van den ongelukkigen bevelhebber en van omstreeks drie honderd dooden en gekwetsten [2], met een billijken wrevel op hen, welke den ouden heldenmoed ganschelijk hadden verloochend. Willem III was ten hoogste verstoord, te meer omdat Britsche schepen, die op dezelfde hoogte moesten kruisen, wegens gebrek aan orders, ter kwader ure waren binnengevallen. „Er scheynt een fataliteyt in dit geheele werk te syn geweest, ende het is om alle patientie te verliezen, datter altyt in Engelandt soo veel abuysen en negligentie in de ordres syn." [3]

Intusschen was de afwezigheid dier Britsche schepen geene verontschuldiging voor de Nederlandsche bevelhebbers, wier gedrag in elk geval een streng onderzoek vereischte. Het klinkt zelfs al tamelijk vreemd, dat de autoriteiten in de republiek hiermede nog eenigen tijd draalden, en onderwijl de beschuldigden hun komman-

---

[1] Tweede brief van Jan Bart, bij Sue, V. p. 154; Bijvoegsels bij Wagenaar, t. a. p.; Europische Mercurius voor 1694, 2de stuk, p. 101, Sylvius, XXXVIII p. 121.
[2] Sue, V p. 154.
[3] de Jonge, Zeewezen, III p. 414 (noot).

dement lieten behouden [1]). Uitstel was echter geen afstel; want er zat eerlang een hooge zeekrijgsraad, welke drie hunner tot het verbreken van hun zwaard door beulshanden en eene boete van 1000 zilveren ducatons veroordeelde, hen tevens eerloos verklarende en onbekwaam, om den lande meer te dienen. Een vierde, die officiëele brieven had geschreven met vele onwaarheden en verdichtselen, om de Staten-Generaal en de admiraliteit te abuseren; die zijne twee luitenants en een volontair, met veel geraas en een hakmes in de hand, tot het teekenen eener verklaring had gedwongen, insgelijks vele onwaarheden en verdichtselen behelzende, werd, in weerwil van dit alles, iets minder schuldig bevonden. De krijgsraad veroordeelde hem tot dezelfde geldboete, en verklaarde ook hem onbekwaam om den lande te dienen, doch met weglating der eerloosverklaring en der schavotstraf (*). Kapitein Hoogenhoek, die zich aanvankelijk schuil hield en bij publieken trommelslag werd ingedaagd, scheen inderdaad weinig strafbaar, en werd, kort nadat men hem te Texel had gegrepen, onder handtasting weder ontslagen [2]). Niet lang daarna, komt hij andermaal voor, als bevelhebber van *Het wapen van de Schermer* (44), vermoedelijk hetzelfde schip, dat hij in 1694 had gekommandeerd.

Natuurlijk is een voorval, als het gemelde, hoe treurig op zich zelf, niet de reden, waarom de maatregelen, tot beteugeling der Duinkerkers genomen, doorgaans weinig aan het oogmerk beantwoordden. Zelfs maakte de strijd, door de nog altijd magtige republiek, in deze jaren, tegen de vaak zeer kleine kaperschepen gevoerd, bijna hetzelfde komisch effect, als de kamp van den sterken

[1]) de Jonge, Zeewezen, III p. 411 (2de noot).
[2]) Europische Mercurius voor 1695, 1e stuk, p. 292; Sylvius, XXXIX p. 54.

(*) Hunne sententiën zijn te vinden bij SYLVIUS, XXXVII p. 80 e. v. en werden in 1695 afzonderlijk gedrukt, bij SCHELTUS, te 's Gravenhage. De vier sententiën in de *Europische Mercurius voor* 1695, 1e stuk, p. 284 e. v. zijn eensluidend, hetgeen Mr. DE JONGE, die een authentiek afschrift van de vierde had gezien, deed vermoeden, dat allen verzacht waren. Maar het schijnt eene fout in de *Mercurius*, daar het onderscheid, in de uitgave van SCHELTUS en bij SYLVIUS, wordt in acht genomen, terwijl de laatste, boek XXXIX p. 54, allen twijfel dienaangaande wegneemt, door te zeggen: „vier gestraft, van welke drie op het schavot."

man tegen lastige insecten. Sehoon er nu en dan, onder de slagen van zijn krachtigen arm bezwijken, blijft niet zelden de kleine mug voortgonzen, tot dat zij hier of daar nog een kwetsbaar plekje vindt. Met nagenoeg denzelfden uitslag, verweerden zich de heeren Staten, omstreeks dezen tijd, tegen de vijandelijke kapertjes. Meer dan honderd jaren hadden hunne vloten in alle zeeën schrik ingeboezemd voor den Nederlandschen naam, en was hunne driekleur nooit straffeloos gehoond; maar de kleine, welbezeilde vaartuigen der Duinkerkers deden, wat noch de Spaansche zeekasteelen, noch de vereenigde vloten van Engeland en Frankrijk hadden vermogt: zij zwalkten aanhoudend in de nabijheid der kusten en zeegaten, en wisten altijd onverwacht eenig voordeel te behalen.

Hoogst onveilig was, onder die omstandigheden, het verkeer tusschen de republiek en Engeland. Kort na het gevecht met den schout bij nacht Hidde de Vries, tastte Jan Bart, met vijf zijner schepen, eene paketboot aan, die, met twintig andere bodems, door twee oorlogsschepen van Londen naar de Maas werd geconvocijeerd. De kapiteins La Cave en Engelenburg, die het geluk hadden hun gansche convooi te behouden, plukten echter niet de gewenschte vruchten van hun kloekmoedig gedrag; want de *Rotterdam* (44), het schip van La Cave, sloeg plotseling om, nadat hij een der vijandelijke schepen aanvankelijk met voordeel bevochten had, waarbij de bevelhebber zelf, met driehonderd personen, onder welke vele passagiers, ellendig het leven verloor, en de *Dolfijn* (22), het andere oorlogsschip, strandde, even voor de aankomst, bij welke gelegenheid het meerendeel der equipage, met twee zonen en twee dochters van den ambassadeur van Citters, die zich aan boord bevonden, insgelijks omkwam [1]). Deze ramp, die een eigenaardig licht werpt op de marine van dien tijd, en de meer dan gewone gevaren doet uitkomen, welke met eene zeereis gepaard gingen, was echter niet uitsluitend aan de kapers te wijten, en regtvaardigt dus in geenen deele, wat dienaangaande hierboven is gezegd.

Terwijl men, in het voorjaar van 1695, aan de uitrusting der schepen arbeidde, die tot versterking der hoofdvloot en tot bescher-

---

[1]) Europische Mercurius voor 1694, 2de stuk, p. 59; bijvoegsels bij Wagenaar, XVI p. 84; de Jonge, Zeewezen, III, p. 414.

ming van handel en visscherij moesten dienen, verboden de Staten, zoowel om het benoodigde zeevolk te erlangen, als om een gedeelte van den nationalen rijkdom buiten het bereik des vijands te houden, alle scheepvaart en visscherij, doch met vele uitzonderingen, zooals ten behoeve van de Oost-Indische Compagnie, van den handel op Suriname, Engeland, Schotland en Ierland, alsmede van de kustvaart tusschen den mond der Elbe en Nieuwpoort in Vlaanderen, en eindelijk van de kleine schuiten, die op versche visch uitgingen. Hunne eigen kapers mogten niet uitloopen, en de reeds uitgeloopene moesten onmiddellijk terugkeeren [1]. Naauwelijks veertien dagen later begon men van de Duinkerkers te hooren. Deze naderden met een hunner kleine vaartuigen Wijk aan Zee, en landden er met veertien man, ten einde eenige pinken te vermeesteren. Hun aanslag mislukte echter ten eenen male, dank zij de kloeke houding der visschers, die met hun predikant aan het hoofd uittogen, de ongenoode gasten verjoegen en nog een zestal hunner gevangen namen [2]. Nog zonderlinger was het wedervaren van een kapertje, dat slechts vier kleine stukken en vijftien of zestien man aan boord had. Dit scheepje, door storm binnen de Maas gedreven, passeerde Rotterdam, en kwam 's avonds voor Dordrecht ten anker, naast een jagt der Staten, waarmede de heer van Odijk pas uit Zeeland gekomen was. Is het te gelooven, dat de kommandant van het aanstonds genomen kapertje, toch verklaarde, dat hij zich had gevleid, onder zekere omstandigheden, het jagt zelf te veroveren en weg te voeren [3]? Dergelijke voorvallen hielden wel op, toen Duinkerken zelf, in den zomer, bedreigd en bewaakt werd, doch toonen ten klaarste met welk eene soort van lieden men te doen had. Reeds in het najaar, herhaalden zich dezelfde tooneelen. In October namen zes of zeven Duinkerkers eenige schepen bij Ameland.

---

[1] Plakaten van 28 Maart, in de Europische Mercurius voor 1695, 1e stuk, p. 192 c. v.

[2] Europische Mercurius voor 1695, 1e stuk, p. 231; Sylvius, XXXIX p. 54. Volgens eene aanteekening in de Navorscher voor 1870, No. 1 p. 22, is die ongenoemde predikant vermoedelijk geweest Abraham Molerus, van wien uit het Kerkelijk Alphabeth van N. Holl. blijkt, dat hij in April 1674 te Wijk aan Zee bevestigd werd, waar hij in Julij 1707 overleed.

[3] Europische Mercurius voor 1695. 1e stuk, p. 293; Sylvius, t. a. p.

Een hunner veroverde twee koopvaarders in het Vlie, en terwijl men uit dien hoofde beraadslaagde, over eene betere bewaking der kust, roofde een andere kaper, den 1sten December, in tegenwoordigheid der Nederlandsche oorlogsschepen, een koopvaarder uit het Lands diep [1]). Bestaat er niet overvloedige reden, om hen te vergelijken met de lastige insecten, waartegen veeleer met overleg, dan met louter kracht moet worden gehandeld?

Doch aan overleg en tijdige voorzorg scheen het te haperen. Willem III weet het aan de zorgeloosheid der admiraliteit, die te veel op haar eigen gemak en voordeel bedacht was. Zijne vertoogen, gepaard met de berigten uit de zeeplaatsen, ontlokten der Staten-Generaal een bevel aan de admiraliteiten van Zeeland en de Maas, om een eskader uit te rusten, tot bewaking der kust ten zuiden van Katwijk, en een dergelijk aan de drie andere admiraliteiten, ten behoeve van het overige gedeelte der kust. Dit hielp inderdaad [2]). Met hetzelfde oogmerk vaardigden de Staten-Generaal, den 24sten Februarij 1696, een scherp plakaat uit, hetwelk de bemanning van alle vijandelijke schepen, die niet tot een eskader behoorden, indien zij den onzen op de stroomen, binnen de tonnen, op het strand of op den vasten wal in handen viel, zonder genade met den dood bedreigde, tenzij in geval van storm, wanneer de overgave van het schip en het nederleggen der wapenen onmiddellijk moest volgen [3]). Geen drie weken later, paste men dit plakaat in al zijne gestrengheid toe, op een zestal vijanden, die bij Delfzijl binnen de tonnen waren gevat [4]). Door vrees voor represailles, behoefde men zich niet te laten weêrhouden; want het plakaat streed niet bepaald tegen het regt der volkeren. Lodewijk zelf had, eenige jaren geleden, een gelijksoortigen maatregel genomen, waarbij hij de schuldigen evenwel met de galeijen, in plaats van met den dood bedreigde [5]). De galeistraf, waartoe drie Nederlandsche zeelieden, omstreeks dezen

---

[1]) de Jonge, Zeewezen, III p. 464.
[2]) Bijvoegsels bij Wagenaar, XVI p. 90.
[3]) Europische Mercurius voor 1696, 1e stuk, p. 132; Recueil van zeezaken, II p. 283.
[4]) Europische Mercurius voor 1696, 1e stuk, p. 228.
[5]) Ortolan, Diplomatie de la mer, II p. 57, 58.

tijd, in Frankrijk werden verwezen, kan dus slechts dan als eene wraakneming worden aangemerkt, indien het besluit van Lodewijk op hen volstrekt niet toepasselijk is [1]).

Alvorens de Staten-Generaal over den invloed van hun plakaat konden oordeelen, was Duinkerken reeds in andere gebeurtenissen betrokken, welke de bondgenooten er toe bragten de taak hunner zeemagt aanmerkelijk te wijzigen. Over het algemeen had dat gedeelte, hetwelk zich nu, sedert twee jaren, in de Middellandsche zee bevond, en de Fransche marine aldaar werkeloos binnen de havens hield, wel het meest aan zijne bestemming voldaan. De overwegende redenen, waarom de gouvernementen een oogenschijnlijk doeltreffend plan opgaven, zullen de eerste stof voor het volgende hoofdstuk leveren.

e. *Nieuwe ontwerpen van Lodewijk XIV tot herstelling van Jacobus II verijdeld. — Verwoesting op de kust van Frankrijk aangerigt. — Onveiligheid der Noordzee. — Gevecht van Wassenaer met Duguay-Trouïn, bij de Spaansche kust. — Pointis met een Fransch eskader naar West-Indië. — Laatste verrigtingen met Nederlandsche en Britsche schepen. — Vrede te Rijswijk. — Uitslag van den krijg. — Czar Peter van Rusland bezoekt de republiek.*

Zeer verklaarbaar is de gehechtheid der Britten aan hunne constitutie, die zich, in den loop der eeuwen, tot op het standpunt der negentiende eeuw heeft ontwikkeld, zonder dat er ooit geheel met het verleden is gebroken. Noch de burgeroorlogen, noch de tijdelijke afschaffing der koninklijke waardigheid, in de zeventiende eeuw, hebben de Britsche staatsinstelling ten eenen male gesloopt. Elke verandering, elke verbetering, die sedert plaats greep, is eerst na veel overleg, en meestal na een langdurigen en hardnekkigen

---

[1]) de Jonge, III p. 466 (noot), waar het als wraakneming wordt voorgesteld, doch zonder vermelding van de wijze, waarop de drie matrozen in Fransche handen waren geraakt.

tegenstand der aanhangers van het oude ingevoerd. Hierom werd ook de wijziging, welke de conventie in 1689, onder den drang der omstandigheden, na een betrekkelijk kort beraad, in de regelmatige erfopvolging had gemaakt, door sommigen ter goeder trouw afgekeurd. Zeker viel zij aanvankelijk minder scherp in het oog, omdat de conventie hare keuze op de naaste erfgenaam en haren echtgenoot had gevestigd; doch te sterker kwam zij aan het licht, nadat Maria in 1695 kinderloos was overleden, en Willem III wiens betrekking op het huis der Stuarts nu was verbroken, overeenkomstig de gemaakte bepaling, in het bezit der hem opgedragen waardigheid bleef. Op den invloed, dien zulks vermoedelijk op de stemming der Britsche natie zou hebben, bouwden Lodewijk XIV en Jacobus II nieuwe plannen voor de toekomst.

Zoodra de regering hier te lande, in den aanvang van 1696, eenig berigt kreeg van buitengewone toerustingen te Duinkerken en elders, dacht zij, dat het Zeeland gold. Dien ten gevolge werd er krijgsvolk naar deze provincie gezonden, en een eskader met het bewaken der kusten belast. Doch het bleek eerlang, dat 20.000 man en honderden transportschepen, die te Duinkerken en Calais waren bijeengebragt, eene gansch andere bestemming hadden. Nogmaals wenschte Jacobus, zich vleijende, dat het getal zijner aanhangers, sedert het overlijden zijner dochter vermeerderd zou zijn, eene landing te beproeven. Om deze te begunstigen, had men terzelfder tijd een aanslag tegen het leven van Willem III beraamd, ofschoon het met reden te betwijfelen is, of de verdreven koning zelf hiervan wel kennis droeg. Maar de gansche zaak, die ernstig genoeg had kunnen loopen, viel in duigen, toen de zamenzwering, in het laatst van Februarij, werd ontdekt. Nu begreep men, zoowel in Engeland als in de republiek, de ware bedoeling der toebereidselen op de Fransche kust [1].

Willem III zond den admiraal Russell, die onlangs uit de Middellandsche zee was teruggekomen, naar Duins, van waar deze, in de eerste helft van Maart, met een vijftigtal schepen, onder welke eenige Nederlandsche, in zee stak. Hij keerde echter weldra terug,

---

[1] Burnet, IV p. 290 e. s.; Dalrymple, III p. 73 e. s.; Europische Mercurius voor 1696, 1e stuk, 188 e. v.; Sylvius, XLI p. 32; de Jonge, III p. 467 e. v.

met achterlating van een vereenigd eskader, onder Shovel en den Nederlandschen kapitein Arnold Manart, die, op den 13^{den} April, Calais ten derden male bombardeerden. Hoewel zij hierdoor eene niet onbelangrijke schade aan kerken en andere gebouwen veroorzaakten, was het hun toch niet gelukt, de aldaar liggende transportschepen in brand te schieten [1]). Maar ook zonder dit laatste, was er reeds genoeg voorgevallen, om Jacobus alle hoop van slagen te benemen. Moedeloozer dan ooit, begaf hij zich weder naar St. Germain.

Intusschen hadden de maatregelen des vijands, welke geenszins tot het beoogde doel leidden, in de krijgsplannen der bondgenooten zelven, die belangrijke wijziging gebragt, waarvan reeds in de laatste regels van het vorige hoofdstuk en elders is gewaagd. De beide zeemogendheden hadden alle beschikbare middelen aangewend, eerst om Zeeland, daarna om Engeland te beveiligen. Zelfs de schepen, tot versterking van het eskader in de Middellandsche zee bestemd, waren hiertoe gebezigd. De onzekerheid, of men die eerlang zou kunnen missen, en of zij, ook dan nog, in tijds ter bestemder plaatse zouden komen, bewoog Willem III tot de reeds gemelde terugroeping van het eskader, dat zich, onder Rooke en kapitein van Toll, in de Spaansche havens bevond [2]). Dien ten gevolge kon de Fransche marine zich in 1696 vrijer bewegen, dan in de twee laatste jaren, en was het den bondgenooten mogelijk, hunne strijdkrachten te water meer zamen te trekken, of een aanzienlijker gedeelte hiervan aan de bescherming van handel en zeevaart te besteden.

Kort na zijne aankomst, begaf Rooke zich van Duins naar de bogt van Frankrijk, om de schepen uit Toulon, die hij met zijn eskader niet had kunnen tegenhouden, thans met eene geduchtere magt nog van Brest af te snijden. Dit gelukte hem evenwel niet, daar zij reeds den 15^{den} Mei de genoemde haven bereikt hadden, waar vervolgens sommige bodems onttakeld werden en andere werkeloos bleven liggen, of later naar de Middellandsche zee terug-

---

[1] Campbell, III p. 188; Lediard, III p. 207 e. s.; Europische Mercurius voor 1696, 1e stuk, p. 202, 207, 220, 221, 251, 252: Sylvius, XLI p. 33, 34, 35, 51, 57; de Jonge, III p. 476.

[2] Zie hiervoor bladz. 65.

keerden [1]). Lodewijk zond, in 1696, geene vloot in zee, waarom de bondgenooten het verkieslijk vonden, de hunne andermaal tot het bestoken der vijandelijke kust te bezigen.

Met dit oogmerk verliet de vereenigde magt, die zich eene wijle te Torbay had opgehouden, in de eerste dagen van Julij, het Kanaal. Zij telde omstreeks 50 Britsche schepen, onder lord Berkley, en ruim 30 Nederlandsche, onder Almonde, die echter voor zijn vertrek order had gekregen den schout bij nacht van der Goes met zeven bodems naar het vaderland te zenden [2]). In plaats van nu met deze aanzienlijke magt iets tegen Brest te ondernemen, gelijk Rooke had aangeraden [3]), bepaalde men zich tot kleinere operatiën, welke inderdaad hoe langer hoe meer het karakter van een plundertogt kregen. Nog voor dat de vloot, den 14[den] Julij, bij Belle-Isle ten anker kwam, waren eenige bodems gedetacheerd tegen het eiland Grouais, waar de zeelieden een dorp verbrandden en veel vee doodden of wegvoerden. Hetzelfde lot viel den eilandjes Houat en Hedic te beurt. Inmiddels vertoonde zich een ander detachement, dat tot verschalking van den vijand witte vlaggen voerde, voor het eiland Ré. Hier wierp men een paar duizend bommen en karkassen in het stadje St. Martin, waar dien ten gevolge omstreeks zes honderd huizen vernield werden. Tegen Sables d'Olonne had het bombardement minder uitwerking [4]). Wat echter te zeggen van de baldadigheden, door de geregelde strijdmagt van twee beschaafde natiën op vijandelijk gebied gepleegd? Vooral op de eilanden, waar de verschrikte bevolking meerendeels gevlugt was, hielden de vlotelingen deerlijk huis. Dat zij een twintig vaartuigen veroverden, en zich, volgens het regt van den oorlog, een duizend stuks vee en paarden toeëigenden, is nog te begrijpen. Maar wat kon het verwoesten van twintig dorpen, het verbranden van meer dan dertien honderd huizen, het dooden

---

[1]) Lediard, III p. 179, 210; Campbell, III p. 190; Europische Mercurius voor 1696, 1e stuk, p. 298: Sylvius, XLI p. 61, 62, 70 en XLII p. 116.

[2]) Europische Mercurius voor 1696, 2e stuk, p. 67: Sylvius, XLII p. 82; de Jonge, III, bijlage XIX: brief van Almonde, van 30 Junij, M. S. in het Rijks-Archief.

[3]) Burnet, IV p. 315; Campbell, III p. 192 en IV p. 276.

[4]) Campbell, III p. 192; Lediard, III p. 214, 215; Europische Mercurius voor 1696, 2e stuk p. 159 e. v.; Sylvius, XLII p. 91.

van vee, het vernielen van den oogst baten? Het leverde slechts een tooneel van vandalisme, waarvan de menschheid gruwt. Uit het officiëele berigt van Almonde, waarin hij uitdrukkelijk zegt, dat het de Engelschen waren, die de genoemde eilanden door het zeevolk lieten afloopen, plunderen en verbranden [1], zou men opmaken, dat hij voor zich eene zoodanige wijze van oorlog voeren afkeurde. Hoe de Engelschen dergelijke handelingen van een ander standpunt beschouwen, vereischt een enkel woord tot opheldering.

Zoodra internationale geschillen een oorlog regtvaardigen, hebben de partijen natuurlijk het regt elkander te benadeelen, ten einde zoodoende tot eene oplossing te geraken Naarmate de volkeren hunne oude barbaarschheid aflegden, beperkten zij het genoemde regt eenigermate. Dit geschiedde echter niet op eenmaal en lang niet eenparig. Zelfs in onze dagen heerscht over hetgeen in oorlogstijd geoorloofd is, nog een verschil van gevoelen, dat men te dezer plaatse niet uit het oog mag verliezen. Oorlogvoerende partijen kunnen namelijk op twee manieren elkander uitputten. Zij kunnen elkander bevechten met vloten en legers, allen staatseigendom zoo mogelijk vernielen, doch tevens bijzondere personen en hunne bezittingen sparen, indien de toestand dit gedoogt. Daarentegen kunnen zij, op grond dat de staat slechts eene verzameling van particulieren is, door het rooven of vernielen van den nationalen rijkdom, onverschillig of het algemeenen, dan wel bijzonderen eigendom geldt, elkander ook middellijk gevoelige slagen toebrengen. Deze twee begrippen, aangaande de wijze van oorlog voeren tusschen beschaafde natiën, hoewel niet in alle opzigten consequent toegepast, hebben toch in hoofdzaak voorstanders en bestrijders gevonden. Frankrijk en Nederland behoorden, ten minste in theorie, tot de mogendheden, welke de rampen des oorlogs wilden lenigen, door allen eigendom van bijzondere personen zoo mogelijk te sparen. Groot-Brittanje ging van een tegenovergesteld beginsel uit, en heeft eerst in onze dagen iets toegegeven.

Ontegenzeggelijk was de republiek niet altijd even trouw gebleven aan haar eigen beginsel. Op nagenoeg hetzelfde gedeelte der Fransche kust, waar thans de verbonden vloot woedde, had men dit in vroeger

---

[1] Brief van Almonde van 26 Julij, M. S. in het Rijks-Archief.

dagen ondervonden, evenals aan de kusten der Oostzee 1). Maar dit mag niet leiden tot begripsverwarring, als ware het afkeurend oordeel, thans door de onzen uitgesproken, slechts een gevolg hunner Franschgezindheid, en als hadden zij hetzelfde, wat zij nu wreed en onmenschelijk vonden, eenmaal als een gloriestuk aangemerkt, toen het niet de Franschen, maar de Engelschen gold. Blijkbaar doelt de schrijver [2]) hier op den togt naar Chattam, waarop echter, gelijk wij te zijner plaats hebben aangetoond, geenerlei smet kleeft. Het is te betreuren, dat Nederlanders zich niet altijd even naauwgezet, als bij die gelegenheid, aan het loffelijk beginsel der republiek hebben gehouden, en dat zij dit, sedert hun gemeenschappelijk handelen met Groot-Brittanje, niet altijd konden doen.

Ook in Engeland ontbrak het niet aan stemmen, die zich tegen de jongst gepleegde barbaarschheid lieten hooren. Zelfs scheen Burnet in de bombardementen iets onmenschelijks te vinden, dat zich evenwel — nog al vreemd in den mond van een geestelijke — liet verschoonen, omdat de Franschen iets dergelijks tegen Genua hadden gedaan [3]). Intusschen zijn de bombardementen, op grond van dit laatste en van de wijze, waarop Frankrijk zelf den oorlog in Duitschland voerde, als represailles te beschouwen, en bovendien op het Britsche standpunt, als eene zijdelingsche benadeeling des vijands, wel te verdedigen. Eene andere vraag is het echter, of hunne uitwerking tegen de gemaakte kosten opwoog. Spottenderwijs beweerde de eene, dat het verschoten kruid meer waarde had, dan al de schade, den vijand berokkend, terwijl de andere aanmerkte, dat het wel iets had van glazen ingooijen met goudstukken [4]). Ongetwijfeld hadden de kustbombardementen ten minste den vijand tot allerlei maatregelen van tegenweer genoopt, een deel van diens troepen bezig gehouden, en het misnoegen des volks aangewakkerd. Uit een finantiëel oogpunt, ware het stellig profijtelijker geweest, indien men, gelijk sommigen wilden, de vijandelijke zeeplaatsen liever

---

[1]) Zie het tweede stuk, bladz. 306 en 316.
[2]) Bilderdijk, Geschiedenis des Vaderlands, X p. 172
[3]) Burnet, IV. p. 229.
[4]) Fransch berigt, bij Lediard, III p. 215 (noot); Guérin, II p. 204

eenvoudig had gerantsoeneerd [1]). Doch het is te betwijfelen, of men dit even goed had kunnen verantwoorden.

In de republiek heerschte des te grooter ontevredenheid over de onbeduidende en laakbare verrigtingen der hoofdvloot, die in Augustus weder naar Torbay zeilde, omdat de Noordzee inmiddels alles behalve veilig was geweest. Reeds in Februarij, had kapitein Wiltschut, met een schip van 44 stukken en een kleiner, beiden door particulieren uitgerust, zich tegen negen Fransche schepen moeten verweren. Na een kloekmoedig gevecht, was hij er met het verlies van het kleine schip afgekomen. In April hadden de commandeurs Forman en Lebeau, met hunne twee convooijers, zeventig koopvaarders tegen acht Duinkerkers beschermd [2]). Maar niet altijd verkregen de bevelhebbers, welke den handel moesten beveiligen, een gewenschten uitslag.

In weerwil van het vereenigd eskader, dat onder Benbow voor Duinkerken lag, was Jan Bart, in den nacht tusschen den 17^{den} en den 18^{den} Mei, uitgeloopen met de *Maure* (54), de *Mignon* (44), de *Comte* (44), de *Gerzé* (40), de *Adroit* (40), de *Alcyon* (38), de *Milfort* (36) en de *Tigre* (36), die als brander was uitgerust. Later volgden hem nog twee of drie kaperschepen [3]). Wat nu te doen? De Nederlandsche bevelhebbers achtten zich niet geregtigd hunne standplaatsen te verlaten. Maar de grootere voortvarendheid der Britsche, die eene vervolging beproefden, baatte volstrekt niet, daar zij vooreerst geen spoor van Jan Bart of zijn eskader te zien kregen [4]). Deze had inmiddels, na eene wijle tusschen het Vlie en de Doggersbank te hebben gekruist, in de nabijheid der laatste post gevat, vlammende op twee Nederlandsche koopvaardijvloten, waarvan de eene uit het noorden komen, de andere uit het Vlie derwaarts vertrekken moest. De „schrik der Noordzee" scheen het verkieslijk te vinden, in de onmiddellijke nabijheid onzer eigen kust, slechts af te

---

[1]) Rapin-Thoyras, XI p. 211.
[2]) de Jonge, Zeewezen, III p. 490, 491.
[3]) Campbell, III p. 195; Naval Chronicle, XX p. 177; Rapin-Thoyras, XI p. 284; Sylvius, XLI p. 61; de Jonge, III p. 493; Guérin, II p. 206; Sue, V p. 159; Lapeyrouse Bonfils, I p. 419.
[4]) Lediard, III p. 217 e. s; Campbell, t. a. p.

wachten [1]), welk gedeelte zijner gewenschte prooi hem het eerst in den mond zou loopen.

Ten volle bekend met het dreigend gevaar, namen de leden der admiraliteit, die van Willem III volmagt hadden gekregen, het besluit om de vloot uit het noorden te doen waarschuwen, en aan de andere een goed eskader, onder kapitein Arnold Manart, mede te geven. Deze kon dan!, na het eerste gedeelte zijner taak te hebben volbragt, de vloot uit het noorden veilig naar de havens geleiden. Oogenschijnlijk was dit zeker niet kwaad overlegd. Met reden vraagt men evenwel, hoe Jan Bart zoo lang en ongestoord kon toeven, terwijl een vrij aanzienlijk eskader in de Noordzee kruiste, en waarom het collegie van Amsterdam de schepen van Manart, die zelfs ten deele buitenom van Texel naar het Vlie zeilden, niet eerst uitzond, om Jan Bart te verdrijven. Immers wist men, dat de vloot uit het noorden, met hare vijf convooijers, de Sond reeds gepasseerd was, toen de vaartuigen werden uitgezonden, om haar te waarschuwen [2]). Door nu volstrekt niet te rekenen, op een geval, dat zich toch zeer ligt kon voordoen, beging de admiraliteit, die oogenschijnlijk een doelmatig plan had gevormd, inderdaad een grooten misslag; want geen der afgezonden schepen bereikte het convooi, dat onder het bevel van den commandeur Bucking dus naderde, zonder iets buitengewoons te vermoeden.

Eerst tegen den avond van den 17^{den} Junij, ontdekte 's lands bevelhebber de schepen van Jan Bart. Aanstonds liet hij alles gereed maken tot het gevecht, zoodat hij den vijand, toen deze 's anderen daags voor den wind op hem afkwam, op alles voorbereid en bedaard kon afwachten [3]). Met grond was er echter weinig te hopen van een strijd, waarbij de tegenpartij schier alle kansen in haar voordeel had. Het *Raadhuis van Haarlem* (38), de *Graaf van Solms* (38), de *Soestdijk* (38), de *Weldam* (34) en de *Arend* (24) [4]), waaruit het geheele convooi bestond, moesten toch, zoowel in getal als in zwaarte, voor de schepen der aanvallers onderdoen. Wat zich onder die

---

[1]) Journaal van Vergier, bij Sue, V p. 162; Lapeyrouse Bonfils, I p. 417.
[2]) de Jonge, Zeewezen, III p. 494 e. v.
[3]) Journaal van Vergier.
[4]) de Jonge, Zeewezen, III p. 494.

gegevens liet voorzien, gebeurde werkelijk. Na een tegenweer, dien Jan Bart later hardnekkig noemde, en waarbij Bucking zelf eene doodelijke wonde bekwam, moest het eene schip voor, het andere na den strijd opgeven. Nu scheen ook het lot der koopvaarders beslist, met welker inbezitneming, de kleine kapers, die zich thans bij het eskader van Jan Bart bevonden, reeds tijdens het gevecht een aanvang hadden gemaakt. Terwijl de Franschen echter bezig zijn den buit zoo goed mogelijk te verzekeren, daagt er voor de onzen eensklaps ontzet op; helaas, weinige uren te laat, om alles te kunnen verhoeden. Het is Manart, die, bij zijn vertrek uit het Vlie, het schieten hoorende, onmiddellijk zijn eigen convooi heeft verlaten, om met zijne dertien oorlogsschepen te zien, wat er gaande is. Deze onverwachte verschijning noopt de Duinkerkers hun plan te wijzigen. Zij brengen hunne gevangenen over op de *Arend*, die hiermede een goed heenkomen zoeken, en steken de andere convooijers, benevens eenige veroverde koopvaarders in brand, waarna zij met weinig of niets van den buit onder zeil gaan [1]. Dat Manart, met het oog op zijne eigen taak, hen noch lang, noch ernstig vervolgde [2], is vrij natuurlijk.

Behalve de misrekening der admiraliteit, waarvan Bucking het slagtoffer werd, is er in dit geval nog iets onbegrijpelijks. Verwondert men zich reeds, dat Jan Bart zoo ongestoord kon wachten, gelijk hij, volgens zijn eigen rapport, sedert veertien dagen had gedaan; tot welk eene hoogte moet die verwondering niet stijgen, wanneer men leest, dat het Noordzee-eskader, onder kapitein van Zyll, zich ter reede van Texel bevond [3], terwijl het gemelde convooi, weinige mijlen ten noorden van dit eiland, door overmagt werd aangetast. Volgens een schrijven van den commissaris van Coppenol aan de Staten-Generaal, nog voorhanden in het Rijks-Archief, was de genoemde bevelhebber, in den laten avond van den 14den Junij, met eenige zijner schepen voorgaats gekomen, en vervolgens binnen-

---

[1] Journaal van Vergier; rapport van Jan Bart, insgelijks bij Sue, V p. 160; Europische Mercurius voor 1696, 1e stuk, p. 337; Sylvius, XLI p. 70.

[2] Guérin, II p. 208.

[3] Mr. de Jonge zegt dit uitdrukkelijk, Zeewezen, III p. 509, zonder er nogtans eenig gevolg uit te trekken, en prijst op p. 516 de wijze, waarop van Zyll zich in 1696, van zijne taak had gekweten.

gevallen, om behoeften in te nemen. Wel beweert men, dat hij zich gereed maakte om uit te loopen, zoodra het vuren zich liet hooren; echter niet dan uiterst langzaam, waarschijnlijk in het vermoeden, dat Jan Bart niet met Bucking, doch met Manart te doen had. Maar hoe is het nu te verklaren, dat Jan Bart zich een dag later weder op dezelfde hoogte bevond [1]), en dat nogtans van Zyll hem niet aantrof? Toen deze bijna vier weken later weder te Texel lag, en met 16 schepen van daar uitzeilde, begaf hij zich, ingevolge den hem verstrekten last, weder naar de Vlaamsche kust. Uit het berigt, dat hij op zijn post was aangekomen, blijkt tevens, dat er half Julij verscheidene bodems voor de Maas kruisten [2]). Op dat tijdstip was Jan Bart echter bij de kust van Noorwegen, waar Benbow te vergeefs pogingen aanwendde, om hem te bereiken [3]). Billijk mogt Jan Bart er zich ten slotte op beroemen, dat hij, in weerwil van ruim dertig Britsche en Nederlandsche schepen, die op hem pasten, in het laatst van September, goed en wel te Duinkerken kwam [4]).

Om den handel beter te kunnen beschermen, had de regering der republiek, tegen het einde van Junij, den schout bij nacht van der Goes met zeven schepen en later nog andere bodems van de hoofdvloot teruggeroepen, die zij vervolgens, even als sommige schepen van het Noordzee-eskader, tot geleide verstrekte [5]). Dien ten gevolge kwamen de Oost-Indische retourschepen, andere koopvaarders en vele visschers, in het najaar, veilig binnen [6]). Had men zich evenwel niet doorgaans hiermede mogen vleijen, terwijl de republiek meer dan honderd schepen met 5000 stukken en 24,000 man onderhield [7])? Zeker wel, en de klagten, over zoo menig verlies geuit, zijn allezins te billijken. Met reden is het echter te betwijfelen, of

---

1) Journaal van Vergier.
2) Brief van kapitein van Zyll van 17 Julij 1696. M. S. in het Rijks-Archief.
3) Sylvius, XLII p. 88.
4) Sylvius, XLII p. 116; Guérin, II p. 208.
5) Brieven van Almonde van 30 Junij, 26 Julij en 22 Augustus, M. S. in het Rijks-Archief.
6) Sylvius, XLII p. 109, 114, 156; Europische Mercurius voor 1696, 2e stuk, p. 215.
7) de Jonge, III bijlage XIX.

de ware oorzaak van dien stand van zaken wel gelegen was, in het betrekkelijk geringe aantal schepen, tot beveiliging der Noordzee bestemd, en niet veeleer in de ondoelmatige aanwending hiervan. Dit was niet aan bepaald verzuim of wangedrag te wijten, en komt dus niet uitsluitend voor rekening van dezen of genen; maar het sproot blijkbaar voort uit een zeker gebrek aan veerkracht in hen, die orders gaven, en in hen, die met het nakomen hiervan belast waren. Met verbazende omslagtigheid, volgden allen te zeer den ouden sleur, indien niet een krachtig man hen tijdelijk bezielde. Het was de slendergeest, dat groote ziekteverschijnsel der achttiende eeuw, hetwelk zich ook bij de aanwending van 's lands zeemagt begon te openbaren.

Intusschen hadden de bondgenooten, onder de leiding van Willem III, die zich als een wel bekwaam, doch niet gelukkig veldheer deed kennen, ook te lande, meer roem, dan voordeel behaald. Hierom begonnen zij, evenals Lodewijk XIV, naar den vrede te verlangen, vooral nadat de hertog van Savoije, in 1696, hunne zijde verlaten, en zich met den gemeenen vijand verzoend had. Bovendien koesterden alle partijen, omstreeks dezen tijd, een gewigtig bijoogmerk. Het naderend einde van den ziekelijken en kinderloozen Karel II, die over Spanje regeerde, voorspelde een nieuw Europeesch conflict. De leden van het Groot-Verbond oordeelden het dus raadzaam, in afwachting hiervan, hunne krachten wat te sparen, en Lodewijk XIV, die zulks van zijn kant insgelijks wenschte te doen, was te eer bereid om thans een weinig toe te geven, daar eene schorsing der vijandelijkheden hem welligt de kans zou verschaffen, om de leden van het Groot-Verbond onderling te verdeelen, eer het wapengeluk andermaal zou moeten beslissen. Bij de gezindheid, die alle betrokken partijen aan den dag legden, is het zeer verklaarbaar, dat zij reeds spoedig, en wel onder bemiddeling van Zweden, over het herstel des vredes begonnen te onderhandelen. Alvorens den uitslag hiervan te overwegen, hebben wij nog enkele gebeurtenissen te melden, die met de geschiedenis van het zeewezen in regtstreeksch verband staan.

Van de twee en dertig Nederlandsche schepen, die gedurende den winter van 1696 op 1697, onder den vice-admiraal Callenburg, in dienst bleven, werden verschillende eskaders met eene bepaalde bestemming gedetacheerd, welker verrigtingen, tijdens de laatste maanden van den oorlog, geenszins onbelangrijk zijn. Zoo moest de vice-admiraal Geleyn Evertsen, in November 1696, met negen bodems, eene koopvaardijvloot naar Spanje geleiden, waarvan hij zich behoorlijk kweet. Na tot in Maart van het volgende jaar te Cadix vertoefd te hebben, zeilde hij naar Lissabon, en keerde van daar met eene andere koopvaardijvloot, ongehinderd terug. De Britsche vice-admiraal Nevill, die insgelijks met zes schepen naar de Spaansche havens was gezonden, kreeg bevel naar West-Indië te stevenen [1], om redenen, die later zullen blijken.

Minder gelukkig dan Evertsen, was de baron van Wassenaer, die in Januarij 1697, met vijf schepen werd gedetacheerd, om een aantal koopvaarders uit de havens van Biscaye af te halen. Nadat twee zijner schepen, de *Vrede* (50) en de *Nymegen* (50), in de eerste dagen van Februarij, op de Spaansche kust met man en muis vergaan waren, ontmoette hij, den 22sten Maart, bij zich hebbende de *Delft* (50), de *Hondslaardijk* (50), de *Schoonoord* (30) en een twintigtal koopvaarders, een Fransch eskader, onder Duguay-Trouïn. Deze aarzelde echter met den aanval, zoo lang hij alleen kon beschikken over de *St. Jacques* (46), de *Sans-pareil* (40) en de *Leonore* (12), waarmede hij onlangs te Brest was uitgezeild. Hij vergenoegde zich dus met het Nederlandsche convooi in het oog te houden, tot dat de *Faluere* (30) en de *Aigle noire* (30), twee kapers van St. Malo, kwamen opdagen. Zonder verwijl, nadert hij thans, in den morgen van den 25sten, de Nederlandsche schepen, op een tijdstip, dat zij, vermoedelijk tot dekking van hun convooi, niet bijeen zijn. De *Hondslaardijk*, die het eerst wordt aangevallen, moet het opgeven, voor dat de beide andere schepen hulp kunnen verleenen. Nu krijgen zij evenwel deel aan den strijd, met dit ongelukkig gevolg, dat ook de *Schoonoord* weldra moet zwichten, zoodat alleen de *Delft*, gevoerd door Wassenaer, overblijft. Deze weert de *Sans-pareil* af, welks bevelhebber hem poogt te enteren, en zou wijselijk getracht hebben, zich door kracht van zeilen aan den verder hopeloozen strijd te onttrekken, bijaldien dit hem niet ware belet. Maar Duguay-Trouïn, die het schip van Wassenaer entert, is aanvankelijk niet

---

[1] de Jonge, Zeewezen, III p. 510 e. v.; Lediard, III p. 220.

gelukkiger dan zijn voorganger. Hij moet afhouden, en slaagt eerst na herhaalde pogingen, waartoe hij zijne equipage uit de andere schepen heeft versterkt. Ten laatste moet Wassenaer, die zelf door drie geweerschoten gekwetst is, voor de overmagt bukken, waarna de *Delft* en de *Hondslaardijk*, met zes koopvaarders, te Port-Louis, en de *Schoonoord*, met vier of zes andere koopvaarders, te Nantes worden opgebragt [1].

Onafhankelijk van den noodlottigen uitslag, komt aan Wassenaer de eer toe, dat hij zich allezins lofwaardig had gekweten. Duguay-Trouïn ontving hem, uit dien hoofde, met de grootste voorkomendheid, en Lodewijk XIV, die hem een blijk van achting wilde geven, vergunde hem, onmiddellijk na zijne genezing, huiswaarts te keeren, in afwachting der latere uitwisseling [2]. De gevangen Nederlandsche bevelhebber maakte hiervan een dankbaar gebruik, daar hij, in het bewustzijn van zijn pligt gedaan te hebben, den vaderlandschen grond niet behoefde te schromen.

Een derde eskader, onder kapitein van Zyll, insgelijks van de wintervloot gedetacheerd, had met tegenspoeden van geheel anderen aard te kampen. Het bestond uit *Het Loo* (64), de *Hollandia* (72), de *Leyden* (64) en de *Arnhem* (64), en vertrok eerst in Maart 1697 [3], om, vereenigd met de schepen van Nevill, die uit de Spaansche havens waren gezeild, de plannen der Franschen in West-Indië te verijdelen. Er was namelijk, in Januarij, een tiental schepen, door particulieren uitgerust, onder den baron de Pointis, van Brest vertrokken. Shovel, die sedert eenigen tijd reeds kruiste, om dit te verhinderen, was niet geslaagd. Met reden beducht voor de Engelsche en Spaansche bezittingen in West-Indië, die gedurende den oorlog aan zoo menigen aanslag hadden ten doel gestaan, vonden de bondgenooten het noodig, ook van hun kant, er een eskader heen te zenden [4]. Hierom moesten Nevill en van Zyll zich derwaarts begeven.

---

[1] Europische Mercurius voor 1697, 1e stuk, p. 165, 255 e. v.; Sylvius, XLIII p. 41; de Jonge, III p. 517 e. v.; Guérin, II p. 210 e. s.; Lapeyrouse Bonfils, I p. 428; Richer, La vie de Duguay-Trouïn, p. 84 e. s.
[2] Wagenaar, XVI p. 372.
[3] de Jonge, Zeewezen, III p. 513.
[4] Europische Mercurius voor 1697, 1e stuk, p. 119 en 216; Sylvius, XLIII p. 10

Voor dat echter de onzen ter bestemder plaatse aankwamen, was Pointis, die een geruimen tijd op hen voorhad, al met vrucht werkzaam geweest. Nog versterkt door eenige boekaniers, had hij zich, den 13^{den} April, voor Carthagena, in Nieuw-Grenada, vertoond, waar de Spaansche autoriteit, in de eerste dagen van Mei, tot de overgaaf moest besluiten. Met een ontzaggelijken buit, aan metalen stukken en allerlei goud en zilverwerk, waaronder een beeld van O. L. Vrouw, met zilver overtogen, vele juweelen en eene geheele kist met kerksieraden, welker gezamenlijke waarde op minstens tien millioen gulden werd geschat, konden Pointis en de zijnen, den 1sten Junij, weder onder zeil gaan 1). Vreeselijk hadden zij in de ongelukkige stad huisgehouden. Dit is zeker af te keuren, schoon het nog al zonderling klinkt, dat juist een Engelsch schrijver [2]), die zich over de uitwerking der kustbombardementen zeer voldaan toont, het maar onbewimpeld een zeeroversbedrijf noemt.

Hoogst bevreemdend is het, dat Nevill en van Zyll, die te laat kwamen, om den val der stad te verhoeden, er toch niet onmiddellijk heen zeilden, in welk geval zij stellig het Fransche eskader hadden aangetroffen. Nu kregen zij dit, eerst den 7^{den} Junij, op hun togt derwaarts in 't zigt, en maakten zij er te vergeefs jagt op. De verovering van een Spaansch schip, welks waarde door sommigen, welligt niet zonder overdrijving, op meer dan twee millioenen werd geschat, was toch de eenige vrucht der onderneming 3). Doch alles scheen den vijand te begunstigen. Bij New-found-land, waar Pointis zich na zijn vertrek had opgehouden, lieten de Engelschen, die er onder Norris lagen, hem ongemoeid, en nadat kapitein Harlow hem, den 29sten Junij, bij de Sorlings, met vijf schepen stoutmoedig had bevochten, ontsnapte hij door kracht van zeilen, ofschoon het den Engelschen zelven een raadsel was, hoe de Fransche schepen, die

---

en XLIV p. 94; Campbell, III p. 223, 229; Guérin, II p. 219; Lapeyrouse Bonfils, I p. 442.

1) Europische Mercurius voor 1697, 2e stuk, p. 142, 246; voor 1698, 1e stuk, p. 95 en 2e stuk, p. 90; Sylvius, XLIV p. 110; Campbell, III p. 230. De Mercurius meldt, dat Lodewijk, uit gewetensbezwaar, de kerksieraden liet teruggeven.

2) Charnock, II p. 462.

3) Campbell, III p. 226, 232· Lediard, III p. 222; Europische Mercurius voor 1697, 2e stuk, p. 146.

vuil moesten zijn, zooveel beter zeilden, dan de hunne, welke pas uit de havens kwamen [1]). Bij het ontwaren van zooveel misslagen en toevalligheden, klaagde men in Engeland bitter over het beleid der zeezaken, en meenden velen, dat er omkooping, partijschap, zoo niet verraad schuilde [2]).

Nevill en van Zyll hadden, na de vruchtelooze poging om Pointis te achterhalen, wel is waar eenig voordeel bekomen; doch zij waren vervolgens aangetast door een vijand, dien de zeeman met reden boven alle andere ducht. Er brak namelijk op het eskader eene soort van pest- of rotkoorts uit, waaraan de schepelingen bij honderden bezweken. Het trof niet minder dan 1500 Engelschen, onder welke de vice-admiraal Nevill, zijn schout bij nacht en zeven kapiteins. De Nederlanders kwamen er niet beter af, daar zij kapitein van Zyll met twee andere bevelhebbers, verscheidene officieren en 400 matrozen, dat is nagenoeg het derde gedeelte hunner bemanning, verloren. Ellendig zag het er aan boord uit, toen de schepen eindelijk de Engelsche havens bereikten. Toch scheen de maat der jammeren voor allen nog niet vol; want Justus van Hoogenhoek, de eenige Nederlandsche bevelhebber, die aan de algemeene ramp was ontkomen, strandde later met de *Hollandia* (72), bij het inzeilen van het Lands diep, en vond er, met het grootste gedeelte zijner equipage, den dood in de golven [3]).

Dergelijke zeerampen waren te dien tijde niet zeldzaam. Kapitein van Leyden van Leeuwen, die gedetacheerd met de *Sneek* (44), den 1sten Mei 1697, er in geslaagd was een Fransch convooi te achterhalen, en de *Fanfaron* (36), na een gevecht van drie uren, tot de overgaaf te nopen, had ook al weinig genot van de eer, door het opbrengen van het eerste Fransche koningsschip behaald, dewijl zijn eigen bodem in October van hetzelfde jaar, bij Ameland, met man en muis verging, te gelijk met de *Gouda* (72), onder Arnold Manart, waarvan ook slechts drie man gered werden [4]). Het is

---

[1] Campbell, III p. 237, 241; Hume, XI p. 296; Europische Mercurius voor 1697, 2e stuk, p. 147; Sylvius, XLIV p. 115; Guérin, II p. 226; Lapeyrouse Bonfils, I p. 445.
[2] Burnet, IV p. 348.
[3] de Jonge, Zeewezen, III p. 514, 515, 517.
[4] de Jonge, Zeewezen, III p. 526 e. v.

eene treurige bijdrage tot de ontzettende verliezen aan personeel en materiëel, omstreeks dezen tijd door de republiek geleden, en vermoedelijk eene der redenen, waarom de Staten van Holland, in het volgende jaar, nieuwe ordonnantiën op de pilotage uitvaardigden, waarin de loodsen, wegens het verzeilen van een schip, met de strengste straffen bedreigd werden [1]).

Uithoofde der aangeknoopte vredesonderhandelingen, was de veréénigde vloot, onder Rooke en Almonde, in 1697, minder sterk, dan in vorige jaren, ofschoon de republiek er nog 22 bodems toe bestemde [2]). Daar zij echter ten deele als kruisers, ten deele als convooijers gebezigd werden, waren somtijds verreweg de meeste schepen niet bij de vlag. Hieraan hadden kooplieden en reeders het ongetwijfeld te danken, dat thans vele rijk geladen vloten behouden aanlandden [3]). Van het bewaken van Duinkerken had men schier even weinig baat, als gewoonlijk. Zonder zich om het scherpe plakaat te bekommeren, vertoonden de kapers dier stad zich nog op de Schelde en in het Sloe. Zelfs waagden zij eene landing op Walcheren en Schouwen, en lieten zij zich tot bij Sommelsdijk en de Willemstad zien, hetgeen evenzeer voor hunne stoutmoedigheid, als voor het ontoereikende der genomen maatregelen pleit. Ter beteugeling van de buitensporigheden dier kapers, moesten sommige bodems de kusten en zeegaten bewaken, terwijl de Staten-Generaal, bij plakaat van den 31sten Mei, premiën hadden uitgeloofd voor het nemen van kaperschepen [4]).

Ondanks het eskader, dat in den nazomer voor Duinkerken lag, wist Jan Bart, in September, met een zestal ligte fregatten uit de haven te komen, en eene poging, om hem te achterhalen, weder te verijdelen [5]). Gelukkig was het thans niet op den eigendom van kooplieden en visschers gemunt. Lodewijk XIV had den ervaren en kloeken bevelhebber slechts opgedragen, den prins van Conti, wiens

---

[1]) Recueil van Zeesaaken, II p. 310 (art. XI.
[2]) Campbell, III p. 242; Lediard, III p. 230; Naval Chronicle, XXXIII p. 448; Europische Mercurius voor 1697, 1e stuk, p. 260; de Jonge, Zeewezen, III p. 529.
[3]) Lediard, III p. 231; Sylvius, XLIV p. 92, 126.
[4]) de Jonge, Zeewezen, III p. 530; Europische Mercurius voor 1697, 1e stuk, p. 299; Sylvius, XLIII p. 54.
[5]) Campbell, III p. 244; IV p. 109; Naval Chronicle, XX p. 178.

verheffing tot koning van Polen hij beoogde, in alle stilte naar Dantzig over te brengen ¹). Deze reis, welke alles behalve voorspoedig was, geenszins aan het oogmerk beantwoordde, en niet in regtstreeksch verband staat met de geschiedenis onzer zeemagt, verdient alleen daarom ter loops te worden aangeroerd, omdat wij in het vervolg den gevreesden kaperkapitein niet meer handelend zullen aantreffen.

Den 20sten September, teekenden de republiek, Groot-Brittanje en Spanje, op het huis te Rijswijk, den vrede met Frankrijk ²). Eerlang konden nu ook de meeste schepen der hoofdvloot terugkeeren, welke echter niet weinig te lijden hadden van dezelfde stormen, waarin de kapiteins van Leeuwen en Manart zoo noodlottig omkwamen. Zelfs was Almonde genoodzaakt de masten van de *Vrijheid* (94) voorgaats te kappen, om schip en equipage te behouden ³).

Nergens openbaarde zich misschien opregter en algemeener blijdschap over den gesloten vrede, dan in de republiek, waar men zich, gedurende den afgeloopen krijg, ter wille van een Europeesch belang, inderdaad zware offers had getroost. Toch was het voorname doel, de inkorting van Frankrijk's magt, niet bereikt. Wel verre van alles weder gebragt te hebben op denzelfden voet, als bij het tractaat van Munster of dat van de Pyreneën, hadden de bondgenooten zelfs dat van Nijmegen niet kunnen herstellen; want Lodewijk XIV, die slechts aan Spanje eenige plaatsen teruggaf, behield den Elzas met Straatsburg. Daarentegen moest hij de zaak van Jacobus laten varen. Immers verbond hij zich, bij art. 4 van het tractaat, met Groot-Brittanje gesloten, om voortaan noch regtstreeks, noch zijdelings iets te doen, hetwelk Willem III in het gerust bezit zijner staten zou kunnen storen. Voor zoover de republiek dit had beoogd, toen zij zich in den oorlog wikkelde, mogt zij er roem op dragen, dat een gewigtig punt, overeenkomstig hare inzigten, was beslist.

Te gelijk sloot de republiek met Frankrijk weder een tractaat

---
¹) Sylvius, XLIV p. 114, 120; Sue, V p. 208; Guérin, II p. 213.
²) Europische Mercurius, voor 1697, 2e stuk, p. 283 e. v; Sylvius, Supplement; Recueil van tractaten, No. 68 en 69.
³) de Jonge, Zeewezen, III p. 529 (noot).

van handel en scheepvaart ¹), dat in hoofdzaak slechts eene vernieuwing van vroegere was. Het Fransche gouvernement ruimde echter twee grieven uit den weg, door in de eerste plaats, bij art. 10, de bezwarende bepalingen op te heffen, die sedert 1687 op den invoer van gezouten haring in Frankrijk drukten, en door in de tweede plaats, bij een afzonderlijk artikel, het vatgeld af te schaffen, dat Nederlandsche schepen in Fransche havens moesten betalen. Dit zou voortaan slechts worden gevorderd van die schepen, welke hunne lading in eene andere Fransche haven hadden ingenomen. Wat men te Rijswijk bepaalde, is overigens van ondergeschikt belang, dewijl er spoedig een niet minder hardnekkige oorlog uitbrak, en er uit dien hoofde nog jaren verliepen, eer de politieke toestand van Europa en het internationale zeeregt weder eenigzins duurzame grondslagen kregen.

Ontzettende verliezen had de oorlog ter zee na zich gesleept. Hoeveel schepen waren niet ten gevolge der twee groote zeeslagen, bij een aantal bijzondere gevechten en togten, en door menigvuldige zeerampen vernield of genomen. Alles te zamen kwam dit Frankrijk op meer dan 20 bodems van veertig tot honderd stukken, en in het geheel op wel 40 tweedekkers te staan. ²) Groot-Brittanje had, ongerekend de kleine, 26 oorlogsschepen verloren, waarvan er elf in 's vijands handen waren gevallen ³). Meer dan eene der genoemde mogendheden, had de republiek de gevolgen des oorlogs voor haar materiëel ondervonden. Terwijl onder de 26 schepen, door de Britten als verloren opgegeven, nog enkele van minder dan veertig stukken voorkwamen, had alleen de admiraliteit van Amsterdam, gedurende hetzelfde tijdsbestek, een verlies van 20 bodems, allen van veertig tot zeventig stukken te betreuren ⁴). Men kan zich hieruit een denkbeeld vormen van hetgeen de gansche zeemagt, in slechts negen jaren tijds, moet hebben geleden.

Handel en visscherij hadden natuurlijk in de verliezen gedeeld. De Franschen telden hunne prijzen thans niet bij honderden, maar

---
¹) Europische Mercurius voor 1697, 2ᵉ stuk p. 301; Sylvius, supplement p. 27; Recueil van tractaten, I p. N° 70, 71.
²) Lediard, III p. 239 (uit Burchett); Charnock, II p. 323.
³) Lediard, III p. 238; Charnock, II p. 476.
⁴) de Jonge, Zeewezen, III p. 121.

bij duizenden [1]). Het heeft nogtans den schijn, dat de republiek er, in dit opzigt, iets beter afkwam, dan haar bondgenoot, dewijl er telken jare van het ongehinderd binnenloopen van rijk geladen vloten wordt gesproken. Met verwijzing naar hetgeen reeds vroeger dienaangaande is opgemerkt, valt het met reden te betwijfelen, of de autoriteiten niet vele slagen, aan de nationale welvaart toegebragt, hadden kunnen verhoeden of afweren.

Met uitzondering dergenen, die zich in 1694 eene wel verdiende straf op den hals gehaald hadden, bestond er geene reden, om te klagen over het personeel, dat bij meer dan eene gelegenheid de nationale eer luisterrijk had opgehouden. Velen hadden toch met der daad getoond, dat zij geenszins met de hierboven aangeduide kwaal des tijds behebt, en veeleer met den oud-Nederlandschen aard bezield waren. Zelfs de autoriteiten, schoon in sommige opzigten te laken, hadden zich, in andere, zeer verdienstelijk gemaakt. Moet niet hij, [2]) die in den regel der republiek weinig gunstig is, erkennen, dat zij hare krachten thans, op lofwaardige wijze, had ingespannen? Ondanks alle geleden verliezen en de aanhoudende geldverlegenheid der admiraliteiten, was het materiëel dan ook op dezelfde hoogte gebleven. Tijdens den vrede van Rijswijk, waren er dus schepen genoeg voorhanden, welker uitrusting echter, wegens de hiermede gepaard gaande kosten, schier onoverkomelijke bezwaren opleverde.

Welk eene hooge achting de republiek, omstreeks dezen tijd, nog in het buitenland genoot, als eene der voornaamste zeemogendheden, blijkt onmiskenbaar uit het bezoek, dat Czar Peter haar bragt. Kwam deze beheerscher van het nog onbeschaafde Rusland, na met behulp van Nederlandsche werklieden reeds een klein eskader op de binnenwateren van zijn rijk te hebben gevormd, [3]) in 1697, niet bij voorkeur herwaarts, om zich tot eene grootschere taak voor

---

[1] Guérin, II p. 41, 189, 233; Lapeyrouse Bonfils, I p. 453; Rapin-Thoyras, XI p. 188; Poncet la Grave, II p. 166.

[2] Charnock, II p. 352.

[3] Scheltema, Rusland en de Nederlanden, ed. 1817, II p. 58, 110, 118; Scheltema, Peter de Groote in Holland en Zaandam, 2e druk, I p. 30 e. v.; Charnock, III p. 357, 359.

te bereiden? Onder den naam van Pieter Michaëlof, wenschte hij zich te Zaandam, als een gewoon handwerksman, in den scheepsbouw te oefenen. Dewijl het hem evenwel niet doenlijk was, er onbekend te blijven, verhuisde hij weldra naar Amsterdam. Hier kon hij zich nu, dank zij de tusschenkomst van Nicolaas Witsen, op de werf der Oost-Indische compagnie, meer ongestoord aan zijne taak wijden.[1] De slotsom zijner ervaring, te midden van Nederlandsche scheepsbouwmeesters en werklieden opgedaan, was, dat hij deze voor praktische en eerlijke menschen hield, van welke hij er gaarne velen aan zijne dienst wilde verbinden; maar dat zij de theorie van hun vak niet volkomen verstonden [2]. Ten einde hiervan meer te vernemen, dan de Nederlanders hem konden vertellen, bezocht de Czar vervolgens ook Engeland. Zoodoende bewees hij, met al zijne ruwe vormen, een fijn opmerker te zijn; want eerlang kwamen velen, in de republiek zelve, tot de overtuiging, dat men hier, in de wetenschappelijke beoefening van den scheepsbouw, ten achteren was.

Czar Peter was echter niet vruchteloos in de republiek geweest. Hij verkreeg er toch schier alles, wat hij tot uitvoering van zijn plan, de vorming eener Russische zeemagt, behoefde. Vele zeeofficieren, scheepstimmerlieden en andere personen, die hem behulpzaam konden zijn, gaven gehoor aan de uitnoodiging van den merkwaardigen vorst, om dezen naar zijn rijk te volgen. Dat evenwel niet allen zich lieten bekoren door de gedane aanbiedingen, leert het voorbeeld van den vice-admiraal Schey, die een even vereerend als voordeelig aanbod afsloeg, omdat hij liever in der Staten dienst wenschte te blijven, waarin hij nogtans slechts een jaargeld van 2400 gl. trok [3]. Behalve een groot aantal personen, die hem in verschillende betrekkingen konden dienen, erlangde de Czar ook het benoodigde materiëel, waartoe de regering medewerkte, in het besef, dat eene naauwe betrekking, tusschen het opkomende rijk en de republiek, den handel der laatste niet weinig zou baten. Het gevolg van een en ander was,

---

[1] Rusland en de Nederlanden, II p. 145, 149, 186, 192; Peter de Groote in Holland, I p. 74, 84 e. v.

[2] Rusland en de Nederlanden, II p. 369 en elders in de beide werken van Mr. Scheltema.

[3] Rusland en de Nederlanden, II p. 214; Peter de Groote in Holland, I p. 116.

dat vele zaken, die in Rusland tot stand kwamen, zeer sterk een Nederlandschen oorsprong verrieden, hetgeen vooral in het oog liep bij de marine, tot welker inrigting de Czar aanvankelijk de hulp der republiek volstrekt niet kon ontberen.

Nog jaren daarna, beweerden de Zweden, dat er aan de Russische vloot, die zij moesten bevechten, eigenlijk niets Russisch was, dan de vlaggen. Zij bestond uit Hollandsche schepen, met Hollandsche bevelhebbers en Hollandsche matrozen, die, met Hollandsch buskruid, Hollandsche kogels uit Hollandsche kanonnen schoten. [1]) Langzamerhand veranderde zulks; doch tot op den huidigen dag, dragen vele instellingen bij de Russische marine nog een zekeren Nederlandschen stempel, waarop de nakomeling met regtmatigen trots staart.

Door het hare bij te dragen tot de beschaving van een volk, dat reeds eeuwen in Europa woonde, zonder in den kring der natiën te zijn opgenomen, stichtte de republiek zich, in haar eigen werelddeel, eene nieuwe eerzuil. Met een tal van andere, vroeger en later onder alle hemelstreken door haar opgerigt, kon deze van hare veelzijdige werkzaamheid getuigen. Alleen is het de vraag, of dit haar thans niet een weinig duur te staan kwam, omdat Rusland vele industriëele krachten aan haar onttrok, en hierdoor vooral ook hare marine verzwakte, terwijl zij reeds moeite genoeg had, om zich op het ingenomen standpunt te handhaven. Deze schaduwzijde is niet te ontkennen, doch tevens een bewijs van afnemende levenskracht. Even als zwakke en oude lieden, omdat zij reeds verzwakt en verouderd zijn, aanstonds worden uitgeput door eenig bloedverlies, dat zich bij den gezonden mensch, in den bloei des levens, spoedig herstelt, is het ook hier met de republiek. Wat zij, in het laatst der zeventiende en het begin der achttiende eeuw, voor Rusland heeft gedaan, kan haren achteruitgang dus wel bespoedigd, maar niet veroorzaakt hebben. Had zij er vroeger niet altijd roem op gedragen, wanneer vreemde mogendheden zich van Nederlanders bedienden, of zich bij voorkeur hier te lande materiëel aanschaften? Dat intusschen de republiek, onmiddellijk na den vrede van Rijswijk, alles behalve uitgeput was, leerden de eerstvolgende jaren, welke nog menige schitterende bladzijde aan hare geschiedenis toevoegden.

---

[1]) Rusland en de Nederlanden, III p. 290.

f. *Algemeene spanning in Europa.* — *Een Engelsch-Nederlandsch eskader ondersteunt Karel XII van Zweden.* — *Oorzaken van den Spaanschen successie-oorlog.* — *Dood van Willem III.* — *Mislukte landing bij Cadix.* — *Luisterrijke overwinning in de baai van Vigos.*

Geen staatsman van eenig doorzigt vleide zich, na het sluiten van den vrede te Rijswijk, met eene langdurige rust. Aangezien de mogendheden er niets hadden gedaan, ter afwering van het gevaar, dat allen te gemoet zagen, was het duidelijk, dat zij er het oorlogsvuur slechts hadden ingerekend, in plaats van het te dooven. Na de inspanning, welke de leden van het Groot-Verbond zich hadden getroost, om de magt van Lodewijk XIV te breidelen, was het kwalijk te vermoeden, dat zij eene poging van dien vorst, om de Spaansche aangelegenheden ten behoeve zijner dynastie te benuttigen, lijdelijk zouden aanzien. Zoolang Karel II, de laatste mannelijke nakomeling van keizer Karel V, een ziekelijk bestaan op den Spaanschen troon rekte, was er geen regtstreeksch gevaar. Maar dagelijks kon men het overlijden van dien zwakken vorst verwachten, aan wiens persoonlijkheid de dood een gewigt zou bijzetten, dat zij, gedurende zijn leven, nooit had bezeten. Wie zou, na hem, den schepter aanvaarden over het wel deerlijk vervallen, maar toch uitgestrekte gebied, waartoe, behalve het eigenlijke Spanje, het hertogdom Milaan, het koningrijk der Beide-Siciliën, de Zuidelijke Nederlanden, een groot deel van Amerika, en eenige bezittingen in Azië en Afrika behoorden? De republiek der Vereenigde Nederlanden had reeds getoond, wat er van een klein gedeelte dier ontzaggelijke monarchie kon worden, indien het slechts werd onttrokken aan het algemeene wanbestuur. Is het wonder, dat sommigen, onder welke Lodewijk XIV, op de kostbare nalatenschap vlamden, en dat anderen met bezorgdheid de verwikkelingen te gemoet zagen, die uit de geschillen over die nalatenschap zouden voortspruiten?

Lodewijk zelf was de eerste, die onder de gegeven omstandigheden het denkbeeld opperde, van alles in der minne te regelen.[1]

---

[1] Macaulay, IX p. 125 e. s.; bijvoegsels bij Wagenaar, XVII p. 4. Het eerste stuk van „Esopus in Europa," ed. 1701, bevattende het „voorstel van den Tijger aan den Eenhoorn en den Leeuw."

Tot dit einde knoopte hij onderhandelingen aan met Willem III, die wel niet regtstreeks in de zaak betrokken was, doch vermoedelijk weder de hoofdrol zou spelen, bijaldien zich weder eene coalitie tegen Frankrijk vormde. Het gevolg dier onderhandeling was, dat er den 11den October 1698 een verdeelingstractaat werd gesloten,[1] waarbij men de Spaansche monarchie aan den zoon van den keurvorst van Beijeren toewees, met dien verstande, dat Frankrijk en Oostenrijk, welke insgelijks aanspraken hadden, eenige bezittingen in Italië zouden ontvangen. Daar nu echter de Beijersche prins nog voor Karel II overleed, viel dit gansche plan in duigen en moest er een nieuw worden gemaakt. Ook dit gelukte; want Lodewijk XIV, Willem III en de Staten-Generaal sloten, in Maart 1700, een tweede verdeelingstractaat,[2] waarbij zij overeenkwamen, dat de tweede zoon van den Duitschen keizer de Spaansche monarchie zou erven, met uitzondering van eenige streken, die aan Frankrijk zouden ten deel vallen.

Inmiddels openbaarden zich in het noorden zorgwekkende verschijnselen. Wat Czar Peter in het belang van zijn rijk deed, scheen eene bedreiging voor zijne naburen. Wilde hij Rusland tot eene zeemogendheid verheffen, dan zou hij vermoedelijk de Oostzee pogen te naderen, waarvan de Zweedsche provinciën zijn rijk scheidden. Dat Karel XII, een jong en krijgshaftig vorst, in 1697 den troon van Zweden beklom, maakte den toestand bedenkelijker. Eerlang sproot, uit de tegenstrijdige belangen der noordsche kroonen, eene reeks van oorlogen voort, die wij hier ter loops moeten aanstippen, omdat de Nederlandsche vloot aan het begin der vijandelijkheden een werkzaam deel had, nog eer de gebeurtenissen in Spanje haar tot handelen riepen.

Tusschen den koning van Denemarken en den hertog van Holstein, ontstond in 1699 een geschil over de grenzen van hun gebied, waarin Karel XII, als een zwager van den hertog, zich weldra mengde. Hierdoor kreeg hij echter ook met Polen, Brandenburg,

---

[1] Rapin-Thoyras, XI p. 327; Hume, XI p. 323; Macaulay, IX p. 157; Wagenaar, XVII p. 11.

[2] Rapin-Thoyras, XI p. 370; Hume, XI p. 349; Europische Mercurius voor 1700, 2e stuk p. 23; Wagenaar, XVII p. 29.

e. a. te doen, die zich in de voorbaat reeds tegen hem verbonden hadden. Op grond der bestaande tractaten, riep Karel XII nu de hulp van Groot-Brittanje en de republiek in, [1]) die zoowel ten behoeve van den bondgenoot, als ter bescherming van den handel op de Oostzee, het besluit namen, in 1700 een eskader derwaarts te zenden.

Thans ondervond men hier de heilzame gevolgen van hetgeen er, na den vrede van Rijswijk, tot verbetering van de geldmiddelen der admiraliteiten was gedaan. De behoefte hieraan was, tijdens den oorlog, meer dan ooit gebleken. Het collegie te Harlingen had in de laatste jaren telkens niet meer geleverd, dan het met de ingekomen gelden kon bekostigen. Andere collegiën, die meer hadden gedaan, waren uit dien hoofde in schulden en geldverlegenheid geraakt, welke laatste vooral op het personeel drukte. Maanden lang moest dit op soldijen en kostgelden wachten, waarover de admiraliteit van het Noorder-Kwartier zelfs in regten werd aangesproken. Sedert was hierin verbetering gekomen, door het sluiten eener leening, waarvan de admiraliteiten, in zes jaren tijds, twaalf millioen gulden zouden ontvangen. Bovendien hadden de Staten-Generaal eene som ingewilligd, tot voltooijing der in aanbouw zijnde schepen. [2]) Om de gemelde redenen, leverde het uitrusten der schepen naar het noorden thans weinig bezwaar op.

Almonde, die in het laatst van Mei met een eskader van dertien linieschepen uitzeilde, vereenigde zich, in de Noordzee, met een Britsch, onder Rooke, waarna de gecombineerde magt koers zette naar de Sond, voor welke zij zich bleef ophouden, tot dat de Deensche vloot naar Koppenhagen week. [3]) Op eene vraag, hun namens het Deensche hof aangaande hunne verdere oogmerken gedaan, antwoordden de admiraals: „dat de gecombineerde vloot met geen ander intentie was in de Sond gecomen, als om met die van Sweeden te conjungeren en deselve in alles te assisteren." [4]) Zij vereenigden zich dan ook weldra met de Zweedsche vloot, onder den admiraal

---

[1]) Europische Mercurius voor 1700, 1e stuk p. 183 e. v.; Burnet, IV p. 435; Hume, XI p. 351.

[2]) de Jonge, Zeewezen, III p. 543 e. v. ; Bijvoegsels bij Wagenaar, XVI p. 103.

[3]) de Jonge, Zeewezen, III p. 549.

[4]) Brief van Almonde van 17 Julij 1700, aan de Staten-Generaal, M. S. in het Rijks-Archief.

Wachtmeister, en laveerden tot voor Koppenhagen, waar de Denen hunne schepen, die eenigzins in verwarring lagen, zoo goed mogelijk tegen een aanval poogden te beveiligen. Bij herhaling lieten nu de bevelhebbers der vereenigde vloten eenige bommen werpen naar de Deensche hoofdstad en de in hare nabijheid liggende schepen, zonder echter veel schade aan te rigten. Inmiddels zorgde Almonde, dat de schippers, die zich in de havens der Oostzee bevonden, berigt ontvingen van „de aangevangene onvriendelikheden," terwijl hij en Rooke voorts aan het Deensche hof kennis gaven van hun voornemen, om alle koopvaarders, die uit de Oostzee kwamen, bij zich te houden, tot dat zij volkomen zeker waren van de vrije passage door de Sond, en om deze schepen, bijaldien het Deensche hof hun niet de verlangde zekerheid gaf, „met convoij door de Sond te laten brengen, sonder Elseneur om te vertollen aan te doen." [1] Hiertoe kwam het evenwel niet, daar de Zweden, reeds den 4.^{den} Augustus, bij Elseneur, onder bedekking der vloten, eene landing bewerkstelligden, waarbij Karel XII ten duidelijkste toonde, wat de wereld van hem kon verwachten. Met den degen in de hand, sprong hij uit de sloep, en betrad hij, aan het hoofd der jubelende soldaten, den wal. De koning van Denemarken, nu weldra in zijne hoofdstad bedreigd, sloot den 18^{den} Augustus te Travendahl, [2] een nadeelig verdrag, waaraan echter zijne bondgenooten geen deel namen. Deze bleven de vijandelijkheden elders voortzetten, gesteund door den Czar, die zich nog voor het einde der maand bij hen voegde, om de verlegenheid der Zweden aan de bereiking zijner eigen oogmerken dienstbaar te maken.

Rooke en Almonde, die gewapenderhand moesten bemiddelen, hadden zich van die ondankbare taak uiterst voorzigtig gekweten. Minder dan drie honderd bommen, in het geheel tegen de stad en de vloot gebruikt, rigtten inderdaad slechts weinig schade aan [3]. Dit trok zelfs de aandacht van Karel XII, die op eene vraag, hierover

---

[1] Brief van Almonde van 24 Julij 1700, aan de Staten-Generaal, M. S. in het Rijks-Archief.

[2] de Jonge, Zeewezen, III p. 550 e. v.; Europische Mercurius voor 1700, 2e stuk p. 120, 123.

[3] de Jonge, Zeewezen, III p. 554; Burnet, IV p. 437; Lediard, III p. 255.

aan Rooke gedaan, ten antwoord kreeg: „Ik ben wel gezonden, om Uwe Majesteit te helpen, maar niet om den koning van Denemarken te verderven." [1]) Wat echter Karel XII te weinig vond, achtte Willem III reeds te veel. Deze meende toch, dat de admiraals, door het bombardement, hunne instructie hadden overtreden, die hun slechts voorschreef, geweld met geweld te keeren; hij keurde ook de hierop gevolgde landing niet ten volle goed, vreezende, dat „het succes den jongen prins zeer zou opzetten" [2]). Nogtans was het doel bereikt; want de Zweden ontruimden Seeland, en het vereenigd eskader kon in September terugkeeren.

Omstreeks denzelfden tijd, begonnen de gebeurtenissen, met betrekking tot de Spaansche aangelegenheden, een bedenkelijk aanzien te krijgen. De verdeelingstractaten hadden, in Spanje zelf, veel misnoegen verwekt. In heftige bewoordingen, had de Spaansche gezant zich daarover tegen Willem III uitgelaten. Dien ten gevolge was de Engelsche ambassadeur uit Madrid teruggeroepen, hetgeen de geheime plannen van Lodewijk XIV slechts in de hand werkte. De kuiperijen van de Franschgezinde partij aan het Spaansche hof, die er te vrijer spel door kregen, ontlokten den kinderloozen vorst een testament, waarbij hij den hertog van Anjou, Lodewijk's kleinzoon, tot erfgenaam van de Spaansche monarchie verklaarde. [3]) Nadat hij den 1sten November 1700 was overleden, hoorde men nu eensklaps, dat er zulk een testament bestond, dat Lodewijk zich de bepalingen hiervan liet welgevallen, en dat hij zijn kleinzoon onmiddellijk naar Madrid had gezonden. Men had goed spotten met dezen „Hansop op de koord" en met de kunstgrepen, waaraan hij zijne verheffing te danken had; [4]) doch Willem III en de Staten-Generaal stonden tegenover een voldongen feit, hetwelk te onrustbarender was, omdat Lodewijk XIV het verzwakte Spanje te land en te water onmiddellijk moest bijspringen. Zijne schepen bewaakten de Spaansche havens en kusten; zijne troepen rukten op het Spaansche gebied, ook in de Zuidelijke

---

[1]) Campbell, III p. 279; Charnock, III p. 40.
[2]) de Jonge, Zeewezen, III p. 557, 558.
[3]) Europische Mercurius voor 1701, 1e stuk p. 9.
[4]) De „Toverlantaaren en Hansop op de koord," zijnde No. 2 en 4 van „Esopus in Europa."

Nederlanden [1]), waar men vruchteloos tegen „het peirdt van Troyen" waarschuwde. Hierin vooral lag de kiem eener vredebreuk, tenzij de Staten-Generaal hunne oude politiek, van de Franschen niet tot naburen te willen hebben, verloochenden, en Willem III ten eenen male afzag van elke poging, om Frankrijk's magt te knotten.

De keizer van Duitschland, die zich het meest verongelijkt achtte, greep aanstonds naar de wapenen, en zond een leger naar Italië, hetwelk aldaar met Fransche troepen in botsing kwam. Niet zoo ras gingen de zeemogendheden te werk. Zij bepaalden zich aanvankelijk tot het nemen van eenige voorzorgen. Zelfs erkenden de Staten-Generaal, nadat hun officiëel kennis was gegeven van de troonsbeklimming van den hertog van Anjou, dezen vorst als koning van Spanje, [2]) hoewel dan ook noode en ten deele met het oog op hunne troepen, die zich op dit oogenblik nog in de Zuidelijke Nederlanden bevonden. Wat nog sterker is, Willem III, die, als koning van Groot-Brittanje, het officiëele berigt later dan eenige andere mogendheid ontving, volgde het voorbeeld der Staten-Generaal, door den nieuwen koning van Spanje te erkennen, ofschoon hij deze handeling, volgens sommigen, een tijd lang geheim hield [3]).

Nederland en Groot-Brittanje hadden dus oogenschijnlijk in de zaak berust, ofschoon zij blijkbaar nadere verwikkelingen vreesden. Uit dien hoofde besloten de Staten-Generaal tot den aanbouw van nieuwe schepen, en tot eene buitengewone uitrusting in 1701. Zij bestemden 16 fregatten om Zeeland te dekken, lieten bovendien een eskader, onder Callenburg, op de vlakte van Schooneveld kruisen, en zonden Almonde, met een ander, naar de Britsche vloot. [4]) De verrigtingen hiervan bepaalden zich evenwel tot het geleiden van een Britsch eskader, dat naar West-Indië vertrok, en de vereenigde vloot bevond zich, in November 1701, weder in het Kanaal. [5]) Zij was er niet in geslaagd, de Spaansche galjoenen, die te Cadix verwacht werden,

---

[1]) Rapin-Thoyras, XI p. 401; Europische Mercurius voor 1701, 1e stuk p. 97.
[2]) Europische Mercurius voor 1701, 1e stuk p. 119 en 188; Wagenaar, XVII p. 71; Oorzaak van den tegenwoordigen oorlog, ed. Amsterdam (1702), p. 12.
[3]) Hume, XI p. 359, 374; Rapin-Thoyras, XI p. 407; Europische Mercurius voor 1701, 1e stuk p. 296; Burnet, IV p. 461, 482
[4]) de Jonge, Zeewezen, III p. 564, 565.
[5]) Campbell, III p. 284.

te onderscheppen. [1]) Het bevel daartoe luidt trouwens, zonder voorafgaande oorlogsverklaring, vreemd genoeg. Maar de toestand werd steeds bedenkelijker, als men let op het werven van krijgsvolk, op het plan om in 1702 eene nog grootere vloot uit te rusten, en op een verbond, den 7den September 1701, tusschen den keizer van Duitschland, den koning van Groot-Brittanje en de Staten-Generaal gesloten. [2])

Wenschte Lodewijk XIV, onder de gegeven omstandigheden, zijn kleinzoon te baten, dan behoorde hij ten strengste alles te vermijden, wat de gevoeligheid zijner reeds geprikkelde tegenstanders kon vermeerderen. Zijne pogingen, om de Staten-Generaal gunstiger voor zich te stemmen, ofschoon mislukt, [3]) waren dus op zijn standpunt doelmatig. Daarentegen was het een onbegrijpelijke misslag, dat hij, tegen den raad zijner ministers, nadat Jacobus II, den 16den September, was overleden, diens zoon als koning van Groot-Brittanje erkende. [4]) Hij mogt dit later doen voorkomen, als ware het slechts eene ijdele formaliteit: Willem III beschouwde het, als eene persoonlijke beleediging, en als eene schending van het tractaat van Rijswijk. Hij beval den Engelschen gezant te Parijs, deze hoofdstad onmiddellijk en zonder afscheid te verlaten, en den Franschen agent, die zich in Engeland ophield, aanstonds te vertrekken. [5]) Ook de Staten-Generaal riepen hun gezant uit Frankrijk terug, doch lieten er voorloopig diens secretaris blijven, evenals Lodewijk XIV ten hunnen opzigte deed. [6]) Al de genomen maatregelen, die een naderenden oorlog voorspelden, vonden bij de natiën een schier onverdeelden bijval. In de republiek heerschte eene algemeene verontwaar-

---

[1]) de Jonge, Zeewezen, III p. 566.
[2]) Europische Mercurius voor 1702, 1e stuk p. 176; Wagenaar, XVII p. 93 en bijvoegselen p. 23; Hume, XI p. 391.
[3]) Europische Mercurius voor 1701, 2e stuk p. 208, 222. Oorsaak van den tegenwoordigen oorlog, Amsterdam (1702).
[4]) Macaulay X, p. 68; Europische Mercurius voor 1701, 2e stuk p. 250, 369; In de "Catechismus van den koning van Vrankryk, (ed. 1703)," legde men hem, als antwoord op de 28e vraag, de belijdenis hiervan op de lippen.
[5]) Burnet IV p. 529; Europische Mercurius voor 1701, 2e stuk p. 274, 276, Rapin-Thoyras, XI p. 431; Hume, XI p. 393; Macaulay, X p. 76.
[6]) Wagenaar, XVII p. 100 en bijvoegselen, p. 28.

diging, over hetgeen men als eene herhaalde woordverbreking van den koning van Frankrijk aanmerkte. Nog onstuimiger openbaarde zich de geestdrift der Engelschen. Alleen de gedachte, dat de gehate vreemdeling hun een koning van zijne keus wilde opdringen, was voldoende om hen eenparig te stemmen voor den oorlog.[1]

Eerlang vormde zich op de grondslagen van het reeds gemelde tractaat met den keizer, een nieuw Groot-Verbond tegen Frankrijk. Gedurende den winter en de eerste maanden van 1702, bereidden alle betrokken partijen zich tegen den naderenden kamp voor. Te midden dier toebereidselen, trof haar evenwel een zware slag, daar Willem III, andermaal de leider der gansche onderneming, den 19den Maart overleed.[2]

Dit verlies van „den man van God's regterhand"[3], van den held, over wien „Europa in rouw"[4] was, bragt in de buitenlandsche politiek der zeemogendheden geene verandering. Zijne schoonzuster Anna, de tweede dochter van Jacobus II, die hem in de koninklijke waardigheid opvolgde, nam toch aanvankelijk de staatkunde des overledenen tot rigtsnoer, en de republiek volhardde insgelijks op den afgebakenden weg, ofschoon haar inwendig bestuur eene belangrijke wijziging onderging. Want de Staten van Holland en vier andere gewesten besloten het voorloopig zonder stadhouder te doen, hetgeen thans minder tegenstand uitlokte dan vroeger, omdat men, wegens het kinderloos overlijden van Willem III, geen regten nakomeling van den laatsten stadhouder behoefde ter zijde te stellen. Deze tweede zegepraal kon de staatspartij zelfs tamelijk ongestoord genieten, tot dat zich later, onder haar bestuur, gebreken openbaarden, die haar andermaal het vertrouwen der menigte deden verliezen. Een onmiddellijk gevolg van haar optreden was, dat het gezag der Staten-Generaal weder afnam, en dat de verschillende provinciën dus meer

---

[1] Dalrymple, III p. 166; Macaulay, X p. 78.
[2] Wagenaar, XVII p. 102; de Jonge, Zeewezen, III p. 567; Europische Mercurius voor 1702, 1e stuk p. 213 en p. 254 een grafschrift van Jan de Regt.
[3] Burnet, IV p. 553.
[4] „Europa in rouw," zijnde No. 34 van „Esopus in Europa," welks inhoud eene doorgaande lofspraak op Willem III en eene geestige hekeling der plannen van Lodewijk XIV is.

invloed erlangden op het bestuur der zeezaken, hetwelk reeds bij vijf afzonderlijke collegiën berustte. Tijdens het eerste stadhouderlooze bewind, had Jan de Witt vele hieruit voortspruitende moeijelijkheden overwonnen. Zou Heinsius, die sedert 1689 in Holland het ambt van raadpensionaris bekleedde, dit insgelijks vermogen? Ongetwijfeld kreeg hij eene zwaardere taak op de schouders, dan zijn beroemde voorganger, daar het thans niet een oorlog gold, uitsluitend ter zee gevoerd, maar een oorlog te land en te water, die alle krachten der republiek en harer bondgenooten vorderde: in het veld en ter zee, tot bestrijding van den gemeenen vijand; in het kabinet, tot bewaring der onderlinge eensgezindheid.

Spoedig kwam er een einde aan de onzekerheid, die bij Willem's overlijden nog heerschte. Den 15den Mei 1702, verklaarden de Staten-Generaal, de koningin van Groot-Brittanje en de keizer van Duitschland den oorlog aan Lodewijk XIV [1]). Hiermede nam de Spaansche successie-oorlog een aanvang, die in de Zuidelijke Nederlanden, Duitschland, Italië en Spanje zelf woedde, terwijl de oorlogen van Karel XII, tegen Rusland, Polen en Saxen, andere streken van Europa teisterden. Dat het, te midden van dien algemeenen krijg, den leiders der westersche politiek de grootste bezorgdheid inboezemde, toen de koning van Zweden ook in de Duitsche landen van den koning van Polen doordrong, hetgeen de hangende vraagstukken nog ingewikkelder dreigde te maken [2]), zal niemand bevreemden. Welk aandeel de zeemagt in al die krijgsbedrijven had, zullen wij thans meer in bijzonderheden nagaan.

Tegen het einde van Mei 1702, verscheen Almonde met een Nederlandsch eskader ter reede van Spithead, waar ook een Britsch lag, dat echter alles behalve gereed was. Binnen veertien dagen kwamen nog andere bodems van beide natiën, welke de groote vloot onder Rooke moesten uitmaken. [3]) Een Britsch eskader, dat onder bevel

---

[1]) Europische Mercurius voor 1702, 1e stuk p. 279, 287, 294; Rapin-Thoyras, XI p. 452; Wagenaar, XVII p. 153.

[2]) Correspondance diplomatique et militaire de Marlborough, Heinsius et Hop, ed. 1850, p. 114, 125.

[3]) Verbaal van den Lt. Adm. Philip van Almonde, over 't gepasseerde, gedurende d' expeditie van desen jare, 1702, M. S. in het Rijks-Archief.

van den schout bij nacht van Munden was uitgezonden, om de Franschen van Corunna af te snijden, was hierin niet geslaagd, en tot veler misnoegen teruggekeerd, zonder de vijandelijke magt in de haven zelve aan te tasten of te bewaken [1]). Dien misslag konden de schouten bij nacht Fairborne en Wassenaer, den 8en Julij, slechts twee dagen voor de terugkomst van Munden, tot hetzelfde einde gedetacheerd, niet herstellen. De hoofdmagt der gecombineerde vloot, door tegenwind opgehouden, kon eerst den 31sten Torbay verlaten [2]). Over dit uitblijven hadden de Franschen, die te Lissabon waren, zich al vrolijk gemaakt, door spottenderwijs eene premie uit te loven aan hem, die eenig narigt kon geven, aangaande eene vloot van twee honderd schepen, die tusschen Spithead en Cadix was zoek geraakt [3]). Maar weldra verscheen deze in de Spaansche zee.

Na zich aldaar met de schepen van Wassenaer en Fairborne vereenigd, en ook den prins van Hessen-Darmstadt, een keizerlijk gevolmagtigde opgenomen te hebben, liet zij, den 23sten Augustus, des namiddags omstreeks vier uren, het anker vallen in de nabijheid van Cadix [4]). Hier wilde zij een aanslag beproeven, dien Willem III ontworpen en op zijn sterfbed nog aangeraden had [5]). Hare sterkte was voldoende, daar zij 20 Nederlandsche en 30 Britsche linieschepen, van vijftig tot meer dan honderd stukken, benevens vele fregatten en transportschepen, alles te zamen wel 200 bodems telde, waarop zich, behalve de gewone zeelieden, 10.000 man Britsche troepen bevonden, onder den hertog van Ormond, en 4000 Nederlandsche, onder den generaal Sparre [6]).

Over de aanwending dier magt, waren de bevelhebbers, om meer dan eene reden, het niet eens. Uit een strategisch oogpunt, heerschte er verschil van gevoelen tusschen de officieren van zee- en landmagt, daar de laatsten op het eilandje, waarop Cadix zelf ligt, wilden landen, hetgeen de eersten voor onuitvoerbaar hielden. Niet minder verschil

---

[1]) Campbell, III p. 343; Burnet, V p. 38; Lediard, III p. 284.
[2]) Verbaal van Almonde, M. S.
[3]) Europische Mercurius voor 1702, 2e stuk p. 210.
[4]) Verbaal van Almonde, M. S.
[5]) Campbell, III p. 348; Rapin-Thoyras, XI p. 484.
[6]) Charnock, III p. 42; de Jonge, Zeewezen, III bijlage XXI.

van meening schijnt er geheerscht te hebben over het eigenlijke doel van den togt. Men kwam toch als vriend, om de Spanjaarden voor het huis van Oostenrijk te winnen, en kon het dus niet euvel duiden, dat sommigen een bombardement hiertoe al weinig geschikt vonden [1]). In de dubbelzinnige verhouding, waarin de bondgenooten zich tegenover de Spaansche natie geplaatst zagen, is zeker eene der voornaamste redenen van de oneenigheid tusschen de leiders van den togt te zoeken.

Nadat de gouverneur van Cadix geweigerd had, de hem toevertrouwde stad over te geven, vormde men het besluit, om op de tegenovergelegen kust, nabij het stadje Rotta, te landen. Dit geschiedde den 26sten Augustus, evenwel niet zonder verlies; want het omslaan van een dertigtal sloepen en booten, kostte aan 50 Engelschen en 12 Nederlanders het leven. „Tot groote verwondering" van Almonde, rukte Ormond, met de gelande troepen, 's anderen daags, niet volgens het plan tegen het fort S. Catherina op, maar naar het stadje Rotta, dat hij, evenals S. Maria, met weinig moeite bezette [2]). Voor S. Catherina, dat tegenover Cadix lag en met de batterijen dezer stad den ingang der baai bestreek, stieten de troepen echter het hoofd. Op de lang niet malsche boodschap, dat men den gouverneur zou hangen en aan het volk geen kwartier verleenen, indien er tegenstand werd geboden, antwoordde de eerste tamelijk droogjes, dat het hem, indien hij toch moest hangen, vrij onverschillig was, of dit op last van den hertog van Ormond, dan wel op dien van den gouverneur van Cadix geschiedde. Dit „onbeleefde antwoord" ware hem ongetwijfeld duur te staan gekomen, toen de sterkte zich op genade moest overgeven, indien hij zich niet in tijds uit de voeten had gemaakt. Over het geheel ging het er nog al zonderling toe, daar men ook een tamboer, door den gouverneur van Cadix met eene sloep gezonden, aanhield, omdat men zijne boodschap belagchelijk vond en de bemanning der sloep voor spionnen aanzag [3]). Van

---

[1]) Burnet, V p. 44, 58 e. v.; Dalrymple, III p. 193, 199; Campbell, III p. 350, 354; IV p. 283.

[2]) Europische Mercurius voor 1702, 2e stuk p. 251, 261; Verbaal van Almonde, M. S.

[3]) Europische Mercurius voor 1702, 2e stuk p. 253, 254; Dalrymple, III p. 200; Campbell, III p. 351; Naval Chronicle, XXXIII p. 451. In laatst genoemd werk, deel XXI p. 476, komt een vrij goed kaartje van Cadix en de nabij gelegen kust voor.

de ruime hoeveelheid proviand, volgens een schrijven van Sparre, te S. Maria gevonden, kwam insgelijks niet veel te regt. Het baatte zoo weinig, dat Rooke en Almonde, van den eersten tot den laatsten dag der expeditie, de gelande troepen van al het noodige moesten voorzien [1]). En er was, zoo als later bleek, heel wat meer schade aangerigt, dan door het vernielen van proviand.

Intusschen kon de inneming van S. Catharina eene landing op het eilandje van Cadix begunstigen. Maar nu hadden de Britsche schepen niet den noodigen watervoorraad, waarom men zich tot andere maatregelen moest bepalen. Overeenkomstig een vroeger besluit, landde de generaal Sparre, den 8sten September, met 2400 man, bij Porto-Real, om iets tegen het fort Matagorda te beproeven, dat met het daartegenover gelegen fort Puntal de engte der baai bestreek, waar de eigenlijke reede begon. Doch hier bleek het terrein niet geschikt te wezen tot den aanleg der vereischte werken. Nadat toch Sparre, wiens detachement met nog 800 man was versterkt, den 13^{den}, eene batterij van vier achttienponders en twee kleine mortieren had klaar gekregen, verzonk deze eensklaps, toen er naauwelijks dertig schoten waren gedaan, zoodat men de stukken moest afvoeren. Die gesteldheid van den bodem, waar de troepen op sommige plaatsen twee voet in den modder stonden, het aanhoudend vuur der Spaansche schepen op de reede, de belemmering, welke de bondgenooten, zelfs na de verovering van dit fort, zouden ondervinden van de vaartuigen, welke de Spanjaarden in de engte, tusschen de beide forten, hadden doen zinken, leidden, den 16^{den} September, tot het besluit, alle verdere pogingen op te geven. De troepen van Sparre keerden, na eenige magazijnen met scheeps- en krijgsbehoeften vernield te hebben, van Porto-Rea naar S. Maria terug, rukten vervolgens, in vereeniging met die van Ormond, naar Rotta, voor welke plaats inmiddels ook de schepen waren aangekomen, om hen aan boord te nemen [2]).

Na de inscheping, die tot den 27sten duurde, wachtte de vloot

---

[1]) Verbaal van Almonde, M. S.

[2]) Brieven van Almonde van 26 September, aan de admiraliteit van Amsterdam en de Staten-Generaal, M. S. in het Rijks-Archief; Europische Mercurius voor 1702, 2e stuk, p. 255.

slechts op eene gunstige gelegenheid, om weder naar het Kanaal onder zeil te gaan. Wegens stilte en tegenwind, bevond zij zich echter, den 10^{den} October, eerst op de hoogte van kaap' St. Vincent, waar 's anderen daags zes Britsche oorlogsschepen en eenige transportvaartuigen met krijgsvolk naar West-Indië gedetacheerd werden [1]).

Beschamend was die afloop zeker, vooral met het oog op den beteren uitslag, dien Howard, Essex en Duivenvoorde eenmaal op dezelfde plaats hadden verkregen, toen de magt van Spanje ongelijk grooter, en die van de bondgenooten eerst in hare opkomst was [2]). Dit verschil liet zich allerminst verklaren uit de gematigdheid, waarmede de gelande troepen, op grond van de verspreide proclamatiën, thans waren te werk gegaan. Wat er voorviel, leverde toch eene slechte commentaar op de verzekering, welke die papieren inhielden [3]). Alle plundering was ja op doodstraf verboden; maar de officieren hadden dit verbod niet kunnen of willen handhaven. De baldadigheden, zelfs aan kerken en kloosters gepleegd, waren voorts, bij eene katholijke natie, eene vrij slechte aanbeveling voor hare protestantsche bondgenooten. Reeds den 6^{den} September, had Almonde geschreven: ,,in plaats van den voorhebbende dienst met alle vigeur en goede ordre voort te setten, heeft men gecontinueerd met plunderen, sendende de generaals al wat haar gading maar is en soo veel als ze kunnen naa boord, en laten de rest pilleren door de soldaten, welke onordentelikheden sekerlik de Spanjarts meer moeten afschrikken als induceren om haar te verclaren voor 't Huys van Oostenryk" [4]). Nog sterker klonk het, den 26sten: ,,Gedurende dese ongelukkige Expeditie kan ik wel seggen, dat buyten de vergeefse attacque op Mattagorde, by d'armee in geenerhande sake met meer besigheid en yver is geprocedeerd geworden, als in 't plunderen van Porto S$_{te}$ Marie en het geplunderde naa boord te senden, waardoor en dat er geenerley exces gestraft werd, deselve soo verre

---

[1]) Verbaal van Almonde en zijn brief van 11 October aan de Staten-Generaal, M. S. in het Rijks-Archief.
[2]) Zie bladz. 192 van het eerste stuk.
[3]) Europische Mercurius voor 1702, 2e stuk, p. 251; Rapin-Thoyras, XI p. 487; Burnet, V p. 41.
[4]) Brief van Almonde van 6 September aan de Staten-Generaal, M. S. in het Rijks-Archief.

buyten alle goede ordre en discipline is geraakt, dat verscheide officieren mondelik en schriftelik verclaard hebben, dattet chagrin 't geen sij dien aangaande hebben niet en is te beschrijven en wel hertelik wenschten aan dese soo ongeregelden dienst nog part nog deel te hebben." De admiraal vroeg aan alle scheepsbevelhebbers eene pertinente lijst van al wat „onder den naam van vereerd, gekoft, geplunderd of gerooft" was aan boord gekomen, en gaf den Staten-Generaal in bedenking, om alle goederen en pakken, na het binnenkomen der vloot te doen visiteren en rechercheren, om over de deugdelijkheid van den eigendom te kunnen oordeelen en „ten minste het defrauderen van 's lands geregtigheid daarmede voor te comen, dat andersints ontwyfelik, onder pretext van victualie-, water- of leege fustage op te senden, sal gedaan worden." Ook in Engeland vond de regering later een dergelijk onderzoek noodig [1].

Zonderlingerwijs gaf dezelfde roofzucht, welke den bondgenooten tot schande strekte, hun aanleiding, nog voor de tehuiskomst een onverhoopt voordeel te behalen. Aan boord van sommige hunner schepen, schenen allen de handen zoo vol gehad te hebben met den gemaakten buit, dat er zelfs niet voor de benoodigde hoeveelheid drinkwater gezorgd was. Immers moesten, reeds den 6^{den} October, eenige transportvaartuigen tot het innemen daarvan, onder het geleide van drie oorlogsschepen, de haven van Lagos aandoen. Hier vernam Hardy, de bevelhebber van de *Pembroke*, een der schepen van dit convooi, dat eene rijk geladen Spaansche vloot, beschermd door een Fransch eskader, te Vigos was binnengevallen. Dit berigt scheen hem van zoo veel belang, dat hij aanstonds in zee stak, om den opperbevelhebber der vloot op te zoeken, dien hij, den 17^{den} October, op de hoogte van kaap Finisterre aantrof. Rooke liet het onmiddellijk aan Almonde weten, die, volgens de woorden van een Nederlandsch schrijver [2], vele geopperde bezwaren uit den weg ruimde, door hetgeen hij bij ervaring van de gesteldheid der kust mededeelde, waarna des anderen daags een krijgsraad het

---

[1] Brieven van Almonde van 26 September aan de admiraliteit van Amsterdam en de Staten-Generaal. M. S. Europische Mercurius voor 1703, 1e stuk, p. 68; Rapin-Thoyras, XI p. 500.

[2] Kok, Vaderlandsch woordenboek, II p. 672. i. v. Almonde.

besluit nam, de gemelde schepen zoo mogelijk aan te tasten en te veroveren of te vernielen. Dien ten gevolge zette de vloot, slechts verzwakt door het detacheren van zes oorlogsschepen en eenige transportvaartuigen, den koers naar Vigos. Den 19^{den}, kwam zij op de hoogte der baai, waar zij, in afwachting van een gunstig tijdstip, eene wijle bleef toeven. Hier vernamen hare bevelhebbers, den volgenden dag, dat er andere schepen uit de Engelsche havens in aantogt waren, die eerlang uitstekend te pas kwamen [1]).

Inmiddels hadden de Franschen, onder Chateaurenaud, zich op een aanval voorbereid, en tot dit einde oogenschijnlijk zeer goed partij getrokken van de gesteldheid der plaats. De baai van Vigos toch is een diepe en langwerpige inham, die zich, ten noorden der Portugesche grens, in de Spaansche provincie Gallicië, oostwaarts uitstrekt, te midden eener bergachtige landstreek. Op eenigen afstand boven de stad Vigos, die aan den zuidelijken oever ligt, is eene vernaauwing, waarachter de baai weder meer ruimte aanbiedt en een riviertje opneemt. Aan den zuidkant dier vernaauwing, bevond zich het kasteel Rante en hooger op, aan denzelfden oever, het stadje Redontella [2]). Hier nu, achterin de baai, had Chateaurenaud gehoopt de gewenschte veiligheid te vinden voor zijn eskader en voor de Spaansche schepen, die aan zijne hoede waren toevertrouwd. Ongerekend eenige kleine vaartuigen, lagen er vijftien Fransche en drie Spaansche oorlogsschepen van 40 tot 76 stukken, benevens dertien galjoenen, in eene halve maan en met de breede zijde naar de engte [3]). In de onmiddellijke nabijheid hiervan, waren ten minste twee der Fransche oorlogsschepen geposteerd. De naauwe toegang tot het achterste gedeelte der baai werd bovendien bestreken door het geschut van het kasteel, van eene hiervóór opgerigte bat-

---

[1]) Burnet, V p. 41; Naval Chronicle, XIX p. 89, XXVII p. 180 en XXXIII p. 184, in de biographiën van Hardy, Wishart, den kommandant van het convooi, en Shovel; Lediard, III p. 802; Verbaal van Almonde en een brief van denzelfden aan de admiraliteit van Amsterdam van 27 October, M. S. in het Rijks-Archief.

[2]) Naval Chronicle, XL p 224 vindt men een kaartje, en in de Europische Mercurius voor 1702, 2e stuk, p. 312, eene soort van vogelperspectief.

[3]) Lediard, III p. 310; Naval Chronicle, XXXIII p. 195; Europische Mercurius voor 1702, 1e stuk, p 313, en voor 1703, 1e stuk, p. 99. In het verbaal van Almonde staat: 19 galjoenen.

terij en van eene dergelijke aan den tegenover gelegen oever. Renau, de reeds vroeger genoemde Fransche ingenieur, was er heen gezonden, om alles zoo doelmatig mogelijk in te rigten [1]). Om ten slotte niets onbeproefd te laten, wat de veiligheid der schepen kon bevorderen, had men in de engte, welke reeds door twee kustbatterijen, het geschut van het kasteel en het vuur der nabij gelegen schepen werd bestreken, nog eene soort van vlot of havenboom aangebragt.

Met betrekking hiertoe zij opgemerkt, dat er, sedert overoude tijden melding wordt gemaakt van kettingen en andere belemmeringen, om havens of rivieren voor een naderenden vijand ontoegankelijk te maken. Reeds te Damiate, hadden de Nederlanders iets van dien aard aangetroffen [2]). Wat het eigenlijk was, is evenwel niet met volle zekerheid te zeggen. Zelfs kost het moeite zich een eenigzins juist denkbeeld te vormen van de versperringen, welke de onzen, meer dan vier eeuwen later, op de rivier van Chattam en voor sommige Britsche havens ontwaarden. Blijkbaar was er altijd een ijzeren ketting in het spel geweest, naar gelang der omstandigheden, al dan niet door vlotten of balken ondersteund [3]). Langzamerhand beginnen de berigten over de zamenstelling dier hinderpalen, welker doelmatigheid men inmiddels poogde te verhoogen, meer licht te verspreiden. Zoo had men in 1689, tijdens het beleg van Londonderry, het vaarwater aldaar versperd door balken, die met ijzeren ketens onderling bevestigd, en vervolgens met een dikken kabel omwoeld waren [4]). Ofschoon er nu later nog melding wordt gemaakt van ijzeren ketens, tot het sluiten van een naauwen toegang gebezigd, zoo begonnen de eigenlijke versperringen, tot afwering des vijands, toch meer en meer uit kunstig zamengestelde vlotten te bestaan, die echter maar zelden aan het oogmerk beantwoord hebben. Hier, in de engte der baai van Vigos, hadden de Franschen er een gemaakt, met behulp van masten, raas en eenige vaten, die onderling met ketens en kabels verbonden waren [5]).

---

[1]) Europische Mercurius voor 1702, 2e stuk, p. 256, 259.
[2]) Zie het eerste stuk, bladz. 39.
[3]) Zie het tweede stuk, bladz. 221 en 230.
[4]) Naval Chronicle, XVI p. 447; XXXIII p. 442; Macaulay, IV p. 199.
[5]) Verbaal van Almonde en zijn brief van 27 October; relaas in de Europische

Eerst den 22sten October, kon de vloot de baai binnenstevenen, hetgeen zij, onder begunstiging van mistig weder, zoo ongemerkt deed, dat men hare tegenwoordigheid aan den wal niet bespeurde, voor dat zij in de nabijheid der stad Vigos was. Nu besloten de bevelhebbers, des anderen daags een eskader van 15 Britsche en 10 Nederlandsche schepen dieper in de baai te zenden, en te gelijk eene landing te bewerkstelligen [1]). Dit laatste had op den uitslag der gansche onderneming een beslissenden invloed; want het gelukte den hertog van Ormond, welke den 23sten October, tusschen negen en tien uren in den morgen, aan de zuidzijde der baai geland was, in de bergachtige streek eene vijandelijke overmagt voor zich uit te drijven en het kasteel Rante te bereiken, terwijl de schepen, wegens gebrek aan wind, de hun opgelegde taak niet konden volbrengen. Vermoedelijk was dit oponthoud zelfs gelukkig, daar de Britsche vice-admiraal Hopson, die de voorste schepen moest aanvoeren, met het oog op de batterijen, de gansche onderneming nog zoo bedenkelijk vond, dat hij zich genoopt achtte aan Rooke nadere bevelen te vragen. Deze kwam zich onmiddellijk in persoon van den staat van zaken overtuigen, en gaf de noodige bevelen, om te volharden. Zoodra de wind nu, omstreeks te twee uren na den middag, wat opstak, gingen Hopson, met de *Torbay* (80), de *Grafton* (70), de *Kent* (70), de *Mary* (70) en de *Monmouth* (70), en de Nederlandsche schout bij nacht van der Goes, met de *Zeven Provinciën* (92), de *Dordrecht* (72) en de *Veluwe* (64), onder zeil, waarmede zij thans op een geschikt oogenblik bij de versperring kwamen. Een gedeelte der gelande troepen had toch de batterij aan den zuidelijken oever reeds vermeesterd en was bezig de bezetting uit het kasteel zelf te drijven. Van dien kant hadden de naderende schepen dus weinig meer te vreezen. Het vuur der Fransche bodems en der batterij aan de noordzijde, ofschoon volgens sommigen goed onderhouden, schrikte de aanvallers ook niet af. Maar nu scheen de versperring, voor eenigen hunner, werkelijk een hin-

---

Mercurius voor 1702, 2e stuk, p. 310 e. v.; van Bylandt, Zeetaktick, I p. 323, waar over de inrigting der havenboomen in het breede gehandeld wordt.

[1]) Verbaal van Almonde, en zijn brief van 27 October, M. S.; relaas in de Europische Mercurius voor 1702, en journaal in die voor 1703, 1e stuk, p. 82 e. v.; Sue, V p. 265.

derpaal te zullen worden. Alleen Hopson breekt er door, met de *Torbay*, doch komt, daar hij, tegen de orders van Rooke, wat ver doorzeilt, in aanraking met een vijandelijken brander, die hem onmiddellijk de handen vol werk geeft. Slechts met moeite slaagt hij er in, zijn reeds aangestoken bodem te redden [1]. Inmiddels herhalen de andere schepen, na eenmaal tegen het vlot opgetornd te zijn, hunne pogingen. Hierbij kunnen de kommandanten, na de overgaaf van het kasteel, zelfs maatregelen nemen, die te midden van een kruisvuur schier ondoenlijk waren geweest. Sommige toch zoeken de opening door Hopson gemaakt [2]; andere, met name de Nederlandsche, doen eenig volk buiten boord enteren, om de sjorrings van het vlot met bijlen stuk te hakken [3]. Dit alles, hoewel tamelijk spoedig volbragt, zou echter te veel tijd hebben geëischt, indien alle batterijen nog op dit punt hadden kunnen vuren.

Thans is de weg gebaand. Franschen en Spanjaarden zien den laatsten grond hunner hoop bezwijken, en kunnen zich op het ergste voorbereiden. Chateaurenaud, anders niet ligt vervaard, is ten einde raad, en geeft bevel de schepen in brand te steken. Dit geschiedt, doch met zooveel overijling, dat slechts enkele bodems eene prooi der vlammen worden. Nogtans is de verwoesting schrikbarend genoeg, daar sommige bodems tot op het water afbranden, en andere, die met veel gedruisch in de lucht springen, de overwinnaars zelven met dood en verderf bedreigen. Rooke vindt het uit dien hoofde niet geraden, meer schepen te doen naderen. Zij, die tot in het achterste gedeelte der baai zijn doorgedrongen, hebben er echter vrij spel, en kunnen, zooveel de zorg voor hunne eigen bodems dit gedoogt, wat de gevlugte vijand achtergelaten, en het vuur gespaard heeft, nemen of tegen geheele vernieling behoeden [4].

---

[1] Journaal van Rooke in de Naval Chronicle, XXVII p. 180; relaas en journaal in de Europische Mercurius voor 1702 en 1703; brief aan Marlborough in de Mercurius voor 1702, 2e stuk, p. 313; Europische Mercurius voor 1703, 1e stuk, p. 100; Lediard, III p. 307; de Jonge, Zeewezen, III p. 591 e. v.

[2] Lediard, III p. 309, zegt dit, in strijd met andere verhalen, en in navolging van hem ook Allen, Battles of the British navy, I p. 86.

[3] Relaas; journaal van Rooke; de Jonge, III p. 592.

[4] Brief van Almonde van 27 October, M. S.; Lediard, III p. 309; Lapeyrouse-Bonfils, II p. 25; journaal van Rooke en relaas.

Een gedeelte van de kostbare lading, reeds voor dien tijd door de Franschen aan wal gebragt [1]), baarde den commissaris-generaal hunner vloot niet weinig hoofdbrekens. Want toen hij dit 's anderen daags, eer de gelande troepen Redontella bereikten, wilde laten vervoeren, hadden de hiertoe aangenomen personen zich uit de voeten gemaakt, en moest hij zich met een paar karren uit een naburig dorp behelpen. Van zijn togt met die karren, hangt hij in zijn rapport, een vrij grappig tafereel op: hoe de voerlieden, reeds in den eersten nacht, met hunne ossen op den loop gingen; hoe dit hem noodzaakte, de zakken met geld, het zilverwerk en andere kostbaarheden te laten dragen, door matrozen, die hem al vlugtende gevolgd waren; hoe deze, door de Spanjaarden voor Engelschen aangezien, onder weg van hun last beroofd werden; en hoe, ten slotte, hij en de zijnen van al de geredde schatten niets overhielden, dan wat zij in den zak hadden [2]). Doch schoon er op deze en andere wijzen, veel buiten het bereik der bondgenooten was geraakt, zoo was er evenwel te Redontella en in de baai nog een niet te versmaden buit achtergebleven.

Aangezien Rooke, tamelijk onvoorzigtig, eenige voorraadschepen weggezonden had, en men dus aan boord van sommige bodems slechts schraal rondkwam [3]), zou het den bondgenooten misschien aan den vereischten tijd hebben ontbroken, om van de gelegenheid ten volle partij te trekken, bijaldien er geene schepen waren opgedaagd, die hunne taak konden overnemen. Voor zij de baai inliepen, hadden zij reeds het bewijs ontvangen, dat Shovel naderde met een Britsch eskader, hetwelk uit Engeland was afgezonden, zoodra men er de tijding had gekregen van het binnenvallen der rijk geladen vloot te Vigos. Nadat dit eskader was aangekomen, konden Rooke en Almonde, den 31sten October, met de groote schepen en een gedeelte van den buit vertrekken [4]).

---

1) Europische Mercurius voor 1702, 2e stuk, p. 308; Sue, V p. 265; Lediard, III p. 314 uit Daniel. Men moet de uitdrukking van Macaulay, in diens Historische schetsen, dat er, eerst na de verovering, verlof werd gegeven, om te Vigos te lossen, dus niet opvatten, als ware er voor dien tijd niets zonder verlof gedaan.

2) Sue, V p. 264 e. s.   3) Burnet, V p. 44.

4) Brief van Almonde van 27 October en verbaal, M. S.; Campbell, III p. 362; Naval Chronicle, XXXIII p. 195; Lediard, III p. 313.

Shovel, wien de zorg voor het overige was opgedragen, liet nog 60 stukken van de batterijen en 50 andere van de vernielde schepen bergen, de veroverde schepen zoo goed mogelijk in staat stellen hem te volgen, en wat hij niet kon medenemen, onbruikbaar maken. Na met dit alles eene week bij en in de baai te hebben doorgebragt, vertrok hij met het laatste van den buit, waarbij echter al aanstonds een der vermeesterde galjoenen strandde [1]).

Dit was evenwel slechts eene kleine ramp, in mindering van het behaalde voordeel, en had dus geen invloed op de luide vreugdekreten, waarmede de bevolking van Engeland en de republiek de terugkeerende vlotelingen begroette. De openbare teekenen van blijdschap waren, vooral hier te lande, des te uitbundiger, naarmate men zich, wegens de mislukte landing bij Cadix, van de bedrijven der vloot te minder had voorgesteld. En nu zag men de *Bourbon*, een Fransch oorlogsschip van meer dan zestig stukken en twee Spaansche galjoenen in de Nederlandsche havens opbrengen; nu hoorde men van een achttal vijandelijke bodems, door de Engelschen medegevoerd [2]); van andere, welke de bondgenooten hadden vernield, en eindelijk van een buit, welke, naar de loopende geruchten, dien uit de gulden dagen van Piet Hein moest evenaren.

Met betrekking tot de geldelijke voordeelen, vond men zich echter te leur gesteld. Over het juiste bedrag, door sommigen op wel 26 millioen begroot [3]), hing een digte sluijer, welke nooit ten volle is opgeheven. Almonde, die zich reeds had beklaagd over de wijze, waarop men bij de landing tegenover Cadix was te werk gegaan, teekende in zijn journaal aan, dat de generaal Sparre, den 26sten en 27sten October, een kistje met goud, een met zilver, en 22 koffers en kisten met allerlei waren naar de vloot had gestuurd, als het aandeel van de republiek in den buit, te Redontella gevonden. In den gedeeltelijk vernielden brief, dien hij den 27sten aan de admiraliteit van Amsterdam schreef, gewaagt hij van een inventaris der geloste goederen, vermoedelijk uit de veroverde Spaansche schepen, waarop

---

[1]) Campbell, III p. 363; Naval Chronicle, XXXIII p. 196; Lediard, III p. 316.
[2]) Brief en verbaal van Almonde, M. S.; relaas en brief aan Marlborough; Europische Mercurius voor 1702, 2e stuk, p. 315; Guérin, II p. 249.
[3]) Kok, Vaderlandsch woordenboek, XXVI p. 167 i. v. Sautyn.

„tot nog toe niet als West-Indise coopmanschappen voorkomen en geen silver." Op de later bekend gemaakte lijst van hetgeen de Nederlanders in de baai van Vigos hadden veroverd [1]), vindt men dan ook eene niet onbeduidende hoeveelheid koopmansgoederen, doch verder slechts allerlei snuisterijen en prullen, benevens eenig onbewerkt goud en zilver, waarvan Almonde ook in zijn journaal spreekt. Maar het gemunte geld en de meeste voorwerpen van waarde schijnen, zoowel bij de landing te Vigos als bij de vroegere, tusschen kaai en schip geraakt te zijn. Volgens de aanteekeningen van een predikant der vloot, had een hoofdofficier der Nederlandsche troepen, gedurende dezen togt, zooveel kostbaarheden opgedaan, dat hij die op eene tafel voor dertien personen niet kon plaatsen. De predikant zelf had echter zijn deel niet versmaad, ofschoon hij van de hem toegewezen bibliotheek van een geestelijke te S. Maria niet veel pleizier had; want zij was grootendeels vernield door plunderende matrozen en soldaten, toen hij haar in bezit kwam nemen, hetgeen hij, naar zijn eigen zeggen, overeenkomstig zijn ambt, met gelatenheid droeg [2]). Zoo waren er ongetwijfeld meer, die een onderzoek wettigden, hetwelk echter niet veel aan het licht bragt. Dewijl het intusschen bleek, dat er ook Nederlandsche en neutrale eigendom was vernield, gevoelden de Staten van Holland zich genoopt om 350,000 gl. aan te wijzen, tot schadeloosstelling van hen, die hun geleden verlies met deugdelijke bewijzen konden staven [3]).

Beantwoordde het bedrag van den gemaakten buit niet aan de verwachting, zoo konden de onzen zich in elk geval troosten met de gedachte, dat het gehoopte voordeel ook den vijand was ontgaan. Van dit in oorlogstijd zeker niet ongeoorloofd leedvermaak, leveren de schotschriften dier dagen het bewijs. In een daarvan, getiteld: „Het hedendaagse geloof der vorsten," legde men den bewoners van Frankrijk deze woorden in den mond: „wij gelooven in den droom van Pharao, dat de vette koeijen in magere veranderen sullen." Veel bitterder dreef men daarna den spot met het gebeurde te Vigos, in een ander, hetwelk tot opschrift droeg: „Den koning van Vrankryk

---

[1]) Europische Mercurius voor 1703, 1e stuk, p. 218.
[2]) Leupe en van Braam Houckgeest, Geschiedenis der mariniers, ed. 1867, p. 46.
[3]) Wagenaar, XVII p. 173.

op 't secreet in doodsbenautheyt." Hierin schetste men den Lelievorst, als lijdende aan de gevolgen van zijn lust tot zure fruit. Geene medicijnen schenen hem te baten. En nadat eindelijk de ontstelde geneesheeren, als eenig redmiddel, het ingeven van eene Spaansche zilvervloot hebben aangeraden :

> So komt, ogh, ogh! in 't rijk, de droeve tydingh binnen,
> Dat niet alleen de vloot, met silver swaer gelaên,
> Maar ook de sijne, die hem had soo duyr gestaan,
> Was glad en al verbrand, genomen of versonken.

In Engeland hadden de later behaalde voordeelen het mislukken der landing bij Cadix niet uit het geheugen gewischt. Rooke moest zich, op grond eener klagt van Ormond, verantwoorden, en bleef slechts door den invloed van het hof en zijne staatkundige vrienden tegen onaangename gevolgen behoed [1]). Hij trad nogmaals als bevelhebber der vereenigde vloot op, eer het zijnen tegenstanders gelukte hem te verwijderen.

Met voorbijgang van alles, wat de republiek in 1702 en de volgende jaren tot bescherming van den nationalen rijkdom en tot eigen veiligheid deed, zullen wij de verrigtingen harer zeemagt op de kusten van Spanje en Frankrijk onafgebroken voortzetten, daarna een blik werpen op andere bedrijven in de Noordzee en elders, om ten slotte na te gaan, in hoeverre de zeemagt op den loop des oorlogs, en omgekeerd de oorlog op den toestand der zeemagt eenigen invloed had uitgeoefend.

g. Verrigtingen der Nederlandsche en Britsche vloot in de Middellandsche zee en op de kusten van Spanje. — Verovering van Gibraltar. — Zeeslag bij Malaga. — Barcelona en andere plaatsen genomen. — Zonderling misverstand te Lissabon. — Latere bedrijven tot aan het einde van den oorlog.

In 1703, leverde de republiek, in plaats van achttien schepen, waartoe zij zich had verbonden, slechts twaalf bodems voor de ge-

---
[1]) Burnet, V p. 58 e. s.; Campbell, IV p. 287; Naval Chronicle, XXXIII p. 452; Hume, XII p. 30.

meenschappelijke vloot [1]), die onder Shovel naar de Middellandsche zee moest vertrekken. Hadden de Staten-Generaal niet meer dan twaalf beloofd, zoo ware dit hun vermoedelijk als een blijk van doorzigt toegerekend, omdat zelfs de opperbevelhebber zich van de onderneming weinig voorstelde, en velen haar voor louter geldverspilling hielden [2]). Nu echter de schepen eenmaal waren toegezegd, had men, voor de eer van den Staat, ongetwijfeld beter gedaan die ook te leveren, ofschoon een zestal bodems meer of minder geen invloed kon hebben op den uitslag eener onderneming, waarbij alles kwalijk berekend scheen te zijn. Rooke, die met een gedeelte der Britsche vloot de Franschen binnen Brest moest houden, terwijl de vereenigde vloot passeerde, kwam te laat om den vijand het uitzeilen te beletten, en was reeds lang terug, toen de vloot der bondgenooten, onder Shovel en Almonde, half Julij, met een aantal koopvaarders, in zee stak [3]). Zonder iets verrigt te hebben, kwamen de genoemde admiraals, den 9den September, met hunne vloot op de hoogte van Carthagena; voorwaar laat genoeg, ter volvoering van al wat hun op de kusten van Frankrijk en Italië te doen stond. In het voorbijgaan, poogden zij eenige hulp te verleenen aan de Camisards, de in het zuiden van Frankrijk opgestane Protestanten, hetgeen evenwel niets ter wereld baatte. Den 30sten September, kwamen zij vervolgens, met vele koopvaarders, gelukkig te Livorno [4]).

Gedurende hun verblijf aldaar, ontbrak het niet aan festiviteiten. Een keizerlijk ambassadeur, van Rome herwaarts gekomen, bezocht de admiraals. Te dier gelegenheid, gaf Shovel een luisterrijken maaltijd, waarbij de gasten, onder het losbranden van het geschut, op het welzijn der hooge bondgenooten dronken, en de keizerlijke ambassadeur, namens zijn meester, kennis gaf van het aanvaarden der Spaansche kroon door den aartshertog Karel, welk berigt nieuwe

---

[1]) De Jonge, Zeewezen, III p. 607 en bijlage XXII.
[2]) Naval Chronicle, XXXIII p. 196; Burnet, V p. 90, 108.
[3]) Europische Mercurius voor 1703, 2e stuk, p. 44; Rapin-Thoyras, XI p. 531; Lediard, III p. 343; Campbell, III p. 385 e. s.
[4]) Verbaal van Almonde over 1703, M S. in het Rijks-Archief; Lediard, III p. 358; Campbell, III p. 388. De tamelijk verwarde instructie van Shovel, bij Lediard, III p. 346.

toasten en nieuwe saluutschoten uitlokte. Hierbij bleef het; want de admiraals zagen, binnen de eerste veertien dagen, van alle verdere ondernemingen af, en besloten tot den terugkeer [1].

Almonde ging den 13den October onder zeil, en viel den 2den December te Texel binnen. Hij had zes zijner schepen, onder den vice-admiraal van Wassenaer, te Lissabon achtergelaten [2]), waar de onzen eene veilige ligplaats en een goed onthaal vonden, nadat de koning van Portugal, vermoedelijk onder den indruk der gebeurtenissen van 1702, de onzijdigheid opgegeven en zich hierdoor eene oorlogsverklaring van Frankrijk op den hals gehaald had [3]). Ook de hertog van Savoije schaarde zich, in 1703, aan de zijde der bondgenooten.

Ter vermijding van eene der redenen, waarom de vloot in 1703 zoo weinig had verrigt, werd tegen 1704 meer haast gemaakt, zoodat reeds voor de terugkomst van Almonde een aantal Nederlandsche schepen konden uitzeilen. De aartshertog zelf, na te Weenen als koning van Spanje geproclameerd te zijn, kwam in November te 's Gravenhage, om zich op de vloot te begeven [4]), die in het volgende jaar naar Spanje zou vertrekken. Thans, nu alles op snelheid van handelen berekend was, legde het onstuimige weder hinderpalen in den weg. Voortgezweept door den ontzettenden Novemberstorm van 1703, zwalkten de Nederlandsche schepen, die onder Callenburg waren uitgezeild, weken lang, in de Noordzee rond, eer zij het Kanaal bereikten. Andere bodems, waaronder de Britsche, welke Karel III, den nieuwen koning van Spanje, moesten overvoeren, stelden hun vertrek uit. Dien ten gevolge kwamen de schepen, eerst in Januarij 1704, te Spithead bijeen, van waar de vereenigde vloot, ondanks allen tegenspoed, toch in Februarij en Maart, onder bevel van Rooke en Callenburg, naar Lissabon kon vertrekken. De prins van Hessen-Darmstad, een der bevelhebbers van Karel III, was er reeds vroeger heengereisd [5]).

[1]) Europische Mercurius voor 1703, 2e stuk, p. 244.
[2]) Verbaal van Almonde, M. S.
[3]) Europische Mercurius voor 1703, 1e stuk, p. 313, 2e stuk, p. 39; 1704, 2e stuk, p. 151; Dalrymple, III p. 192.
[4]) Europische Mercurius voor 1703, 2e stuk, p. 191, 239, 312 e. v.
[5]) Europische Mercurius voor 1704, 1e stuk, p. 89, 235 en 276; Campbell, III

Met inbegrip der schepen van Wassenaer, bestond het Nederlandsch eskader op den Taag uit 18 bodems. Het was dus sterker, dan het vorige jaar, en toch niet sterk genoeg, omdat de Staten nu de levering van 24 hadden op zich genomen [1]). Aanvankelijk deden sommige dier schepen, evenals de Britsche, kleine kruistogten in de Spaansche zee, tot dat er, in Mei, uit Engeland bevel kwam, om naar Nizza en Villa Franca te zeilen, ten einde die plaatsen, welke, nu de hertog van Savoije van partij veranderd was, door de Franschen bedreigd werden, hulp te bieden [2]).

De Britsche opperbevelhebber liet aanstonds alles in gereedheid brengen tot het vertrek der vloot, waartegen de koning van Portugal, meenende dat zijne overeenkomst met de zeemogendheden hem aanspraak gaf op hare bescherming, te vergeefs zich verzette. De Nederlandsche zeeofficieren, welke het verlangen van dien vorst billijkten, konden echter den opperbevelhebber noch tot eenig uitstel, noch tot het achterlaten van een eskader bewegen. Hoezeer dit hen griefde is op te maken uit de woorden van den vice-admiraal van Wassenaer [3]), dat hij en anderen slechts onder protest zouden zeilen, en dat zij niet konden inzien, waarom zij de orders of concepten der Engelschen maar blindelings moesten opvolgen, zonder dat het bleek of deze in overleg met de Staten-Generaal waren opgemaakt.

Rooke en Callenburg, welke den 8sten Mei, met 18 Britsche en 15 Nederlandsche schepen uit den Taag zeilden, bragten later nogtans eenige wijziging in het oorspronkelijke plan, op voorstel van den prins van Hessen, die vroeger gouverneur van Barcelona was geweest [4]). Op grond zijner ervaring en zijner verstandhouding met de Oostenrijksche partij binnen de genoemde stad, ried hij eene onderneming tegen deze ten sterkste aan. Dat men zoowel daar, als in geheel Catalonië, den Franschen niet zeer genegen was, is te begrijpen, omdat men juist hier, waar de Franschen het gemakkelijkst Spanje konden binnenrukken, ook vroeger den last des oorlogs in

p. 392; Naval Chronicle, XXXIII p. 198; relaas van Callenburg van zijn togt in 1703 en 1704, M. S. in het Rijks-Archief; Lediard, III p. 369.

[1]) De Jonge, Zeewezen, III p. 626 en bijlage XXIII.
[2]) Campbell, III p. 410; Naval Chronicle, XXXIII p. 457.
[3]) De Jonge, Zeewezen, III p. 634 (noot).
[4]) Europische Mercurius voor 1702, 2e stuk, p. 69; Burnet, V p. 208.

hooge mate gevoeld had. Nadat Rooke, schoon niet dan aarzelend, er in had toegestemd, iets tegen Barcelona te beproeven, liet men, den 29sten Mei, met 22 Britsche schepen en het inmiddels voltallig geworden Nederlandsch eskader voor die stad het anker vallen. 's Anderen daags, landde de prins van Hessen, in hare nabijheid, onder bedekking der oorlogsschepen, met 1200 Britsche en 400 Nederlandsche mariniers, bij welke zich aanstonds eenige gewapende landlieden aansloten. Steunende op den invloed der Oostenrijkschgezinde partij, zond hij naar de stad een tamboer, die echter een dag later terugkeerde, met het berigt, dat alles ontdekt en door het grijpen van enkele aanhangers van den aartshertog ten eenen male verijdeld was. Dewijl er nu, met de geringe krijgsmagt, welke de vloot aan boord had, geene sprake kon zijn van een beleg, schoot er niets over, dan zich weder in te schepen. Is het echter te regtvaardigen, dat men „tot securiteyt van hare retraitte" het bombardement des nachts voortzette [1]? Dit moest natuurlijk de gewapende landlieden in den waan brengen, dat het vertrek nog niet op handen was, en benam hun de gelegenheid zich over de geleden teleurstelling te wreken of zich in tijds te bergen. Maakten de bondgenooten, die zoodoende het landvolk aan de woede der Franschen prijs gaven, zich op kleine schaal niet aan hetzelfde feit schuldig, dat Lodewijk XIV eenmaal ten koste der bewoners van Messina had doen plegen?

Terwijl de vereenigde vloot, in de eerste dagen van Junij, na het mislukken der onderneming tegen Barcelona, den togt naar Nizza voortzette, bragt de *Charles-Galley*, komende van Lissabon, het berigt, dat er eene Fransche vloot uit Brest in aantogt was. Nu veranderden de admiraals van koers en stevenden zij de verwachte vijandelijke vloot te gemoet, die zij twee dagen later, werkelijk in 't zigt kregen, zonder dat het gelukte haar te bereiken of haar van Toulon af te snijden, waar de veertig Fransche schepen, onder welke een dertigtal van linie, behouden aankwamen [2]. Nu begrepen de vlootvoogden,

---

[1] Relaas van Callenburg, M. S.; journaal van W. van Wassenaer, kommanderende de Gelderland, M. S.; brief van dien admiraal aan de Staten-Generaal van 19 Junij, 1704, M. S.; brief van den s. b. n. van der Dussen van 11 Junij 1704, aan de Staten-Generaal, M. S. allen in het Rijks-Archief.

[2] Brieven van van der Dussen, van 11 Junij, en van Callenburg, van 19 Junij.

dat ook zij versterking noodig hadden, die zij vermoedelijk te Lissabon zouden vinden. Zij waren echter, op den weg derwaarts, naauwelijks de straat van Gibraltar doorgezeild, of zij troffen, den 27sten Junij, op de hoogte van kaap St. Maria, den admiraal Shovel aan, met 23 Britsche schepen [1]).

Deze was uitgezonden, op het berigt van de toerustingen der Franschen te Brest, met last de schepen in de haven te blokkeren, indien zij er nog lagen, en hen met eene genoegzame magt te volgen, indien zij reeds waren vertrokken. Aangezien dit laatste het geval was, had hij besloten, dezelfde vloot, welke de onzen drie weken geleden hadden nagejaagd, zoo mogelijk te achterhalen [2]). Van twee kanten bedreigd, mogt de Fransche vloot dus inderdaad van geluk spreken, dat zij, in tijds, goed en wel de haven van Toulon had bereikt.

Aanvankelijk moesten de bondgenooten, die thans eene indrukwekkende magt bijeen hadden, met allerlei tegenspoed kampen. Te Lagos konden zij het benoodigde water niet bekomen, en toen zij dit bij Malaga wilden opsporen, werden zij, niet minder dan tien dagen, door tegenwind voor de straat opgehouden [3]). Een ander bezwaar sproot voort uit de nadere instructie der vlootvoogden, dat zij niets moesten ondernemen, dan in overleg met de koningen van Spanje en Portugal. Deze drongen nu aan op eene onderneming tegen Cadix, welke de admiraals, met het geringe aantal troepen, dat zich aan boord bevond, niet doenlijk achtten. Zij besloten evenwel, op grond der ruimte, die hun thans was gelaten, iets tegen Gibraltar te beproeven [4]). Dit moge oppervlakkig vreemd klinken, omdat zich hunne keus juist bepaalde tot eene vesting, die alleen door hare ligging elken aanval schijnt te kunnen trotseren, doch laat

---

aan de Staten-Generaal, M. S.; relaas van Callenburg, M. S.; Burnet, V p. 152; Europische Mercurius voor 1704, 2e stuk, p. 68; Lapeyrouse-Bonfils, II p. 37.

[1]) Relaas van Callenburg, M. S.; Naval Chronicle, XVI p. 457, XXXIII p. 458.

[2]) Campbell, III p. 410 e. s.; Naval Chronicle, XXXIII p. 199; Europische Mercurius voor 1704, 1e stuk, p. 314; Sue, V p. 275. De instructie van Shovel, bij Lediard, III p. 378.

[3]) Brief van Callenburg, van 13 Julij, aan de admiraliteit van de Maas, M. S. evenals het relaas, in het Rijks-Archief.

[4]) Relaas van Callenburg, M. S.; Lediard, III p. 387; Naval Chronicle, XXXIII p. 200.

zich gereedelijk verklaren, uit hetgeen de admiraals wisten of vermoedden van de zorgeloosheid der tegenpartij, die, in allerlei onderling gekibbel verdiept, op de natuurlijke sterkte van de vesting dermate had gerekend, dat zich aldaar slechts een garnizoen van omstreeks honderd man bevond [1]). Dit was een onverantwoordelijk verzuim, al kon eene zoo onbeduidende magt het er des noods lang uithouden.

Nadat de vloot, den 1sten Augustus, binnen de baai was geraakt, zette men nog denzelfden dag, 's namiddags te drie uren, 1800 man aan wal, die zich, onder den prins van Hessen, op de smalle strook lands, ten noorden der vesting legerden. Dit benam den bevelhebber van Gibraltar de gelegenheid, om den leiders zijner partij onmiddellijk kennis te geven van zijn benarden toestand. Zulks was voor de onzen van te meer belang, omdat zij niet aanstonds konden doortasten, toen zij de sterkte vruchteloos hadden opgeëischt. Want de vijftien Britsche en de zes Nederlandsche schepen, bestemd tot het bombardement, konden, wegens den harden wind, de hun aangewezen plaats, tusschen de beide moeljes, tegenover de eigenlijke stad, niet innemen. Uit dien hoofde moesten de bondgenooten zich aanvankelijk tot een onbeduidenden aanval met sloepen bepalen.

Eerst den 3en Augustus, met het aanbreken van den dag, openden de gemelde schepen en de drie bombardeergaljooten een goed onderhouden vuur. Binnen vijf of zes uren, deden zij meer dan 15 000 schoten, die vooral bij de zuidelijke moelje schade aanrigtten, en er het vijandelijke geschut tot zwijgen bragten. Hierdoor aangemoedigd, besluiten de aanvallers tot eene landing. Velen hunner begeven zich, in gewapende sloepen, naar de plaats, die blijkbaar het meest heeft geleden. Naauwelijks hebben de eersten voet aan wal gezet, of er springt eene mijn, waardoor meer dan honderd Britten gedood of gekwetst worden. Doch wel verre van zich hierdoor te laten afschrikken, nadert de Engelsche kapitein Whitaker aanstonds met nieuw volk. Hij bereikt niet alleen den wal, maar dringt voorwaarts, en vermeestert zelfs een bastion, tusschen de stad en de moelje [2]). Dit is meer dan een louter strategisch voordeel; want een

---

[1]) Europische Mercurius voor 1704, 2e stuk, p. 259; Hervey, III p. 119; Lediard, III p. 390; Sue, V p. 274; Guérin, II p. 253.
[2]) Relaas van Callenburg. M. S.; journaal van W. van Wassenaer, M. S.; verslag

aantal vrouwen, die onder het geleide harer priesters eene kapel ten zuiden der stad hebben bezocht, worden thans door de gelande zeelieden van de haren afgesneden, hetgeen aanleiding geeft, dat ook de burgers hunne stem verheffen, zoodra de belegeraars den eisch tot overgave herhalen. Don Diego Salinas, van alle zijden bestormd, capituleerde den 4en Augustus. Hij liet de noordelijke poort door de vereenigde troepen bezetten, - terwijl de vrouwen, door de zuidelijke, binnen de stad terugkeerden [1]. Drie dagen later vertrok het garnizoen. Reeds op den dag van de overgave, nam de prins van Hessen bezit van de vesting, in naam van Karel III, zooals ook de capitulatie luidde [2], en de aard van het bondgenootschap dit medebragt. In de plaats van den Oostenrijkschen pretendent, konden Engeland en de republiek slechts gezamenlijk, als regthebbenden, optreden. Zoo hebben beiden de zaak oorspronkelijk ook opgevat, en het was voornamelijk, uit kwalijk geplaatste zuinigheid, dat de republiek zich haar onmiskenbaar regt langzamerhand liet ontfutselen.

Tegenover de bevolking scheen men dezelfde gedragslijn te blijven volgen, waarvan reeds meermalen het verkeerde was aangetoond. Dien aangaande schreef Callenburg in zijn officiëel verslag: „de buytensporigheyt van eenige Engelse aan sommige kerken en inwoonders gepleegt, veroorzaakten zo groot een schrik onder de Burgers en Ingeseetenen, dat sy alle, uytgesondert seer weynige van de minst vermogende familiën, de stad mede hebben verlaten."

Na Gibraltar van het noodige krijgsvolk voorzien, en op last van de Staten-Generaal den schout bij nacht van der Dussen met vijf Nederlandsche schepen naar Portugal gezonden te hebben, gingen Rooke en Callenburg, den 12en Augustus, onder zeil naar Tetuan, om water in te nemen [3]. Intusschen was de Fransche vloot, onder het bevel van den graaf van Toulouse, een onechten zoon van me-

---

van Rooke in de Europische Mercurius voor 1704, 2e stuk, p. 268; Campbell, IV p. 292; Naval Chronicle, XXXIII p. 468; Ekins, Naval battles, p. 5 e. s.; Ralph's antwoord, bij Burnet, V p. 154; Lediard, III p. 388; brief van kapitein Whitaker, in de Naval Chronicle, IV p. 383.

[1] Ekins, t. a. p. uit de papieren van Byng, die tegenwoordig was; Burnet en Lediard, t. a. p.
[2] Verslag van Rooke.
[3] Relaas van Callenburg, M. S.; Campbell, III, 418.

vrouw de Montespan, uitgeloopen, en had zij zich voor Barcelona en andere plaatsen in Catalonië vertoond, om er de bevolking wat in bedwang te houden. Naauwelijks hadden echter de graaf van Toulouse en de zijnen berigt ontvangen van de verovering van Gibraltar, of zij besloten derwaarts te stevenen, ten einde het verlorene zoo mogelijk te herwinnen [1]). Zij waren reeds een eind weegs genaderd, toen Rooke en Callenburg, den 19en van Tetuan terugkeerende, vernamen, dat eene Fransche vloot zich in hunne nabijheid bevond, en dien ten gevolge het besluit vormden haar tot op zekere hoogte te gemoet te zeilen, hetgeen wegens den oostenwind slechts laverende kon geschieden.

Het dralen der Franschen schonk den admiraals der vereenigde vloot de gelegenheid, in der haast, nog de helft van de 1800 man aan boord te nemen, die zij te Gibraltar hadden achtergelaten [2]). Zoodoende verbeterden zij hunne kans, die, wegens de vuilheid der schepen en de reeds geminderde amunitie, vrij slecht stond. Toen de vloten, den 23sten Augustus, een weinig beoosten Malaga, elkander in 't zigt kregen, was het te laat om een gevecht te beginnen, dat tot 's anderen daags werd verschoven. De bondgenooten mogten zich aanvankelijk hierin verheugen, dat zij, met den nog altijd waaijenden oostenwind, boven de Franschen gekomen waren, die nu tusschen hen en den wal lagen [3]).

Beide partijen telden 52 of 53 linieschepen; maar de Franschen bezaten, behalve de hierboven gemelde voordeelen, meer en zwaarder geschut, alsmede 24 galeijen [4]), waarvan zij het nut aanstonds ondervonden, dewijl zij hierdoor, nog voor den aanvang van het gevecht, hunne schepen iets meer in de ruimte lieten brengen. Hunne vloot

---

[1]) Europische Mercurius voor 1704, 2e stuk, p. 253, 258, 260; Guérin, II p. 254.

[2]) Relaas van Callenburg, M. S.; zijn brief van 5 September, M. S. zeer defect in het Rijks-Archief en gedrukt in de Europische Mercurius voor 1704, 2e stuk, p. 275; relaas op p. 268; verslag van Rooke, Naval Chronicle, XXXIII p. 460; Campbell, IV p. 295; Lediard, III p. 392, 396; Ekins, Naval battles, p. 9.

[3]) Relaas van Callenburg, M. S.; zijn brief van 5 September; journaal van W. van Wassenaer, M. S.; Lapeyrouse-Bonfils, II p. 41.

[4]) Europische Mercurius voor 1704, 2e stuk, p. 257; Charnock, III p. 8; Sue, V p. 275; Lediard, III p. 392; Campbell, III p. 418. Lapeyrouse-Bonfils en Guérin geven 49 Fransche schepen op.

lag in drie eskaders, welke door den marquis de Villette, den graaf van Toulouse en den marquis de Langeron gekommandeerd werden; doch in eene gebogen linie, hetgeen met hunne latere plannen in verband stond. Aan lij hiervan bevonden zich de galeijen: twaalf bij het eerste, vier bij het tweede en acht bij het derde eskader [1]. Ook de vloot der bondgenooten was in drie eskaders verdeeld, doch van zeer ongelijke sterkte; want hare voorhoede, onder Shovel en Leake, en haar centrum, onder Rooke en Byng, bestonden gezamenlijk uit 41 Britsche schepen, terwijl daarentegen hare achterhoede slechts de 12 Nederlandsche bodems bevatte, die, sedert het detacheren van andere, onder Callenburg en Wassenaer waren overgebleven [2].

Nadat Rooke, den 24sten Augustus, omstreeks te negen uren in den morgen, het sein tot den aanval had gedaan, hielden de bondgenooten voor den wind, op den vijand aan. Zij wilden het gevecht bij voorkeur van zeer nabij leveren, ten einde zoo min mogelijk amunitie te verspillen. Zoodra echter de Britten tot op een half kanonschot afstands genaderd waren, schenen de Franschen kans te zien de voorhoede onder Shovel af te snijden, hetgeen zij onmiddellijk poogden te doen. Maar Rooke, die hun plan doorzag, verijdelde het aanstonds, door uit een zijner jagers op den Franschen admiraal te vuren, waarmede de strijd tusschen tien en elf uren een aanvang nam [3].

Shovel en Leake, die het misschien eerst wat hard te verantwoorden hadden, geraakten omstreeks twee uren na den middag in het voordeel; want Villette en zes kapiteins moesten, zelfs volgens het partijdig verhaal der hunnen, wegens bekomen schade, de linie verlaten, zoodat Shovel weldra een gedeelte zijner schepen elders kon gebruiken, hetgeen wel eenigzins voor de bewering der Britten pleit, dat het gansche eskader van Villette deinsde. De Franschen poogden het later den schijn te geven, alsof de Britten het behaalde voordeel aan een nuttig en zeer doelmatig gebruik van bommen te danken hadden; doch er waren bij de Britsche vloot volstrekt geene bombardeer-

---

[1] Fransch verhaal in de Europische Mercurius voor 1704, 2e stuk, p. 262; Naval Chronicle, XXXIII p. 201; Lapeyrouse-Bonfils, II p. 41; Ekins, Naval battles, p. 9.
[2] Naval Chronicle, XVI p. 458; XXXIII p. 461; Lediard, III p. 394.
[3] Relaas en Fransch verhaal in de Europische Mercurius voor 1704; Naval Chronicle, XVI p. 459 en XXXIII p. 461; Campbell, III p. 419; Lediard, III p. 398; Sue, V p. 279; Guérin, II p. 256; Lapeyrouse-Bonfils, II p. 42.

galjooten [1]). De drie vroeger gemelde, die men den 12den Augustus te Gibraltar achtergelaten en vermoedelijk niet weder teruggekregen had [2]), behoorden in elk geval tot het Nederlandsche eskader.

De reden, waarom Shovel de Franschen niet vervolgde, is te zoeken in den toestand van het centrum der vereenigde vloot, dat onder Rooke een hagchelijken strijd te voeren had. Donker begon het er voor dit gedeelte der vloot uit te zien, toen sommige Britsche schepen, wegens gebrek aan amunitie, zich moesten verwijderen. Dit is niet te loochenen, ofschoon men het over de regte oorzaak dier noodlottige omstandigheid niet ten volle eens is, daar sommigen haar bepaald in te schralen voorraad, anderen slechts in de ongelijkmatige verdeeling hiervan zoeken [3]). Hoe dit zij, de *Royal-Catherine* (90), gevoerd door den Britschen opperbevelhebber, moest bij herhaling deinzen voor de *Foudroyant* (102), het vlaggeschip van den graaf van Toulouse. Zelfs was Rooke, na het afvallen van eenige zijner schepen, genoodzaakt, zich met drie of vier bodems tegen een negental vijandelijke te verdedigen [4]). Gelukkig dat Shovel hem nu in tijds kwam bijspringen, eer de middeltogten, volgens het verhaal der Franschen, omstreeks zeven uren in den avond het gevecht staakten.

Schaarsch zijn de berigten over hetgeen er inmiddels door het Nederlandsche eskader was gedaan. Dat Callenburg aarzelde, om met zijne 12 schepen een talrijker vijand van zeer nabij te bevechten, is niet te verwonderen. De grootere afstand, waarop hij zijn vuur opende, leverde echter dit nadeel op, dat eenige Britsche schepen tusschen hem en den vijand geraakten, waaruit zich vermoedelijk het zonderlinge rapport van een der Britsche kapiteins laat verklaren, dat hij meer schoten van de Nederlanders, dan van de Franschen had gekregen. Maar dit is zeker overdreven; want Callenburg werd, omstreeks den middag, reeds gewaarschuwd en naderde

---

[1]) Fransch verhaal; Sue, V p. 279, 280; Guérin, II p. 259; Lapeyrouse-Bonfils, II p. 44; Campbell, III p. 424; Hume, XII p. 99.

[2]) Brief van Callenburg van 5 September; de Jonge, Zeewezen, III p. 657.

[3]) Relaas en brief van l'Hermitage, in de Europische Mercurius voor 1704, 2e stuk, p. 274; Brief van Callenburg van 5 September; Burnet, V p. 157; Campbell, III p. 420; Ekins, p. 11.

[4]) Relaas van Callenburg, M. S.; Sue, V p. 279; de Jonge, III p. 641 (noot) uit een brief van Wassenaer.

dien ten gevolge [1]). „Dewyl de france vloot de lij had, costen na ons wil niet digt genoeg bij haar comen, alsoo zy gedeurigh afhielden," luidde het echter in het journaal van kapitein van Wassenaer, die er onmiddellijk op laat volgen: „deurende het gevegt tot 2 glasen na son." De Nederlanders, wien het noch aan moed, noch aan kruid haperde, hielden den strijd het langst vol, en waren ouder gewoonte verpligt geweest, tijdens het gevecht, kardoezen te vullen [2]). Hunne schepen hadden dan ook niet weinig geleden. Callenburg, wiens vlag van de *Albemarle* (64) woei, ofschoon zijn eskader zwaardere schepen telde, moest, na de *Soleil-Royal* (104), het vlaggeschip van de Langeron, kloekmoedig te hebben bevochten, op de *Katwijk* overgaan [3]). Uitstekend had ook de vice-admiraal van Wassenaer zich geweerd, met de *Unie* (90). Het opzet der Franschen, om het Nederlandsche eskader met behulp hunner galeijen te verdubbelen, was gelukkig verijdeld [4]). Nogtans ware dit alles vruchteloos geweest, indien de Franschen van de meerderheid hunner artillerie ten volle partij getrokken hadden. Zij vermorsten echter, volgens het schrijven van Wassenaer, veel amunitie door te hoog te vuren, als schoten zij op de vogels in de lucht [5]). Hierdoor beliepen de Nederlandsche schepen nog al schade aan tuig en rondhout. Bovendien kwam de strijd den onzen op 92 dooden en 268 gekwetsten te staan.

Zeker hadden de Britten meer personeel verloren, daar zij nagenoeg 700 dooden en ruim 1600 gewonden opgaven. Telt men de verliezen van Britten en Nederlanders bijeen, dan is het verschil met het verlies des vijands, in diens zeer partijdig verslag op 1500, door de bondgenooten op het dubbele gesteld [6]), niet dermate gestaafd, of niet van

---

[1]) Ekins, Naval battles, p. 10, 12.

[2]) Fransch verhaal; Naval Chronicle, XVI p. 459; relaas van Callenburg M. S. en zijn brief van 5 September.

[3]) Guérin, II p. 260; Ekins, p. 11; relaas van Callenburg, M. S. en zijn brief van 5 September.

[4]) De Jonge, Zeewezen, III p. 652, waar dit aan kap. Schrijver van de *Gelderland* wordt toegeschreven, hetgeen eene schrijffout zal wezen, daar kap. W. van Wassenaer, wiens journaal nog bestaat, het bevel over den genoemden bodem voerde.

[5]) De Jonge, Zeewezen, III p. 652.

[6]) Europische Mercurius voor 1704, 2e stuk, p 278, bij den brief van Callenburg; relaas; Campbell, III p. 425; Naval Chronicle, XVI p. 460 en XXXIII p. 202.

die beteekenis, om alleen hierop eenig oordeel over den uitslag van den strijd te gronden. Men kan dit evenmin op de verliezen aan materiëel, dewijl er geene schepen veroverd, noch vernield waren. De houding der vloten, na het gevecht, verspreidt insgelijks weinig licht. Beide partijen verklaarden, dat zij twee dagen lang eene nieuwe gelegenheid hadden gezocht, om tot eene beslissing te geraken, ofschoon het zeer te betwijfelen is, of eene van beide ernstig wenschte haar te vinden. Den 27sten Augustus, dus op den derden dag na het gevecht, overkwam den onzen eene ontzettende ramp, daar het gewezen vlaggeschip, de *Albemarle*, omstreeks drie of vier uren na den middag, door eigen kruid in de lucht sprong. Er werden slechts negen man van de equipage opgevischt, die evenwel betreffende de oorzaak van het onheil niets wisten te melden [1]. Callenburg, die na het gevecht op de *Katwijk* was overgegaan, mogt van geluk spreken, dat hij er slechts vele goederen en papieren bij verloor, welke zich nog aan boord bevonden [2]. Deze gebeurtenis, hoe noodlottig op zich zelve, hebben de Franschen ten onregte in verband gebragt met den strijd, door haar met ronde woorden gedurende het gevecht te stellen, of haar dermate in eenen adem te verhalen, dat het er toch al den schijn van krijgt. Later hebben zij ons verlies met nog een ander schip vermeerderd [3]. Maar alle gevolgen hieruit getrokken vervallen ten eenen male, indien men slechts in het oog houdt, dat de vloot der Franschen, op den gemelden dag, den steven reeds weder had gewend naar de kust van Catalonië, en dat de vloot der bondgenooten al op weg was naar Gibraltar. Dit was juist het groote voordeel, door de laatsten behaald: terwijl de Franschen hunne plannen, om de verloren sterkte te herwinnen, moesten opgeven, konden de bondgenooten haar van 2000 man garnizoen en al het noodige voorzien, eer zij deze oorden verlieten [4].

---

[1] Journalen van Callenburg en van W. van Wassenaer, M. S.; brief van Callenburg van 5 September.
[2] Kok, Vaderlandsch woordenboek, IX p. 11 i. v. Callenburg.
[3] Sue, V p. 280; Guérin, II p. 260; Lapeyrouse-Bonfils, II p. 44.
[4] Brief van Callenburg van 5 September; Europische Mercurius voor 1704, 2e stuk p. 273 en 274.

Vriend en vijand schenen echter zamen te spannen, om de uitkomst, welke de zeemagt had verkregen, in een ongunstig daglicht te stellen. Lodewijk XIV liet een *Te Deum* zingen, ter eere van de overwinning, bij Malaga, door zijne vloot behaald [1]). Hij deed zulks waarschijnlijk, om de nederlagen, bij Hochstädt en elders geleden, wat te doen vergeten. Op zijn standpunt is dit verklaarbaar. Doch wat te zeggen van de Whigpartij in Engeland, die het behaalde voordeel poogde te verkleinen of te verduisteren, alleen omdat men het aan Rooke, een staatkundig tegenstander, te danken had. Burnet noemde het belagchelijk, dat sommigen den slag bij Malaga op eene lijn wilden stellen met dien bij Hochstädt [2]). Dit was zeker overdreven. Maar aan nog grooter en onbillijker overdrijving maakten zij zich schuldig, die Gibraltar eene plaats zonder sterkte en zonder waarde noemden, en zij, die het gevecht bij Malaga in schotschriften hekelden. Rooke trok het zich dermate aan, dat hij eerlang de dienst verliet [3]). Het aandeel der Nederlanders aan de gebeurtenissen ter zee, waarvan de Britten voor zich zelven niet veel ophef maakten, werd geheel in het vergeetboek gesteld. Bij het lezen der verhalen van Hervey en andere Britsche schrijvers, zou men het betwijfelen, of er bij Malaga wel Nederlanders tegenwoordig geweest waren, indien hunne schepen niet ten minste op de lijsten voorkwamen. De naam der onzen wordt ook niet gevonden op de penningen, later ter herinnering aan dezen merkwaardigen togt geslagen.

Rooke had tien Britsche schepen, onder Leake, op den Taag achtergelaten, waarbij zich eerlang zes Nederlandsche, onder van der Dussen,

---

[1]) Europische Mercurius voor 1701, 2e stuk, p. 265; Naval Chronicle, XXXIII p. 201. Niet onaardig klonk het later in de Europische Mercurius voor 1743, 2e stuk, p. 21:

> The French, tho' beat *Te Deum* sing,
> As if they overcame us;
> Fight them again, Great-Britain's king,
> And make them cry: *Oremus.*

[2]) Hervey, III p. 136; Burnet, V p. 159.

[3]) Campbell, III p. 435 (noot); Naval Chronicle, XXXIII p. 203, 463; Hervey, III p. 189.

voegden. Dit was eene alles behalve ijdele voorzorg, met het oog op de plannen, welke de Franschen tegen Gibraltar schenen te koesteren. Er waren toch reeds troepen in aantogt om deze vesting te belegeren, in welker nabijheid ook de baron de Pointis, na den slag bij Malaga, met tien schepen en eenige fregatten, naar Cadix gedetacheerd, in het voorbijgaan, 3000 man aan wal zette. Reeds in het begin van November, vonden de bevelhebbers van het eskader op den Taag het noodig, om naar de straat te zeilen en der bedreigde vesting eenigen voorraad te brengen. Sommige kleine vaartuigen, die, bij hunne komst, in de baai lagen, werden door de Franschen zelven vernield, met uitzondering van een fregat, hetwelk den Britten in handen viel. Omstreeks vier weken later, wilde Leake eene verwachte transportvloot te gemoet zeilen, die hij wegens tegenwind echter niet bereikte. Gelukkig was dezelfde wind den transportschepen gunstig, die het eskader van Pointis, dat tot hunne verschalking Engelsche vlaggen voerde, ontzeilden en na een onbeduidend verlies te Gibraltar aanlandden. Leake en van der Dussen bleven tot in Januarij 1705 voor deze vesting kruisen, zonder iets van een Fransch eskader te bespeuren, en keerden vervolgens naar Lissabon terug, waar zij eerlang vernamen, dat Pointis zich weder met 12 schepen van Cadix naar Gibraltar had begeven. Op dat tijdstip waren twee der Nederlandsche schepen niet gereed en hadden de Britten reeds versterking gekregen, zoodat Leake den 17^{den} Maart onder zeil kon gaan met 23 Engelsche, 4 Nederlandsche en 8 Portugesche schepen. Voor hij den 21sten te Gibraltar kwam, waren alle Fransche schepen, op vijf na, door storm uit de baai gedreven, hetgeen Pointis tot het besluit leidde, ook met dit overblijfsel van zijn eskader de ruimte te zoeken, zoodra hij de overmagt der bondgenooten ontwaarde. Maar deze maakten onmiddellijk jagt op de vlugtende schepen. Hierbij slaagden de Nederlanders met hunne vier schepen uitstekend. Zij hadden onbetwistbaar de eer van den dag; want zij achterhaalden van de vijf Fransche schepen niet minder dan drie, waarvan de *Arrogant* (60) hun echter ontging, omdat eene Engelsche sloep er het eerst aan boord kwam. Daarentegen moesten de *Ardent* (66) en de *Marquis* (56), na een dapperen tegenweer, zich aan de Nederlandsche kapiteins Bodaan en Ockerse overgeven. Pointis, die alle moeite aanwendde, om de *Magnanime* (80) en de

Lis (88) te behouden, vond geen ander redmiddel, dan het tegen den wal te zetten, en beide schepen zelf te vernielen. Thans konden de bondgenooten nieuwe versterking in Gibraltar werpen, alvorens den 17[den] April weder uit de straat te zeilen [1]). Dien ten gevolge brak de vijand het beleg dier vesting op en veranderde het in eene blokkade. Leake en van der Dussen keerden naar Lissabon terug, om er de hoofdvloot te verbeiden. Inmiddels daalde het Nederlandsche eskader tot vier bodems, omdat er twee huiswaarts stevenden, met de gemaakte prijzen, die echter beiden onderweg verongelukten [2]), zoodat Bodaan en Ockerse zich elk met eene premie van 5000 gulden moesten vergenoegen [3]).

Den 13[den] Junij, verscheen Almonde met zijn eskader op den Taag, negen dagen later gevolgd door Shovel met een Britsch en een drietal achtergebleven schepen uit Zeeland [4]). Het opperbevel over de Britsche krijgsmagt, met de voorname leiding der ondernemingen van dit jaar, was toevertrouwd aan lord Peterborough, een regten zonderling, doch een goed militair, die zijn hart op een togt naar Italië had gesteld, waar hij in overleg met prins Eugenius hoopte te handelen [5]). Hiertoe kwam het evenwel niet, omdat Karel III, die zich tot dus verre in Portugal had opgehouden, op raad van den prins van Hessen, een herhaalden togt naar Catalonië wenschelijk vond. Hij kwam, den 31sten Julij, in persoon bij de vloot, welke sedert eenigen tijd voor de straat kruiste, en zeilde onmiddellijk door naar Gibraltar. 's Anderen daags kregen de vlootvoogden, wier magt op dit tijdstip, behalve de fregatten, de

---

[1]) Europische Mercurius voor 1705, 1e stuk, p. 165 e. v., 256, 257 en 262 tot 278, waar p. 265 een brief van Pointis, en p. 306 een brief van Leake voorkomt; Lediard, III p 407 e. s.; Guérin, II p. 261 e. s.; Naval Chronicle, XVI p. 461. Mr. de Jonge zegt, III p. 669 (noot), bij vergissing, dat de Nederlandsche kapiteins in de Europische Mercurius niet genoemd worden; want hunne namen zijn op p. 278 uitdrukkelijk vermeld, evenals in het Recueil van Zeesaaken.

[2]) De Jonge, Zeewezen, III p. 671.

[3]) Recueil van Zeesaaken, III p. 488.

[4]) Verbaal van Almonde, 1705, M. S.; journaal van kapitein van Cooperen, 1705, 1706, M. S.; brief van Almonde van 22 Junij, M. S. allen in het Rijks-Archief.

[5]) Macaulay, Historische schetsen, vertaald door Pierson, p. 153 e. v.; Mahon, History of England, I p. 363; Burnet, V p. 209.

bombardeergaljooten en andere kleine vaartuigen, uit 38 Britsche en 20 Nederlandsche linieschepen bestond, kennis van de gemaakte plannen, die zij in den krijgsraad overwogen, en naar vermogen besloten te ondersteunen. Almonde weigerde echter in zeer beleefde termen, de twee Nederlandsche regimenten in Gibraltar door Engelsche te doen vervangen, evenals later de generaal-majoor Schratelbach het afsloeg, om die regimenten tegen de Nederlandsche mariniers te verruilen, waarover de Staten-Generaal hem het bevel hadden opgedragen tot het doen eener landing.

Nadat de vloot den togt naar de oostelijke kust van Spanje had aanvaard, werd den 13^{den} Augustus een krijgsraad gehouden, dien Karel III, aan eene afzonderlijke tafel gezeten, bijwoonde. Thans drong hij bepaald op eene onderneming tegen Barcelona aan, waartoe de krijgsraad werkelijk besloot [1]), rekenende op de stemming der inwoners en op de verstandhouding, die men er nog bezat; want het ware anders onverantwoordelijk geweest, met omstreeks 7000 man, het beleg eener stad te beproeven, welker garnizoen omstreeks 5000 man bedroeg [2]).

Door tegenwind belemmerd, kwam de vloot, eerst den 22sten Augustus, eene halve mijl beoosten Barcelona ten anker, waar men den volgenden dag een aanvang maakte met de ontscheping. Alles ging naar wensch „daar sig niet een mensch liet sien, om haar in 't minste eenige resistentie te doen" [3]). De gelande troepen konden, uit dien hoofde, ongehinderd, ten oosten der stad, eene stelling innemen. Er heerschte blijkbaar geen wrok over het vroeger gebeurde, daar de bevolking hen en den Oostenrijkschen vorst met welwillendheid ontving. Dezelfde stemming scheen ook binnen de stad te heerschen, doch kon zich in tegenwoordigheid van een talrijk garnizoen niet uiten [4]). Dit had vermoedelijk de bezetting teruggehouden van elke poging, om de landing te verhinderen of te bemoeijelijken. Doch, in weerwil van al die gunstige omstandigheden,

---

1) Verbaal van Almonde, 1705. M. S.
2) Brief van Karel III in de Europische Mercurius voor 1706, 1e stuk, p. 66, en verantwoording van Peterborough in de Europische Mercurius voor 1705, 2e stuk, p. 184.
3) Verbaal van Almonde, 1705, M. S.
4) Naval Chronicle, XXXIII p. 205; dagverhaal in de Europische Mercurius voor 705, 2e stuk, p. 231 e. v. alsmede p. 179 en 185; Hume, XII p. 122.

was het kwalijk te berekenen, hoe lang de aanzienlijke magt des vijands het achter de wallen der stad, en binnen de nabij gelegen sterkten zou kunnen uithouden.

Vruchteloos poogde Karel de zwarigheden te overwinnen, welke de hoofdofficieren tegen een geregeld beleg opperden. Almonde schreef: „den 27sten, na vele en langdurige deliberatiën, hebben de landgeneraals met eenparigheid van sentimenten gepersisteerd op de ondoenlikheid, als zynde de stad in haar circuit te groot en 't guarnisoen daarbinnen te sterk, omme met soo weinige landmagt tot d'overgave geforceerd te konnen werden, ook dat den toeloop der Catalanen, tot nog toe sober is," enz. Den volgenden dag besloten de generaals echter met meerderheid van stemmen, ter wille van Karel een aanval te doen, ofschoon velen hunner, onder de gegeven omstandigheden, eene formeele belegering nog verkieslijk oordeelden. Met behulp van sloepen en ander klein vaartuig, bragt men de artillerie met haar toebehooren aan land. Ook de admiraals besloten al het mogelijke aan te wenden, om de zaak van Karel op dit punt te bevorderen. Met allerlei toebereidselen en deliberatiën verspilde men veel tijd in de legerplaats, tot dat er eindelijk, den 7^{den} September, een finaal besluit werd genomen om de stad „met force en een battery van twee en vyftig stukken canon aan te tasten," waartoe de admiraals ook een goed aantal matrozen zouden leveren. Nu dreigde een brief, dien Peterborough uit Engeland ontving, met bevel om met de troepen en de vloot naar Italië te zeilen, alles in de war te sturen. „Soo dat ik nu niet anders te gemoed sie," gelijk Almonde zich den 8sten September uitdrukte, „of men sal morgen een aanvang maken met de artillery, soldaten en dragonders van land te halen" [1]).

Hoewel dit niet aanstonds gebeurde, zoo bragten de eerste dagen toch weinig verandering, daar de Nederlandsche admiraal, den 10^{den} September, in zijn journaal nog opteekende: „blyvende derhalve eenpariglik van opinie, dat die stad, vermits de sterkte van 't guarnisoen, niet konde geattacqueerd werden, als met eene sekere ruïne van de armee." Doch nu kwam er eensklaps eene gunstige wen-

---
[1]) Verbaal van Almonde 1705, M. S.; zijn brief van 8 September, M S. in het Rijks-Archief.

ding. Peterborough veroorloofde, den 13^{den}, een onverwachten aanval op het kasteel Montjouy, dat ten westen der stad op een heuvel gelegen, haar van dien kant beheerschte. Men kon dien aanslag met te schooner kans op eene goede uitkomst beproeven, daar de bevelhebber zich bereid had verklaard, het kasteel den bondgenooten in handen te spelen. Maar zijn toeleg was ontdekt en met de galg gestraft, eer de aanval plaats greep, waarom de troepen in den volgenden nacht meer tegenstand vonden, dan zij hadden berekend. Nogtans bestormen zij de buitenwerken, onder aanvoering van den prins van Hessen, die hierbij echter eene doodelijke wond bekomt. Dit verlies van hun bevelhebber doet de manschappen eene wijle aarzelen, tot dat Peterborough zelf zich aan hunne spits stelt en hen tot volharding noopt [1]). Nadat de buitenwerken van de sterkte vermeesterd waren, kreeg ook de vloot eene gewigtige taak. Hare sloepen bragten het geschut, dat beoosten de stad was opgesteld, naar de westzijde. De admiraals bestemden daarenboven vijf Engelsche en drie Nederlandsche schepen, met al de bombardeergaljooten, om de stad van den zeekant te benaauwen. Zij zonden voorts nog meer volk aan wal, en wel, alleen van het Nederlandsch eskader, nog 660 scheepssoldaten en mariniers [2]). Het daarop gevolgde bombardement van het kasteel, voerde reeds den 17^{den} eene belangrijke schrede nader tot het doel; want het deed een kruidmagazijn daarbinnen springen, bij welke ramp de gouverneur en vele zijner officieren omkwamen. Te midden der hierdoor ontstane verwarring, dringt een Nederlandsch officier, wiens naam echter der vergetelheid is prijs gegeven, met eenig geresolveerd volk binnen de sterkte, welker bezetting zich overgeeft. Dit voordeel, gevolgd door andere, brengt de bedreigde stad meer en meer in het naauw. Inmiddels wordt de toeloop van Cataloniërs grooter. Tot voortzetting van het bombardement, zendt Almonde, den 26sten September, nog 225 konstapels en matrozen, alsmede eene aanzienlijke hoeveelheid kogels en kruid naar den wal. Den 4^{den} October was er

---

[1]) Dagverhaal in de Europische Mercurius voor 1705; Fransch verhaal, aldaar p. 234; een berigt op p. 277, en een brief van Almonde van 14 October, op p. 299; Lediard, III p. 420.

[2]) Verbaal van Almonde, en zijn brief van 14 October.

eindelijk bres geschoten en begon eene capitulatie, welke den 8sten werd geteekend. Na de overgave van Barcelona, verklaarde bijna geheel Catalonië zich voor Karel III [1]).

Almonde zond nu zes zijner schepen naar het vaderland, die allen behouden aankwamen, uitgezonderd de *Zeven Provinciën* (92), welk schip, bij het binnenloopen der Maas, door eenig verzuim of door onkunde van den loods, verongelukte. Met vier andere ging de admiraal, den 23sten October, zelf onder zeil, evenals Shovel, met een gedeelte der Britsche vloot. Zij hadden Barcelona, waar Karel III en Peterborough achterbleven, van zooveel kruid en andere benoodigdheden voorzien, als zij konden missen [2]). Leake, met 15 Britsche, en Wassenaer, met 10 Nederlandsche schepen, moesten nog eene wijle in den omtrek toeven, en dan op den Taag overwinteren, waar zij echter, eerst den 4den Februarij, na eene uiterst lange en moeijelijke reis aanlandden. Storm en tegenwind waren hiervan zeker de voorname oorzaken, onder welke de Britten ook de onbezeildheid der Nederlandsche schepen rangschikten, die hun onder weg te gevaarlijker toescheen, omdat zich gebrek aan mondkost begon te openbaren [3]).

Wassenaer en Leake, die in last hadden gekregen den handel des vijands op West-Indië te stremmen, deden, tijdens hun verblijf op de rivier van Lissabon, eene hoogst zonderlinge ervaring op, toen zich eene uitmuntende gelegenheid aanbood, om verscheidene galjoenen, die volgens de ingekomen berigten eerlang van Cadix moesten vertrekken, in handen te krijgen. Om hun plan niet te doen uitlekken, hadden zij het Portugesche hof verzocht, alle schepen, die op den Taag lagen, gedurende weinige dagen binnen te houden. Wie schetst echter hunne verbazing, toen de Portugesche bevelhebber van het fort aan den mond der rivier, op grond van het uitgevaar-

---

[1]) Verbaal van Almonde, 1705; de journalen der kapiteins van Cooperen en W. van Wassenaer, 1705, 1706, M. S.; brief van Almonde van 14 October, en een van 21 October, M. S. in het Rijks-Archief, en gedrukt in de Europische Mercurius voor 1705, 2e stuk, p. 299 en 302; aldaar p. 283 en dagverhaal.

[2]) Verbaal van Almonde, 1705; zijn brief van 21 October; de Jonge, Zeewezen, III p. 684.

[3]) Verbaal van den vice-admiraal baron van Wassenaer, 1705, 1706, M. S. in het Rijks-Archief; Lediard, III p. 421, 427; Naval Chronicle, XVI p. 463.

digde verbod, den 8sten Maart hunne eigen schepen met geweld tegenhield [1]? Was dit werkelijk een overdreven hechten aan de letter van het bevel, waarvan de bedoeling niet te miskennen was, of schuilde er verraad achter? Men vreesde het laatste, omdat velen in Portugal Franschgezind waren. Volgens sommigen, had men daags te voren zelfs enkele schepen doorgelaten, waaronder twee Deensche, die vermoedelijk te Cadix hadden gewaarschuwd. Later heeft men beweerd, dat Portugesche en Nederlandsche kooplieden, voor wier rekening de galjoenen te Cadix ten deele geladen waren, minder om staatkundige redenen, dan wel uit handelsbelang, den aanslag hadden verijdeld [2]. Wegens dit in elk geval hoogst zonderling misverstand, konden Leake en Wassenaer eerst een dag later uitzeilen, hetgeen hun plan ten eenen male deed mislukken. Want zij achterhaalden en veroverden werkelijk twee schepen, welke daags na de galjoenen waren vertrokken, doch moesten alle hoop om ook deze te bereiken opgeven, daar zij met den ingeslagen koers onbekend waren, terwijl bovendien hunne vuile schepen slecht zeilden. Met volle regt, kon Wassenaer dus in zijn verbaal schrijven: „Het ongeluckigh succes van deese expeditie op Cadix, op vier en twintigh uren aankomende, is het seer beklaeglijck wij door de quaetwilligheyt ofte caprisie deselfde tijt in de rivier van Lissabon zijn opgehouden" [3].

In de eerste dagen van April met hun eskader te Gibraltar gekomen, ontvingen Leake en Wassenaer, die slechts met enkele bodems versterkt waren, een schrijven van Karel III, waarin deze hun een donker tafereel ophing van zijn toestand te Barcelona. Van de landzijde ingesloten door een Fransch leger, en van den zeekant, door eene Fransche vloot, die trapsgewijze tot 28 schepen, 8 fregatten en 10 galeijen was aangegroeid, vestigde hij, met een klein garnizoen, alle hoop op de komst der bondgenooten. De beide admiraals besloten het ontzet te beproeven, en kregen nu, juist van

---

[1] Verbaal van Wassenaer, M. S.; Europische Mercurius 1706, 1e stuk, p. 213; Lediard en Naval Chronicle, t. a. p.

[2] Campbell, III p. 452; Hervey, III p. 168 en 469.

[3] Verbaal van Wassenaer, M. S.; Europische Mercurius voor 1706, 1e stuk, p. 206, 255.

pas, eene versterking van omstreeks 20 Britsche schepen [1]). In zeker opzigt verbeidde hun echter eene teleurstelling. Want toen Wassenaer, den 8sten Mei, met de eerste schepen ter reede van Barcelona verscheen, had de Fransche vloot zich daags te voren verwijderd. Dit benam den bondgenooten de gelegenheid de vijandelijke zeemagt te bevechten. Hun togt beantwoordde overigens ten volle aan het oogmerk, daar zij volk en voorraad in de veege stad bragten en de voldoening smaakten, dat de vijand, hierdoor ontmoedigd, drie dagen later, ook het beleg van de landzijde met overhaasting opbrak [2]).

Nog in den loop van hetzelfde jaar, werkte de vereenigde vloot mede tot de verovering van Carthagena, Alicante, Majorca en Iviça. Terwijl zij voor Alicante lag, werd het Nederlandsche eskader door de komst van vier nog ontbrekende schepen voltallig. Almonde, die zich hierop bevonden had, om het bevel over te nemen, was te Lissabon achtergebleven, omdat hij, als luitenant-admiraal, niet onder den vice-admiraal Leake kon dienen. Te vergeefs hadden de Staten-Generaal op het zenden van Shovel aangedrongen, die thans een vruchteloozen kruistogt langs de westkust van Frankrijk deed, en eerst laat in het najaar te Lissabon kwam, om het opperbevel weder te aanvaarden [3]).

Over de latere bedrijven der vereenigde zeemagt in de Middellandsche zee, gedurende de volgende jaren van dezen oorlog, kan hier niet worden uitgeweid. Lodewijk XIV zond, nadat zijne schepen, in 1706, Barcelona hadden verlaten, geene vloot meer in zee. Aan de kostbare uitrustingen in den Atlantischen oceaan, nam de republiek, om meer dan eene reden, geen deel, hoewel zij ten einde toe bleef volharden, met het zenden van eskaders naar de kusten van het Spaansche schiereiland. Hier ondersteunden Groot-Brittanje en de republiek, met hunne zeemagt, de ondernemingen te lande.

---

[1]) Europische Mercurius voor 1706, 1e stuk, p. 89, 217 en 287; Lediard, III p. 428 e. s.; Campbell, III p. 455; de Jonge, Zeewezen, III p. 690 e. v.

[2]) Europische Mercurius voor 1706, 1e stuk, p. 290 en 2e stuk, p. 52; Campbell, III p. 457; Lediard, III p. 431; Sue, V p. 288 en Lapeyrouse-Bonfils, II p. 66, die hier echter zeer kort is; Wagenaar, XVII p. 285; Hume, XII p. 143.

[3]) De Jonge, Zeewezen, III p. 699 e. v.; Europische Mercurius voor 1706, 2e stuk. p. 129, 216, 258; Lediard, III p. 440; Naval Chronicle, XXXIII p. 207.

Eene beknopte opgaaf van de sterkte der hiertoe gebezigde eskaders, met vermelding van enkele bijzonderheden, zal voldoende zijn.

Shovel overwinterde te Lissabon en op de Spaansche kust, waar zich in 1707 een Nederlandsch eskader, onder den vice-admiraal van der Goes, bij hem voegde, dat aanvankelijk 10, later 15 bodems telde. Met hunne vereenigde magt, ondersteunden de beide genoemde admiraals een leger, onder prins Eugenius en den hertog van Savoije, dat over de Var, in het zuidoosten van Frankrijk binnenrukte, en vervolgens het beleg sloeg voor Toulon [1]. Dit baatte slechts weinig en moest den 21sten Augustus worden opgebroken. Inmiddels was van der Goes ziek geworden en den 9den Julij overleden, waarom de Staten den vice-admiraal van Wassenaer aanstonds, over land, derwaarts zonden. Deze verkeerde echter weldra, toen Shovel het bevel aan den schout bij nacht Dilkes overdroeg, in hetzelfde geval, als Almonde ten vorigen jare. Hij liet dus zes zijner schepen bij de Britsche, zond er, ingevolge den ontvangen last, zeven naar huis, en begaf zich met een tweetal naar Lissabon, om hier de komst van Leake te verbeiden [2]. Shovel bereikte intusschen de plaats zijner bestemming niet, daar hij, in November 1707, met zijn bodem en twee andere, door eene misrekening in den koers, bij nacht, op de „Bishop and his Clerks" of andere gevaarlijke rotsen, in de nabijheid der Sorlings verging. Meer dan 1300 man verloren met den admiraal het leven, en het was een geluk, dat men aan boord der overige schepen nog in tijds eene dergelijke ramp kon verhoeden [3].

Wassenaer nam, in 1708, met een eskader van 14 schepen aan de krijgsverrigtingen deel, vereenigd met een eskader onder Leake. Na de onderwerping van Sardinië en Minorca, keerden de genoemde bevelhebbers huiswaarts, met achterlating van enkele bodems, die ten laatste ook de kasteelen van Port-Mahon deden bukken. In

---

[1] Europische Mercurius voor 1706, 2e stuk, p. 299; voor 1707, 1e stuk, p. 69, 186, en 2e stuk, p. 83, 124 e. v.; Hume, XII p. 148, 173; de Jonge, Zeewezen, IV p. 3 en 8; Wagenaar, XVII p. 311; Lediord, III p. 459; Guérin, II p. 278 e. s.; Lapeyrouse-Bonfils, II p. 96 e s.

[2] De Jonge, Zeewezen, IV p. 6, 12, 17 e v.; Europische Mercurius voor 1707, 2e stuk, p. 168; Lediard, III p. 463.

[3] Europische Mercurius voor 1707, 2e stuk, p. 292; Burnet, V p. 423; Campbell, III p. 524; Lediard, III p. 464; Naval Chronicle, XXXIII p. 211.

1709 en 1710 onderhield de republiek, tot voortzetting der krijgsbedrijven, in dezelfde streken nog elf bodems, onder den schout bij nacht Aerssens van Sommelsdijk; in 1711 en 1712 nog dertien, onder den vice-admiraal Pieterson [1]). Doch toen was de oorlog, in aard en strekking, reeds merkbaar gewijzigd. Alvorens dienaangaande in bijzonderheden te treden, moeten wij een blik werpen op hetgeen de Nederlandsche zeemagt, in de afgeloopen jaren, elders, vooral tot bescherming van handel en visscherij had gedaan.

h. *Maatregelen tot bescherming van handel en visscherij. — Gevecht van Roemer Vlacq. — Andere gevechten tegen Fransche kapers en kruisers. — Schade door St. Pol en Forbin aangerigt. — Uitbreiding der kaapvaart hier te lande. — Onderhandelingen met Frankrijk. — Vrede te Utrecht.*

Tegen het einde van den oorlog, begonnen de bondgenooten elkander met verwijten te overladen. Zoo wees het parlement in een adres, der koningin in 1712 aangeboden, op de nalatigheid van sommige geallieerden, en wel met name op die van de Staten-Generaal, wat de levering van schepen betrof. Hoewel erkennende, dat eene verhouding tusschen de wederzijdsche eskaders, als vijf tot drie, nooit uitdrukkelijk was vastgesteld, zoo achtte het parlement die toch voldoende gewettigd door het gebruik, om er zijne berekening op te gronden. Uit eene lijst der Britsche admiraliteit bleek, dat Engeland van 1703 tot 1711, in het Kanaal, den Atlantischen oceaan en de Middellandsche zee, telken jare gemiddeld 70 schepen had gebezigd, waarbij de republiek soms 11 of 12, en gemiddeld niet meer dan 18 van de hare had gevoegd. Naar den aangenomen maatstaf, hadden de Staten-Generaal dus vaak twee derden en doorgaans de helft te weinig gedaan [2]). Deze wierpen echter, in eene

---

[1]) De Jonge, Zeewezen, IV p. 21, 52, 62 en 74. De verbalen van Wassenaer, en de andere bevelhebbers zijn nog in het Rijks-Archief voorhanden.

[2]) Europische Mercurius voor 1712, 1e stuk, p. 119, 154, 272; Charnock, III p. 24; Lediard, III p. 566.

uitvoerige memorie, de beschuldiging van zich af, op grond dat zij jaarlijks niet in eene bepaalde verhouding behoefden te leveren, doch slechts datgene, waartoe zij zich telkens hadden verbonden [1]. Ongelukkigerwijs waren zij meestal ook hierin te kort geschoten, zoodat zij, op hun eigen standpunt, of te weinig gedaan, of te veel beloofd, en in elk geval een bewijs van zwakheid gegeven hadden.

Maar de verwijten van het parlement, in zeker opzigt niet onverdiend, waren in hoofdzaak ongegrond en stellig onbillijk. Dit zal wel de reden zijn geweest van den storm, dien het lezen van der Staten memorie in het Huis der gemeenten opwekte. Men noemde haar een schandelijk en oproerig libel, welks verspreiding moest worden tegengegaan. En werkelijk bleef de uitgever, die haar gedeeltelijk in zijn nieuwsblad had opgenomen, niet ongestraft [2]. Waarin bestond dan eigenlijk die wederlegging der Staten-Generaal? Eenvoudig hierin, dat zij met cijfers aantoonden, dat men hen ten onregte beschuldigde. Immers hadden zij, ongerekend de fregatten en kleine vaartuigen, in het boven gemelde tijdsbestek, jaarlijks gemiddeld niet minder dan 50 linieschepen in dienst gehad [3]. Schoon nu de beteekenis van het woord linieschip vermoedelijk wel wat ruim was genomen, en ook de groote convooijers onder het getal daarvan waren medegerekend [4], zoo bleek toch uit hunne memorie, dat de Staten-Generaal heel wat meer hadden gedaan, dan het parlement voorwendde. Ten einde dit nader te staven, zullen wij hier iets laten volgen over de bestemming en de verrigtingen van dat gedeelte der Nederlandsche zeemagt, hetwelk, in de afgeloopen jaren, niet bij de hoofdvloot was geweest.

Over het algemeen baarde het beveiligen van den nationalen eigendom, gedurende den Spaanschen successie-oorlog, minder zorg, dan voorheen. Misschien droeg het overlijden van Jan Bart, die reeds in April 1702 was bezweken [5], er wel iets toe bij, dat men ten minste aanvankelijk slechts weinig van Duinkerkers te lijden had, hoewel de uitrustingen op de Vlaamsche kust, eerlang onder St. Pol

---

[1] Europische Mercurius voor 1712, 1e stuk, p. 249.
[2] Campbell, IV p. 168; Hervey, III p. 328.
[3] Europische Mercurius voor 1712, 1e stuk, p. 257.
[4] De Jonge, Zeewezen, IV p. 87 (noot).
[5] Rapin-Thoyras, XI p. 283; Sue, V p. 246; Guérin, II p. 241.

en Forbin, met kracht hervat werden. Het beschermen van den handel op de zuidelijke havens van Europa vereischte intusschen weinig zorg. Terwijl er in de Middellandsche zee of op de kusten van het Spaansche schiereiland eene vereenigde vloot tegenwoordig was, welke de Fransche zeemagt belemmerde, lieten roofschepen of kruisers slechts bij uitzondering van zich hooren. Bovendien namen de schepen der hoofdvloot, bij hun vertrek en bij de terugreis, meestal koopvaarders onder hun geleide, en verstrekten de admiraals, doorgaans ook tusschentijds, een behoorlijk convooi. Slechts eenmaal had eene Nederlandsche koopvaardijvloot, bij haren terugkeer uit Portugal, een ernstigen aanval te doorstaan.

Den 21sten Mei 1703, waren de kapiteins Roemer Vlacq en Boreel met een convooi van Lissabon vertrokken. Vereenigd met eene vloot van St. Ubes, welke onder het geleide van drie oorlogsschepen uitzeilde, hadden zij echter naauwelijks de reis aanvaard, of zij ontdekten, nu 130 Engelsche en Nederlandsche koopvaarders bij zich hebbende, vijf Fransche schepen, die kort te voren, onder Coëtlogon, te Brest waren uitgeloopen. Zonder zich door de oogenschijnlijke meerderheid des vijands te laten afschrikken, wachten de Nederlandsche kapiteins den aanval af, die te elf uren in den voormiddag plaats heeft. Roemer Vlacq, voerende de *Muiderberg* (50), volhardt, ook nadat hem een arm is afgeschoten, tot dat er van zijn bodem, in den strijd met de *Monarque*, later gesteund door de *Vainqueur*, niets overblijft, dan een wrak, zonder grooten mast en overal doorboord. Slechts met moeite kunnen de Franschen den zwaar gekwetsten bevelhebber en het overschot der bemanning van den volslagen ondergang redden. De andere kapiteins waren niet gelukkiger, en moesten allen, na wat korter of langer tegenweer, den kamp opgeven. Zij werden naar Toulon gevoerd, waar Roemer Vlacq iets later aan de bekomen wonde overleed. De Franschen konden er op bogen, dat zij al de Nederlandsche oorlogsschepen van het convooi hadden genomen of vernield. Den onzen bleef evenwel de troost, dat er niet te vergeefs was gevochten; want de vijandelijke schepen waren insgelijks zwaar beschadigd, en de koopvaarders, die zich inmiddels verwijderd hadden, ontkwamen allen [1]).

---

1) Europische Mercurius voor 1703, 2e stuk, p. 46, 52, 106, 272, waaruit alles

Met uitzondering van dit geval en van een later, waarin het Britsche convooi te kort schoot, konden Nederlandsche en Britsche koopvaarders de zuidelijke havens nagenoeg ongestoord bezoeken. Des te aanhoudender moesten de regenten zich inspannen, om dezelfde veiligheid voor de bedreigde takken van welvaart, in andere oorden, zelfs in de onmiddellijke nabijheid der vaderlandsche kust, te erlangen. Hierbij kwamen, helaas, weder allerlei gebreken aan het licht.

Reeds in 1702, had bij het Nederlandsche eskader, bestemd tot het bewaken der Vlaamsche kust, een betreurenswaardig voorval plaats. Nadat het een tijd lang de kusten van Zeeland gedekt, en in overleg met een Britsch eskader, de schepen van Duinkerken binnengehouden had, ontdekte het, den 4^{den} Julij, een zestal galeijen van Ostende, die jagt maakten op een Zeeuwschen kaper. Terwijl het eskader pogingen aanwendde, om dezen te helpen en de galeijen zelven van den wal af te snijden, geraakte Nieustadt, met *Het wapen van Hoorn* (50), hetzij door onvoorzigtigheid of door eenig toeval, van de andere Nederlandsche schepen af. Naauwelijks ziet de vijand dit, of hij tast dien afgezonderden bodem met drie of vier zijner galeijen aan. Wat Nieustadt ter verdediging poogt te doen, baat hem niet. Weldra enteren de Franschen, onder luid gejubel, den hem toevertrouwden bodem, dien zij werkelijk vermeesteren en in zegepraal naar Ostende voeren, ten aanschouwe van het gansche eskader, dat wegens stilte geene hulp kan bieden. De vice-admiraal Evertsen en de schout bij nacht van der Dussen waren hoogst verontwaardigd over het gebeurde, ofschoon er later veel tot verschooning aangevoerd en Nieustadt, die reeds veertig dienstjaren telde, in zijne waardigheid hersteld werd [1]. Bij gemis van andere roemrijke bedrijven ter zee, maakten de Franschen van de verovering van dit eene schip een belagchelijken ophef. Hunne latere schrijvers gewagen er nog van, met een dichterlijk vuur, als ware dit een der schitterendste feiten, ooit met galeijen volbragt [2].

---

geput is, wat dienaangaande voorkomt in de Bijvoegsels bij Wagenaar, XVII p. 55. Lapeyrouse-Bonfils, II p. 28; de Jonge, Zeewezen, III p. 616 e. v.

1) De Jonge, Zeewezen, III p. 600, 697.
2) Guérin, II p. 246.

Men kan deze uitspraak alleen dan beamen, wanneer men het oog slaat op de onbeduidende rol, welke de galeijen doorgaans vervulden, nu het pleit te water meer uitsluitend door zware zeilschepen werd beslecht.

Tamelijk vruchteloos waren, in het volgende jaar, de kruistogten van een eskader, onder den schout bij nacht van der Dussen, en van een ander, onder den luitenant-admiraal Callenburg. Want, terwijl de laatste zich op de Vlaamsche kust bevond, wist St. Pol met de *Salisbury*, de *Adroit*, de *Ludlow* en de *Milfort* uit Duinkerken te ontsnappen. In weerwil der beide eskaders, welke de Noordzee moesten beveiligen, kon hij, den 22sten Junij, ten noorden van Schotland, naar hartelust onder eene haringvloot grasduinen, beschermd door slechts vier zwakke convooijers, die het, na een dapper gevecht van omstreeks vier uren, moesten opgeven. De bevelhebber van dit convooi stak zijn bodem in brand, en vloog in de lucht. Een tweede bodem zonk, een derde werd genomen, en alleen de vierde ontkwam het, door in de haven van Leith eene schuilplaats te zoeken. Verreweg de meeste buizen, welke ten getale van 160 naar Bressay-sound gevlugt waren, werden hier verbrand. Daarna keerde St. Pol, met een der convooijers en enkele buizen terug van den plundertogt, die hem evenwel op het verlies van de *Adroit*, met nagenoeg de gansche bemanning, te staan kwam [1]). In de eerste helft van Augustus, tastte dezelfde bevelhebber, wiens eskader tot zes bodems versterkt was, eene tweede haringvloot aan, die insgelijks vier convooijers bij zich had. Hij nam een vijfden, die in allerijl tot versterking was afgezonden, en overviel daarna de buizen, die er thans echter beter afkwamen, dan bij de reeds voorafgaande gelegenheid. Hij nam of vernielde toch slechts drie convooijers en een dertien buizen, terwijl de vierde convooijer, met wel 200 andere, gelukkig de havens van Schotland bereikte [2]).

Wat baatte nu al dat kruisen in de Noordzee? Oogenschijnlijk zeker niet veel. Doch van der Dussen, die hiermede belast was, kon toch niet overal te gelijk zijn, en moest zich uit dien hoofde

---

[1]) Europische Mercurius voor 1703, 2e stuk, p. 107; Guérin, II p. 250; Lapeyrouse-Bonfils, II p. 31 e. s.; de Jonge, Zeewezen, III p. 612.
[2]) De Jonge, Zeewezen, III p. 614; Lapeyrouse-Bonfils, II p. 34.

vergenoegen met de schuldigen op te sporen en te straffen. Eene andere vraag is het, of hij met zijne tien linieschepen daartoe behoorlijk in staat was. Hoe vreemd dit klinke, zoo is men waarlijk genoopt hierop bijna ontkennend te antwoorden, wanneer men in aanmerking neemt, hetgeen de schout bij nacht zelf dienaangaande schreef. Hij was, den 7^{den} Julij, inderdaad een vijandelijk eskader van vijf bodems, onder Duguay-Trouïn op het spoor gekomen, dat benoorden Schotland eene retourvloot verbeidde. Wegens de onbezeildheid zijner schepen, was het hem echter niet gelukt den vijand te achterhalen, die erkent, dat hij thans aan de gemelde hoedanigheid der Nederlandsche schepen zijn behoud te danken had. Terwijl de Franschen evenwel berigten, dat vijf of zes schepen naderden, waarvan hun bevelhebber er een met voordeel bevocht, eer hij zich door kracht van zeilen uit de voeten maakte, noemt van der Dussen alleen de *Overijssel* (50). Kapitein Bodaan, welke dien bodem voerde, geraakte de zijnen vooruit, en had in den strijd met een of meer der vijanden reeds aanmerkelijk schade bekomen, voor dat andere schepen van het eskader ter hulp opdaagden [1]. Is het wonder, dat vele bevelhebbers de hun toevertrouwde bodems slechts kwalijk berekend achtten, voor de hun opgelegde taak? Nog duidelijker en scherper, wees de vice-admiraal van der Goes hierop, toen hij in 1704, aan boord van de *Lepelaer*, een der eskaders in de Noordzee kommandeerde: „Het is verdrietigh," dus luidt het in een zijner brieven, „soo een esquader te commandeeren, daer niet een schip onder is, dat kan seylen, uytgesondert de *Lepelaer*, 't geen bij uytnementheyt hardt seylt, en seer veel goede qualiteiten heeft. Het schip *Munnickendam* verlet ons heel veel alsoo 't niet kan seylen nogh drijven; men behoorden 't de zee te verbiede" [2].

Nogtans scheen het eskader van den genoemden vice-admiraal, evenals twee andere, gepaard met het verleende convooi, in hetzelfde jaar, ten volle aan de bestemming te voldoen. Immers was het, op een gewenscht tijdstip, in de nabijheid eener haringvloot, en kon het deze tegen de kapers behoeden, welke haar bedreigden. Kapitein Braak, die met twee anderen eene koopvaardijvloot geleidde, sloeg

---

[1] De Jonge, Zeewezen, III p. 604; Richer, la vie de Duguay-Trouïn, p. 106.
[2] Brief van 29 Julij 1704, M. S. in het Rijks-Archief.

een aantal kapers af en bragt zijn convooi behouden binnen. Drie schepen van het eskader, onder den schout bij nacht den Boer, op de Vlaamsche kust, door de galeijen van Ostende aangetast, terwijl andere bodems niet konden opkomen, verweerden zich thans met goeden uitslag, en noodzaakten de galeijen met verlies te wijken [1].

Bemoedigend was dit alles voorzeker. Men kon er uit zien, wat het personeel vermogt, indien het zich op de regte plaats bevond en de middelen bezat, om zich te doen gelden. Het is echter meer dan waarschijnlijk, dat men de betrekkelijk goede uitkomst, in 1704 verkregen, slechts aan een zamenloop van omstandigheden te danken had; want de volgende jaren kenmerkten zich weder door allerlei verliezen, in weerwil van twee of drie eskaders, tot beteugeling der vijandelijke kapers en kruisers in zee gehouden. Dat twee kapers het Oost-Indische schip de *Berkenrode*, hetwelk in den Atlantischen oceaan van de overige was afgeraakt, namen en als goeden prijs te St. Malo opbragten [2], was eene ramp, welke geene eskaders in de Noordzee konden beletten, evenmin als eene dergelijke, welke Forbin den onzen een jaar later berokkende [3]. Is het nogtans even verklaarbaar, dat 21 koopvaarders, die van Hull naar Texel zeilden, slechts de *Wulverhorst* (50) en *Het wapen van Haarlem* (44) tot geleide kregen? Is het niet veeleer te betreuren, dat de bevelhebbers Sels en Teengs hiermede, onmiddellijk voor het zeegat van Texel, een strijd moesten voeren tegen drie Fransche schepen, onder St. Pol, terwijl de eskaders in de Noordzee vruchteloos naar vijanden uitzagen? De *Wulverhorst* werd, na een kloekmoedigen tegenweer, met enkele koopvaarders veroverd, en de bevelhebber van *Het wapen van Haarlem* mogt zich gelukkig rekenen, met een zeer ontramponeerden bodem het Vlie te bereiken. Vijf weken later, verkeerde kapitein Mauregnault, op de Zeeuwsche kust, in een dergelijk geval. Naauwelijks in zee gestoken met de *Mercurius* (40), om eenige koopvaarders naar Schotland te geleiden, wordt hij door twee Fransche schepen aangetast, die hem, na een hardnekkig gevecht tot de overgaaf nopen [4]. Zeker is het verdrietig te noemen, dat afzonderlijke

---

[1] De Jonge, Zeewezen, III p. 673 e. v.
[2] Europische Mercurius voor 1705, 1e stuk, p. 220.
[3] Forbin, Mémoires, II p. 209.
[4] De Jonge, Zeewezen, III p. 710 e. v.

kapiteins telkens een hopeloozen strijd moesten voeren tegen overmagt, waarop dan meestal nog een pijnlijk onderzoek volgde, om te zien, of zij wel al het mogelijke hadden gedaan.

Maar sommige leden der Staten-Generaal konden zich eerlang met eigen oogen van de onveiligheid der kusten en zeegaten overtuigen. Twee hunner waren toch, in het voorjaar van 1706, met een jagt naar Texel gevaren, om het vertrek van eenige oorlogsschepen en transportvaartuigen met troepen en benoodigdheden voor de dienst op de Spaansche kust, te bespoedigen. Dit convooi ging den 9den Maart onder zeil. Daags te voren, toen er dus nog al schepen lagen, was een kaper met achttien stukken het zeegat binnengestevend, tot voorbij het Nieuwediep, om het jagt der heeren Staten zelven bij verrassing te nemen. Wegens de nabijheid der oorlogsschepen, vond de indringer het evenwel niet geraden zijn ontwerp te volvoeren. Hij vertrok onverrigter zake, doch strandde nu, bij nacht, op de Haaks. Den volgenden dag, kwamen de onzen den nog levenden te hulp, die zij er afbragten en natuurlijk gevangen namen [1].

Tegen bestrijders van eene zoo grenzenlooze vermetelheid, was niet iedereen bestand. Drie bevelhebbers, eenige weken later, met een convooi van Hamburg komende, werden ten minste beschuldigd, dat zij hunne bodems, op de hoogte van Vlieland, wat ligtvaardig hadden overgegeven. Een hunner was nogtans gesneuveld. Zijn luitenant en de beide andere ontvingen later straf, wegens hun bij deze gelegenheid gehouden gedrag. Beter kweten zich ongetwijfeld zes andere convooijers, onder kapitein Braak, in October, met 70 koopvaarders uit het noorden terugkeerende. Op de hoogte van de Doggersbank, door Forbin, den opvolger van St. Pol, met zeven Fransche schepen bedreigd, wachtten zij onverschrokken den vijand af, die hen te acht uren in den morgen naderde. Kapitein Braak, voerende de *Raaf* (44), kreeg met den vijandelijken bevelhebber te doen. Hij sneuvelde, waarna zijn schip door eenig toeval in brand geraakte. Ook de *Hardenbroek* (50), welks bevelhebber in een strijd tegen twee vijandelijke bodems eene doodelijke wonde bekwam, moest het opgeven. Gouwenaar, met de *Groningen* (44), Corlee, met de

---

[1] Europische Mercurius voor 1706, 1e stuk, p. 171.

Kampen (44), de Widt, met de *Edam* (44), en Ravens, met de *Grijpskerken* (40), verweerden zich dapper, waarbij de eerste genoodzaakt was zijn schip te verlaten, omdat het zonk, en de laatste zwaar gekwetst werd. Er bleven ten slotte drie convooijers behouden, in welk voorregt de koopvaarders, die zich inmiddels verwijderd hadden, allen deelden, ofschoon sommigen ver van de havens hunner bestemming te regt kwamen. Forbin veroverde slechts de *Hardenbroek*, dien hij te Duinkerken opbragt [1]). Maar dit was niet het eenige voordeel in 1706 door hem behaald, zonder dat een der eskaders hem betrapte. Hij erkent zelf, dat hunne nabijheid hem wel eens terughield, dewijl hij eene ontmoeting met groote oorlogsschepen wenschte te vermijden, hetgeen hij wegens de bezeildheid zijner vaartuigen doorgaans naar verkiezing kon doen. Voorwaar een bewijs, dat het gevolgde stelsel in den grond niet deugde.

Onverpoosd zette de genoemde vijandelijke bevelhebber zijn vernielingswerk voort, waartoe hij zich in 1707 zelfs een uitgebreider terrein koos. Na toch weder eerst een Engelsch convooi met voordeel te hebben bevochten [2]), wendde hij den steven naar de Noordelijke IJszee, waar hij onder meer dan eene vloot schrik verspreidde. Uit de hoogst verwarde berigten van dien tijd en het overdreven verhaal, dat men aan Forbin zelven toeschrijft, is met genoegzame zekerheid op te maken, dat hij, den 22sten Julij, op de hoogte van Kilduin, eene Engelsche vloot aantastte, van welke hij een twintig bodems in handen kreeg. Omstreeks veertig andere, met twee convooijers onder kapitein Haddock, kwamen er vervolgens met betrekkelijk geringe schade af. Den 11^{den} Augustus, kreeg eene Nederlandsche vloot van ruim veertig schepen, die onder het geleide van drie convooijers naar de Witte zee stevende, het eskader van Forbin in 't zigt. Deze liet echter de convooijers, die zich op tegenweer hadden voorbereid, ongemoeid en maakte aanstonds jagt op de koopvaarders, die in verschillende rigtingen poogden te vlugten. Na acht hiervan in zee vernield te hebben, liet de vijandelijke

---

[1]) Europische Mercurius voor 1706, 2e stuk, p. 282; de Jonge, Zeewezen, III p. 714; Forbin, Mémoires, II p. 209 e. s. en hieruit bij Lapeyrouse-Bonfils, II p. 77.

[2]) Europische Mercurius voor 1707, 1e stuk, p. 298; Forbin, Mémoires, II 220.

bevelhebber negen andere, die te Wardhuus eene schuilplaats hadden gezocht, met schending van het regt der volkeren, in onzijdige haven verbranden, waarover de koning van Denemarken zich later tamelijk vruchteloos beklaagde. Vijf en twintig koopvaarders kwamen, met de drie convooijers, behouden te Archangel. Forbin, die enkele schepen gespaard had, om er den gemaakten buit in over te voeren, beschouwde nu zijne taak, in de IJszee, als geëindigd. Hij wist den te sturen koers volkomen geheim te houden, en bereikte dien ten gevolge de haven van Brest ongehinderd [1].

Hier maakte hij zich aanstonds weder gereed, om vereenigd met een ander eskader, onder Duguay-Trouïn, eene transportvloot van 130 Engelsche en Nederlandsche bodems te onderscheppen, welke den 20sten October, geleid door vijf Britsche oorlogsschepen, te Plymouth was uitgezeild. Schoon de twee Fransche bevelhebbers elkander later verweten, dat er van de gunstige gelegenheid niet ten volle partij was getrokken, zoo mogten zij er toch roem op dragen, dat zij, in den strijd met dit convooi, de *Cumberland* (84), de *Chester* (54) en de *Ruby* (52), met vele koopvaarders veroverd hadden; dat de *Devonshire* (86) verbrand, en alleen de *Royal Oak* (74), met de meeste koopvaarders, door de vlugt ontkomen was [2]. Wel een blijk, dat enkele Fransche schepen, hoewel de hoofdmagt van Lodewijk XIV zich nergens vertoonde, onder stoutmoedige bevelhebbers, den bondgenooten soms gevoelige slagen toebragten. Deze hadden misschien beter gedaan, door enkele schepen minder naar de Middellandsche zee te zenden.

Verbazend is het zeker, dat een paar eskaders, die elk op zijn hoogst uit acht schepen van slechts middelbare grootte bestonden, twee zeemogendheden met haar aanzienlijk materiëel zoo voortdurend in spanning konden houden. Hoe ver dit ging, bleek in het voorjaar van 1708. De regenten der republiek, iets vernemende van meer dan gewone uitrustingen te Duinkerken en elders, die hen voor

---

[1] Europische Mercurius voor 1707, 2e stuk, p. 146 en 220; Lediard, III p. 471; Forbin, Mémoires, II p. 240 e. s.; Campbell, IV p. 12; de Jonge, Zeewezen, IV p. 31.

[2] Europische Mercurius voor 1707, 2e stuk, p. 291; Forbin, Mémoires, II p. 261; Richer, la vie de Duguay-Trouïn, p. 168; Sue, V p. 293, 325; Guérin, II p. 274; Lapeyrouse-Bonfils, II p. 88; Campbell, IV p. 15.

Zeeland beducht maakten, namen oogenblikkelijk maatregelen ter beveiliging dezer provincie [1]). Eerlang hoorden zij echter, dat men voornemens was den pretendent naar Schotland over te voeren. Zij waarschuwden nu koningin Anna, die onmiddellijk den vice-admiraal Byng met een eskader naar de Vlaamsche kust zond. Dit belette evenwel niet, dat Forbin, met vijf oorlogsschepen en een dertigtal kapers, welke op zijn raad voor den togt waren aangenomen, de haven van Duinkerken verliet. Den 24sten Maart, verscheen hij, den pretendent en vele van diens aanhangers aan boord hebbende, voor Edinburg, waar de bevolking echter taal noch teeken gaf van hare bereidwilligheid, om den inval te begunstigen. Alle seinen, door de vlotelingen gedaan, bleven onbeantwoord. Zelfs dreigde de gansche zaak een zeer tragisch einde te nemen, toen inmiddels 25 Engelsche schepen, onder Byng, van den zeekant opdaagden. Zeer behendig wist Forbin zich uit dien neteligen toestand te redden. Hij kwam, na alleen de *Salisbury*, een zijner oorlogsschepen, en eenig krijgsvolk verloren te hebben, weder goed en wel te Duinkerken [2]).

Onderwijl hadden de Staten, die zoo vroeg in het jaar over geen eskader konden beschikken, voorloopig de *Kampen* (44), de *Oosterwijk* (52), de *Beschutter* (38) en de *Anna* (36), eigenlijk tot convooijers bestemd, naar Engeland gezonden. Deze schepen, welke zich, den 20sten Maart, bij de vloot voegden, werden met een gedeelte hiervan op de Vlaamsche kust achtergelaten, om krijgsvolk naar Newcastle over te brengen, dat echter wegens het mislukken der gevreesde landing niets te doen vond [3]). De republiek had dus weinig bijgedragen tot de afwending van een gevaar, waaromtrent zij haren bondgenoot evenwel tijdig had ingelicht. De beide eskaders, welke zij in dit en het volgende jaar tot bewaking der Vlaamsche kust en tot beveiliging der Oost-Indische retourschepen onderhield, volbragten de hun opgelegde taak, zonder veel stof tot praten te geven. Alleen dat van den schout bij nacht Convent, die in 1709

---

[1]) Europische Mercurius voor 1708, 1e stuk, p. 99, 193.
[2]) Europische Mercurius voor 1708, 1e stuk, p. 157, 160, 218, 227 e. v.; Lediard, III p. 479 e. s.; Hume, XII p. 186; Forbin, Mémoires, II p. 295 e. s.; Guérin, II p. 281.
[3]) De Jonge, Zeewezen, IV p. 34.

last had gekregen, de naar Frankrijk en Spanje bestemde graanschepen aan te houden, wekte het misnoegen des konings van Denemarken op, door, zonder uitdrukkelijk verlof, met meer dan zes schepen de Sond binnen te zeilen. Schoon hij geen der bewuste schepen aantrof, was de reis toch alles behalve vruchteloos, daar hij eene kostbare Nederlandsche vloot veilig naar huis kon geleiden. Misschien waren menigvuldige togten van dien aard, hoewel niet doeltreffend, op den langen duur toch niet onvoordeelig geweest. De gewone convooijers waren er doorgaans het slechtst aan toe. Kapitein Wood, een Engelschman in Nederlandsche dienst, met de *Oranje-Galei* (44), een twintig koopvaarders geleidende, waaronder zich een transportschip van twaalf stukken bevond, moest, den 22sten April 1709, vlak bij de Zeeuwsche kust, weder een hopeloozen strijd voeren tegen vier kapers. Hij zelf sneuvelde, en zijn luitenant Gardeyn, ook na het opdagen van een vijfden kaper den strijd voortzettende, mogt van geluk spreken, dat hij met een verlies van zes of zeven schepen het gat van Goeree bereikte. Erger was het, dat twee vijandelijke kruisers, den 11den November, digt bij de kust van Holland, de *Hardenbroek*, een schip van meer dan vijftig stukken, veroverden, 's anderendaags een vaartuig van twaalf stukken namen, en zonderlingerwijs maar ongestoord konden voortgaan, daar zij, nog den 2den December, het fregat de *Ruyven* (22) aantastten, dat echter, tijdens het gevecht, in de lucht sprong, zonder dat iemand er afkwam [1]).

Met het oog op de sterkte der Noordzee-eskaders, die te zamen meestal uit vijftien tot twintig groote schepen bestonden, op de talrijke kleinere vaartuigen, die hierbij waren, en op de vele convooijers, die gevoegelijk onder de zware schepen konden worden gerangschikt, is het onbillijke en het ongegronde der klagt van het parlement niet te miskennen. Doch na al het voorafgaande, bestaat er overvloedige reden, om het doelmatig aanwenden dier magt te betwijfelen. Velen beschouwden het, als een blijk van achteruitgang, dat de republiek sedert 1709 geene eskaders in de Noordzee meer onderhield, en daarentegen het convooi versterkte. Voor zoo ver dit tot besparing van enkele bodems leidde, kon men dien maatregel zeker aan uit-

---

[1]) De Jonge, Zeewezen, IV p. 76 e. v.

putting van krachten toeschrijven; doch in beginsel was het een lofwaardig afwijken van een stelsel, dat eigenlijk nooit proefhoudend was bevonden.

Ouder gewoonte hadden vele particulieren, vooral in Zeeland, ook gedurende dezen oorlog, hunne schepen ter kaapvaart uitgerust. Ten einde de reeders en de bemanning, die van het nemen van koopvaarders meer voordeel trokken, dan van het bestrijden van vijandelijke kapers of kruisers, hiertoe insgelijks aan te moedigen, hadden de Staten-Generaal, reeds den 6^{den} Junij 1702, voor het nemen of vernielen daarvan aanzienlijke premiën uitgeloofd. Wie met eene behoorlijke commissie voer, en in de Noordzee een gewapend vaartuig van den vijand veroverde, zou, behalve het schip en den inventaris, 75 gl. genieten voor ieder man, die zich bij den aanvang van het gevecht op dien bodem had bevonden, en eene gelijke som voor ieder pond lood, hetwelk de stukken gezamenlijk konden uitwerpen. Buiten de Noordzee, zou de premie 50 gl. bedragen. Volgens een voorbeeld, in het plakaat zelf genoemd, zou dus hij, die in de Noordzee een schip veroverde met 220 koppen en veertig stukken, te zamen 352 pond schietende, ongerekend de waarde van het schip en den inventaris, hiervoor 42.900 gl. ontvangen [1]. Dit vooruitzigt wakkerde de reeds bestaande liefhebberij nog aan. Behalve 25 particuliere schepen, zoowel voor den handel als ter kaapvaart uitgerust, vertrokken in 1703, alleen uit Middelburg en Vlissingen, niet minder dan 47 kapers, die te zamen 1000 stukken, 36 mortieren en 6667 man voerden. Hierbij onderscheidden zich, ook thans weder, de gebroeders Sautyn, die er millioenen schats aan ten koste legden [2].

Wegens de menigvuldige klagten over allerlei buitensporigheden, vonden de Staten-Generaal het weldra geraden, eenige beperkende maatregelen te nemen. De bevoegdheid hiertoe werd hun evenwel betwist door de Staten van Zeeland, die bovendien, met kwalijk verborgen geraaktheid, de meening uitspraken, dat alles slechts zou strekken tot het bevorderen eener „verfoeijelyke lorrendraijerye, be-

---

[1] Recueil van zeesaaken, III p. 192.
[2] Europische Mercurius voor 1704, 1e stuk, p. 133; Kok, Vaderlandsch woordenboek, XXVI p. 164 i. v. Sautyn. Zie bladz. 42 van dit stuk.

wimpeld onder valsheid en bedrog van onegte paspoorten en verdraaide tractaten," terwijl reeds de stremming, in den loop des regts gebragt, „de ingesetenen van Zeeland had gequeld, ja gantsche schepen met hare kostelyke ladingen voor een appel of een ey ontfutselt" [1]. Die geschillen werden eerst in 1707 ten volle bijgelegd. Intusschen hadden de Staten-Generaal de uitgeloofde premiën, bij een plakaat van 28 Julij 1705, nog verdubbeld [2]), om te doen zien, op welk een hoogen prijs zij den betamelijken ijver van particulieren stelden. Sedert was het reeds gemelde aantal kapers te Middelburg en Vlissingen met 27 vermeerderd [3]), zoodat er in 1706, alleen in die twee plaatsen, 74 dergelijke vaartuigen, met ruim 1700 stukken, 36 mortieren en 11.747 man, te huis behoorden.

Vele prijzen werden gemaakt, ofschoon hun getal dat van vroeger jaren niet evenaart [4]). Ten gevolge der uitgeloofde premiën, welke de regering, in twijfelachtige gevallen, zeer vrijgevig toekende, veroverden de schepen van particulieren in deze jaren een grooter aantal bewapende vaartuigen dan voorheen, hetgeen voor de zeemagt van den staat, bij het beschermen van handel en visscherij, een inderdaad krachtigen steun opleverde. Een der merkwaardigste gevallen was zeker dat van Gerrits, voerende de *Neptunus* (40), die hiermede in 1707 de *Bourbon* (52) aantastte, en dezen bodem met behulp van de *Concordia* (28), een anderen kaper, onder het bevel van Hamers, tot de overgave dwong, waarvoor de reeders eene premie van 96.900 gl. ontvingen [5]). Doch het uitbetalen van dergelijke en vele kleinere sommen was een niet gering bezwaar voor de schatkist, en ging, vooral in de latere jaren, wat traag. Bovendien maakten sommigen op de premiën ten onregte aanspraak, na het nemen van schepen, niet uitsluitend ten oorlog of ter kaapvaart bestemd. Dit leidde tot een nader besluit, om voor alle schepen, sedert den 15den September 1708 veroverd, slechts dan de dubbele premie te betalen, wanneer het duidelijk bleek, dat zich geenerlei

---

[1] Europische Mercurius voor 1704, 1e stuk, p. 120.
[2] Recueil van zeesaaken, III p. 298, 335, 515.
[3] De Jonge, Zeewezen, IV p. 760.
[4] Kronijk van het Historisch genootschap, XIII p. 77.
[5] De la Ruë, Heldhaftig Zeeland, p. 173; de Jonge, Zeewezen, IV p. 43 e. v.

koopwaren aan boord van het genomen schip hadden bevonden [1]). Hoewel de Staten, bij wijze van overgang, aanvankelijk nog enkele uitzonderingen toelieten [2]) en de premiën voortdurend bleven toewijzen, zoo schijnt de lust tot de kaapvaart, vermoedelijk om de trage voldoening dier gelden, toch merkbaar verflaauwd te zijn, omstreeks denzelfden tijd, waarop de regering het uitrusten van eskaders voor de Noordzee staakte.

Onloochenbaar is het, dat er over het geheel, sedert 1709, niet meer die ijver bij het zeewezen te bespeuren is, als in de voorgaande jaren. Was het uitputting, na de ontzettende verliezen, die alle partijen reeds geleden hadden? Zeker wel, daar allen in verschillende gevechten en door zeerampen een tal van oorlogsschepen waren kwijt geraakt; daar honderden koopvaarders van weerszijde vernield en genomen waren; daar eindelijk de oorlog te lande ontzaggelijke sommen had verslonden. De gevolgen hiervan openbaarden zich later niet dan al te zeer. Toch was de uitputting, op dit tijdstip, niet van dien aard, dat alleen hieruit de verflaauwing van den oorlog zich laat verklaren. Ten einde dit nader te staven en tevens de ware reden te doen uitkomen, behoeven wij slechts een vlugtigen blik te werpen op den algemeenen toestand.

Reeds kort na het overlijden van Willem III, was de verhouding tusschen de republiek en Groot-Brittanje iets minder innig geworden. Dit was voornamelijk te wijten aan verschil van inzigten, betreffende den handel op Frankrijk en Spanje, dien Groot-Brittanje ten eenen male wilde verbieden, terwijl de republiek hem slechts eenigermate wilde beperken. Niet dan schoorvoetend gaven de Staten-Generaal bij wijlen iets toe, doch niet duurzaam. Tot ergernis der Britten, grepen de Nederlandsche kooplieden zelfs iedere gelegenheid aan, om hunnen handel uit te breiden. Lodewijk XIV, die hiermede gebaat was, verleende de noodige paspoorten, behalve voor het aandoen van Duinkerken en andere oorlogshavens. Hij bewerkte voorts, dat ook zijn kleinzoon die paspoorten erkende. Zijne eigen kruisers en kapers beklaagden zich eerlang, dat zij allerwege bijna niets aantroffen, dan Nederlandsche schepen van dergelijke vrijbrieven voor-

---

[1]) Recueil van zeesaaken, III p. 561.
[2]) Recueil van zeesaaken, III p. 639 e. v.

zien [1]. De Britten, die in den grond der zaak dus geen ongelijk hadden, wendden allerlei vruchtelooze pogingen aan, om hierin verandering te brengen. Hunne klagten lokten meestal een vertoog uit, dat niets baatte, en op zijn hoogst een verbod, hetwelk doorgaans niet lang werd gehandhaafd. Dit alles zette natuurlijk veel kwaad bloed, doch had geen overwegenden invloed op den loop des oorlogs.

Van meer beteekenis waren de onderhandelingen, met Frankrijk aangeknoopt. Reeds in 1705 had Lodewijk XIV aan de republiek voorstellen tot vrede gedaan [2], die sedert dat tijdstip, ofschoon steeds onder 's hands, meermalen waren herhaald: eerst onder de leiding van den minister Chamillart, later onder die van de Torcy. Deze was in zijne aanbiedingen zelfs zoo ver gegaan, dat eerstgenoemde zich verblijdde, toen zij niet werden aangenomen. Met reden duchtte de raadpensionaris Heinsius, dat men hierdoor eene schoone gelegenheid, die welligt niet meer zou terugkomen, had laten voorbijgaan [3]. Toch vatte de Torcy, drie jaren later, den draad weder op. Hij reisde, in 1709, zelfs naar de republiek, om er mondeling met eenige staatslieden te onderhandelen. Nooit was het doel der staatkunde van Willem III zoo na bereikt als thans. Lodewijk wendde zich tot de republiek met allerlei aanbiedingen, waarna de onzen een stuk te voorschijn bragten, behelzende veertig artikelen, in overleg met Heinsius opgesteld, die zij tot grondslag wenschten gelegd te zien. Lodewijk verwierp de inderdaad harde eischen als buitensporig [4]. Doch nu volgde de slag van Malplaquet. Kan men sprekender bewijs verlangen van de verlegenheid, waarin de Fransche monarch zich op dit tijdstip bevond, dan dat hij zich bereid verklaarde, na de bij vernieuwing geleden nederlaag, toch op grond der bewuste artikelen te handelen? Hij zond in 1710, tot dit einde, gemagtigden naar Geertruidenberg, waar de Nederlandsche staatslieden, als scheids-

---

[1] Europische Mercurius voor 1708, 2e stuk, p. 59; Sue, V p 286, 287.

[2] Europische Mercurius voor 1705, 1e stuk, p. 191; Wagenaar, XVII p. 289; Rapin-Thoyras, XII p. 72; Hume, XII p. 149.

[3] Correspondance diplomatique et militaire de Marlborough, Heinsius et Hop, ed. 1850, p. 62, 93, 102, 103, 152, 178, 190.

[4] Europische Mercurius voor 1709, 1e stuk, p. 213, 282, 303, 313, 318; Rapin-Thoyras, XII p. 250, 258; Wagenaar, XVII p. 328 e. v.

regters van Europa optraden. Doch thans faalden hunne berekeningen deerlijk; want toen Lodewijk op alle punten had toegegeven, uitgezonderd dat eene, waarbij de onderhandelaars hem dwingen wilden, om niet met geldelijke bijdragen, maar zoo noodig met een Fransch leger, zijn kleinzoon uit Spanje te verdrijven, deinsde de reeds diep vernederde vorst terug. Met wederzijdsche beschuldiging van kwade trouw, braken nu eerlang de oorlogvoerende partijen de onderhandelingen te Geertruidenberg ganschelijk af [1]).

Noodlottig was de begane misgreep, omdat de gebeurtenissen, welke het doel en den aard van het bondgenootschap merkbaar wijzigden, elkander met snelheid opvolgden. In 1710, waren de meer Franschgezinde Tories, in Engeland, weder aan het bewind gekomen, die aanvankelijk den hertog van Marlborough, als bevelhebber der verbonden legermagt, wel in de Zuidelijke Nederlanden lieten, doch hem op allerlei wijzen belemmerden, tot dat hij, den 1sten Januarij 1712, teruggeroepen en door den hertog van Ormond vervangen werd. Inmiddels was de aartshertog Karel, de pretendent der bondgenooten voor den Spaanschen troon, in 1711, na het kinderloos overlijden van zijn ouderen broeder Jozef, dezen in de Oostenrijksche erflanden opgevolgd, en nog in hetzelfde jaar tot keizer van Duitschland gekozen.

Een en ander had een beslissenden invloed op den loop der zaken. Het Britsche ministerie heulde met het Fransche hof, teekende reeds den 8sten October 1711 de preliminairen [2]), en lokte een vredehandel uit, die in Januarij 1712 te Utrecht aanving. De republiek, die voor zich zelve geen regtstreeksch voordeel had beoogd, moest erkennen, dat een Fransche prins op den Spaanschen troon, indien het niet tot eene vereeniging der kroonen van Frankrijk en Spanje op één hoofd kwam, minder gevaren opleverde voor het gewenschte staatkundig evenwigt, dan het gelijktijdig bezit der Oostenrijksche en Spaansche erflanden, door een persoon, die in Duitschland bovendien de keizerlijke waardigheid bekleedde. Haar streven, om de Zuidelijke Nederlanden buiten Franschen invloed te houden, was

---

[1]) Europische Mercurius voor 1710, 1e stuk, p. 208, 238; 2e stuk, p. 184; Rapin-Thoyras, XII p. 303 e. s.; Wagenaar, XVII p. 857, 869 e. v.

[2]) Schlosser, Achttiende en negentiende eeuw, I p. 66.

gebillijkt door Groot-Brittanje, hetwelk reeds den 29sten October 1709, bij een afzonderlijk tractaat, haar eene voldoende barrière tegen Frankrijk had gewaarborgd. Maar dit uitzigt op het eenige, dat zij voor zich zelve had begeerd, kon de nadeelige gevolgen niet vergoeden van de halsstarrigheid, welke hare regenten, bij den afgebroken vredehandel, hadden aan den dag gelegd. Welk een hemelsbreed verschil, tusschen de schitterende rol, door de Nederlandsche afgevaardigden te Geertruidenberg gespeeld, en de gansch onbeduidende, waarmede zij zich te Utrecht moesten vergenoegen!

Zal het nu iemand bevreemden, dat er ongemerkt eenige verflaauwing in den oorlog was gekomen? Met het onderhouden van legers te velde en met het zenden van eskaders naar de Middellandsche zee, bleven de zeemogendheden voortgaan. Doch allerwege namen de zaken, onder den indruk der gemelde omstandigheden, een voor Lodewijk gunstigen keer. Nergens openbaarde zich, na 1709, dezelfde veerkracht der eerste jaren. Sedert dat tijdstip, lieten de Staten, door de kosten van zee- en landmagt ten uiterste bezwaard, de eskaders, tot beveiliging der Noordzee bestemd, geheel achterwege. Hunne bewering, dat deze toch weinig aan het oogmerk beantwoordden, ofschoon volkomen waar, was niet meer dan een voorwendsel. Kooplieden en visschers konden zich dus van het veranderde stelsel, dat inderdaad een zuinigheidsmaatregel was, geene gouden bergen beloven. Toch leden zij in de laatste jaren van den oorlog slechts onbeduidende verliezen, waarvan de reden echter vermoedelijk veeleer te zoeken is, in het afnemend getal vijandelijke kapers en kruisers, dan in het versterkte convooi. Nogtans vormden de schepen hiertoe gebezigd, evenals de eskaders en de convooijers der eerste jaren, een cijfer, groot genoeg, om de woorden van het parlement te logenstraffen, toen dit, in 1712, de republiek met verwijten overlaadde.

Moeijelijk is het te beslissen, wat bij de onderhandelingen, te Utrecht nu aangevangen, ergerlijker was, òf het knoeijen der Britsche gemagtigden met de Fransche, òf de minachting, welke beiden jegens die van andere mogendheden, en met name jegens die van de republiek aan den dag legden. Nadat de onzen genoegen hadden moeten nemen met eene nadeelige wijziging van het in 1709 gesloten

11*

barrière-tractaat [1]), maakten de Britsche afgevaardigden aan de langwijlige en verdrietige beraadslagingen, waaraan de keizer zich reeds had onttrokken, plotseling een einde, door eenvoudig te verklaren, dat zij van zins waren afzonderlijk te teekenen, bijaldien de overigen de gestelde voorwaarden niet wilden goedkeuren. Hierop teekenden Groot-Brittanje, de republiek, Portugal, Savoije en Pruissen, te Utrecht, den 11den April 1713, den vrede met Frankrijk. De vredestractaten met Spanje kwamen iets later tot stand.

Philips van Anjou behield, overeenkomstig de gesloten verdragen, Spanje en de overzeesche bezittingen, doch moest Gibraltar en Minorca, met Port-Mahon, afstaan aan Groot-Brittanje, welks inwoners bovendien het uitsluitend regt verkregen, om de Spaansche koloniën in Amerika van negerslaven te voorzien [2]). Frankrijk erkende de Protestantsche erfopvolging in Groot-Brittanje, deed ten behoeve van dit rijk afstand van de Hudsonsbaai-landen, Nieuw-Schotland, en Newfoundland, en verbond zich tot het dempen der haven van Duinkerken [3]). Portugal ontving eene landstreek in Zuid-Amerika; Savoije eene reeks van grensplaatsen en het eiland Sicilië; Pruissen het bezit van Opper-Gelder en andere voordeelen [4]). Genoeg om te doen uitkomen, dat velen de schoone gelegenheid, om iets voor zich zelven te bedingen, niet ongebruikt lieten. Wat de republiek erlangde, strookte volkomen met hare wenschen, doch was eene schrale vergoeding voor de ontzaggelijke kosten, die zij jaren lang had gedragen. In overeenstemming met hare bondgenooten, had zij een plegtigen waarborg ontvangen, dat de kroonen van Frankrijk en Spanje nimmer op één hoofd zouden komen. Voorts waren de Zuidelijke Nederlanden den keizer toegedacht, zoodat zij noch Frankrijk, noch Spanje tot nabuur zou hebben [5]). Ten overvloede was haar het regt toe-

---

[1]) Rapin-Thoyras, XII p. 288, 527; Wagenaar, XVII p. 496; Missive aen een heer der regeringe door eenen welmenenden Hollander, ed. 1741, p. 69.

[2]) Art. 10, 11 en 12 van het vredestractaat tusschen Groot-Brittanje en Spanje, in de Europische Mercurius voor 1714, 2e stuk, p. 4.

[3]) Art. 4, 5, 9, 10 e. v. van het vredestractaat tusschen Frankrijk en Groot-Brittanje, in de Europische Mercurius voor 1713, 2e stuk, p. 4.

[4]) Diverse tractaten in de Europische Mercurius voor 1713, 2e stuk, p. 34 (art 8), p. 38 (art. 7), p. 45 (art. 4 en 5) en p. 137.

[5]) Art. 7 en 31 van het vredestractaat tusschen Frankrijk en de republiek, in het

gekend, om garnizoen te leggen in sommige grensvestingen der Zuidelijke Nederlanden, die haar tot eene barrière tegen Frankrijk moesten strekken. Nadat de keizer, in 1714, met Lodewijk XIV te Rastadt den vrede, en in 1715 met de Staten-Generaal het barrière-tractaat had gesloten [1]), werden de Zuidelijke Nederlanden onder de Oostenrijksche erflanden opgenomen.

Bij het regelen der handelsaangelegenheden, verwierf de republiek van Frankrijk tamelijk gunstige voorwaarden en de afschaffing van het zoogenaamde vatgeld [2]). Vele andere bepalingen, in de tractaten van vrede, of in die van handel en zeevaart, omstreeks denzelfden tijd opgenomen, zullen in het volgende hoofdstuk meer opzettelijk worden aangeroerd. Zij verdienen het, omdat de vrede van Utrecht, waaraan de meeste haren oorsprong of hare vernieuwing te danken hadden, den politieken toestand van Europa voor eenigen tijd op vasten voet bragt. Hierdoor kregen de internationale overeenkomsten, nopens handel en scheepvaart, beter gelegenheid wortel te schieten en aan het gebruik eene nieuwe kracht te ontleenen. Dit is zoo waar, dat met den vrede te Utrecht, dien Nederland voor een keerpunt in zijn verleden kan houden, ook voor het internationale zeeregt een nieuw tijdvak aanbreekt.

---

i. *Grootheid en verval in de eerste jaren der achttiende eeuw. — Waaraan dit voornamelijk te wijten? — Het materieel der zeemagt van de republiek en andere mogendheden. — Het personeel. — Taktiek. — Eenige bepalingen nopens het internationale zeeregt.*

Een blik achterwaarts, op de laatste vijf en dertig jaren der republiek, moet bij den nakomeling zeer uiteenloopende gewaarwordingen

---

Recueil van tractaten, II No. 3 en 4. en in de Europische Mercurius voor 1713, 1e stuk, p. 233, in verband met p. 183.

[1]) Europische Mercurius voor 1714, 1e stuk, p. 217; voor 1716, 1e stuk, p. 25; voor 1719, 1e stuk, p. 216; Recueil van tractaten, II No. 11, 12, 14, 15; Kok, Vaderlandsch woordenboek, V p. 124 e. a.

[2]) Separaat artikel van het later te melden tractaat van commercie.

opwekken. Hij treft er toch veel in aan, dat het nationale gevoel streelt. Wie staart niet met welgevallen op het gedrag der Nederlandsche zeelieden bij Bevesier, bij La Hogue, en in zoo menig bijzonder gevecht? Wie heeft geen woord van bewondering voor die kleine republiek, welke onder haren grooten stadhouder dermate in aanzien steeg, dat andere mogendheden, als om strijd hare vriendschap zochten, en bij hangende geschillen, naar hare stem luisterden? Wel mogt Spandaw, een onzer latere dichters, met het oog hierop, in verrukking uitroepen:

„Kent gij het volk, dat, beraden en moedig,
Hield de balans van Europa in handen?
Dat, oppermagtig, bij 't zinken der schale,
d'Evenaar greep en zijn standpunt herstelde?
Kent gij het land, waar de faam van verkondde
Roemrijke daden, als waren het wondren?
Ziet ge op de wereldkaart daar wel een stipje?
Vreemdling! dat stipje, ja, dat is ons Neêrland."

Maar dezelfde roemvolle jaren leveren bewijzen van achteruitgang, die zich, na den vrede te Utrecht, nog duidelijker openbaarden. Dit verschijnsel is billijkerwijs niet uitsluitend aan dezen of genen persoon, zelfs niet aan deze of gene partij te wijten. Had niet de republiek, zoowel onder de staatspartij, als onder stadhouderlijk bewind, luisterrijke dagen beleefd? Was het niet voor de staatspartij weggelegd, die eenmaal ontegenzeggelijk veel had bijgedragen tot den opbouw van Nederland's politieke grootheid, om deze, ook onder haar bestuur, met eene verbazingwekkende snelheid te zien vervallen? Opmerkelijk is dit zeker. Dat hare leiders thans eene mindere mate van geestkracht, van personeel overwigt of staatkundig overleg bezaten, dan vroeger, kan dien teruggang alleen wat verhaast hebben. De ware oorzaak hiervan lag buiten het bereik van alle partijen.

Terwijl de republiek haren invloed als mogendheid verloor, *ging* ook hare zeemagt schromelijk achteruit. De veronachtzaming van dit onontbeerlijk middel tot zelfverdediging, waaraan de regenten van den kwijnenden staat zich schuldig maakten, zal eerlang eene wel verdrietige, doch niet onbelangrijke stof ter behandeling opleveren.

Wil men omgekeerd, den achteruitgang der republiek zelve, op grond van haar verleden, in de eerste plaats aan dien harer vloot toeschrijven, dan krijgt alles, wat hierop betrekking heeft, nog meer gewigt.

Elders hebben wij er op gewezen, dat de republiek zich, in de zeventiende eeuw, naar verkiezing, tot eene zeemogendheid van den eersten rang kon verheffen, vooral omdat de meeste rijken van Europa, waaronder sommige met uitgestrekte kusten en goede havens, de gelegenheid hiertoe ongebruikt lieten. Tegenover Engeland, dat zich insgelijks ter zee ontwikkelde, kon de republiek zich doen gelden. Hare kans, ofschoon doorgaans slecht, was volstrekt niet hopeloos. Dat zij het beproefde, om het overwigt van dien geduchten mededinger te fnuiken, strekt haar tot onvergankelijke eer. Tijdens den bloei der Nederlandsche marine, hadden zich echter nu en dan reeds onheilspellende voorteekens vertoond, die als wenken tot verdubbelde zorg te beschouwen waren.

Hadden de regenten dit ingezien, of liever, hadden zij, nadat de vrede van Nijmegen der republiek zekere verademing schonk, de belangen der zeemagt ter harte genomen? Dienaangaande is gebleken, dat zij niet gezind waren, in vredestijd, veel aan het materiëel te besteden, maar dat zij ten slotte toch een plan omhelsden, om 's lands vloot tot 96 bodems van meer dan vijftig stukken op te voeren. Zoodra hun stadhouder in Engeland tot koning verheven, en de oorlog met Frankrijk uitgebroken was, poogden zij het inderdaad te verwezenlijken. Tusschen de jaren 1682 en 1700, werden uit de buitengewone middelen, welke de Staten-Generaal inwilligden, niet minder dan 93 bodems van vijftig tot zes en negentig stukken, benevens 14 kleinere gebouwd, welk getal de admiraliteiten uit hare eigene middelen nog vergrootten, met 25 bodems van veertig tot vijftig stukken en 40 kleinere [1]. Voegt men hierbij de schepen, welke in 1682 voorhanden waren, dan is het verklaarbaar, dat de republiek van 1693 tot 1697 jaarlijks meer dan 100 schepen, met 4 à 5000 stukken en 20 à 24.000 man in dienst kon hebben. Hieronder waren de convooijers begrepen; want het gestelde cijfer werd niet ten volle bereikt, omdat de verliezen in den krijg en de vele

---

[1] De Jonge, Zeewezen, III p. 116, 119.

zeerampen, waarvan men omstreeks denzelfden tijd leest, het materiëel inmiddels verzwakten. Toch waren er eenmaal nagenoeg 90 bodems van meer dan vijftig stukken te gelijk aanwezig, die bovendien in den regel zwaarder en kostbaarder waren, dan de schepen uit een vorig tijdperk. Neemt men tevens in aanmerking, dat het drijvend materiëel, na den aanleg van een nieuw dok te Vlissingen en andere maatregelen, beter te conserveren was, dan voorheen: wat blijft er dan over van de bewering, dat Willem III, uit onverschilligheid of om staatkundige redenen, 's lands vloot liet vervallen? Eerst na zijn overlijden, begon de zucht tot uitbreiding van het materiëel te verflaauwen, ofschoon er, van 1700 tot 1713, altijd nog 21 linieschepen en 15 convooijers gebouwd werden [1]. Met die cijfers voor oogen, stelt men onwillekeurig de vraag, of er ooit te voren zooveel tot versterking der zeemagt was gedaan. Dat intusschen de republiek haar aanzien als zeemogendheid verloor, is niet te loochenen, en moet zich dus op andere wijze laten verklaren. Hiertoe moeten wij eenige gegevens in het buitenland opsporen.

Spanje was noch onder Karel II, noch gedurende den successieoorlog, als mogendheid, vooruitgegaan. Lodewijk XIV had zijn kleinzoon ook te water moeten ondersteunen, hetgeen hij te eer kon doen, omdat zijne marine, sedert den vrede van Nijmegen, was uitgebreid. Met uitzondering van galeijen en andere kleine vaartuigen, bezat hij toch omstreeks 100 oorlogsschepen van meer dan vijftig stukken, toen hij, in 1688, als beschermer van Jacobus II optrad. In weerwil der ontzaggelijke verliezen bij La Hogue en elders geleden, was de Fransche vloot, tijdens den vrede van Rijswijk, onverzwakt. Bij het uitbreken van den oorlog in 1702, telde zij nog 90 bodems van meer dan vijftig stukken. Hiervan gingen, naar men wil, 40 verloren, eer de oorlog ten einde was, schoon Frankrijk, in de laatste jaren, geene uitrustingen van eenig belang had gedaan. Nogtans kwam het, in 1713, met ruim 70 bodems, waaronder eenige zeer zware, uit den strijd te voorschijn [2].

Denemarken was schier op dezelfde hoogte gebleven. De Zweedsche

---

[1] De Jonge, Zeewezen, IV p. 233.
[2] Charnock, II p. 310, en III p. 10, 15, 19; Guérin II p. 48; Lapeyrouse-Bonfils, II p. 177.

vloot ging, onder de regering van Karel XII, stellig niet vooruit. Toch verloor de republiek de kans, om met betrekkelijk geringe magt, evenals vroeger, in het noorden beslissend op te treden. Eerst had zij elders de handen te vol, om zich in de aangelegenheden der genoemde rijken te mengen, en na den vrede te Utrecht, kon zij zich niet meer in dezelfde mate doen gelden, omdat er inmiddels eene nieuwe zeemogendheid was opgekomen. Czar Peter van Rusland had, na zijn verblijf in de republiek en de hierop gevolgde veroveringen aan de kusten der Oostzee, eene zeemagt gevormd, die in 1714, behalve de fregatten, galeijen en kleinere vaartuigen, reeds meer dan 40 linieschepen telde [1]). De hierdoor verkregen invloed bepaalde zich, aanvankelijk wel is waar, tot de Oostzee, doch beperkte dien van andere mogendheden in dezelfde wateren.

Nergens had de zeemagt, gedurende dit tijdvak, eene hoogere vlugt genomen, dan in Groot-Brittanje. Schoon men ook daar, in de eerste jaren, weinig had gedaan, tot versterking der vloot, die in 1679 uit 76 schepen bestond, zoo was er toch later des te meer aan besteed. Willem III vond 59 schepen van zestig tot honderd stukken, benevens 41 van veertig en daarboven, die, te zamen met een aantal kleinere, 6930 stukken en 42.000 man konden voeren. Voor den vrede van Rijswijk werden hierbij 54 nieuwe schepen gebouwd. Dien ten gevolge was de Engelsche vloot, ondanks de geleden verliezen en het verkoopen of sloopen van afgekeurde schepen, bij het einde des oorlogs, met 20 linieschepen en 40 fregatten vermeerderd. Welke bezwaren velen, ook in Engeland, tegen het bestuur van Willem III over de zeemagt opperden, zoo liet hij toch eene vloot na, bestaande uit 68 bodems van zestig tot honderd stukken, en 62 van meer dan vijftig, welke 130 oorlogsschepen, met inbegrip van een aanzienlijk getal kleinere, meer dan 10.000 stukken en 60.000 man konden aan boord hebben. Dit cijfer was bij den vrede van Utrecht nagenoeg onveranderd [2]).

Blijkt uit al het bovenstaande niet, dat sedert 1678 was gebeurd, wat vroeger of later bijna noodwendig gebeuren moest? Langzamer-

---

[1]) Charnock, III p. 25 e s.
[2]) Lediard, II p. 664; III p. 3, 265; Charnock, II p. 426, 462, 465; III p. 41, 53; Campbell, III p. 36.

hand poogden andere mogendheden den rang in te nemen, waarop zij, wegens de uitgebreidheid en ligging van haar grondgebied, of de talrijkheid harer bevolking, billijk aanspraak konden maken. Frankrijk was ter zee niet meer zoo onbeduidend, als vroeger. Rusland dong naar een overwigt in de zee, welke zijne eigen kusten bespoelde. Groot-Brittanje had een aanzienlijk gedeelte zijner ruime hulpbronnen aan de marine ten koste gelegd, en deze zoodoende tot eene ontzagwekkende hoogte opgevoerd. Was het te verwonderen, dat de Nederlandsche regenten, door hetzelfde te doen, als hunne voorgangers, en nog iets meer, de republiek niet op het verkregen standpunt konden handhaven? Voor dien achteruitgang, inderdaad slechts betrekkelijk en kwalijk te vermijden, kan de nakomeling hen niet aansprakelijk stellen. Des te meer evenwel voor het plotselinge en diepe van den val, waardoor de republiek daalde tot beneden het standpunt, dat haar als eene zeevarende en koloniale mogendheid toekwam.

Onder hetgeen niet ten volle van den wil der regenten afhing en thans meer dan ooit nadeelig werkte, behoorden insgelijks de eigenaardige gebreken van het staatsbestuur en de hieruit voortspruitende geldverlegenheid van sommige regeringsligchamen. Wat al beraadslaging, eer de afgevaardigden van de zeven souvereine gewesten tot een besluit kwamen; wat al gehaspel, eer het ten uitvoer was gelegd! Betrof het de zeemagt, dan waren niet minder dan vijf collegiën hiermede belast, die alleen door hunne betrekking tot de Staten-Generaal en den stadhouder met elkander in verband stonden. Dit gemis aan een krachtig centraal bestuur had Johan de Witt door zijne persoonlijke hoedanigheden, en Willem III, zoowel hierdoor als door den luister van zijn ambt, weten aan te vullen.

Meer dan eenmaal had de genoemde stadhouder pogingen aangewend, om de admiraliteiten uit hare geldverlegenheid te redden. Duurzaam had dit misschien gebaat, bijaldien er, na de in 1697 verstrekte hulp, niet spoedig een nieuwe oorlog ware uitgebarsten, en bijaldien ruim tachtig millioen gulden, van 1682 tot 1701 ten behoeve der zeemagt toegestaan, ook ten volle was opgebragt. Met de verstrekte gelden, had men de reeds gemelde uitbreiding van het materiëel verkregen, die meer kosten vereischte, naarmate alles duurder werd. In 1700, kwamen toch de bouw en de toetakeling van een schip van de grootste soort, buiten het kanon, reeds op nagenoeg 164.000 gulden te staan [1]). Tevens werd de uitrusting kostbaarder. Waar moest het heen, toen sommige provinciën uit onverschilligheid, verreweg de meeste echter uit onvermogen, in het opbrengen der toegestane middelen meer en meer ten achteren bleven; toen, na het overlijden van den stadhouder, zelfs de provincie Holland te kort schoot? Eerlang waren de admiraliteiten, zonder geld en zonder crediet, volslagen onvermogend. Met haar omslagtig en kostbaar beheer, was echter haar ellendige toestand slechts eene al te getrouwe afspiegeling van dien der republiek zelve.

Voor zoo ver dit veroorzaakt was door de laatste oorlogen, moest de republiek de edelmoedige hulp, aan Engeland verleend, en den kortstondigen luister, welke haar dien ten gevolge omstraalde, duur betalen. Dit mag evenwel geenszins tot het besluit leiden, dat Willem III haar willens en wetens aan zijne personeele oogmerken heeft opgeofferd. De liefde, welke hij der republiek toedroeg, was, naar de schatting der Britten, een zijner grootste gebreken. Doch het is met de opregte genegenheid, die hij jegens zijn vaderland koesterde, zeer goed overeen te brengen, dat hij, evenals vele zijner tijdgenooten, de krachten daarvan heeft overschat. Dit was minder gevaarlijk, zoo lang hij leefde en alles voor zijne grootsche plannen wist te bezielen. Maar toen hij, bij den aanvang van een nieuwen oorlog, hardnekkiger dan een der vorige, aan de republiek ontviel, miste deze den man, die zoowel aan haar binnenlandsch bestuur de gewenschte klem had bijgezet, als tegenover het buitenland voor hare belangen had gewaakt. Noch koningin Anna, noch hare onderling twistende raadslieden bekommerden zich, op het voetspoor van den overleden vorst, over den bondgenoot, die zich inmiddels uitputte, om zoo getrouw mogelijk na te komen, wat hij te onvoorzigtig had beloofd. Die overspanning, tijdens den Spaanschen successie-oorlog en het overwigt, dat Groot-Brittanje op de republiek verkreeg, bespoedigden nu voor de laatste, wat op zich zelf niet te vermijden was

---

[1]) De Jonge, Zeewezen, III p 121, 122 (noot) en bijlage IX; Naleezingen op Wagenaar, I p. 415.

Allerlei bespiegelingen, over hetgeen onder andere omstandigheden had kunnen gebeuren, zouden hier misplaatst zijn. De republiek was, gedurende den laatsten oorlog, gedaald, en moest zich derhalve met eene minder schitterende rol vergenoegen. Dit was bedroevend, doch in geenen deele onteerend. Evenals andere kleine staten, van vroeger en later tijd, welker schitterend verleden dat van menig uitgestrekt rijk overschaduwde, had ook zij een rang bekleed, dien zij niet duurzaam kon behouden. Maar hoe verklaarbaar dit wezen moge, zoo blijven de regenten, die over haar lot beschikten, toch eenigermate verantwoordelijk voor het droevig figuur, dat de republiek weldra maakte. Het diepe verval hadden zij ongetwijfeld kunnen verhoeden, bijaldien zij zich ten volle bewust waren geweest van de waarheid der spreuk, dat men de baken moet verzetten, zoodra het tij verloopen is.

Aangenomen, dat de republiek, uit gebrek aan vermogen, zich een minder omvattend doel moest stellen, blijft nog de vraag, of zij dit met juistheid koos, en wat zij deed, om het met de beschikbare middelen te bereiken. Hebben wij elders gezien, dat zij de schepen, tot beveiliging van koopvaarders en visschers beter had kunnen aanwenden, thans moeten wij hetzelfde zeggen, met betrekking tot de gelden, aan het materiëel besteed. Wat toch moesten de Nederlandsche regenten beoogen, zoodra het bleek, dat zij de republiek niet op het ingenomen standpunt konden handhaven? Dit kon wel niet anders zijn, dan het bezit van een voldoend materiëel, om in vredestijd de vlag te vertoonen en den zeeroovers een heilzamen schrik in te boezemen; om in oorlogstijd de kusten en zeegaten te verdedigen en den handel te beschermen, indien men dezen, ouder gewoonte, niet geheel wilde staken. Bovendien kon eene kleine vloot, doch van uitstekend gehalte, den staat te allen tijde tot een gewenschten bondgenoot maken, en hem politieken invloed verschaffen. Zoolang de republiek hare onafhankelijkheid behield, en niet alle voordeelen harer ligging prijs gaf; zoolang zij er niet ten eenen male van afzag, om den nationalen rijkdom, in tijd van oorlog, tegen vijandelijke kruisers en eskaders te beschermen, was het dus een eerste vereischte, haar drijvend materiëel vooral goed op de hoogte van den tijd te houden. Nu er, wegens de meerdere stelselmatigheid der gevechten, zelfs weinig kans bestond, om den vijand door een aanzienlijk, doch slecht materiëel, als ware het te verpletten; nu alleen de stoutmoedigheid van het personeel, om dezelfde reden, de gebreken van het materiëel ook niet langer kon aanvullen, moest de republiek er naar streven, hare schepen door goede hoedanigheden te doen uitmunten. De bezeildheid van een schip, de juistheid, waarmede het manoeuvreert, en de soort van bewapening waren, in den strijd met zeilschepen, van overwegend belang.

Dezelfde vasthoudendheid aan het eenmaal gebruikelijke, waarover reeds vroeger was geklaagd, scheen, helaas, ook in deze jaren, den regenten te blijven aankleven. Terwijl zij het drijvend materiëel nog versterkten, deden zij weinig om het te verbeteren. Er waren, bij het leven van Willem III, wel grootere schepen gebouwd, waaraan de republiek vijftien eigenlijke driedekkers van 90 tot 96 stukken te danken had [1]; maar dewijl men in den bouwtrant geene wijziging bragt, en tevens aan een bepaalden diepgang gebonden was, verhoogde zulks nog de van ouds bestaande min goede eigenschappen. Met allerlei kunstmiddelen, waaronder de sedert 1690 in zwang gekomen scheepskameelen [2], trachtte men de moeijelijkheden van sommige vaarwaters te overwinnen, zonder den bouw der schepen te veranderen. Hoe ver de gehechtheid aan het bestaande ging, is uit het volgende te zien.

Omstreeks 1695, waren te Duinkerken nieuwe fregatten gebouwd, welke door bezeildheid moesten uitmunten [3]. Dit voorspelde niet veel goeds aan handel en visscherij, en maakte dermate bezorgd voor de toekomst, dat sommigen het raadzaam oordeelden, ook hier te lande, in dezelfde rigting, eene schrede voorwaarts te doen. Uit dien hoofde liet de admiraliteit van Zeeland, de *Mercurius*, een fregat van twee en veertig stukken, naar Duinkerksch model bouwen. Ten overvloede viel de *Aurora* (28), een gestrand schip van Duinkerken, den onzen in handen. Nu zou men wanen, dat de goede uitkomst, aanvankelijk met deze schepen verkregen, ten minste tot nadere proefnemingen zou hebben geleid. Maar dit gebeurde niet, tenzij men de *Oranje-Galei* (44), die, evenals de *Mercurius*, riemen en zeilen had, hieronder kan rangschikken [4].

[1] De Jonge, Zeewezen, III p. 118.
[2] Hollandsche Mercurius voor 1690, p. 194.   [3] Sue, V p. 134.
[4] De Jonge, Zeewezen, III p. 463, 734 en IV p. 78.

In hoofdzaak bleven de admiraliteiten naar het gewone model bouwen, met den gewonen uitslag, dat Nederlandsche schepen slechts zelden een vijandelijk schip achterhaalden. Zoo ging het met de fregatten en convooijers, zoo ging het met de oorlogs- of linieschepen, een naam, die sedert het begin der achttiende eeuw algemeen in gebruik kwam. Mogt zich nu en dan een schip gunstig onderscheiden, boven andere, dan was dit louter toeval. Openlijk durfde een dergenen, die met den bouw van 's lands schepen belast was, zijn volslagen gemis aan theoretische kennis belijden. Dien ten gevolge werd er veel geld vermorst, terwijl de afnemende krachten van den staat de uiterste spaarzaamheid voorschreven. Of wat anders te zeggen van drie groote schepen, die totaal mislukt waren, en van eene menigte bodems, die niet aan de verwachting beantwoordden? [1]) Treft men, in 1693, nog een Nederlandschen scheepsbouwmeester in Spanje aan [2]), dan bewijst dit slechts, evenals het bezoek van Czar Peter, dat de onzen hun eenmaal gevestigden naam, in het buitenland, nog bezaten. Hoe weinig vooruitgang er in de republiek bestond, blijkt ten duidelijkste hieruit, dat 's lands nieuwe schepen in 1690 nog moesten gebouwd worden, naar de bestekken en modellen, in 1666 gemaakt. Eene ervaring van meer dan twintig jaren scheen dus weinig geleerd, en niets gebaat te hebben.

Hoe geheel anders in Frankrijk, waar de Seigneley en Pontchartrain, die Colbert als ministers van marine waren opgevolgd, ofschoon in vele opzigten ver beneden hun voorganger, nogtans de vruchten plukten van diens arbeid en den ingeslagen weg ten minste niet verlieten. Onder de medewerking van Renau, den uitvinder der bombardeergaljooten, werden te Brest en Toulon zelfs scholen voor het onderwijs in den scheepsbouw opgerigt [3]). Bij het zamenstellen van nieuwe schepen, zorgde men voor betere luchtverversching en overwoog men de voordeelen der koperhuid, die echter wegens de kostbaarheid voorloopig niet werd aangebragt. Ten gevolge van het voortdurend streven der Franschen, om hun materiëel te verbeteren [4]), overtroffen hunne schepen weldra in bezeildheid niet alleen

[1]) De Jonge, Zeewezen, III p. 146, 151, 605, 615 en 671 (noot).
[2]) Sylvius, XXXV p. 46.
[3]) Lapeyrouse-Bonfils, II p 170.
[4]) Sue, V p. 356, 392 e. s.

de Nederlandsche, maar ook de Britsche. Dit was niet te loochenen, hoewel sommigen het minder aan den bouw, dan aan andere oorzaken toeschreven. Ook de Engelschen, die vroeger niet voor eene afwijking van het bestaande terugdeinsden, schenen zich, omstreeks dezen tijd, meer op het versterken, dan op het verbeteren van hun materiëel toe te leggen. Zij zochten de kwaal meer in de lengte, dan in den vorm van het schip, moesten de goede resultaten, nu en dan verkregen, evenals de onzen, louter aan het toeval dank weten, en eerlang van de Franschen leeren [1]). Over het geheel waren de Britsche schepen iets kleiner geworden. De *Royal Sovereign*, het eerste groote schip onder Karel I gebouwd, dat in 1696 door eenig noodlottig toeval verbrandde, was zelfs een dek lager gemaakt, voor dat het bij La Hogue en elders nog goede diensten bewees [2]). Alles te zamen genomen, ging men echter in Engeland, ondanks de schromelijke misbruiken, die op de werven en bij de admiraliteit heerschten, met het bouwen van schepen toch meer wetenschappelijk te werk, dan hier te lande.

Gedurende dit tijdvak hadden de republiek en Groot-Brittanje, tot den oorlog ter zee, zich uitsluitend bediend van hiertoe gebouwde schepen. Frankrijk had, na den slag bij La Hogue, zijne toevlugt weder genomen tot de koopvaardij [3]). Dewijl andere mogendheden dit insgelijks deden, en niet eenmaal altijd bij wijze van uitzondering, rees de vraag naar de grens tusschen een oorlogsschip en een koopvaarder, welk punt men tot dusverre schier onaangeroerd had gelaten. Haar alleen te doen berusten op het gebruik, is te onbepaald. De Staten-Generaal hadden, reeds in 1679, iets gedaan, om tot meer zekerheid te geraken, door in het zevende artikel van hun tractaat met den koning van Zweden deze woorden op te nemen: „En aengaende de oorloghschepen, sullen diegeene voor soodanigh gehouden werden, die vier en twintigh stucken sullen op hebben, ende die op de maniere van de oorloghschepen, die gelyck getal van geschut voeren, gemaeckt zijn; als mede welckers geschut van de selve groote ende gewight sal zijn, als in de oorloghschepen gebruyckt

---

[1]) Guérin, I p. 536; Burchett, bij Lediard, III p. 237; Charnock, II p. 462 en III p. 16, 52.
[2]) Charnock, II p. 287, 493 e. s.
[3]) Charnock, II p. 317; Hume, XI p. 189.

werdt." Nadat zij, bij resolutie van den 1sten Augustus 1705, het voeren van den wimpel aan alle schepen, niet tot 's lands zeemagt behoorende, absoluut verboden hadden, begon men hieraan meer uitsluitend te hechten. Den 29sten Julij 1748, noemde de viceadmiraal C. Schrijver, in een brief aan den secretaris der Britsche admiraliteit, den wimpel het kenmerk van een lands schip. Anderen hielden, in denzelfden geest, de militaire vlag voor het eenige en onmisbare kenteeken, ofschoon de Staten-Generaal in de laatste helft der achttiende eeuw liefst niet wilden beslissen, of dit inderdaad zoo was [1]. Zoodra men, bij het heffen van tollen, het regt van passage of tijdens het verblijf in eene vreemde haven, oorlogsschepen en koopvaarders op verschillende wijs begon te behandelen, ware het te wenschen geweest, dat men zich over de eigenaardige kenmerken van beide soorten wat duidelijker had verklaard.

Moet eene onpartijdige beschouwing van het materiëel der republiek, in verband met hare eigene finantiëele krachten en die van hare naburen, reeds tot het besluit leiden, dat haar achteruitgang, schoon door bijkomende omstandigheden verhaast, op zich zelf hoogst natuurlijk was; zoo kan een vergelijkende blik op het personeel, welke dezelfde uitkomst oplevert, de waarheid van het betoogde slechts bevestigen. Niet wat het gehalte betreft; want de republiek kon nog steeds bogen op den moed en de bekwaamheid, door velen in hoogeren of lageren rang aan den dag gelegd. Maar haar onvermogen, om in de steeds klimmende behoefte aan volk te voorzien, ware zelfs bij eene ruimere mate van geld, tot uitbreiding van het materiëel, een onoverkomelijk bezwaar geworden. Ook in getalsterkte moesten hare bewoners voor die van andere staten onderdoen. — Frankrijk, dat in zijne uitgestrekte kustprovinciën alle voor de zeedienst geschikte personen liet opschrijven, bezat in 1681 reeds 60.000 man, die men ten behoeve der vloot kon bezigen, welk cijfer later tot 80.000 klom [2]. Engeland had een overvloed van zeevolk, en kon zijne vlooten met 40.000, ja des noods met 60.000 koppen

---

[1] Verbaal van Schrijver over 1747 en 1748, M. S. in het Rijks-Archief, f°. 139 en 387; zijne gedrukte raport-memorie, f°. 16; de Cussy, Phases et causes célèbres du droit maritime, II p. 44; Nederlandsche Jaarboeken van 1782, p. 806

[2] Rapin-Thoyras, XI p. 205; Guérin, 1 p. 535; Lapeyrouse-Bonfils, II p. 167.

bemannen. Vruchteloos poogde het gouvernement deze echter, naar het voorbeeld der Franschen, aan 's lands dienst te verbinden, ten einde allerlei maatregelen van dwang, en vooral het pressen overbodig te maken. Dat men hierin niet slaagde en dus telkens de vloot weder met geweld moest bemannen, doet hier minder ter zake. Er behoeft slechts gewezen te worden op den voorraad matrozen en visschers, die in Groot-Brittanje zoo aanzienlijk was, dat het gouvernement kon volstaan met de dwangmaatregelen uitsluitend op hen toe te passen [1]).

Hoewel nu de verhouding van het aantal zeevarenden tot de gansche bevolking, in de republiek, misschien gunstiger was, dan in eenig land ter wereld, zoo bleef het toch, in volstrekten zin, ver beneden dat van naburige rijken. Bovendien strookte het niet met de Nederlandsche politiek, om handel en visscherij, in oorlogstijd, meer te stremmen, dan hoog noodig was. Allerlei verbodsbepalingen, in de laatste jaren nu en dan tot bemanning der vloot uitgevaardigd, hadden vooral zwaar gedrukt op de Groenlandsvaart, die thans bloeide en veel zeevolk bezigde. Doorgaans maakten de Staten hunne vergunning, tot het voortzetten der vaart, afhankelijk van zekere voorwaarden. Zoo moesten koopvaarders en kapers soms, met enkele uitzonderingen, den derden, vierden of vijfden man leveren, alvorens te mogen vertrekken [2]). Dergelijke maatregelen, gepaard met het uitdrukkelijk verbod om in vreemde dienst te treden en met eene vaak sterke werving in het buitenland, hadden vroeger eene tamelijk voldoende bemanning verschaft. Dit kon niet langer, nu schepen van dezelfde grootte meer volk eischten, en de behoefte aan boord der grootere in dubbele mate was vermeerderd, terwijl daarentegen de toeloop van buitenlanders minder werd, en vreemde mogendheden, uit wel begrepen eigenbelang, het werven op haar gebied begonnen te bemoeijelijken of te verhinderen. Alleen door een buitengewoon hoog handgeld, had de republiek misschien vreemde zeelieden kunnen lokken; doch hier stuitte zij op hetzelfde gemis aan vermo-

---

[1]) Hervey, The naval history of Great-Britain, III p. 18, 19, 166; Europische Mercurius voor 1691, 1e stuk, p. 24, 73, 2e stuk, p. 84; voor 1693, 1e stuk, p. 106.

[2]) Bijvoegsels bij Wagenaar, XVI p. 60; Europische Mercurius voor 1693, 1e stuk, p. 215; Sylvius, XXXV p. 50; Recueil van Zeesaaken, II en III.

gen, dat haar belette het materiëel naar welgevallen uit te breiden.

Zelfs onder de eigen bevolking nam de lust, om in 's lands zeedienst te treden, merkbaar af, nadat de republiek hare eenmaal schoone vloot, in de eerste helft der achttiende eeuw, tot ver beneden het natuurlijke peil liet vervallen. Hoe geheel anders ware het geweest, indien hare regenten, bezield met den echten koopmansgeest, waarvan men hun de schaduwzijde verweet, gedurende den laatsten oorlog minder beloofd, doch hunne beloften trouw vervuld hadden; hoe geheel anders, indien zij, met prijsgeving van alle verouderde begrippen en met edele zelfverzaking, steeds voor eene wel kleine, doch uitmuntende vloot hadden gezorgd! Dan ware de republiek vermoedelijk gebleven in den rang, die haar van regtswege toekwam; dan ware de lust, om haar te dienen, zeker niet dermate verflaauwd, dat eerlang zelfs de uitrusting van een betrekkelijk gering eskader schier onoverkomelijke hindernissen opleverde.

Bedroevend zag het er uit voor de meesten, die hun leven aan 's lands zeedienst hadden gewijd. Tijdens het bondgenootschap met Engeland, moesten de vlagofficieren niet dan al te vaak het bevel van den ouden mededinger gehoorzamen, ook nadat hun admiraal-generaal niet meer op den troon zat. Slechts zelden kregen zij eene taak, geëvenredigd aan hun rang, die geheel onafhankelijk was van de plannen, in het buitenland beraamd. Desniettemin hadden zij de eer van 's lands vlag opgehouden. Wat al vastberadenheid en moed, hadden ook vele kapiteins en convooijers niet aan den dag gelegd, in bijzondere gevechten! Ja, de oude geest leefde nog voort, en de oude roem was niet getaand. Nog in de laatste jaren der zeventiende eeuw, kwamen vreemdelingen zich op de Nederlandsche vloot oefenen en vond men een Nederlander, als vlagofficier, in Zweedsche dienst [1]). Czar Peter bragt, door zijne komst, der republiek eene welverdiende hulde voor den naam, dien zij zich door de roemruchtige daden harer zeelieden had verworven.

En wat deed nu de staat voor datzelfde personeel, waaraan hij onmiskenbaar veel te danken had? Aanvankelijk schonk hij uitzigt op bevordering, door de kaders vrij geregeld aan te vullen, zoodat er, gedurende den laatsten oorlog, bijna onafgebroken, vijf luitenant-

---

[1]) de Jonge, Zeewezen, III p. 14, 172; Sylvius, XXIX p. 89.

admiraals waren geweest. Wassenaer bekleedde, in 1713, die waardigheid, bij het collegie van Amsterdam; Callenburg, bij dat van Rotterdam; Geleyn Evertsen, een jongere broeder van Cornelis, bij dat van Zeeland; Pieterson, bij dat van het Noorder-Kwartier (*). In Friesland was het niet meer dan een titel, eerst door den baron van Aylva, later door den graaf van Stirum gevoerd. Andere vlagofficieren vindt men bij die admiraliteit slechts bij uitzondering. Het Noorder-Kwartier bezat die insgelijks niet altijd. Doch bij de overige collegiën waren ook de vice-admiraals vrij geregeld benoemd. Dit uitzigt op bevordering werd echter, zoowel onder het bestuur der staatspartij, als onder stadhouderlijk bewind, voor sommigen eene bron van teleurstelling. Kapitein Philip Schrijver, die zich bij Lagos en elders had onderscheiden, nam ten minste misnoegd zijn ontslag, omdat de Staten van Holland, in 1709, door het benoemen van Aerssen van Sommelsdijk, ten derden male, hem een jongeren schout bij nacht boven het hoofd stelden, ofschoon nu zijn naam het eerst op de voordragt stond [1]).

Geldelijke voordeelen leverde 's lands zeedienst niet op, tenzij een bevelhebber het geluk had eene buitengewone premie te behalen. Zelfs schijnen de tractementen, in anderhalve eeuw, eene niet noemenswaardige verandering te hebben ondergaan, dewijl nog veel later voor de luitenant-admiraals van een bijzonder collegie 3600 gl., voor de vice-admiraals 2400 gl., voor de schouten bij nacht 1200 gl., en voor de oudste kapiteins slechts 360 gl. wordt uitgetrokken [2]). Hierbij kwam dan het voordeel op de schafting, dat echter, wegens de ongeregelde betaling niet altijd zoo maar ongemerkt hun toe-

---

[1]) de Jonge, Zeewezen, IV p. 54.
[2]) Kok, Vaderlandsch Woordenboek, I p. 303, i. v. Admiraliteit. Vergelijk bladz. 326 van het eerste stuk.

(*) De vice-admiraals E. de Ruiter en Jan Jansze van Nes waren tusschen 1682 en 1684 overleden, evenals de luitenant-admiraal Bankert. Tusschen 1689 en 1697 verloor Nederland den schout bij nacht van Brakel, de luitenant-admiraals C. Tromp en Aart Jansze van Nes, alsmede den vice-admiraal van de Putte. Van de in den tekst genoemde vlagofficieren, overleed Schey in 1703, Bastiaensze in 1704, C. Evertsen in 1706, van der Goes in 1707, Almonde in 1711, G. Evertsen in 1721, Callenburg in 1722, Pieterson in 1722 en Wassenaer in 1723.

vloeide. Was het niet verschrikkelijk, dat sommige van 's lands officieren, vruchteloos wachtende op de voldoening hunner jaarwedden en kostgelden, zich wel moesten verwijderen, om eene vervolging te ontgaan, en dat in 1714, om dezelfde reden, zelfs de goederen der vlagofficieren van de Maas werkelijk in beslag werden genomen? [1]) Het personeel in de lagere rangen genoot insgelijks schier dezelfde maandgelden, als in de eerste helft der zeventiende eeuw. Alleen hadden sommige collegiën, ten einde het volk meer aan 's lands dienst te binden, doorgaans ook gedurende den winter, een zeker daggeld uitbetaald, hetwelk de luitenants bij de Maas desverkiezende eveneens konden genieten. Met betrekking tot het personeel, zij hier nog bijgevoegd, dat er in 1699 weder drie regimenten mariniers waren opgerigt [2]), die, tijdens den oorlog op het Spaansche schiereiland, uitmuntend te stade kwamen.

Tot handhaving der krijgstucht, was de artikelbrief van 1673 nu en dan met eenige wijzigingen vernieuwd. In 1696, achtten de Staten het noodig bovendien een plakaat uit te vaardigen, tot beteugeling van den moedwil der ontslagen schepelingen jegens hunne gewezen officieren, dat later, in verband met den artikelbrief, werd gehandhaafd [3]).

Intusschen deed noch de Nederlandsche, noch de Britsche regering iets hoegenaamd, om het personeel der zeemagt theoretisch op te leiden. Wie in de zeedienst trad, moest zich zelven, in het praktische leven, maar zoo goed mogelijk vormen. Ook hierin ging Frankrijk, waar Richelieu de eerste grondslagen tot eene stelselmatige opleiding had gelegd, op welke Colbert en de Seigneley voortbouwden, andere mogendheden voor. Het bezat, omstreeks dezen tijd, kweekscholen en instructievaartuigen [4]), waarmede men in de republiek, wel verre van het gegeven voorbeeld na te volgen, den draak stak, door te wijzen op eenige treffende zeerampen, den Franschen

---

[1]) de Jonge, Zeewezen, IV p. 249.
[2]) Leupe en van Braam Houckgeest, de geschiedenis der mariniers, p. 39; Europische Mercurius voor 1699, 2e stuk p. 222.
[3]) Tweede stuk, bladz. 145 en 889; Sylvius, XXX p. 217 en XXXI p. 34; Europische Mercurius voor 1696, 2e stuk p. 316; Recueil van Zeesaaken, II p. 176, 286 en III p. 151, 272.
[4]) Lapeyrouse-Bonfils, II p. 149.

overkomen, in weerwil van hunne „gestudeerde schepen" en hunne „academiën voor matrozen" [1]). Voorts had de Fransche regering de verhouding tusschen de officieren van zee- en landmagt geregeld en het verstrekken der schafting van rijkswege ingesteld [2]). Hierdoor mogten enkele buitengewone voordeelen vervallen, doch werd het personeel gevrijwaard tegen ongelegenheden, als waarvan hierboven sprake is geweest.

Over de taktiek der laatste jaren valt weinig te zeggen. Bij Bevesier, La Hogue en Malaga, de eenige zeeslagen uit dit tijdvak, hadden de admiraals zich blijkbaar aan de regte linie gehouden. Hunne schepen lagen dan bijgedraaid, en konden zich dus later gemakkelijk verplaatsen, wanneer de omstandigheden of de plannen der bevelhebbers het vereischten. Aan die thans algemeen gebruikelijke manier van strijden, ontleenden de grootere bodems, die men uitsluitend tot het formeren der linie geschikt achtte, den reeds gemelden naam van linieschepen. Wegens het meer regelmatige der gevechten, waren de gelegenheden, om een brander met voordeel aan te wenden, zeldzamer geworden. Uit dien hoofde was het getal der gewone branders verminderd. Daarentegen spitste men zich op het uitdenken van andere middelen, om een vijandelijken bodem in brand te steken [3]). Tegen vaste plaatsen had men bovendien de elders besproken bombardeergaljooten en machineschepen aangewend, waarvan de eersten niet ten volle, en de laatsten in geenen deele aan de verwachting hadden beantwoord.

Om elkander te verschalken hadden alle partijen zich nog meermalen van vreemde vlaggen bediend. Frankrijk handhaafde het verbod van hieronder te vechten [4]), waarmede Nederlanders en Engelschen het niet altijd even naauw schenen te nemen. Nogtans begonnen zij het gegronde van den Franschen stelregel, dien zij in hunne plakaten reeds gehuldigd hadden, meer en meer in te zien. Het negende artikel van het traktaat, in 1713 tusschen de republiek en Tunis gesloten, verklaarde het voeren eener vreemde vlag straf-

---

[1] Maatroozen-saamenspraak te Port à Port, zijnde No. 16 van Esopus in Europa.
[2] Sue, V p. 359; Lapeyrouse-Bonfils, II p. 152.
[3] Wagenaar, XVI p. 169; Naleezingen, I p. 414.
[4] Guérin, II p. 209; de Cussy, Phases et causes célèbres, II p. 153.

baar [1]), en in een Nederlandsch werk van 1726 staat met duidelijke woorden: „Dewijl het nu tegen de zeewetten strijdt, dat men eene valsche vlag voert, en dat zoodanig een als een zeeroover kan aangemerkt worden!" [2])

Maar juist aangaande het algemeen bindende dier zeewetten, heerschte eene niet geringe onzekerheid. Terwijl de republiek en Engeland zich in hoofdzaak aan hunne bestaande plakaten en verordeningen hielden, welke zij desgevorderd vernieuwden of met andere vermeerderden, had Lodewijk XIV in 1681 en 1689 ordonnantiën uitgevaardigd, die insgelijks op oude grondslagen rustten, doch tevens vele nieuwe voorschriften behelsden. Die Fransche bepalingen waren, in 1702, door Spanje bijna letterlijk overgenomen. Bij al het goede, waardoor zij zich ontegenzeggelijk kenmerkten, hadden zij met de Nederlandsche en Britsche deze schaduwzijde gemeen, dat zij op een louter nationaal standpunt gemaakt, en dus voor vreemden meestal bezwarend waren. Hierin moesten de tractaten verligting aanbrengen, welker bepalingen, wegens de snel op elkander volgende oorlogen van de zeventiende eeuw, te weinig gelegenheid hadden, om ten minste eenigermate de kracht der gewoonte te erlangen. De tractaten, in 1713 en later gesloten of vernieuwd, bleven langer in stand, en hebben dus meer bijgedragen tot de ontwikkeling van het internationale zeeregt. Had de republiek omtrent vele punten, in 1713 en later vastgesteld, reeds vroeger in denzelfden geest beslist, dan strekt dit slechts tot nadere bevestiging van de elders gemaakte opmerking, dat Nederland, met betrekking tot de scheepvaart, van oudsher zeer vrijzinnige denkbeelden voorstond.

Onder de menigte tractaten, omstreeks dezen tijd gesloten, komen er geene voor tusschen de republiek en Groot-Brittanje. Deze bekrachtigden slechts de bestaande, waaronder met name die van 1674 en 1678. Wat hierin betreffende het saluut was vastgesteld, strekte den onzen dus voortdurend tot rigtsnoer. Het eerbewijs aan de koninklijke vlag der Britten was, eensdeels door de gewoonte, anderdeels nu het een bondgenoot en niet langer een mededinger gold, minder stuitend geworden. Gedurende al de jaren, sedert den laat-

---

1) Europische Mercurius voor 1713, 2e stuk, p. 153; Recueil van tractaten, II No. 7.
2) Europische Mercurius voor 1726, 1e stuk p. 156.

sten oorlog met Engeland verloopen, melden de Britsche schrijvers, bij wijze van uitzondering, slechts een enkel geval, waarin een Nederlandsche commissievaarder, met geweld, tot het verschuldigde eerbewijs moest worden genoopt [1]). De troonsbeklimming van Willem III had in dit opzigt geenerlei verandering te weeg gebragt. Onafgebroken bleven de Britten hun voorgewend regt handhaven. Zweden en Denemarken ondervonden zulks in 1694 en 1695. Zelfs werd, in 1704, een Zweedsch schip met zijn gansche convooi door de Britten opgebragt, omdat de bevelhebber geweigerd had zijne vlag te strijken [2]). Andere mogendheden, welke soms met gelijksoortige eischen te berde kwamen, waren doorgaans te zwak, om die te doen gelden.

Een vlugtige blik op de voornaamste internationale bepalingen, die in de vredestractaten of in de tractaten van handel en zeevaart werden opgenomen, zal hier niet overbodig zijn. Uit sommige punten van overeenkomst, die men bij eene onderlinge vergelijking dier verschillende stukken ontdekt, kan dan blijken, in hoeverre eene meer eenparige opvatting van enkele zaken, waarbij alle zeemogendheden het hoogste belang hadden, veld won.

Wat het toelaten van oorlogsschepen betreft, kwam de republiek, in art. 20 van haar tractaat met Spanje, en evenals vroeger, in art. 12 van haar tractaat met Frankrijk overeen, dat men de wederzijdsche havens met een onbepaald aantal bodems te gelijk zou kunnen bezoeken, mits hierbij de bescheidenheid in acht nemende [3]). Portugal bedong, bij art. 7 van het tractaat met Frankrijk, en bij art. 19 van een daarop gevolgd met Spanje, evenals het vroeger met de republiek had gedaan, dat men zich in de versterkte havens tot zes, in de niet versterkte tot drie zou bepalen [4]). Denemarken had zich in 1701, ouder gewoonte, aan het getal van zes gehouden. Vele

---

[1]) Hervey, III p. 281.
[2]) Europische Mercurius voor 1694, 2e stuk, p. 104, 167, 257; voor 1695, 1e stuk, p. 225, 312; voor 1704, 2e stuk, p. 208.
[3]) Zie tweede stuk, bladz. 119. De tractaten zijn te vinden in de Europische Mercurius voor 1713, 1e stuk, p. 243; voor 1714, 2e stuk, p. 263; en in het Recueil, II No. 5 e. v.
[4]) Tractaten in de Europische Mercurius voor 1713, 2e stuk, p. 34, en voor 1715, 1e stuk, p. 187.

kleine staten, aan de Middellandsche zee, lieten niet meer dan een of twee vreemde oorlogsschepen te gelijk in dezelfde haven toe. Van dit alles moest de kommandant van een eskader natuurlijk kennis dragen, ten einde zich daarnaar te regelen. Alleen bij stormweder of wegens bekomen zeeschade, mogt hij, volgens het gebruik, dat in vele tractaten uitdrukkelijk was opgenomen, met inachtneming van zekere formaliteiten, bijna overal de gestelde grens overschrijden.

Tijdens het bondgenootschap tusschen de republiek en Groot-Brittanje, was de nog altijd bestaande overeenkomst, dat men de wederzijdsche havens met niet meer dan op zijn hoogst acht schepen te gelijk zou aandoen, stilzwijgend buiten werking gesteld. Andere punten waren door bijzondere tractaten geregeld, en wanneer deze zwegen, b. v. met betrekking tot het afschieten der wacht op de reeden of in de havens, waar schepen van beide natiën lagen, poogden de Staten alles zooveel mogelijk op gelijken voet te doen plaats grijpen [1]). Dit belette evenwel niet, dat Engeland, in menig opzigt, hoe langer hoe meer zich het leeuwendeel aanmatigde.

Nederland, Spanje, Groot-Brittanje en Frankrijk beloofden geene kaperbrieven meer uit te reiken aan vreemdelingen, en stelden het varen hiermede gelijk aan zeeroof. Het laatstgenoemde rijk had deze bepaling ook in de ordonnantie van 1681 opgenomen, doch in hetzelfde stuk de reeds in onbruik geraakte brieven van schaverhaling weder opgerakeld, die in art. 4 van het tractaat met de republiek, in art. 3 van dat met Engeland [2]), en in art. 7 van dat tusschen de republiek en Spanje insgelijks vermeld worden. Iets later treft men inderdaad weder sporen aan van dit zonderlinge gebruik, hetwelk zich alleen gedurende den onzekeren regtstoestand der middeleeuwen liet verdedigen. De vier genoemde mogendheden deden op nieuw plegtig afstand van het regt om schepen en volk in beslag te nemen, welke verklaring ook de Hanze-steden in 1716 aflegden. [3]) Allen vernieuwden voorts de vroeger gedane beloften, om de gestrande goederen, onder zekere voorwaarden, aan de eigenaars terug te geven. Ofschoon dien ten gevolge niet alle misbruiken op

---

[1]) Recueil van Zeesaaken III, p. 533, 540 e. v.
[2]) Europische Mercurius voor 1713, 2e stuk, p. 14.
[3]) Europische Mercurius voor 1718, 1e stuk, p. 258; Recueil van tractaten, II No. 13.

eenmaal werden afgeschaft, zoo was toch elke overeenkomst in dien zin eene schrede op den goeden weg. Hoe weinig men zich doorgaans, na het ontstaan eener vredebreuk, bekreunde om vele bepalingen, die juist op tijden van oorlog toepasselijk waren, bewees het Spaansche gouvernement, door in 1739 kaperbrieven te verstrekken aan buitenlanders, en door in het volgende jaar op vreemde schepen beslag te leggen, tot het vervoeren van krijgsvolk. [1])

Frankrijk en Groot-Brittanje huldigden, in strijd met hunne nationale wetten en gebruiken, bij art. 17 en 27 van hun tractaat, de Nederlandsche stelling „vrij schip, vrij goed" en omgekeerd, welke de republiek en Frankrijk ook in art. 26 van hun tractaat uitdrukkelijk opnamen. Daarentegen kwam het laatste, bij art. 22 van zijn tractaat, met de Hanze-steden overeen, dat men allen vijandelijken eigendom in neutrale schepen als goeden prijs zou beschouwen, zonder dit evenwel over het schip of het overige gedeelte der lading uit te strekken. Niet onaardig bedong Frankrijk, hetwelk in art. 24 van zijne tractaten met de republiek en Groot-Brittanje weder de bepaling had opgenomen, betreffende het visiteren door middel van eene sloep, op een schot afstands, [2]) bij art. 36 van zijn tractaat met de Hanze-steden, dat een gelijk aantal personen van het verdachte schip, tijdens het onderzoek, in de sloep moest overgaan, ten einde hun, die zich aan boord begaven, eenigen waarborg te schenken tegen allerlei beleedigingen.

Zelfs dan, wanneer de nationaliteit van het schip over het vrije der lading besliste, moesten alle niet geconvooijeerde koopvaarders, in bepaalde gevallen, zich aan een onderzoek van de zijde der oorlogvoerende partijen onderwerpen. Hierdoor mogten deze zich vergewissen, dat haren vijand geene goederen werden toegevoerd, die, als oorlogs-contrabande, uit den aard der zaak, gedurende den oorlog, altijd onvrij waren. Voor die kooplieden, welke zich gaarne binnen de gestelde grenzen wilden houden; voor de gouvernementen, welke den geoorloofden handel hunner onderdanen moesten beschermen; en niet het minst voor allen, die een dergelijk onderzoek moesten

---

[1]) Europische Mercurius voor 1739, 2e stuk, p. 202, en voor 1740, 1e stuk, p. 157.
[2]) Zie tweede stuk, bladz. 120 en 368. Hetzelfde in art. 4 van een tractaat met Algiers, voorkomende in de Hollandsche Mercurius voor 1679, p. 125.

bewerkstelligen, of later den uitslag hiervan door een vonnis bekrachtigen, was het dus van overwegend belang, om met juistheid te weten, wat men al dan niet onder het verbodene moest rangschikken. Jammer, dat elke twijfel dienaangaande niet ten volle was opgeheven, en dat meestal de strekking van inderdaad duidelijke en vrijgevige bepalingen, door allerlei uitvlugten en haarkloverijen werd verijdeld.

Voornamelijk bleef er eene verbazende onzekerheid heerschen, met betrekking tot de scheepsmaterialen. Spanje hield zich maar onverzettelijk aan het tractaat van 1650, [1]) waarin die noch onder de vrije, noch onder de onvrije goederen genoemd werden. Art. 19 en 20 van het tractaat tusschen Frankrijk en de republiek, alsmede art. 14 en 15 van dat tusschen Frankrijk en de Hanze-steden, waren nagenoeg in dezelfde bewoordingen vervat, en lieten dus het punt van verschil onbeslist. Daarentegen behelsden art. 19 en 20 van het tractaat tusschen Frankrijk en Groot-Brittanje nagenoeg hetzelfde, wat in 1674 tusschen dit laatste en de republiek was vastgesteld. [2]) Eene even duidelijke verklaring, aangaande het geoorloofde van den handel in scheepsbehoeften, was ook opgenomen, in art. 15 en 16 van het tractaat, in 1679 door de Staten-Generaal met den koning van Zweden gesloten. [3]) Verschillende mogendheden hadden dus het veelbesproken handelsartikel met name onder de vrije goederen begrepen. De Staten-Generaal, die zulks deden tegenover Engeland en Zweden, beslisten echter, in hunne tractaten met Denemarken van 1692 en 1701, alsmede in een later met Algiers, de zaak weder in omgekeerden zin. Rusland nam de scheepsmaterialen onder de verboden goederen op, hetgeen Oostenrijk en Spanje vervolgens insgelijks deden. [4]) Te midden van al die onzekerheid, verboden de Staten-Generaal, in 1720, zeer wijselijk den Spanjaarden eenige goederen te doen geworden, die in de tractaten tusschen de republiek en de vijanden van Spanje, onder de verbodene, waren opgenomen. [5]) Frankrijk schaadde zich zelf, door in 1742 de scheeps-

---

[1]) Zie het tweede stuk, bladz. 9.
[2]) Zie het tweede stuk, bladz. 300.
[3]) Hollandsche Mercurius voor 1679, p. 207; Recueil van tractaten, I No. 59, 60.
[4]) Europische Mercurius voor 1719, 2e stuk, p. 108, voor 1725, 2e stuk, p. 42; Recueil van tractaten, I No. 66, 67, 73; II No. 19, 20.
[5]) Europische Mercurius voor 1720, 1e stuk, p. 71.

materialen onder de goederen van contrabande te noemen, omdat Groot-Brittanje, in 1744, nu insgelijks van het vroeger bepaalde afweek. [1]) Zoodra echter Zweden ook den handel in zeildoek, touwwerk, vlaggedoek, levensmiddelen en kleeding voor soldaten als verboden wilde aanmerken, kwamen de Staten-Generaal hiertegen op, [2]) dewijl het lijnregt streed met het tractaat van 1679. Later zal het gewigt van eenige hier aangeroerde punten ten volle blijken.

Weken vele mogendheden, bij eene opgave van hetgeen zij als oorlogs-contrabande aanmerkten, reeds ten eenen male af van hare bijzondere wetten; niet minder was dit het geval met de straf op het vervoeren daarvan gesteld. Geheel in strijd met zijne ordonnantiën, kwam Frankrijk, bij art. 25 van zijn tractaat, met de republiek overeen, dat het niet de verbeurdverklaring van het schip en van het andere gedeelte der lading zou na zich slepen. Volgens art. 30, mogt een schipper, die slechts eene geringe hoeveelheid verboden goederen aan boord had, deze zelfs desverkiezende in vol zee overgeven en dan zijne reis voortzetten. Hetzelfde, tusschen Frankrijk en de republiek reeds vroeger vastgesteld, [3]) werd, in art. 26 van het tractaat tusschen Frankrijk en Groot-Brittanje, insgelijks opgenomen.

Onmiskenbaar waren er dus nog al pogingen aangewend, om het harde en onbillijke der meeste bijzondere wetten en plakaten, door internationale overeenkomsten, te verzachten of weg te nemen. Dien ten gevolge scheen de toestand, na 1713, gunstiger, dan te voren. Maar de ondervinding leerde weldra ook hier, bij vernieuwing, dat het beschreven regt doorgaans slechts een onvoldoende breidel is, wanneer de hartstogten den sterkere tegen den zwakkere in het harnas jagen. Bovendien was het eigenbelang er steeds op uit, om eene bestaande leemte te benuttigen, of de heilzame, doch belemmerende banden, welke de diplomatie had gelegd, te verbreken. Hierdoor ging menige vrucht, op de baan der ontwikkeling gerijpt, verloren. Gelukkig evenwel slechts tijdelijk; want in de meeste gevallen, kwam men vroeger of later, door schade en schande wijs

---

[1]) de Cussy, Phases et causes célèbres, 1 p. 224, 391.
[2]) Europische Mercurius voor 1742, 1e stuk, p 270.
[3]) Zie het tweede stuk, bladz. 120.

geworden, van de dwaling terug. Vele bepalingen nopens het zeeregt, in 1713 en later tot stand gekomen, droegen het kenmerk van die vrijzinnigheid, waarvoor de republiek meestal had geijverd. Haar staatkundige invloed was echter reeds zeer gedaald, en de krachten begonnen haar eerlang geheel te ontzinken.

Terwijl het reeds verouderde staatsligchaam zijn aanwezen nog rekte, openbaarden zich inwendige gebreken van allerlei aard. Maar de toenemende baatzucht, kleingeestigheid en partijschap, die alle ingrijpende maatregelen tot herstel verijdelden, waren der republiek niet uitsluitend eigen: bij hare naburen, vertoonden zich dezelfde of niet minder ernstige kwalen; ja de geheele westersche maatschappij verviel tot eene soort van kwijning, al heerschte niet aanstonds overal dezelfde magteloosheid. Verregaande misbruiken en onderlinge twisten sloopten de krachten van eeuwenheugende staten, van welke de meeste, tegen het einde der achttiende eeuw, niet meer bestand waren tegen den bruisenden stroom der revolutie, in eigen boezem opgeweld, of uit den vreemde over de grenzen heengestuwd. Onder de staatsgebouwen, die al spoedig onder den schok bezweken, behoorde ook de republiek der Vereenigde Nederlanden. Aan haar, wier verleden zooveel overeenkomst had met de opkomst en den bloei van het oude Phenicië, werd ten laatste ook letterlijk vervuld, wat de profeet aangaande den val van het rijke en magtige Tyrus had voorspeld: vreemdelingen trokken hunne zwaarden over haar uit en ontheiligden haren glans.

VIJFDE TIJDVAK.

HET NEDERLANDSCHE ZEEWEZEN GEDURENDE DE LAATSTE JAREN DER OUDE REPUBLIEK.

1713—1795.

a. *Algemeen overzigt. — Eskaders naar de Oostzee. — Onverantwoordelijke zwakheid tegenover de Barbarijsche staten. — Verwikkelingen met den keizer over eene handels-compagnie te Ostende. — Nieuw oorlogsgevaar in* 1740. — *Schromelijk verval van 's lands zeemagt. — Een eskader onder den luitenant-admiraal Grave, in* 1744.

Sommige tijdperken in de geschiedenis, niet ongelijk aan eene vrij eentoonige landstreek, leveren, al naar men het neemt, veel of weinig ter behandeling op. Wie tot in bijzonderheden afdaalt en niet terugdeinst voor hetgeen, oppervlakkig beschouwd, slechts eene herhaling is, vindt nog al een en ander te vermelden; wie zich daarentegen wenscht te bepalen tot eene schets, slechts hier en daar iets uitgewerkt, wanneer de stof er aanleiding toe geeft, behoeft niet veel woorden te bezigen. Op de lotgevallen der republiek, in de eerste jaren na den vrede te Utrecht, is dit ten volle toepasselijk. Dewijl nu de verrigtingen der zeemagt onbelangrijk zijn, en de staatkundige voorvallen, vreemd aan het onderwerp, niet te veel ruimte mogen beslaan, zoo wordt hier, aan een tijdsverloop van dertig jaren, een betrekkelijk zeer gering aantal bladzijden gewijd. Zij bevatten slechts losse trekken, om de keten der gebeurtenissen niet te verbreken, en kunnen tot verklaring dienen van toestanden en handelingen, die anders met het verledene kwalijk overeen te brengen zijn.

Onder de wijzigingen, welke de kaart van Europa omstreeks dezen tijd onderging, was die in het noorden zeker wel de belangrijkste. Peter de Groote had toch, in den reeds gemelden oorlog met Karel XII van Zweden, een groot deel van diens Oostzee-provinciën veroverd en aan zijn eigen rijk gehecht. Tevens grepen er aan de voornaamste hoven van Europa, waarmede de republiek in betrekking stond, binnen een klein tijdsbestek, veranderingen plaats, die wij hier moeten herinneren of aanstippen. Dezelfde aartshertog, dien Nederland en Groot-Brittanje eenmaal voor den Spaanschen troon bestemd hadden, bekleedde thans, als Karel VI, de keizerlijke waardigheid in Duitschland. Zijn mededinger, die nu als Philips V over Spanje regeerde, was een zwak en onbeduidend vorst, wiens bestuur slechts een kortstondigen glans ontleende aan de pogingen, tusschen 1714 en 1719 door zijn minister Alberoni aangewend, om de Spaansche monarchie uit haar diep verval op te heffen. Meer in regtstreeksch verband tot de geschiedenis der republiek, staat het overlijden van Lodewijk XIV, den hoofdbewerker van zoo menige staatkundige verwikkeling, die in 1715 zijn uitgeput rijk aan zijn achterkleinzoon naliet, voor wien de losbandige Philips van Orleans, als regent, de teugels van het bewind voerde. Een jaar te voren, was Anna, koningin van Groot-Brittanje gestorven, zonder kinderen na te laten. Overeenkomstig de bepalingen nopens de protestantsche successie, was zij opgevolgd door haren neef George I, tevens keurvorst van Hannover, met wien de Whigs weder aan het roer kwamen. De republiek, die hare tractaten, onder welke dat van 1678, met hem vernieuwde, was dien ten gevolge reeds in 1715 verpligt, om 6000 man hulptroepen naar Engeland te zenden, [1]) ter afwering van een inval van den pretendent, die aanstonds zijn geluk in Schotland beproefde.

Weinig opbeurend is het tafereel, dat zich, in de eerste jaren na

---
1) Europische Mercurius voor 1716. 1e stuk. p. 106.

den vrede van Utrecht, voor het oog van den nakomeling ontrolt. De zedeloosheid, die aan de meeste hoven hand over hand toenam, was eene milde bron van allerlei buitensporigheden. Vele handelende personen, wier kuiperijen voor politiek moesten doorgaan, boezemen door de verdorvenheid van hun karakter een diepen afkeer in. Hunne belagchelijke gehechtheid aan nietigheden, evenals die van anderen, wier drijfveren minder onedel waren, zou het vrij sombere geheel iets opvrolijken, bijaldien de gedachte, dat er vaak een onverantwoordelijk spel werd gedreven met het welzijn der volken, niet tot ernst stemde. Bijna nergens ontwaart men eene staatkundige gebeurtenis, waarop de blik met welgevallen rust. Overal hetzelfde gebeuzel, om de blijkbaar wankelende maatschappij kunstmatig te schragen, zonder ooit de bijl aan den wortel te leggen. Wat al verbonden en tegenverbonden, openbare en geheime, binnen dertig jaren tijds gesloten, en doorgaans slecht nagekomen! Dit alleen werpt reeds een onbehagelijk licht op de eerste helft der achttiende eeuw. Zeker ontbrak het niet aan degelijke personen; doch wel aan mannen, die met de hun eigene braafheid en bekwaamheid een staatkundigen en personeelen invloed vereenigden, waardoor het hun mogelijk werd de omstandigheden eenigermate te beheerschen.

Geplaatst in deze voorwaar niet bekoorlijke lijst, zal het beeld der republiek, met al de haar aanklevende gebreken, een minder ongunstigen indruk maken, dan bij eene afzonderlijke beschouwing. Nog in het bezit van den naam eener zeemogendheid, kon zij zich aanvankelijk verheugen over de moeite, die andere staten zich gaven, om hare gunst te verwerven. Uit dien hoofde kon een publicist haar nog zeer vleijend vergelijken bij een juffertje, aan hetwelk allen om strijd het hof maakten [1]). Jammer slechts, dat de republiek, schoon op de meeste harer aanbidders werkelijk veel te zeggen was, door overgroote kieskeurigheid eerlang ondervond, wat Lafontaine als het gevolg eener nuffige eigenzinnigheid schetst; dat namelijk de meeste en beste partijen wegbleven, en de republiek het eindelijk voor lief moest nemen, als bondgenoot op te treden van wien haar eenigzins noodig had.

De poging, om zich uit het warnet der diplomatie wat terug te

---

[1]) Europische Mercurius voor 1718, 2e stuk, p. 250.

trekken, ware den regenten van de republiek, vooral in de eerste helft der achttiende eeuw, minder euvel te duiden geweest, indien zij te gelijker tijd het inwendig vermogen van den staat eenigermate hersteld, zijne eer tegenover het buitenland beter opgehouden hadden. Dit ware hun voorzeker mogelijk geweest, omdat de zaken volstrekt niet hopeloos stonden. Jaarlijks groeide het maatschappelijk kapitaal aan. De aanzienlijke uitdeelingen der Oost-Indische compagnie, hoewel geen zuivere maatstaf ter beoordeeling van haren werkelijken toestand, deden hare actiën, in 1720, tot den ongehoorden prijs van 1080 pCt. stijgen [1]. Bij de vrij algemeen heerschende welvaart, was van een goed overleg veel te wachten. En schoon nu de republiek geen hof bezat, hetwelk 's lands inkomsten dwaselijk verspilde, noch regenten, die het edele hunner roeping ten eenen male voorbij zagen, zoo werden er toch geene afdoende maatregelen genomen tot herstel. Om zich te overtuigen van de weinige degelijkheid in finantiëele berekeningen van dien tijd, behoeft men slechts te letten op de zwendelarij van den actie-handel, waaraan zelfs hooggeplaatste personen deel namen. Juist dat streven naar eene snelle uitbreiding van het bijzonder vermogen, hetwelk velen in den windhandel medesleepte, was een der grootste gebreken van de meesten, die in de achttiende eeuw hier te lande eenig bewind voerden. In eene scherpe hekeling van den geest des tijds, luidt het niet dan al te zeer naar waarheid:

„Was 't der vooroudren werk de trouw veel hooger te achten,
Dan een oneerlijk en misdadig geldgewin;
Nu streelt 't gevaarlijk goud elks gretige gedachten:
Wat voordeel geeft, is goed en deugdzaam in elks zin." [2]

Men stuit inderdaad schier overal op eigenbelang en schraapzucht, welke door het ligchaam van den veegen staat voortwoekerden. Eerlijke en bekwame mannen, met eene opregte en onbaatzuchtige liefde jegens hun vaderland bezield, poogden te vergeefs dien kanker der zelfzucht uit te roeijen, welke de nog overgebleven krachten der republiek verteerde.

---

[1] Luzac, Hollands rijkdom, II p. 115.
[2] Latijnsche en Nederduitsche keurdichten, zevende vervolg, ed. 1733, p. 108.

Te midden van dit alles, ging de zeemagt bijna geheel te niet. De met schulden bezwaarde admiraliteiten konden uit hare eigene middelen weinig doen, tot verbetering en uitbreiding van het materiëel. Slechts met veel moeite, kregen zij een gewoonlijk ontoereikenden onderstand. Ook vele leden en ambtenaren dier collegiën, met de algemeene kwaal besmet, beoogden maar al te zeer hun eigen gemak of voordeel. Daarenboven verslond de omslagtige huishouding van het bestuur der zeemagt, die op den bestaanden voet bleef voortduren, aan tractementen, huishuren en dagelijksche uitgaven, groote sommen. Om te bezuinigen, liet men het personeel der vlagofficieren zoo goed als uitsterven, terwijl men zich, wanneer de nood eenig magtsbetoon vereischte, met het voorhanden materiëel behielp.

Kort na den vrede, moest er iets gedaan worden tegen de Zweden. Deze hadden den Nederlandschen handel reeds bekommerd, gedurende het verblijf van hun koning te Bender, en deden het nog erger, na diens terugkomst in 1714. Vooral gold het den handel op die streken, welke door de Russen veroverd, maar nog niet formeel aan hen afgestaan waren [1]. Tegen de Engelschen, die thans de Oostzee met hunne koopvaarders bezochten, hadden de Zweden eene grief te meer, omdat George I, als keurvorst van Hannover, door aankoop eigenaar was geworden van sommige plaatsen in Duitschland, die weleer tot Zweden hadden behoord. Engeland en de republiek moesten iets doen, om den nationalen eigendom in de Oostzee te beveiligen. Hiertoe vertrokken uit Nederland, in 1715, twaalf schepen, onder den schout bij nacht de Veth, en in het volgende jaar zes, onder kapitein Grave. De zeven schepen, in 1717 uitgerust, schijnen hunne bestemming niet bereikt te hebben; doch in 1718 vertoonden zich weder twaalf Nederlandsche schepen, onder den schout bij nacht van Koperen, in de Oostzee [2]. Maar al die eskaders rigtten weinig uit, vooral omdat hunne bevelhebbers, ter voorkoming van eene gevreesde botsing, door hunne instructiën, zeer in hunne vrijheid van handelen beperkt waren. Intusschen klaagden onze kooplieden, dat de Zweden, binnen eenige jaren, wel 300 sche-

---

[1] Europische Mercurius voor 1714, 2e stuk, p. 99; Naleezingen op Wagenaar, II p. 347; Recueil van Zeesaaken, III p. 676, 705.
[2] de Jonge, Zeewezen, IV p. 103 e. v.

pen genomen, en dat ook de Denen hun veel overlast aangedaan hadden [1]). Na den dood van Karel XII kwam er echter verbetering, en in 1721 maakte de vrede van Nyborg, tusschen Rusland en Zweden, aan den onzekeren toestand een einde.

Onderwijl hadden zij, die op de zuidelijke havens van Europa handel dreven, insgelijks verliezen geleden, nadat Algiers, voorwendende dat de slaven niet in tijds waren gelost, het in 1712 gesloten tractaat had verbroken. Talrijke kruisers van dien staat, waarvan er een, als ware het om ons te bespotten, den naam van de *Beurs van Amsterdam* droeg, bedreven de grootste geweldenarijen. Tusschen 1714 en 1720, vielen hun niet minder dan 40 schepen, ter waarde van zes millioen gl., en niet minder dan 900 zeelieden, in handen. Met inbegrip van den losprijs voor deze gevorderd, beliep de schade wel zeven millioen [2]). Het openstellen en aanmoedigen der eigen kaapvaart, de vernieuwing van het plakaat op de bewapening der koopvaarders, dat echter, wegens den tegenstand van de Staten van Zeeland, op de schepen dezer provincie voorloopig niet was toegepast, hadden evenmin gebaat, als het zenden van drie schepen, onder den schout bij nacht Godin, die hiermede, door een misverstand, alleen Spanjaarden, eene met Nederland bevriende natie, bevocht [3]). Te vergeefs riepen de Staten-Generaal de bemiddeling van den sultan in, wiens gezag over de Barbarijsche staten reeds toen weinig meer beteekende, ofschoon de Europesche mogendheden nog tegen hem opzagen. Geen der genomen maatregelen vermogt den overmoed te breidelen van hen, die eenmaal voor mannen als Tromp en de Ruiter hadden gesidderd. Zelfs de acht schepen, die in 1721, onder den vice-admiraal Aerssen van Sommelsdijk, en de zes andere, die in het volgende jaar, onder den schout bij nacht Grave, naar de Middellandsche zee gingen, om er, gemeenschappelijk met de Spanjaarden, de zeeroovers te bestrijden, rigtten weinig uit [4])

---

[1] Bijvoegsels bij Wagenaar, XVIII p. 66; Naleezingen, II p. 354.
[2] Europische Mercurius voor 1721, 1e stuk, p. 23 en 51; Missive aan een heer der regeringe door eenen welmeenenden Hollander, ed. 1741, p 78.
[3] Europische Mercurius voor 1717, 2e stuk, p. 211; Recueil van Zeesaken, III p. 743, 752; de Jonge, Zeewezen, IV p. 115 e. v.
[4] Europische Mercurius voor 1721, 1e stuk, p. 133, en 2e stuk, p 175; voor 1722, 1e stuk, p. 49 en 2e stuk, p. 73; de Jonge, IV p. 119 e. v.

Engeland trachtte den vrede met Algiers en andere staten op de kust van Barbarije, omstreeks dezen tijd, insgelijks veeleer door geschenken en allerlei dienstbetoon, dan door een krachtig optreden te bestendigen.

Hoe moeijelijk het viel die kleine despoten te bevredigen, welke zich weinig om het regt der volkeren bekreunden, maar een des te grooter denkbeeld hadden van hunne eigen waardigheid, ondervond de schout bij nacht Godin, nadat hij, in October 1723 met vijf schepen vertrokken, den 4den Mei des volgenden jaars, te Algiers aangekomen was. Eerst liet men zijn saluut, daarna eene witte vlag onbeantwoord, waarom hij de onderhandeling per brief opende. Zoodra hij vervolgens gecommitteerden aan wal zond, om de voorwaarden te bespreken, bleek de tegenpartij heel wat meer te vragen, dan hij kon toestaan. Na vooraf bedongen te hebben, dat de onzen geene passen meer zouden geven aan natiën, die met Algiers in oorlog waren, hetgeen nu als eene reden der vredebreuk werd opgegeven, eischte de dey: zes metalen stukken van 36 p., acht ijzeren van 18 p., vijf kabeltouwen, 1400 snaphanen, 1400 sabels, 14.000 kanonkogels in soorten, 1000 quintalen buskruid en 50 masten. Tot de inwilliging hiervan was de schout bij nacht niet gemagtigd; wel tot de belofte van een jaarlijksch present in geld, van hoogstens 20,000 gulden, gedurende zes achtereenvolgende jaren. Dit aanbod sloeg de dey af, bewerende dat hij geen geld noodig had, welks betaling bovendien minder van een present, dan van eene schatting zou hebben, die hij niet vorderde. Toen echter de onzen verklaarden, dat zij niet verder konden gaan, liet de dey hun zeggen, dat zij dan ook geen lieden van hun woord waren; want de schout bij nacht was begonnen met te schrijven, dat hij gekomen was om vrede te maken, en scheen nu geene toereikende volmagt te hebben. Dit verwijt kon niemand deren; doch de onzen moesten, na eene herhaalde aanbieding van geld, dit toornige en helaas niet geheel onverdiende antwoord verduwen: „dat die propositie schande soude syn voor hem van deselve te accepteren, ende dat het te groter voor ons was die te proponeren; verder dat hy ons niet geroepen hadde tot maken van vreede, dat wy gaan konde so als wy gekomen waeren, en dat wy weder konde komen of wegblyven so als wy wilde; dat hem Dey het een en ander seer

13*

indifferent was." Hierop werden de onderhandelingen aanstonds afgebroken, en stak het eskader, den 9^{den} Mei, weder in zee. [1] Men vernam in de republiek met blijdschap, dat kapitein Schrijver later een roofschip veroverd, en een ander op het strand gejaagd had, hetgeen evenwel eene schrale vergoeding was voor de zedelijke nederlaag, te Algiers geleden. En als ontbrak er iets aan, zoo verongelukte de *Sandenburg*, het vlaggeschip van den schout bij nacht, kort na diens terugkomst op de Schelde, bij welke ramp de bemanning echter gespaard bleef [2].

Hoogst vernederend was het gebeurde voor de republiek. Dat Engeland, omstreeks denzelfden tijd, insgelijks veel deed, om de gunst der roofstaten te winnen en te behouden, strekt haar niet tot verschooning, omdat het niet, evenals bij haar, uit zwakheid voortsproot. Tot welk een onvermogen de republiek was vervallen, bleek zonneklaar, toen zij, in plaats van met nadruk voldoening te eischen voor de onheusche ontvangst, haren schout bij nacht te beurt gevallen, den vice-admiraal Aerssen van Sommelsdijk uitzond, met slechts zes schepen en een fregat, welke door ouderdom of onbezeildheid geenszins voor hunne taak berekend waren. Zelfs moest de *Veere* (52), een Zeeuwsch schip, te Lissabon, als geheel onbruikbaar worden afgekeurd. Gelukkig dat nu de dey, op aansporing van den sultan, de eerste stappen deed, door een voorstel te zenden aan den Nederlandschen bevelhebber, die inmiddels ook een naderen last uit het vaderland had ontvangen. Hij zeilde naar Algiers, waar hij thans een goed onthaal vond, dat er niet minder op werd, zoodra hij, tot een voorloopig geschenk, twintig vaatjes buskruid aan wal liet brengen. Onder allerlei wederzijdsche beleefdheden, vernieuwde men vervolgens den vrede, op nagenoeg dezelfde voorwaarden, als in 1712. Tot de kleine wijzigingen, behoorde ook de vergunning aan den Nederlandschen consul te Algiers, om voortaan een predikant te mogen houden [3].

Om den dey op den thans ingeslagen weg te doen volharden, zonden de Staten hem, in 1727, een schip met geschenken, en in 1728, weder acht oorlogsschepen, onder den schout bij nacht Grave,

---

[1] Verbaal van den schout bij nacht Godin, M. S. in het Rijks-Archief; Europische Mercurius voor 1724, 1e stuk, p. 293.

[2] Europische Mercurius voor 1724, 2e stuk, p. 55, 229 en 296.

[3] Europische Mercurius voor 1726, 2e stuk, p. 131 en 210; de Jonge, Zeewezen, IV p. 130 e. v.; Recueil van tractaten, No. 21.

die te Tunis en te Tripoli den vrede herstelde [1]). Schoon de genomen maatregelen vrij wel aan het oogmerk beantwoordden, zoo had men toch van het gouvernement eener zeemogendheid billijkerwijs iets meer mogen verwachten; vooral dewijl de pogingen van sommige bevelhebbers, om met hunne slecht bezeilde schepen de kruisers der roofstaten op te sporen en te achterhalen, slechts bij uitzondering gelukt waren, en dus op niet dubbelzinnige wijze aantoonden, waarom de staat zoo toegeeflijk was. Het nut van de bewapening der koopvaarders was intusschen meermalen gebleken. Met der daad hadden vele Nederlandsche schippers getoond, dat zij, ouder gewoonte, nog wel een roover konden afslaan, en ten minste bereid waren, den hun toevertrouwden bodem tot het uiterste te verdedigen. Als merkwaardigheid, zij hier bijgevoegd, dat schipper Meijer, voerende de *Anna Catharina* (12), in 1721 door een roofschip van dertig stukken aangetast en geënterd, zich van een vijftigtal overgesprongen vijanden ontlastte, door eenige kisten met kruid te doen springen, waarna hij gelukkig ontkwam [2]).

Terwijl de Nederlandsche regering den eigendom der kooplieden, op de gemelde wijze in de Middellandsche zee poogde te beveiligen, bedreigde een gevaar van een anderen aard het monopolie der Oost-Indische en der West-Indische compagnie. Er waren namelijk in de Zuidelijke Nederlanden, thans als eene Oostenrijksche bezitting onder den keizer staande, allerlei plannen ontworpen, om den vervallen koophandel dier eenmaal bloeijende gewesten wat op te beuren. Men had er, tot niet geringe ontsteltenis der onzen, naar Oost-Indië en naar de kust van Guinea, schepen uitgerust, welke door de beide Nederlandsche compagniën, als gevaarlijke mededingers, meer of min vijandelijk behandeld waren. Eene klagt, door de Staten-Generaal, op verzoek der belanghebbenden, bij het keizerlijke hof ingediend, vond geen gehoor. Zelfs verleende Karel VI, na reeds drie jaren te voren iets dergelijks beproefd te hebben, den 19den December 1722, octrooi aan eene compagnie voor den Indischen handel, die zich te Ostende zou vestigen [3]). Deze daad lokte,

---

1) de Jonge, Zeewezen, IV p. 141; Europische Mercurius voor 1728, 2e stuk, p. 91 en 218; voor 1729, 1e stuk, p. 112.
2) Europische Mercurius voor 1721, 2e stuk, p. 62.
3) Blankenheim, Geschiedenis van de Compagnie van Ostende, een academisch proefschrift, ed. 1861, p. 7, 28, 39, 41, alsmede bijlage I en II.

zoowel van de zijde der republiek en harer geestverwanten, als van die harer tegenpartij, een waren stortvloed van vertoogen en tegenvertoogen uit [1]). Te midden van al dat geschrijf, waarbij ieder zijn standpunt met de grootste spitsvondigheid zocht te verdedigen, doch waarbij in den grond der zaak het regt aan de zijde des keizers was, vernam men eensklaps, dat Spanje, hetwelk aanvankelijk de Nederlandsche aanspraken had ondersteund, in 1725, door toedoen van den hertog van Ripperda, zich met den keizer verzoend, en diens zijde gekozen had [2]). Engeland, Frankrijk en Pruissen, beducht voor de gevolgen hiervan, sloten aanstonds een verbond te Hannover, met uitnoodiging aan de republiek zich bij hen te voegen. Dit geschiedde in 1726, nadat de Staten-Generaal vruchteloos beproefd hadden, eene vredebreuk met de roofstaten als eene gemeene zaak der bondgenooten te doen aanmerken; doch nadat het betwiste regt der beide compagniën uitdrukkelijk was gewaarborgd [3]). Nu kregen de onzen het te kwaad met Spanje, dat zijne havens tijdelijk voor Nederlandsche schepen sloot. Inmiddels schorste de keizer, op aanraden van den Franschen minister de Fleury, de veel besproken compagnie voor zeven jaren, in afwachting van hetgeen een congres dienaangaande zou beslissen [4]).

Gedurende de beraadslagingen van het congres, dat in 1728 te Soissons bijeenkwam, namen de republiek en Groot-Brittanje, waar George II zijn vader was opgevolgd, eene eenigzins meer indrukwekkende houding aan. In den loop van Junij 1729, vereenigden twaalf Nederlandsche schepen, onder den vice-admiraal Aerssen van Sommelsdijk, zich met ruim twintig Engelsche schepen, die onder den admiraal Wager te Spithead lagen [5]). Men scheen evenwel niet te willen doortasten; want de vereenigde magt ging niet onder zeil.

---

[1]) Europische Mercurius, voor 1723, 2e stuk, p. 96 tot 113, p. 181 en 269; voor 1724, 1e stuk, p. 145, 212, 257 tot 291 en een aantal vlugschriften.

[2]) Schlosser, Geschiedenis der achttiende eeuw, I p. 208 : Blankenheim, p 79.

[3]) Wagenaar, XVIII p. 387; Hume, XIII p. 77; Blankenheim, p. 83; Missive aen een heer der regeringe, ed. 1741, p. 97.

[4]) Europische Mercurius voor 1726, 2e stuk, p 236; Wagenaar, XVIII p. 394 424 e. v.; Bijvoegsels, p. 108 e. v.; Blankenheim, p. 85; Schlosser, I p. 213.

[5]) Brieven en rapport van Aerssen van Sommelsdijk, M. S. in het Rijks-Archief, Beatson, Naval and military memoirs of Great-Britain, ed. London 1804, I p. 11 en Appendix, p 2.

Allerlei saluten, bezoeken, maaltijden en andere festiviteiten, opgeluisterd door kostbare serviezen, fluweelen kleederen, gouden borduursel, enz. schonken der bemanning eenige verpoozing, tot dat de vloot, half October, werd ontbonden. Vele Engelschen gaven hunne ontevredenheid over deze nuttelooze vertooning lucht, in puntdichten en schotschriften, waarvan er sommige eene vervolging uitlokten [1]). Toch maakte de uitrusting Spanje wat handelbaarder, dewijl het in November, te Sevilla, een afzonderlijk verdrag aanging met Frankrijk, Groot-Brittanje en de republiek. Later gaf ook de keizer toe, door in 1731 te Weenen een tractaat te sluiten met George II, waarbij men zondelingerwijs de toetreding der Staten-Generaal, wier gemagtigden niet gereed waren en eerst later teekenden, slechts stilzwijgend aannam [2]). Bij art. 5 van dit tractaat, beloofde de keizer de compagnie te Ostende geheel te zullen opheffen; daarentegen verbonden zich de Staten-Generaal en de koning van Groot-Brittanje, bij art. 2, tot de erkenning en handhaving der Pragmatieke sanctie, waardoor de keizer, die geene mannelijke nakomelingen bezat, het regt tot opvolging in de Oostenrijksche erflanden aan zijne dochter Maria Theresia had verzekerd.

Voor dat het Weener tractaat de republiek weder meer in de buitenlandsche aangelegenheden wikkelde, moest zij voortdurend eenige zorg wijden, aan het behoud van den vrede met de roofstaten. Den 11[den] September 1729, terwijl de twaalf Nederlandsche schepen nog te Spithead lagen, was kapitein Schrijver, met drie hiervan, naar Algiers gezonden. Hij kwam er den 14[den] October aan [3]), en legde er, door beloften en bedreigingen, de geschillen zoo wat bij. Treffend was de opdragt van vele slaven „die met veel lametere, bidde en smeeke versogten Haar Hoog Mog. derselver miseriën indagtig te maken, om na soo veel jaaren in groote ellende doorgebragt te hebben, ijndelyk de genade van Haar Hoog Mog. mogten verwerven, van haar uyt de slavernij te verlossen [4]). Dit beroep op der Staten

---

[1]) Europische Mercurius voor 1729, 2e stuk, p. 4 en 57.
[2]) Europische Mercurius voor 1730, 1e stuk p. 27; voor 1731, 1e stuk, p. 168; Blankenheim, p. 87 e v.; Recueil van Zeesaaken, V p. 161.
[3]) Rapport van Aerssen van Sommelsdijk, M. S.; zijn brief van 12 September, M. S.; Rapport van Schrijver, M. S. allen in het Rijks-Archief.
[4]) Brief van Schrijver van 29 October 1729, M S. in het Rijks-Archief.

welwillendheid was, blijkens de aanzienlijke sommen in de eerstvolgende jaren aan het lossen dier ongelukkigen besteed, niet vergeefsch. Het ware te wenschen geweest, dat men den Algerijnen en anderen inmiddels wat meer eerbied had ingeboezemd voor alles, wat onder Nederlandsche vlag voer. Is het niet bedroevend, dat de Algerijnen, kort na het vertrek van Schrijver, weder vier Nederlandsche schepen opbragten, die hun dey, in weerwil van de hevige tegenkanting der zijnen, ja teruggaf, doch niet zonder aanspraak te maken op nog eenige pompen en ankers, boven de hem reeds beloofde masten, dewijl hij nu de aangegane verbindtenissen eens was nagekomen? [1]) Is het niet ergerlijk, dat eene zeemogendheid, als de republiek, niet slechts allerlei dwaze verzoeken dier kleine roofzuchtige vorsten inwilligde, maar zich ook hierbij nog allerlei vernederingen getrooistte? Hoe ver dit soms ging, ondervond kapitein Schrijver, nadat hij, den 1sten Mei 1730, andermaal met drie schepen was uitgezonden, om een aantal presenten naar Algiers te brengen, waarvan de lijst verscheidene bladzijden van zijn journaal vult.

Tijdens een bezoek, den 19den Junij door hem bij den dey afgelegd, kwam er berigt, dat zes schepen, waaronder twee prijzen, de haven naderden, hetgeen den dey, bij het afscheid, deze woorden ontlokte: „God geve, dat zij mij er geen van uwe natie brengen!" Wie schetst echter de ontsteltenis van Schrijver, toen hij daarop bespeurde, dat het de *Purmerlust* (28) en de *Ter Horst* (28) waren, twee Oost-Indische schepen, welke de Algerijnen bij de Sorlings hadden genomen, dewijl zij zonder Turksche passen voeren. Dit was den roovers te ligter gevallen, omdat de equipagiën weinig ter verdediging hadden gedaan, betoonende zich, volgens het oordeel van den Nederlandschen bevelhebber, veeleer „hoenders dan Hollanders." Schrijver protesteerde tegen het binnenbrengen dier schepen, dat hij niet aanstonds kon beletten. Ware de wind gunstig geweest, dan zouden zij, volgens zijne verklaring, niet ongehinderd achter de moelje gekomen zijn; want hij zou dan het goed zijner heeren en meesters hebben beschermd. Nu eischte hij slechts teruggaaf, vergoeding en eene voorbeeldige straf voor de nemers. Doch hiernaar had men te Algiers volstrekt geene ooren. Zelfs wilde de

---

1) Europische Mercurius voor 1729, 2e stuk, p. 308 en voor 1730, 1e stuk, p 101.

dey den Nederlandschen bevelhebber niet spreken, uit vrees dat hij den schijn op zich zou laden, van omgekocht te zijn. Niet bij magte zijn eigen volk te beteugelen, liet hij den Nederlandschen kapitein voorstellen, eene zekere som gelds voor de vrijgeving der schepen te betalen en den vier kapers, die hen opgebragt hadden, elk een zwaar anker en touw te vereeren. Schrijver, die zich reeds beklaagd had, dat men te Algiers noch eer, noch godsdienst kende, nam dit voorstel aan, dat nu evenwel van de zijde der Algerijnen nog bezwarender werd gemaakt. Na een hoogst onstuimig tooneel in den divan, achtte de Nederlandsche kapitein het geraden de onbillijke eischen der tegenpartij in te willigen, en van de 22 kisten met gemunt geld, welke de genomen schepen voor het Indische leger aan boord hadden, de helft af te staan. Tevreden met de 137.000 gl, het hun toegewezen aandeel van den buit, lieten de Algerijnen de beide schepen met het overige gedeelte der lading, den 25sten Junij, vertrekken, behoorlijk voorzien van Turksche passen [1]).

Voor een man als Schrijver, wien het noch aan eergevoel, noch aan geestkracht ontbrak, was het uitermate grievend, dat hij eene dergelijke onderhandeling moest voeren, in plaats van op den vermogenden invloed te kunnen rekenen van den staat, dien hij vertegenwoordigde. Hij noemde het „een seer epineus geval, en volgens den term van den dey, een stock, by wat end aan te vatten, men de handen vuyl maakte [2])." Na een groot aantal slaven gelost, een roofschip van Salé veroverd, en een Nederlandsch schip, dat werd opgebragt, hernomen te hebben, viel hij, den 27sten October, te Texel binnen [3]). Doch hij toefde slechts kort in het vaderland, daar hij in het volgende voorjaar weder met dezelfde bestemming uitzeilde, en den 26sten Junij 1731, bij vernieuwing te Algiers aanlandde. Hier kwam het onlangs gebeurde spoedig ter sprake. Een zeggen van Schrijver, dat de Staten-Generaal het door hem gehouden

---

[1]) Verbaal van Schrijver, M. S.; zijn brief van 29 Junij 1730 aan den griffier Fagel, M. S. beiden in het Rijks-Archief; Europische Mercurius voor 1730, 2e stuk, p. 46 e. v.

[2]) Een andere brief van Schrijver van 29 Junij 1730, insgelijks aan den griffier, doch secreet, M. S. in het Rijks-Archief.

[3]) Verbaal van Schrijver, M. S.; Europische Mercurius voor 1730, 2e stuk p. 104.

gedrag niet ten volle hadden goedgekeurd, vatte de dey als een bedekten eisch tot teruggaaf der elf kisten met geld op, hetgeen hem „van gants quaad humeur maakte " Op de aanmerking, door een tolk overgebragt, dat de restitutie van de eene helft de maag van den dey had bedorven, verzocht Schrijver, dezen bij gelegenheid te antwoorden: „dat de elff kisten geld Haar Hoog Mog. maagen, meede gants uyt ordre hadden gebragt." Hij gaf den Staten, in hetzelfde schrijven, een allezins behartigenswaardigen wenk, door te zeggen: „het gesigt van nieuwe scheepen moet haar in die vreese houden, soo wel als de presenten dienen, om haar vrindschap te conserveren [1]." Doch goede raad baatte weinig. Schrijver ontscheepte de medegebragte geschenken, loste weder vele slaven en vernieuwde het tractaat, dat zelfs met eenige artikelen vermeerderd werd, waarin o. a. voorkwam, dat zelfs de Oost-Indische schepen, die, volgens het oordeel van Schrijver, hun vrijgeleide op de trompen hunner stukken voerden, ter vermijding van een geval, als onlangs had plaats gegrepen, voortaan steeds met Turksche passen zouden varen [2]).

Hier zou nu eene opsomming van tamelijk onbeduidende zeetogten moeten volgen, die men der vermelding blijkbaar zoo weinig waardig achtte, dat het doorlezen van de gedrukte maandberigten van dien tijd onwillekeurig den twijfel zou doen rijzen, of de republiek wel eenige gemeenschap met de zee had, bijaldien er geen sprake ware geweest van duizenden binnengekomen koopvaarders, van rijke ladingen, regtstreeks uit Indië aangevoerd, van een aanzienlijk getal haringbuizen en walvischvaarders, die in de republiek te huis behoorden. Al wat er gedaan werd, om dien nationalen rijkdom te beschermen en de eer van den staat op te houden, bepaalde zich tot de uitrusting van enkele oorlogsschepen door de admiraliteiten van Amsterdam en de Maas. Zij waren echter noch groot, noch talrijk genoeg, om ontzag in te boezemen. Is het wonder, dat de republiek, in de schatting van Algerijnen en anderen, hoe langer hoe meer daalde?

---

[1]) Brieven van Schrijver van 3 Julij 1731 aan de Staten-Generaal en den griffier, M. S. in het Rijks-Archief.

[2]) Europische Mercurius voor 1731, 2e stuk, p. 19 en 115. Iets over de inrigting dier Turksche passen, in de Europische Mercurius voor 1750, 1e stuk, p. 162.

Eene mogendheid toch, die prijs stelt op hare onafhankelijkheid, kan alle maatregelen van zelfverdediging niet straffeloos veronachtzamen. Zonder een hard woord te bezigen, dat, om der gevolgen wil, hier niet misplaatst zou wezen, kan men een dergelijk verzuim, op zijn zachtst genomen, als eene kwalijk begrepen, en bovendien zeer gevaarlijke zuinigheid aanmerken. Hoe zal men den tijd vinden, om zich, bij eenig nakend gevaar, het benoodigde materiëel en een geoefend personeel te verschaffen; waar de gelden, om alles te gelijk, en nu, onder den drang der omstandigheden, zelfs ten duurste te bekostigen? Op den rand des verderfs, waar eendragt en bezadigdheid den veegen staat misschien nog kunnen redden, verliest de menigte, uit haren sluimer opgeschrikt, niet zelden het vertrouwen op hare zorgelooze leidslieden. En wat dan? Hierop hadden de gebeurtenissen van 1672 reeds een antwoord gegeven. Thans was de misslag grooter, daar en zee- en landmagt in ellendigen staat verkeerden. Waren de gevolgen nogtans minder ernstig, zoo had men dit slechts aan de mindere felheid van den toegebragten schok te danken.

Terwijl vele regenten en inwoners der republiek er slechts op uit waren, om 's lands uitgaven te bekrimpen en hun bijzonder vermogen uit te breiden, zelfs door middelen, die vaak den toets eener strenge eerlijkheid niet konden doorstaan, begonnen zich allerlei duistere stippen aan den staatkundigen horizont te vertoonen. Bij alle vroegere geschillen, ofschoon dikwijls luide besproken, had de republiek eene doorgaans zeer voordeelige onzijdigheid bewaard. Maar kort nadat zij, in 1739, het afgeloopene tractaat van marine met Frankrijk had vernieuwd [1]), doemde eensklaps eene reeks van gevaren, van verschillende kanten op. Groot-Brittanje geraakte in oorlog met Spanje, hetgeen beiden noopte, een naauwkeurig toezigt te houden op de lading van Nederlandsche schepen. Nagenoeg terzelfder tijd, begon Denemarken onze talrijke walvischvaarders in de Noordelijke IJszee te bemoeijelijken, bewerende dat zij een verboden handel dreven op Deensch gebied, en te digt bij de kusten hiervan vischten [2]). Een en ander leidde tot de uitrusting van

---
1) Europische Mercurius voor 1740, 1e stuk, p. 72 en 107; Recueil van tractaten, No. 24, 25; Recueil van Zeesaaken, IV p. 496.
2) Europ. Merc. voor 1740, 1e stuk, p. 287; 2e stuk, p. 199 en 241; v. 1741, 1e st. p. 239.

twaalf schepen, waarvan er twee tot bescherming der visscherij en de overige tot diensten in de Middellandsche zee, tot een togt naar Curaçao en tot het geleiden der Oost-Indische retourschepen gebruikt werden. Ook vertrokken, in 1742 en 1743, kleine eskaders naar de Oostzee [1]), waar Zweden, gelijk wij reeds elders gezegd hebben, in strijd met de tractaten, het aantal goederen van contrabande poogde uit te breiden.

Dreigender was het onweder, dat inmiddels uit het zuiden kwam opzetten, nadat keizer Karel VI in 1740 was overleden. Wel verre van de regten zijner dochter Maria Theresia te erkennen, zooals de geraadpleegde mogendheden, met uitzondering van Beijeren, allen hadden beloofd, vielen de meeste haar onder verschillende voorwendsels aan. Alleen de republiek en Groot-Brittanje bleven getrouw aan de verpligtingen, hun door het Weener tractaat van 1731 opgelegd. Om echter niet al te zeer in de zaak betrokken te worden, ondersteunden de Staten-Generaal de koningin van Hongarije, gelijk Maria Theresia naar het grootste harer erflanden werd genoemd, aanvankelijk slechts met geld en troepen, zonder een harer vijanden regtstreeks den oorlog te verklaren. Zij slaagden er in, hunne beloften zoodoende vrij wel te houden en nogtans buiten het eigenlijke geschil te blijven, ofschoon velen hier te lande op meer doortastende maatregelen aandrongen. Om de voor- en nadeelen hiervan te betoogen, verscheen eene menigte vlugschriften, waarvan er een getiteld: „Hollandsch waterzootje, strekkende tot een tegen-geregt aan een Spaansche ogliopodrido, opgedischt in Fransche schotels, door een Napelschen kok met een lang mes," naar het heette gedrukt „in 't Malle schip, onlangs gezonken voor Zaandam."

Het behelst een inderdaad zeer geestig pleidooi voor het meer nadrukkelijk ondersteunen der koningin van Hongarije. De geuite wensch bleef niet lang onvervuld; want de republiek werd in 1744 werkelijk meer in de gebeurtenissen betrokken. Hare houding leverde echter een doorslaand bewijs, dat vele raadgevers op het papier, dweepende met een verleden, dat reeds lang tot de geschiedenis behoorde, zich zelven te weinig rekenschap hadden gevraagd van het tegenwoordige.

---

[1]) de Jonge, Zeewezen, IV p. 166, e. v.

Groot-Brittanje, sedert 1739 reeds in oorlog met Spanje, was, als bondgenoot van Maria Theresia, in allerlei vijandelijkheden geraakt met Frankrijk, hetwelk, als bondgenoot van Beijeren, der genoemde vorstin veel afbreuk had gedaan, eer het, den 26sten April 1744 [1]), haar den oorlog verklaarde. Inmiddels poogde het den koning van Groot-Brittanje in diens eigen rijk te bemoeijelijken, door aan Karel Eduard, den zoon van den pretendent, de middelen tot eene landing in Schotland te verschaffen. Naauwelijks had koning George II, bij geruchte, iets hiervan gehoord, of hij liet in Februarij 1744, op grond der tractaten van 1678 en 1716, aan de Staten-Generaal 6000 man troepen en voorloopig eenige schepen vragen [2]). Het eerste gedeelte van het verzoek werd aanstonds ingewilligd.

Wat het zenden van schepen, zelfs tot het convooijeren der troepen, betrof, lieten de Staten zich met de grootste voorzigtigheid uit. Zij beloofden eerst eens te informeren, of er ook gereed lagen, hetgeen zij ten zeerste betwijfelden [3]). Dit was niet zonder reden, omdat zij de zeemagt, in de laatste jaren, bijna geheel uit het oog hadden verloren. Wilde men het verzuim nog eenigermate herstellen, dan moesten alle autoriteiten de handen ineenslaan, en zich met ijver aan het werk zetten. Doch wel verre van nu een voorbeeld te geven, begonnen de Staten-Generaal te delibereren, met uitnoodiging aan de admiraliteiten, zulks insgelijks te doen, opdat hunne gedeputeerden dan konden visiteren en examineren, en ten laatste rapport uitbrengen [4]). Holland, dat op meer spoed aandrong, lokte ondertusschen een schrijven van de Staten-Generaal aan de provinciën uit, om deze tot het inwilligen en afbetalen van nagenoeg 2½ millioen gl. op te wekken. Van deze som, reeds in 1741 ten behoeve der zeemagt aangevraagd, was alleen door Holland 850.000 gl. voldaan. Met zeker pathos, verklaarden de Staten-Generaal, dat zij zich niet zonder aandoening konden voorstellen, aan welk gevaar het land met zijne uitgestrekte kusten en vele havens bloot stond, nu er geene schepen waren om het te verdedigen. Doch het gaf

---

[1]) Europische Mercurius voor 1744, 1e stuk, p. 278.
[2]) Europische Mercurius voor 1744, 1e stuk, p. 172, 178, 202.
[3]) Hume, XIII p 314; Europische Mercurius voor 1744, 1e stuk, p. 205.
[4]) Recueil van Zeesaaken, V p. 47.

niet veel. Eerst nadat er voorloopig 400.000 gl. bij wijze van leening uit andere fondsen was beschikbaar gesteld, begonnen de admiraliteiten eenige aanstalten te maken [1]).

Karel Eduard kon, wegens de sterkte der Engelsche vloot, zijn plan niet volvoeren. Nogtans maakte het geschrijf en gepraat over de hem verleende hulp den toestand meer gespannen. Zelfs kwam het eerlang tusschen Frankrijk en Groot-Brittanje tot eene volslagen vredebreuk. Te midden van al de beraadslagingen hier te lande, vroeg nu koning George II, behalve de gezonden troepen, twintig linieschepen, welke de Staten-Generaal hem toezeiden, er bijvoegende dat zij voorloopig bereids de noodige bevelen hadden gegeven [2]). Wat de vrucht was van die wijze voorzorg en van allen bedenkelijken ijver en spoed, waarmede de admiraliteiten te werk moesten gaan, zal blijken.

Reeds bij voorraad was er een langwijlig debat aangevangen over den staat der zeemagt. Welk een overvloed van stof kreeg men nu eensklaps! De republiek bezat toch wel een dertigtal bruikbare oorlogsschepen van 44 tot 90 stukken [3]); maar noch geld, om die uit te rusten, noch volk, om die te bemannen, noch vlagofficieren, om die te kommanderen. Een voorstel, kort na den vrede van Utrecht gedaan, om het getal der laatsten, evenals voor 1665, te beperken [4]), was niet onaannemelijk geweest. Doch in plaats van een klein kader voltallig te houden, had men hen bijna geheel laten uitsterven. Holland, voorheen niet zelden in het bezit van negen vlagofficieren, telde er thans één. Het was de schout bij nacht Grave, een man van drie en zeventig jaren, waarvan hij, reeds gedurende twee en twintig, zijn tegenwoordigen rang bekleedde. Van de drie vlagofficieren, in Zeeland aanwezig, was de luitenant-admiraal Ockerse te oud, en de schout bij nacht Grindet te doof, om dienst te doen, waarvoor alleen de vice-admiraal Wiltschut in aanmerking kon komen [5]).

---

1) Recueil van Zeesaaken, V p. 52 e. v.
2) Beatson, I p. 183, 184; Hervey, IV p. 233; Europische Mercurius voor 1744 1e stuk, p. 216, 224, 254; Recueil van Zeesaaken, V p. 81.
3) de Jonge, Zeewezen, IV p. 253 en bijlage VII.
4) Bijvoegsels bij Wagenaar, XVIII p. 8 e. v.
5) de Jonge, Zeewezen, IV p. 173, 174.

Onder den drang der omstandigheden, maakten velen eene schoone promotie; want de Staten van Holland en West-Friesland benoemden, den 8sten Mei, den bejaarden schout bij nacht Grave tot luitenant-admiraal bij de Maas, en den nagenoeg zeventigjarigen kapitein Taelman tot dezelfde waardigheid bij het collegie van Amsterdam. Bij dezelfde collegiën, stelden zij aan, tot vice-admiraals de kapiteins 't Hooft en Schrijver, en tot schouten bij nacht de kapiteins Hoogeveen en Reynst [1]). Acht dagen later, besloten de Staten-Generaal, dat de luitenant-admiraal Grave het eskader zou kommanderen, waarop ook drie of vier andere vlagofficieren zouden dienen. Zij vonden dit getal wel wat groot, doch lieten het er bij, omdat het bezwaar zou opleveren, anderen met de uitrusting der schepen te belasten, die aan de benoemde vlagofficieren vóór hunne bevordering was opgedragen. Alleen de luitenant-admiraal moest worden vervangen, bijaldien het niet bleek, dat Engeland het opperbevel aan een officier van denzelfden of hoogeren rang had verleend [2]).

Minder gemakkelijk kreeg men het benoodigde geld en volk. „Tot vervelens toe," moesten de Staten-Generaal, volgens hun eigen zeggen, altijd op hetzelfde aanbeeld slaan. Met betrekking tot de gemelde som, was men, na veel schrijven en redeneren, twee jaren later, nog precies even ver [3]). Geen wonder, dat het gereed maken der beloofde schepen slechts tragelijk voortging; te meer, dewijl er gebrek was aan bevaren volk en wel voornamelijk aan onderofficieren. Men zocht de laatsten tot in Denemarken, van waar een twintigtal konstapels werden ontboden, en plaatste zelfs tuchthuisboeven op 's lands schepen, om de bemanning aan te vullen [4]). Zeker een slecht middel, om den militairen geest, onder alle rangen zoo hoog noodig, op te wekken en aan te kweeken!

Den 6den Augustus 1744, kwam de luitenant-admiraal Grave met

---

1) Europische Mercurius voor 1744, 1e stuk, p. 306; Recueil van Zeesaaken, V p. 101, waar echter, zeker door het uitvallen van een paar regels, eene zonderlinge drukfout voorkomt, daar de naam van Grave overgeslagen is, en 't Hooft dien ten gevolge als luitenant-admiraal vermeld wordt.

2) Recueil van Zeesaaken, V p. 107, 120, 129.

3) Recueil van Zeesaaken, V p. 204 en 468.

4) Verbaal van Schrijver over 1747 en 1748. M. S. in het Rijks-Archief, fo. 115; de Jonge, Zeewezen, IV p. 265 e. v.

de *Haarlem* (72) en nog zeven andere schepen te Spithead, waar een Britsch eskader lag, onder den admiraal Balchen. Deze ontving de onzen zeer voorkomend. Met blijkbare opgetogenheid, teekende Grave in zijn journaal aan, dat Balchen hem de eerste visite bragt, hetgeen tot dusverre nooit was gebeurd; dat de Britsche opperbevelhebber hem eerst op de valreep, en daarna in de kajuit om den hals vloog, over welke groote eer hij zich maar niet genoeg kon verbazen. Hij beantwoordde het bezoek, kreeg de noodige orders voor de nakomende schepen, en zond eenige brieven af, onder welke een aan lord Carteret, waarin hij „op wiskundige wijze aantoonde, om welke reedenen, onmogelijk eerder met het schip *Haarlem* te Spithead had kunnen komen." Twee dagen na zijne aankomst, zeilde Grave, vereenigd met de Britsche vloot, onder Balchen, naar de bogt van Frankrijk, waarbij aanvankelijk alles naar wensch ging. Zelfs waren de onzen betrekkelijk gelukkig, toen zij, den 23sten Augustus, Fransche schepen in 't zigt kregen, waarop jagt werd gemaakt; want de vice-admiraal 't Hooft veroverde de *Sirène* en kapitein Frensel de *Monarque*. Vier prijzen, door de Britten gemaakt, werden opgezonden met de *Hampton-Court*, en de beide Nederlandsche met de *Beekvliet*, omdat deze bodem, gevoerd door kapitein van der Ster, volgens de meening van Balchen, „zoo een slegt zeylder was en de gecombineerde vloot meer ophielt, dan daarbij dienst deed [1]."

Doch nu begon het verdriet. Evenals kapitein Petersen, wegens het aantal zieken, met de *Middelburg* zich niet bij het eskader had kunnen voegen, openbaarden zich thans ziekten aan boord der schepen van Grave. Deze vond het uit dien hoofde geraden, den 7den September, den vice-admiraal Schrijver met de *Damiate* (64), de *Assendelft* (54) en de *Edam* (54) te detacheren, om zich op den Taag te gaan ververschen. Dit was hoog noodig, daar het getal zieken van den vice-admiraal, kort te voren reeds 80, bij zijne komst op de rivier van Lissabon, niet minder dan 95 bedroeg, wier lot, volgens hun bevelhebber, zeer te beklagen was [2]. Balchen keurde

---

[1] Journaal en verbaal van Grave, 1744 en 1745, M. S.; Brief van Grave aan de Staten-Generaal van 26 Augustus, M. S.; Verbaal van den vice-admiraal 't Hooft, 1744 en 1745, M. S. allen in het Rijks-Archief.

[2] Recueil van Zeesaaken, V p. 167, 180; journaal en verbaal van Grave, M S. brieven van Schrijver van 15 en 24 September, M. S. beiden in het Rijks-Archief.

het opzenden dier schepen nogtans af, bewerende, dat hij zulks niet zoú doen, al waren er honderd zieken aan boord [1]). Dit zal vermoedelijk wel eene uiting van misnoegen geweest zijn over de onbeduidendheid, waartoe het Nederlandsche eskader hierdoor verviel, terwijl er welligt in de Spaansche zee nog iets te doen zou wezen. De vier overgebleven schepen, waarvan er drie eene vlag voerden, geleken, om de woorden eens lateren dichters te bezigen, bijna eene spotprint op zich zelven. Moest het den Britten niet in het oog vallen, tot welk een laag peil de eenmaal schoone zeemagt hunner vroegere mededingster was gedaald? Dat men van het eskader, volgens sommigen alleen voor het Kanaal bestemd, wat veel had gevergd, is eene belagchelijke uitvlugt; want de reis was noch ver, noch van langen duur. Immers kwam de vloot slechts tot bij de straat van Gibraltar, om een convooi te dekken. Op haren terugtogt, had zij echter tot den 6^{den} October met stilte en tegenwind te kampen, en kreeg zij vervolgens „een brave stooker uyt den Z. Z. W." die later tot een vliegenden storm overging, welke veel schade aanrigtte. Maar dit stonden de Nederlandsche schepen gelukkig door; want Grave kwam, den 19^{den}, met de *Haarlem* (76), de *Dordrecht* (54), de *Delft* (54) en de *Leeuwenhorst* (54), behouden te Spithead. De Engelschen leden meer, en de *Victory*, het vlaggeschip van Balchen, was met de gansche equipage spoorloos verdwenen [2]).

Men weet die ramp aan de slechte constructie van het schip, waarover in die dagen veel geklaagd werd. Naar de meening van Grave, was het schip van Balchen veeleer gezonken of omgeslagen dan gestrand [3]). Later gaf het den Nederlandschen bevelhebber aanleiding, om op de slechte uitrusting van zijn eigen schip te wijzen. Gaarne wenschte hij dezelfde gevaren nog eens te loopen „mits conditie," zoo schreef hij, „dat aan mij gesonden wierden alle de leveranciers, die met haar weeten ondeugend hout, ijzer, hennip, zeildoek ofte iets diergelijks aan de admiraliteyten leeveren. — Ik sal haar alle voor niet de kost geeven, om dan het plaizier te hebben van op mijn gemak gezeeten in een hooge armstoel, haarlieden te sien

---

[1]) Brief van Grave van 19 October, M. S. in het Rijks-Archief.
[2]) Journalen en verbalen van Grave en 't Hooft, M. S.; brief van Grave van 19 October, M. S.; Beatson, 1 p. 227; Campbell, IV p. 486; Hume, XIII p. 331.
[3]) Hervey, IV p. 258; journaal en verbaal van Grave, M. S.

op haare kniën vallen," enz. Hij verzekerde ten slotte, dat hij die heeren zuiverder terug zou brengen, dan wanneer zij drie jaren in het vagevuur gelegen hadden [1]).

Niet minder ernstig, wees de Nederlandsche bevelhebber op de nooddruft van zijn scheepsvolk, dat naakt en bloot was en bijna niets aan het lijf had, om het tegen harde winden en zware regenbuijen te beschermen [2]). Zeker klonk dit, met het oog op de vele zieken, nog al bedenkelijk. Tegenover die bezwaren, komt de ijdelheid, welke in de brieven van den bevelhebber doorstraalt, te sterker uit. Had de eerste bejegening zijne verwachting reeds overtroffen, thans schreef hij: „ik word overal met veel distinctie ontfangen, en meer eer aangedaan, dan mijn toekomt. Ik geloof dat hetselve veroorzaakt is, dat den heer Envoyé Trevor mijn caracter een weinig aan het Engelsche Hoff heeft doen kennen." En verder: „soo dat nu hier meer authoriteyt en pouvoir heb, als weet ooyt een luitenant-admiraal van Holland gegeven te zijn, — en worde op mijn wenk gedient." Jammer dat er, te midden van al die glorie, ook gewaagd moest worden van de *Beekvliet*, die 67 zieken, 7 dooden en 36 man te weinig aan boord had [3]). Kapitein van der Ster, met dien bodem naar het vaderland gezonden, viel den 4den December te Texel binnen, na twee ankers en drie touwen verloren te hebben. Zijn lek en onbezeild schip, telde slechts 80 gezonde matrozen [4]).

Inmiddels kwamen er andere schepen gereed, die zich, evenals de drie uit Portugal, bij het eskader voegden, dat eindelijk, den 31sten Januarij 1745, door de komst van de *Prins Friso*, kapitein Prigge, en de *Vriesland*, kapitein Lincklaen, voltallig werd [5]). Maar thans begonnen zich kwalen van ernstiger aard, dan al het genoemde op 's lands schepen te openbaren, namelijk oneenigheid tusschen de bevelhebbers en gebrek aan discipline.

Nadat de schout bij nacht Reynst, zelfs buiten de voorkennis der Staten-Generaal, in November was teruggeroepen [6]), verzocht

---

[1]) Brief van Grave van 10 December, in de Navorscher voor 1854, p. 35.
[2]) Recueil van Zeesaaken, V p. 226.
[3]) Brief van Grave van 16 November, M. S. in het Rijks-Archief.
[4]) Recueil van Zeesaaken, V p. 243.
[5]) Journaal en verbaal van Grave, M. S.
[6]) Recueil van Zeesaaken, V p. 228.

de vice-admiraal Schrijver dit insgelijks, en wel als eene groote gunst. Hij kon het met zijn chef niet vinden, van wiens te groote inschikkelijkheid jegens de Engelschen hij een donker gekleurd tafereel ophing. Het verschil liep eerst over het straffeloos deserteren en het opeischen van Engelsche matrozen in Nederlandsche dienst, die op één schip wel ten getale van honderd werden aangetroffen. De voorschriften, den Engelschen dienaangaande met betrekking tot vreemde schepen gegeven, kwamen, volgens de meening van Schrijver, niet te pas, nu de Nederlanders als auxiliairen dienden, en als zoodanig de Engelsche koningsgeus voerden. Hij weet alles aan de houding van den luitenant-admiraal, die hem, ten slotte van een dispuut hierover, zelfs geantwoord had: ,,ik moey mij met geen rusie" en daarentegen zijn hof maakte door onmogelijke dingen te ordonneren, gelijk er alles behalve vleijend werd bijgevoegd ,,uyt groote vreese van het verwagte present voor de heroique gedaane dienst geen vijftig pond Sterlings vermindert werdt." Met de handhaving der krijgstucht was het bitter gesteld, omdat men de Engelsche matrozen, die zich allerlei impertinentiën veroorloofden, moest ontzien, en dan andere niet voor hetzelfde kon straffen. Schrijver voegde er ter loops bij ,,dat de jonge officieren meer in de vrijmetzelaarsvergaderinge en processiën over straadt met schortsvel en troffel pronkten, als op haare schepen in den dienst van 't landt ¹)."

Van deze philippica zond hij twee dagen later een duplicaat, tevens bij vernieuwing op de slechte tucht wijzende, waarvan de officieren het voorbeeld gaven, door hunne te veelvuldige en te langdurige bezoeken, waarbij ,,zij haar met malkander soodanig dronken drincken, dat zij geen geschreeven ordres kunnen leezen," hetgeen allerlei ongeregeldheden na zich sleepte. Na op den stank gewezen te hebben, die tot groot nadeel der gezondheid oprees, uit het stilstaande water, onder in het schip, dat niet kon worden uitgepompt, riep de vice-admiraal heftig uit: ,,het is meer als hoog tijd, om het politique masque af te nemen, en klaare significante taal te spreken." Hij scheen echter te vreezen, dat men den luitenant-admiraal over eene betere inrigting der schepen zou raadplegen, doch stelde zich hier-

---

¹) Brief van Schrijver aan den griffier der Staten-Generaal, van 28 Januarij 1745, M. S. in het Rijks-Archief.

over gerust, door op te merken: „Edog! ik wil gelooven, dat dien heer met zijn schrijven sig soo wel bekent gemaakt heeft, dat het geen ingressi sal vinden bij de regenten tot verandering van de scheepsbouw, alsoo er dat maar aan mankeeren soude, om de zeemagt van de Republicq in alles te ruineeren [1].”

Aan al dat spektakel op 's lands eskader, waar, volgens Schrijver, de eene disordre op de andere volgde, schoon een brief van Grave dienaangaande niets meldt, moest een einde komen; vooral toen anderen de zienswijze van den driftigen vice-admiraal begonnen te deelen. Op de lijst van diens grieven tegen den opperbevelhebber, onder wien hij zich schaamde als vlagofficier te dienen, stond ook een feit, dat velen afkeurden, hierin bestaande, „dat den heer Admiraal Grave desselfs schip *Haarlem* uyt deese haven heeft laten zeylen na de rhee van Spithead, alwaar Sijn Edele Gestrenge met de Admiraelsvlag van de Republicq fungeerd, als de tweede persoon onder de vice-admiraal Stuard, hebbende aen sijn Capt. Idsinga geordonneert sig ten eenenmaal te reguleeren naar en te volgen alle de bewegingen van gemelden vice-admiraal Stuard, so in 't afschieten van de wagt, het ontfangen van saluten, het droogen van zeylen, het heyssen en stryken van stenge en rhaas, het heyssen en stryken van vlag en geus, en verder in alles wat komt voor te vallen" [2].

Bij het uiten dezer klagt, stond Schrijver niet alleen; want de Staten-Generaal ontvingen weldra een brief van den 11den Februarij waarin Schrijver en de vice-admiraal 't Hooft hunne bezwaren inbragten tegen de ondergeschikte rol, die hun bevelhebber, ondanks al hunne vertoogen, sedert den 29sten Januarij, voor lief nam. In een anderen brief van denzelfden datum, klaagde echter de luitenantadmiraal zelf over Schrijver, met verzoek om nader gehoord te worden. In de eerste beschuldiging van Schrijver, waarbij deze zich beriep op het meer voegzaam gedrag door een Britschen commandeur op den Taag jegens hem gehouden, op hetgeen vroeger Almonde had gedaan en op de voorwaardelijke aanstelling van Grave, was blijkbaar iets overdrevens, vooral omdat het gemelde niet toepasselijk was op eene Britsche haven of reede. Immers hadden de

---

[1] Brief van Schrijver van 4 Februarij, 1745, M. S. in het Rijks-Archief.
[2] Brief van Schrijver van 8 Februarij, 1745, M. S. in het Rijks-Archief.

Staten-Generaal zelven, reeds lang geleden, met betrekking hiertoe, een besluit genomen Zonder te gewagen van de andere grieven, hielden zij thans hun luitenant-admiraal de hand boven het hoofd, door te antwoorden, dat zij vroeger aan hunne vlagofficieren hadden gelast, de wacht op de reeden van den koning van Groot-Brittanje niet op en af te schieten, voor dat de tegenwoordig zijnde schepen van Zijne Majesteit dit hadden gedaan. Zij stelden dus hun luitenant-admiraal in het gelijk, ofschoon tevens verklarende, dat zij den ijver zijner beschuldigers, voor de eer van 's lands vlag, op zich zelf, niet konden misprijzen [1]. Hiermede was echter niet alles geschikt. Schrijver bleef aanhouden op zijne terugroeping, wijzende op het aantal zieken, dat eenmaal tot meer dan 180 was geklommen [2]. Anderen begonnen de dienst insgelijks verdrietig te vinden, terwijl velen hier te lande in den waan verkeerden, dat het beste gedeelte van 's lands zeemagt geheel in het belang eener vreemde mogendheid werd gebruikt. Dit bewoog de Staten-Generaal eene onderhandeling aan te knoopen met het Britsche hof, over de terugzending van de helft van het eskader. Dien ten gevolge riepen zij eerlang Grave en Schrijver met de helft der schepen terug, voor zoover deze niet reeds in de Nederlandsche havens lagen [3].

Met de tien schepen, die nog in Engeland bleven, onder den vice-admiraal 't Hooft, verrigtte deze in den loop van 1745 nog eenige diensten, welke niet belangrijk waren, vooral omdat de meeste schepen, den 31sten Mei, aanzienlijke reparatiën moesten ondergaan, eer dat zij in zee konden steken [4]. Bij herhaling moesten de Engelschen op het proviandering dier bodems aandringen. De admiraliteiten van het Noorder-Kwartier en Friesland verklaarden zich echter niet bij magte dit voor een jaar te doen, en de laatste verzocht, dat hare schepen, de *Prins Friso* en de *Vriesland*, liever teruggeroepen mogten worden. De *Friso* werd later in Engeland gesuppleerd. Met de *Assendelft*, welks bevelhebber dagelijks maar het noodige aan wal

---

[1] Recueil van Zeesaaken, V p. 306 e. v. alsmede IV p. 309, waar een dergelijk geval in 1727 behandeld wordt. Zie ook hiervoor bladz. 184.
[2] Brief van Schrijver van 8 Maart, M. S. in het Rijks-Archief.
[3] Recueil van Zeesaaken, V p. 312 e. v.
[4] Brief van 't Hooft aan de Staten-Generaal van 31 Mei 1745, M. S. in het Rijks-Archief

kocht, zag het er slim uit, toen het groot want moest worden vernieuwd [1]). Aan sommige bodems was zooveel te herstellen, dat de Engelschen er bezwaar tegen maakten, hen in de dokken op te nemen. Uit dien hoofde werd de *Vriesland*, die wel vijf maanden zou moeten timmeren en daarenboven 70 zieken aan boord had, huiswaarts gezonden. In November, riepen de Staten-Generaal eerst de *Brederode* en de *Tholen* [2]), en daarna het overblijfsel van hun eskader terug. Dit viel, den 27sten December, te Hellevoet binnen, terwijl de inval van Karel Eduard, die thans werkelijk had plaats gegrepen, den Britten niet geringe bezorgdheid inboezemde. De republiek, die er nogmaals 6000 man heenzond en later ook weder eenige schepen beschikbaar stelde [3]), verleende haren bondgenoot dus een steun van weinig beteekenis. Het was een natuurlijk gevolg van de verwaarloozing der zeemagt, waarop de Staten-Generaal sedert twee jaren vruchteloos hadden gewezen. Wat zij echter vertelden van het geheel wegraken van 's lands vloot, van eene verwaarloozing buiten exempel, van de eer en glorie der natie, van de defensie en het welvaren van den staat [4]): het was alles aan eens dooven mans deur geklopt. Met uitzondering van Holland en Zeeland, konden of wilden de provinciën niets doen, ter uitvoering van de plannen der generaliteit, waarin hare afgevaardigden meestal slechts schoorvoetend en onder allerlei voorbehoud hadden toegestemd. Hierdoor verviel alles dermate, dat de republiek, schoon nog in het bezit van den naam eener zeemogendheid, ook als bondgenoot niet veel meer te beduiden had, en eerlang zelfs niet bij magte was hare eigen stroomen en kusten te beveiligen.

[1]) Recueil van Zeesaaken, V p. 344, 360, 366, 383.
[2]) Brief van 't Hooft van 16 Junij, M. S. bij zijn verbaal; Recueil van Zeesaaken, V p. 397, 460, 467.
[3]) Mahon, History of England, III p. 217 e. s.; Europische Mercurius voor 1745 2e stuk, p. 154 en 203; Recueil van Zeesaaken, V p. 504, 517 e. v.
[4]) Recueil van Zeesaaken, V p. 205.

b. *De republiek, in 1747 door Lodewijk XV wakker geschud. — Maatregelen tot bescherming van Zeeland. — Engelsche hulp. — Verheffing van Willem IV tot erfstadhouder. — 's Lands zeemagt op de Schelde. — Wat den vice-admiraal Schrijver te Lissabon wedervoer. — Vrede te Aken. — 's Prinsen plannen tot herstel. — Zijn dood in 1751.*

Roemloos dreigde de republiek der Vereenigde Nederlanden te vallen, toen de Franschen, bij het voortzetten van den oorlog, in 1746 hare grenzen naderden. Thans was het niet de hevigheid van den aanval, gepaard met binnenlandsche verdeeldheid, die haar, evenals in 1672, op den rand des verderfs bragt. Geen magtig bondgenootschap tastte haar van onderscheiden kanten aan, maar een zwak vorst, die over een uitgeput rijk den schepter zwaaide. Daarentegen kon zij zelve op vermogende hulp rekenen, en was de scherpe tegenstelling der binnenlandsche partijen, sedert den vrede van Utrecht, merkelijk weggenomen, door beider gemeenschappelijk streven naar rust. Geen spoor van die maatregelen tot beteugeling van den volksgeest, zoo als tijdens het eerste stadhouderlooze bewind. Men ging de Oranjegezindheid der menigte, die hare hoop op den stadhouder van Friesland en diens geslacht had gesteld, een weinig te keer, zonder haar te onderdrukken. Gelderland had hem, reeds in 1722, de stadhouderlijke waardigheid opgedragen. De bovendrijvende partij in Holland en Zeeland had 's prinsen huwelijk, in 1734, met eene dochter van den koning van Engeland, wat bedenkelijk gevonden. De Staten van Zeeland waren uit dien hoofde, tot vermindering van 's prinsen invloed, zelfs overgegaan tot de vernietiging van het marquisaat van Vlissingen en Veere, dat hem uit de nalatenschap van Willem III was toegewezen. Maar hiertegenover staat het luidruchtig vreugdebetoon, hetwelk den jonggehuwden, in Holland en Zeeland, ongehinderd te beurt viel. Zelfs begaf de prinses zich naar 's Gravenhage, om hare eerste bevalling af te wachten, en werd het kind, dat kort na de geboorte overleed, in den vorstelijken grafkelder te Delft bijgezet [1]. Bij deze en andere gele-

---

[1] Het leven van Willem Karel Hendrik Friso, te Amsterdam bij B. Mourik, I p. 101 en 143.

genheden kon de menigte ongestoord van hare gehechtheid aan het stamhuis doen blijken. Telken jare, bij de viering van den eersten Mei, werden, onder de oogen der hooge regering, in hare residentie, ook ten behoeve van den geliefden Oranjetelg, openlijk de ondubbelzinnigste wenschen geuit. Hoe geheel anders, dan in 1672! Thans kon men niet zeggen, dat de Oranjepartij reden tot verbittering had; omgekeerd, werden ook hare tegenstanders minder gedreven door staatkundigen hartstogt, dan wel door eene kleingeestige vrees, om het verkregen gezag en de hieruit voortspruitende voordeelen te verliezen. Met dergelijke bijoogmerken, hadden velen het algemeen welzijn veronachtzaamd.

De laakbare onverschilligheid, met betrekking tot 's lands verdediging, komt te sterker uit, indien men let op de algemeen heerschende welvaart, ofschoon niet alle bronnen meer even rijkelijk vloeiden, als weleer. In weerwil hiervan en van de toenemende weelde, groeide het maatschappelijk vermogen der republiek voortdurend aan. Nergens was zulk een overvloed van kapitaal te vinden, dat in handelsondernemingen, alsmede in binnen- en buitenlandsche fondsen was belegd. Te gelijk met den meer in zwang gekomen geldhandel, wierpen vele takken van industrie, vooral die, welke met de zeevaart in verband stonden, aanzienlijke winsten af. De Oost-Indische compagnie had nog onlangs goede jaren beleefd. Te Amsterdam waren, in 1740 en 1741, meer dan drie duizend schepen binnengekomen. Omstreeks honderd en vijftig schepen werden ter walvischvangst, omstreeks twee honderd buizen ter haringvangst gebezigd [1]. De republiek had dus werkelijk veel te verliezen, dat andere staten haar benijdden; en toch stond zij op het punt een politieken zelfmoord te begaan, door met alle schatten, die regenten en andere bewoners jaarlijks opstapelden, niet voldoende te zorgen voor die middelen, welke haar de eenmaal duur gekochte onafhankelijkheid en het rustig genot van den verkregen rijkdom moesten verzekeren.

- De nijpende geldverlegenheid der meeste regeringsligchamen, in

---

[1] Europische Mercurius voor 1741, 1e stuk, p. 317; voor 1742, 1e stuk, p. 142; voor 1746, 1e stuk, p. 310 en 2e stuk, p. 312; voor 1749, 1e stuk, p. 305 en 2e stuk, p. 287 enz. Luzac, Hollands Rijkdom, II p. 270, 279 en 309.

niet geringe mate verergerd door het omslagtige en kostbare der staatshuishouding, was eene der hoofdoorzaken van de beklagenswaardige rol, welke de republiek in de laatste jaren had gespeeld. Hare regenten bezaten te veel eergevoel, om zich geheel aan de zaak te onttrekken en te veel vrees voor de gevolgen, om er zich regtstreeks in te mengen. Uit dien hoofde poogden zij de vriendschapsbetrekkingen met Frankrijk te onderhouden, terwijl zij de vijanden van dit rijk met geld, volk en schepen dermate ondersteunden, dat zij, volgens hunne eigen verklaring, in openbaren oorlog weinig meer konden doen [1]. Met reden merkte dan ook de schrijver van het reeds gemelde „Hollandsch waterzootje" aan, dat zulk een zenden van hulptroepen weinig meer verschilde van een oorlog „dan eene zieke vrouw van een krank wijf." Doch juist die weifelende houding, welke bovendien menigen koopman verlokte tot een handel, waarvan de regtmatigheid niet boven allen twijfel verheven is, bragt de republiek in ongelegenheid met alle partijen. Spanje en Engeland hielden hare koopvaarders aan [2]. Frankrijk, welks schepen, door eenig misverstand, reeds in 1744 een Nederlandsch convooi hadden aangetast, ontzag de Nederlandsche kustzee niet, welker vrijheid een klein Engelsch schip op nog ergerlijker wijze schond [3]. Dit was zelfs eene der redenen, waarom de Staten-Generaal, zooals hiervoor is gezegd, in 1745, de helft van het auxiliaire eskader terugriepen.

Sedert dat tijdstip, begon het oorlogsgevaar meer en meer te naderen. De steden, kasteelen, schansen en bolwerken der Zuidelijke Nederlanden gingen verloren, als waren het papieren woningen, met houten mannetjes bezet [4]. De vurig gewenschte barrière, eene vrucht van ons aandeel in den Spaanschen successie-oorlog, beantwoordde dus geenszins aan de verwachting. Maar dit was niet het eenige, waardoor Lodewijk XV de republiek verontrustte. Gebelgd, omdat de Staten weigerden zijne kapers met de gemaakte prijzen in

---

[1] Europische Mercurius voor 1744, 2e stuk, p. 218, Wagenaar, XIX p. 488.

[2] Wagenaar, XIX p. 529; Europische Mercurius voor 1744, 2e stuk, p, 176, 228, 291; Recueil van Zeesaaken, V p. 584, 608, 628, 689.

[3] Europische Mercurius voor 1744, 1e stuk, p. 325 en 2e stuk, p. 214; Recueil van Zeesaaken, V p. 133. 182, 610.

[4] Groen van Prinsterer, Handboek der geschiedenis van het vaderland, II p. 542.

hunne havens te ontvangen, en omdat zij troepen, die bij de overgave van Doornik en Dendermonde beloofd hadden, binnen zekeren tijd niet tegen de Franschen te vechten, ter bestrijding van Karel Eduard naar Engeland zonden, schorste hij, den laatsten December 1745, het in 1739 vernieuwde handelstractaat [1]).

Van het besluit der Staten-Generaal, om in 1746 voorloopig 23 schepen uit te rusten, kwam niets, dewijl eene hiertoe benoodigde som van ruim twee millioen gl., niet te vinden was. Zij vergenoegden zich dus met een paar kleine vaartuigen, als auxiliaire schepen, onder Oostenrijksche vlag op de Schelde te leggen, welk getal zij later, toen het gevaar dreigender werd, tot twaalf vermeerderden. Deze bodems, die tevens Zeeland konden dekken, bleven den ganschen winter in dienst [2]). Overigens had men het niet verder kunnen brengen, dan tot het uitrusten van een drietal oorlogsschepen [3]). Er bestond zelfs weinig kans, dat het in 1747 beter zou gaan, omdat men, op de gewone langwijlige manier, slechts over het vinden der kosten bleef voorthaspelen. Een bevel der Staten-Generaal, om de noodige toebereidselen te maken in de zeeplaatsen, vonden de afgevaardigden van Friesland wel wat „precipitant." Toch gold het voornamelijk eene petitie van 1741, waarin Friesland ten halve, en Groningen, na verloop van vijf jaren, volstrekt niet had toegestemd [4]).

Te Amsterdam, Hoorn en Rotterdam, begon men, in het voorjaar van 1747, werkelijk eenige bodems uit te rusten [5]). Doch terwijl de regenten nu aan het treuzelen waren over allerlei nesterijen, waaronder een grijs paard, gezonden door den dey van Algiers, hetwelk de admiraliteit van het Noorder-Kwartier, wegens een ongemak aan een der voorpooten, te Hoorn had laten afmaken en opzetten, en waaromtrent de Staten-Generaal niets konden beslissen, omdat het niet duidelijk op de lijst der presenten voorkwam, ontving men te 's Gravenhage, den 27sten April, de ontzettende tijding, dat Lodewijk

---

1) Europische Mercurius voor 1746, 1e stuk, p. 84.
2) Recueil van Zeesaaken, V p. 472, 557, 585, 597, 716, 751.
3) Recueil van Zeesaaken, V p. 589.
4) Recueil van Zeesaaken, V p. 659, 668, 678.
5) Nederlandsche jaarboeken, 1747, p. 93, 110, 183.

XV het grondgebied van den staat niet langer kon ontzien. Weldra bleek, dat hij, de daad bij het woord voegende, denzelfden dag zijne troepen Staats-Vlaanderen had laten binnenrukken [1]. Of hij op zijn standpunt wijs handelde, door zoodoende een einde te maken aan het weifelen der republiek, en deze geheel in de armen van Engeland te werpen, is te betwijfelen. Voor de republiek zelve en hare bestuurders, scheen het uur der vergelding geslagen. Met klimmende heftigheid, was er reeds gewezen op het onverstand, de nalatigheid en de trouweloosheid van vele regenten. Men had de onlangs gevoerde onderhandelingen zelfs in een gedrukt stuk voorgesteld, als eene „Willige verkooping der republiek, voor contant geld, door der Staten ambassadeur en den raadpensionaris, als makelaars, namens hunne hooge principalen," op conditiën, die eene bittere spotternij behelsden op vele bestaande misbruiken.

Nu de Franschen werkelijk in Staats-Vlaanderen stonden, geraakte de bevolking van Zeeland, die zich onmiddellijk bedreigd waande, in rep en roer. Doch er verscheen spoedig eenige hulp, tot geruststelling der gemoederen. Nadat de Staten-Generaal reeds gelast hadden, er alles heen te zenden, wat eenigzins bruikbaar was, kwam ook den 24sten April, de Engelsche commandeur Mitchell op de Schelde, met enkele Britsche schepen, later door andere gevolgd. Eerlang waren er, met inbegrip van sommige in Holland en Zeeland gehuurde, 24 schepen bijeen, waaronder zes of hoogstens tien Engelsche [2]. Dit was vooreerst genoeg, om den Franschen het oversteken der Schelde te beletten; want een ernstigen aanval van den zeekant behoefde men, wegens het bondgenootschap met Groot-Brittanje, doch vooral wegens de volslagen onbeduidendheid der Fransche marine, niet te duchten. Zoo iets kon slechts opkomen in de ontstelde verbeelding eener verschrikte menigte, die in het begin van Mei, zelfs de vischschuiten voor de Maas, voor een talrijke Fransche vloot aanzag. De kustbevolking wapende zich in allerijl, en het loopende gerucht maakte onder de burgerij van Rotterdam

---

[1] Recueil van Zeesaaken, V p. 741; Europische Mercurius voor 1747, 1e stuk, p. 177, 181; Nederlandsche jaarboeken, 1747 p. 243, 283.

[2] Recueil van Zeesaaken, V p. 754; de Jonge, Zeewezen, IV p. 210; Beatson, Memoirs, I p. 329; Nederlandsche Jaarboeken, 1747 p. 378; leven van Willem Karel Hendrik Friso, I p. 160.

zulk een diepen indruk, dat zij zich slechts met moeite van het tegendeel liet overtuigen [1]).

Het bevel over de Nederlandsche scheepsmagt op de Schelde, waar ook sommige groote oorlogsbodems lagen, baarde nog eenige moeijelijkheid. De Staten-Generaal wilden het, als een blijk van vertrouwen, aan den vice-admiraal Schrijver opdragen. Doch hiertegen kwamen de Staten van Zeeland op, die het kader hunner provincie in 1746 voltallig gemaakt hadden, door het benoemen van Wiltschut tot luitenant-admiraal, Imansz tot vice-admiraal en Sappius tot schout bij nacht. Zij wenschten het bevel op hunne stroomen liever aan een hunner eigen vlagofficieren toevertrouwd te zien. Schrijver meende daarentegen niet onder den jongeren vice-admiraal van Zeeland te kunnen dienen. Om allen te bevredigen, verleenden de Staten-Generaal het bevel over de schepen binnengaats, vier dagen later, aan den luitenant-admiraal Wiltschut [2]). Dit onderling gekibbel, op zulk een tijdstip, was zeker niet geschikt om den nationalen overmoed van den Britschen commandeur wat te breidelen, die op de Schelde meer als opperbevelhebber, dan als auxiliair schijnt gehandeld te hebben.

Intusschen bragten de gebeurtenissen op de grenzen eene volslagen omwenteling in de republiek zelve te weeg. Hoe verachtelijk vele regenten zich in de oogen der wereld hadden gemaakt: de kern der bevolking, de eigenlijke natie was niet ontaard [3]). Uit een aantal vlugschriften blijkt, dat zij alles behalve blind was geweest voor de gebreken harer bestuurders, en dat zij die alleen tamelijk geduldig had gedragen, zoo lang er rust en eene zekere mate van algemeene welvaart heerschten. Nu echter de vijand het grondgebied van den staat betrad, en de middelen ontbraken om zijn voortgang te stuiten, ontwaakte de volksgeest. In de verbijstering van het oogenblik, waande men overal verraad te zien, en kon slechts één persoon vertrouwen inboezemen; namelijk het eminente hoofd, op wiens verheffing reeds meermalen ten duidelijkste was gezinspeeld. Daags na de

---

[1]) Nederlandsche Jaarboeken, 1747 p. 364.
[2]) Europische Mercurius voor 1746, 1e stuk, p. 309; leven vau W. K. H. Friso, II p. 1 en 2; Recueil van Zeesaaken, V p. 766, 769, 871 en VI p. 300. Verbaal van Schrijver over 1747, M. S. in het Rijks-Archief, f°. 13 en 19.
[3]) Mahon, History of England. III p. 348.

komst van Mitchell op de Schelde, had de burgerij van Veere, andermaal het voorbeeld gevende, van den magistraat dier stad de verheffing van Willem Karel Hendrik Friso tot stadhouder van Zeeland begeerd [1]). Hetzelfde was in andere steden van dit gewest en ook van Holland geschied. Dien ten gevolge werd de genoemde vorst, die reeds in drie gewesten de stadhouderlijke waardigheid bezat, hiermede ook, gedurende de eerste dagen van Mei, in de vier overige bekleed, waarna de Staten-Generaal hem insgelijks het stadhouderschap der Unie, met alle andere voorouderlijke titels opdroegen. Zonder dienaangaande in bijzonderheden te treden, voegen wij er slechts bij, dat men den prins, die sedert als Willem IV optrad, aanstonds of later eene grootere magt verleende, dan een zijner voorgangers ooit had bezeten, en dat men eindelijk de kroon op het werk zette, door al zijne waardigheden erfelijk te verklaren, zoowel in de vrouwelijke, als in de mannelijke linie.

Overal waar de prins zich, na de aanvaarding van zijn ambt, vertoonde, begroette de bevolking, die in hem bij voorbaat haren redder zag, hem met eereblijken en vreugdebetoon. Den 18den Mei, kwam hij in Zeeland, om er de verdedigingsmiddelen in oogenschouw te nemen, en tevens met den vice-admiraal Schrijver en andere bevelhebbers te overleggen, wat er verder ten behoeve der genoemde provincie moest worden gedaan. Van nu af kwam er meer orde, en begon het vertrouwen te herleven. Behalve eenige Nederlandsche en Britsche schepen buitengaats, alsmede de kleine vaartuigen op naauwe plaatsen gestationneerd, vormden niet minder dan vijftig bodems eene keten bij den mond der Schelde [2]). De meeste waren echter gehuurd en in der haast bemand. 's Prinsen verheffing en de levering van den derden man, die eerlang met de gebruikelijke uitzonderingen werd voorgeschreven [3]), bragten hierin verbetering. Dit was, volgens het oordeel van Schrijver, hoog noodig; want schoon er bij het aantal vaartuigen en stukken van zes en acht pond, dat

---

[1]) Europische Mercurius voor 1747, 1e stuk, p. 183, 190 e. v.; Nederlandsche Jaarboeken, 1747 p. 298, 368.

[2]) Verbaal van Schrijver over 1747 en 1748, M. S. in het Rijks-Archief, fo. 23 e v. Nederl. Jaarboeken, 1747 p. 312 en 506; Europische Mercurius voor 1747, 1e stuk, p. 304.

[3]) Recueil van Zeesaaken, V p. 784, 789, 804.

in Zeeland voorhanden was, geenerlei vrees voor het behoud dier provincie behoefde te bestaan, zoo ried hij ten sterkste, eenige minder geschikte vaartuigen, als de huur om was, door andere te vervangen, en „alle onbequame manschap, die in den beginne in de grootste schielykheyd syn aengenoomen te congedieeren", te meer omdat zij „tot hooge gagiën syn gehuurt, daar zy geen kleynen, ja sommigen niets waerdig syn [1]." In een lateren brief aan den stadhouder, waarin de vice-admiraal vooral over het gehalte van het geschut klaagt, zoodat hem „tot drie maalen toe de stukken van dat metaal om de ooren gesprongen" waren, en ten minste vier schepen van Amsterdam uit dien hoofde ongebruikt lagen, merkt hij wel scherp, doch niet zonder reden aan: „Het was te wenschen dat de politique heeren, die de directie van militaire saaken in handen hebben, eens leerden, dat er alles van te voren weezen moet, om den dienst te kunnen doen [2]."

Ten gevolge der genomen maatregelen, kon men, in Julij, twee schepen uitzenden, om 164 Groenlandsvaarders af te halen, één om de haringvisscherij te beschermen, en vijf andere, onder den vice-admiraal Schrijver, om den Franschen in volle zee afbreuk te doen. [3] Zonderling genoeg, wilde men dit evenwel nog niet als eene daad van oorlog beschouwd hebben, daar Schrijver, die, wegens eene reparatie aan de *Boekenroode* (44), alleen met de *Edam* (54), de *Assendelft* (54), de *Burg van Leyden* (54) en de *Dordrecht* (46) zijn kruistogt volbragt, uitdrukkelijk bevel kreeg, slechts als auxiliair te handelen, in welke hoedanigheid hij nogtans een Fransch schip nam, waarover Lodewijk XV zich ernstig beklaagde. Zijne kapers en kruisers ontzagen nu den Nederlandschen eigendom volstrekt niet meer. Hunnerzijds moedigden ook de Staten de commissievaart aan, doch met weinig vrucht, en vernieuwden zij het plakaat op de vreemde kapers, die binnen de tonnen werden gegrepen. [4]

Ontegenzeggelijk verkeerde de republiek, tusschen de oorlogvoe-

---

[1] Brief van Schrijver van 10 Junij 1747, M. S. in zijn verbaal, fo. 68 e. v.
[2] Brief van Schrijver van 25 Junij 1747, M. S. in zijn verbaal, fo. 78.
[3] Recueil van Zeesaaken, V p. 809; Verbaal van Schrijver, M. S. fo. 104.
[4] Verbaal van Schrijver, M. S. fo 113, 117, 121, 128, 133 e. v.; Het leven van W. K. H. Friso, II p. 7, 17; Eur. Merc. voor 1747, 2e st. p. 192, 231 en 304; v. 1748, 1e st p. 133, 184, 239, 284; Rec. van Zees., V p. 937 e. v.; Nederl. Jaarb. v. 1747 p. 928 en v. 1748 p. 20.

rende partijen, in eene uiterst valsche positie, die zij te vergeefs poogde te bemantelen door een vloed van woorden. Te zwak en te weinig voorbereid, om eenig gewigt in de schaal te kunnen leggen, hing zij ten eenen male van de goedwilligheid van vriend en vijand af. Groot-Brittanje steunde haar, door ook de Nederlandsche koopvaarders en visschers onder zijne hoede te nemen, en door Mitchel met diens schepen, maanden lang, op de Schelde te laten [1]. Fransche troepen rukten inmiddels, na het bezetten van Staats-Vlaanderen, op andere punten het gebied der republiek binnen. Zij behaalden, den 2den Julij, eenig voordeel in het open veld, bij Lafeld, en verrasten, den 16den September, zelfs het sterke Bergen op Zoom. Voor den stadhouder, meer regent dan krijgsman, was dit hoogst belemmerend. Naauwelijks had hij de eerste stappen gedaan, om de berooide zaken wat te redderen, of er rezen nieuwe klagten, gepaard met volksberoeringen, die onstuimiger werden, nu het bleek, dat zijne verheffing geen voldoenden waarborg schonk tegen het voortdringen der Franschen.

Weinig kon de lofwaardige ijver van sommige admiraliteits-collegiën baten, zoolang het geld, de ziel van alle krijgstoerustingen hun ontbrak. En er haperde bovendien aan 's lands zeemagt veel, dat zelfs met geld niet aanstonds te verbeteren was. Bij herhaling verklaarde de vice-admiraal Schrijver, dat hij, wegens negentig zieken aan boord van de *Dordrecht* en honderd aan boord van de *Burg van Leyden*, eigenlijk met twee schepen en twee hospitalen kruiste. [2] Voortdurend moest hij op allerlei zaken wijzen, die volstrekt niet in orde waren. Na zijne terugkomst, in het begin van October, werd hem gelast zich onmiddellijk tot een nieuwen togt gereed te maken, en onderwijl met andere vlagofficieren in Zeeland te beraadslagen over het beveiligen dezer provincie. Aldaar lagen op dit tijdstip, behalve de schepen van Mitchel, die nu en dan buitengaats kruisten, zes Nederlandsche oorlogsschepen van 40 tot 60 stukken, met omstreeks zeventig kleinere. Het opperbevel hierover voerde de luitenant-admiraal Wiltschut, onder wien de schout bij nacht Reynst, sedert Julij, de Hollandsche schepen kommandeerde. [3]

---

1) Recueil van Zeesaaken, V p. 764; Europ. Mercurius voor 1747, 2e stuk, p. 303.
2) Verbaal van Schrijver, M. S. fo. 123, 183.
3) Verbaal van Schrijver, M. S. fo. 101, 142 e. v. 162, 175.

Onder allerlei ontberingen, bragt het personeel, op de Schelde, een regt verdrietigen winter door. In December, telde men aan boord van de *Diamate* reeds twintig dooden en niet minder dan honderd en zeventig zieken, wier verpleging groote zorg vereischte. Dewijl er, in het gasthuis te Middelburg, slechts zestig konden worden opgenomen, vroeg de schout bij nacht Reynst een ledig schip, ten behoeve der overige [1]. Al de bezwaren, die uit den gezondheidstoestand van het volk en de gebrekkige uitrusting der schepen voortsproten, werden vermeerderd door veelvuldige stormen, eerlang gepaard met ijsgang. Van de schromelijke verwarring, hierdoor te weeg gebragt, levert het gebeurde met de *Oud-Teylingen* (44), waarvan sedert den 19den November de vlag van den Zeeuwschen schout bij nacht Sappius woei, een sprekend bewijs.

Den 14den Januarij 1748, geraakte deze bodem in het ijs bezet, en bij Valkenisse, met hoog water aan den grond. Na een kort beraad, besloten de schout bij nacht en kapitein Keyzer, steunende op een vroeger besluit van den krijgsraad, hun schip op te offeren, te meer, daar het, volgens het zeggen van den kapitein, in slechten en verrotten staat was. Zij lieten het volk op twee kleine vaartuigen overgaan, en bleven in de nabijheid, om nog iets tot behoud van den verlaten bodem te kunnen beproeven. Hunne eerste berigten, des nachts ingewonnen, luidden zeer ongunstig. Toen zij den volgenden morgen het onderzoek wilden herhalen, bleek echter, dat een der vaartuigen, waarop de luitenants en onderofficieren met het meerendeel der equipage waren overgegaan, lijnregt in strijd met den ontvangen last, zich naar Vlissingen had begeven [2]. Hier verhoogde zulks de reeds bestaande confusie. Twee andere schepen lagen op de bank voor de haven, geheel op zijde. Met leedwezen verneemt de schout bij nacht Reynst welk eene ramp de *Oud-Teylingen*, hooger op, heeft getroffen. Over de handelwijze van Sappius en Keyzer, kan hij voorloopig niet oordeelen; doch het gedrag hunner aangekomen manschappen wekt in hooge mate zijne verontwaardiging op, blijkens deze woorden uit zijn journaal: „zij liepen alle dronken,

---

[1] Verbaal van den schout bij nacht Reynst over 1747 en 1748. M. S. in het Rijks-Archief.

[2] Rapport van den schout bij nacht Sappius over 1747 en 1748. M. S. in het Rijks-Archief

als dolle menschen. Ik liet haer door de waght uyt de kroegen haelen en aen boord brengen, hetgeen met veel moeite en geweld moest geschieden" [1]).

Sappius, des namiddags te vier uren zelf te Vlissingen gekomen, vertrok nog denzelfden avond naar Middelburg, om den luitenant-admiraal Wiltschut rapport te doen [2]). Met overijling was er zeker te werk gegaan, omdat het verlaten schip, den 21sten Januarij weder vlot geraakt, nog digt bleek te zijn. Keyzer verklaarde, dat het volk van het kleine vaartuig de officieren gedwongen had, den steven naar Vlissingen te wenden [3]). Ware dit niet gebeurd, dan hadden Sappius en hij ongetwijfeld den beganen misslag gemakkelijk kunnen herstellen, die nu, te midden der heerschende verwarring, toch ongestraft bleef.

Maar de tucht moest verslappen onder de niet voltallige equipages, die aanhoudend met ziekten te kampen hadden, en somtijds gebrek aan het noodige leden. Van haren deerniswaardigen toestand, hing de admiraal Wiltschut den 2^{den} Februarij, in zijn schrijven aan de Staten-Generaal, een somber tafereel op, er bijvoegende, dat het nog erger dreigde te worden, indien er niet gezorgd werd voor proviand, waarvan sommige schepen slechts tot den 1sten Maart voorzien waren [4]). En dit viel, bij gemis van geld en crediet, niet gemakkelijk. De Staten-Generaal moesten, bij hun berigt aan de provinciën, belijden, dat zelfs de bakkers weigerden voor 's lands vloot te bakken [5]). Geen wonder, dat het uiterst langzaam ging met de proviandering, hetgeen een herhaald schrijven van Wiltschut noodig maakte. Een onderzoek, door de Staten-Generaal den 24sten April ingesteld, bragt nu aan het licht, wat trouwens iedereen wist, dat namelijk alles, in de eerste plaats, was te wijten aan de wanbetaling der provinciën [6]).

Overgelukkig was het zeker, dat de Franschen onderwijl niets

---

[1]) Verbael van den schout bij nacht Reynst, M. S.
[2]) Rapport van den schout bij nacht Sappius, M. S.
[3]) Verbael van den schout bij nacht Reynst, M. S. waarin het rapport van Keyzer, als bijlage G.
[4]) Recueil van Zeesaaken, VI p. 40.
[5]) de Jonge, Zeewezen, IV p. 256.
[6]) Recueil van Zeesaaken, VI p. 119 e. v.

van belang tegen 's lands scheepsmagt op de Schelde beproefden, en dat er weldra uitzigt kwam op vrede. Het teekenen der preliminairen, op den 30sten April, was door een stilstand van wapenen gevolgd [1]). Kort te voren, den 7den April, was de luitenant-admiraal Wiltschut overleden, en vervangen door den vice-admiraal Imansz, van wien de luitenant-admiraal Taelman, den 15den Mei, het bevel overnam. Mitchel was op dat tijdstip met de Engelsche schepen reeds vertrokken, en van de Nederlandsche konden er trapsgewijze worden afgedankt, tot dat in het najaar de gansche vloot uiteenging [2]).

Valt er van de verrigtingen van 's lands zeemagt in de nabijheid der kust, wegens het staken der vijandelijkheden, weinig meer te melden; des te merkwaardiger is het wedervaren van den vice-admiraal Schrijver, op den kruistogt, dien hij, ingevolge den hem verstrekten last, gedurende de eerste maanden van 1748 volbragt. Langzamerhand waren de *Burg van Leyden* (54), de *Maarsen* (44), de *Leeuwenhorst* (54), de *Middelburg* (44) en de *Assendelft* (54), gedurende het najaar, in gereedheid gekomen. Tot ergernis van Schrijver, die zich tijdelijk op de *Edam* (54) bevond, kwam de *Haarlem* (76), waarop hij zelf moest overgaan, eerst den 24sten December ter reede van Texel [3]). Vier dagen te voren, had zijn ongeduld hem een lang niet malschen brief in de pen gegeven aan den heer Trip, burgemeester van Amsterdam en lid der admiraliteit aldaar, wien hij van alles de schuld gaf. „Er was geen tijd geweest voor de uitrusting van een vlaggeschip," schreef de vice-admiraal, „maar wel tweemaal in eene zomer voor eenen van de jongste capiteynen, omdat hij een favorit van den Burgemeester Dirk Trip is, ter oorsaake van des vaders beeldendienst, die hij Uw Edele Gestrenge dagelyks bewijst." Aan het slot luidt het: „ik werd verteert door quellinge naa 't ligchaam en naa ziel, want de saken, in so een hoogen graad van verwarring zyn gebragt, dat het aller menschen gedagten te boven gaat, en die (onder Uw Edele Gestrenge directie) nu dagelyks ver-

---
1) Nederlandsche Jaarboeken, 1748, p. 421, 448.
2) Verbaal van den schout bij nacht Reynst, en Rapport van den luitenant-admiraal Taelman, M. S. in het Rijks-Archief; Nederlandsche Jaarboeken, 1748, p. 276 en 1179.
3) Verbaal van Schrijver, M. S. fo. 219 e. v.

meerderen. Ik versoek Uw Edele Gestrenge deesen aan de Heeren Burgemeesters van Amsterdam vertoont, opdat Haar Edele Groot Agtbaaren te regt geïnformeert worden, waarover dat ik mijn bedaartheyd hebbe verlooren, waarmede veel plaisir sal geschieden die met alle mogelyke eerbied blyft," enz. ¹)

Hoeveel overdrijving er in sommige oordeelvellingen van Schrijver moge heerschen, zoo waren toch zijne klagten over slechte directie maar al te gegrond. Zijn eigen schip, de *Haarlem*, hetwelk den 7den Januarij 1748 kon zeilen, en twee dagen later, zonder storm, te Spithead kwam met zeeschade, leverde hiervan een doorslaand bewijs. Een bekomen lek was gemakkelijk te verhelpen. Welk een gevaar had echter de equipage niet uitgestaan, wegens de onbekwaamheid der stuurlieden, en vooral door het slechte zeildoek „vol gaaten, verleegen en verstikt, sodanigh dat hetzelve met de handen is van malkander te scheuren, gelijk zulks door capitein van der Voort in onser aller presentie is geschiet." Het was, volgens het beste weten van deskundigen, een stel zeilen, dat men reeds vier jaar geleden had afgekeurd. Hierin moest te Spithead worden voorzien. Doch nu kwam er meer aan het licht. De snaphanen waren van vier kalibers, zoo verschillend, dat de kogels voor de naauwste te groot waren „en in de wijdste laveerden." Van de drie soorten van pistolen, ging het kleinste met de tromp in het grootste. Uit dien hoofde moest de admiraal al zijne kogels laten vergieten. Hij staafde zijne ongunstige berigten, door verklaringen van officieren en andere bevoegde personen. Bovendien wees hij op het ongeriefelijke van zijn eigen verblijf: „yder signaal ofte eerschot, die er gedaan is, zijn er glaasen gebrooken, zodat de provisie in voorraadt is geconsumeert, en present de ruyten met gesaagde deelen worden gestopt, dat my in het toekomende vrij sal maaken van een ondragelyke togt, maar ook in donker zal doen sitten. Ik kan zeggen, dat een goede jagthond warmer hok heeft, als wy officieren." ²) Ernstiger waren de berigten over het verval der discipline. Trapsgewijze was het heime-

---

[1] Brief van 20 December 1747, in het verbaal van Schrijver, M. S. fo. 321.

[2] Brief van Schrijver van 19 Januarij aan de admiraliteit van Amsterdam, met bijlagen, en een van 29 Januarij aan den prins, beiden in zijn verbaal, M. S. fo 230 en 247.

lijk venten van allerlei zaken, waaronder vooral sterke drank, aan boord van 's lands schepen zeer toegenomen. Vele onderofficieren maakten zich hieraan schuldig. Men betrapte een hunner, op de *Haarlem*, onder zeer verzwarende omstandigheden; want „om dat te bedekter te doen, heeft hij dat in de zeylkamer, regt boven het cruyt gedaan, alwaar de officieren hem! met vijf of ses anderen, extraordinair dronken hebben vinden sitten, met kaarsen uyt de lantaarnen." „En so is het met hondert zaken in de marine gesteld," voegde de admiraal er bij [1]).

In de tweede helft van Februarij, konden de Nederlandsche schepen, met drie Britsche, onder den vice-admiraal Warren vertrekken. Hunne bevelhebbers zouden, met goedvinden van het Britsche gouvernement, tegen Spaansche schepen, als auxiliairen, tegen Fransche, zelfstandig handelen. Het eerste geval kwam niet voor. Wel het laatste, dewijl van den 20sten Februarij tot den 28sten Maart, twee Fransche schepen prijs gemaakt, en vijf door vijandelijke kruisers genomen schepen heroverd werden. Van die zeven bodems, hadden de onzen er drie vermeesterd [2]). Doch nu begon zich, helaas, aan boord van sommige hunner schepen, weder dezelfde ziekte te openbaren, die het personeel van 's lands zeemagt sedert eenigen tijd zoo vaak had geteisterd.

Over de vermoedelijke oorzaken van dit noodlottig verschijnsel hetwelk 's lands officieren in hunne verrigtingen zeer belemmerde, kunnen wij hier niet uitweiden. Slechts ter loops zij aangestipt, dat er doorgaans over ziek volk was geklaagd, nadat de zeereizen, vooral in de dienst der beide compagniën, van langer duur waren geworden. Aan boord der oorlogsschepen, was het sedert de laatste jaren opmerkelijk toegenomen; niet zoozeer uitsluitend wegens den langeren duur der reizen, dan wel omdat de invloed eener gebrekkige luchtverversching, gepaard met het min gezonde van den scheepskost, zich meer openbaarde, nadat men de bemanning was gaan versterken. Dit had zelfs bewogen tot het aannemen van slecht gevoed en ziekelijk volk, dat zich vervolgens aan spijs en drank te buiten

---

[1]) Brief van Schrijver van 12 Februarij aan den prins, in zijn verbaal, M. S. fo. 278.
[2]) Verbaal van Schrijver, M. S. fo. 264 e. v. fo. 287 e. v. en bij den brief van 16 April, fo. 310.

ging, vullende „haar uytgehongerde buyken driemaal daags tot barstens toe, met een zwaar voedzel [1]."

Reeds den 12den Maart, had de vice-admiraal Schrijver den kapitein Roemer Vlacq met de *Assendelft* gedetacheerd, tot het opbrengen van prijzen, omdat deze bodem, wegens het aantal zieken, toch weinig dienst kon doen. Tegen het einde derzelfde maand, zag het er, op zijn eigen schip, om dezelfde reden, nog ellendiger uit. In overleg met den Britschen vice-admiraal, besloot hij dus zich te verwijderen. Na de vier aanwezige Nederlandsche bevelhebbers de noodige instructiën gegeven te hebben, begaf hij zich met de *Haarlem* naar den Taag, waar hij den 9den April aanlandde, met 207 zieken en 36 dooden, welke cijfers nog klommen. Na het afnemen der ziekte, ontbraken er, den 21sten Mei, wegens 66 dooden en acht deserteurs, van welke er twee gefusileerd waren, 74 man aan de equipage [2]).

Naar aanleiding van de executie dier twee matrozen op den Taag, kreeg de vice-admiraal een ernstig geschil met het Portugesche hof, waarvan hij den Nederlandschen resident van Til, die hem eigenlijk had moeten steunen, voor de oorzaak en den aanblazer hield. Met onverholen minachting, laat hij zich over dien ambtenaar uit, zoowel in zijne officiëele brieven, als in de beide gedrukte memoriën, welke hij daarna tot eigen verantwoording aan de Staten-Generaal overlegde. Uit alle berigten van Schrijver blijkt, dat zij, die in Portugal, onder een zwak vorst, de teugels van het bewind voerden, de voltrekking van het vonnis op de rivier van Lissabon, als eene beleediging van den souverein aanmerkten, bewerende dat niemand, op diens grondgebied, hooge justitie mogt uitoefenen. Schrijver betwistte dit in geenen deele; doch hield van zijn kant staande, dat oorlogsschepen van alle natiën, waar zij zich ook bevonden, steeds als nationaal gebied werden beschouwd. Het gold dus hier de hoogst belangrijke vraag, of een oorlogsschip al dan niet voor een beweegbaar deel van het territoir te houden is. Het regt was in deze ten

---

[1] Brief van Schrijver van 30 April aan de burgemeesters van Amsterdam, in zijn verbaal, M. S. fo. 337.

[2] Verbaal van Schrijver, M. S. fo 298 e. v. en zijn brief aan den griffier Fagel, fo. 361.

volle aan de zijde van den Nederlandschen bevelhebber, niet alleen volgens de schier algemeen gehuldigde begrippen van zijn tijd, maar ook volgens de tegenwoordige [1]). Eenige meerdere omzigtigheid, bij de toepassing, ware misschien raadzaam geweest, en zou hem stellig vele moeijelijkheden bespaard hebben. Want nu eischte het Portugesche gouvernement, zonder in nader onderzoek te willen treden, voldoening. Het legde embargo op het Nederlandsche vlaggeschip, met bevel aan de kommandanten der forten bij den ingang der rivier, het aan te houden en des noods in den grond te boren, indien er pogingen gedaan werden om uit te zeilen. Wat moest de verongelijkte vice-admiraal aanvangen? Hij was met zijn driftig gestel inderdaad te beklagen. Zijne brieven bleven onbeantwoord of kwamen terug, als niet beleefd genoeg van inhoud. Inmiddels werkte het ruchtbaar worden van een en ander nadeelig op de discipline. „Dagelijks," zoo luidde het in een zijner brieven, „loopen de dezerteurs onder de oogen van myn en myn officieren, doende aan sommige alle soorten van impertinentiën, dat ordinair zyn begin neemt met werpen van citroenschillen, en dan eyndigt met steenen, zeggende aan myn volk van de chaloupen, dat zy den admiraal zullen massacreeren, gelyk hy twee van haare makkers gedaan heeft." Hij kon niet dan gewapend, aan wal gaan, en deed het zoo min mogelijk, om nieuwe botsingen te vermijden.

Hieraan moest een einde komen, vooral nadat de zieken aan boord van de *Haarlem* genoegzaam hersteld waren, om de reis te kunnen aanvaarden. Daarom besloot de bevelhebber, in het belang der republiek, maar toe te geven. In welke stemming hij zulks deed, kan uit deze woorden zijner memorie blijken: „Ziedaar tot welk een trap van bederf onze eeuw is gedaald. Al mijne redenen, gegrond op de waarheid en het regt, zijn niet aangehoord. Er waren complimenten noodig, naar den smaak van het hof, en geene nasporingen van het regt. Alleen de vurige begeerte, om zijn vaderland te dienen, heeft den ondergeteekende bewogen tot zooveel toegeeflijkheid, hetgeen aan de eene zijde zijn gevoel voor regt, aan de andere zijde de belagchelijke houding van het Portugesche mi-

---

[1]) Ortolan, Diplomati de la mer, I p. 212.

nisterie, en vooral de boosaardige kuiperijen van den resident van Til, in het volle licht zal stellen." [1])

Nadat het Portugesche hof, den 7den Junij, met de laatste ophelderingen genoegen had genomen, konden Schrijver en twee kapiteins, die insgelijks op den Taag lagen, zich tot hun vertrek gereed maken. Den 27sten gingen zij onder zeil, met de *Haarlem*, de *Maarsen* en de *Middelburg*, waarmede zij, den 19den Julij, te Portsmouth aanlandden. Toen Schrijver, die inmiddels tot luitenant-admiraal was verheven, ingevolge den hem verstrekten last terugkeerde, den 29sten Augustus te Texel binnenviel, en zich vervolgens naar Amsterdam begaf [2]), duurde de wapenstilstand nog voort. Eerst den 18den October, maakte het teekenen van den vrede te Aken een einde aan den oorlog, die met even weinig overleg, als geluk was gevoerd. Engeland alleen had er eenig stoffelijk voordeel van getrokken. Menig punt van geschil bleef ten slotte onbeslist [3]). Frankrijk, verbitterd over de naauwe betrekking tusschen de republiek en Engeland, weigerde het geschorste handelstractaat te vernieuwen. Uit dien hoofde moest men, hier te lande, eene reeks van jaren voortsukkelen op het welbehagen des konings [4]), die zich nu eens wat rekkelijker, dan eens wat strenger betoonde, naarmate hij de Nederlanders of sommigen hunner wenschte te beloonen of te straffen.

Prins Willem IV, wiens verheffing door allerlei volksbewegingen was gevolgd, kon zich thans meer uitsluitend aan de binnenlandsche aangelegenheden der republiek wijden. Hierbij stuitte hij echter op den tegenstand van vele regenten, die, zoodra het gevaar voorbij was, hun verloren gezag betreurden. Om dien tegenstand eenigermate te breken, werd de raadpensionaris Gilles door den heer Steyn vervangen. De taak van den stadhouder, die voortdurend met eigen ligchaamszwakte te kampen had, was buitendien zwaar genoeg. Op

---

[1]) Verbaal van Schrijver, M. S. fo. 357 e. v. en de beide gedrukte memoriën achter fo. 383, waarvan de eerste ook voorkomt in het leven van Willem Karel Hendrik Friso, II p. 74 e. v.

[2]) Brieven van Schrijver van 18 Junij, 22 Julij en 31 Augustus, M. S. in zijn verbaal, fo. 373, 385 en 389.

[3]) Europische Mercurius voor 1748, 2e stuk, p. 222; Nederlandsche Jaarboeken van 1748 p. 1065; Beatson, Memoirs, I p. 414; Hume, XIII p. 413 en XIV p. 1.

[4]) Bijvoegsels bij Wagenaar, XX p. 91.

bijna elk gebied, moest hij hervormingen invoeren. Hoezeer dit bij de zeemagt noodig was, is overvloedig gebleken. Wat hij deed of voorstelde, om haar uit dien ellendigen toestand op te beuren, vereischt eene meer opzettelijke overweging.

Tot verbetering van 's lands finantiën, was er, kort na 's prinsen verheffing, als liberale gift, eene belasting op de inkomsten uitgeschreven, waarbij eigen opgaaf tot grondslag strekte. Die maatregel, waarvan men den uitslag niet juist weet, ofschoon sommigen beweren, dat er dien ten gevolge wel 50, ja 120 millioen gl. in de schatkist vloeide [1]), heeft in elk geval voor de zeemagt slechts tijdelijk gebaat. Alle admiraliteiten klaagden toch, in de eerste maanden van 1748, weder over geldverlegenheid, en die van Amsterdam verklaarde zich, wegens de gemaakte kosten en de geringe subsidiën „genoegzaam geabimeert." Dit kon wel niet anders, nu er van de $16\frac{1}{2}$ millioen gl., van 1741 tot 1748 aan de zeemagt besteed, slechts de helft was betaald [2]). Met allerlei leeningen en door nog al vaak de kas van het verhoogde last- en veilgeld aan te spreken, was het ontbrekende aangevuld. Terwijl er nu plannen geopperd werden, om de inkomsten der admiraliteiten, in verband met den algemeenen toestand, nader te regelen en meer te verzekeren, hield de prins zich met andere zaken, betreffende 's lands zeemagt, bezig.

Wat al gebreken had de luitenant-admiraal Schrijver, gedurende zijn laatsten togt, en in een hierop gevolgd rapport, niet aan het licht gebragt! Men noemde hem lang van stijl; doch „zaken van die natuur waren met geen drie regels te beschrijven." Behalve het vroeger gemelde, drong hij vooral aan, op grootere eenparigheid, bij het bouwen van schepen. Zeer ingenomen was hij met hetgeen Charles Bentam, een Engelschman van geboorte, op 's lands werf te Amsterdam had gedaan: „In 't generaal zijn de manoeuvres op 's lands scheepen onder het ressort deeses collegies genoegzaam gebragt tot een gants hooge graad van volmaaktheyd, zynde de landsoorlogscheepen by alle andere collegiën gebleeven op den ouden

---

[1]) Naleezingen op Wagenaar, II p. 443; Mr. Groen van Prinsterer zegt, in zijn handboek, II p. 589 „naar het schijnt 50 millioen," op gezag van Stuart, die zich in zijne Vaderlandsche historie, I p. 70 op van der Aa beroept. Maar deze zegt, in zijn beknopt handboekje, V p. 11: 120 millioen.

[2]) Recueil van Zeesaaken, VI p. 128; de Jonge, Zeewezen, IV p. 298.

voet." Daarentegen wees hij op de gebrekkige kennis van de Hollandsche scheepstimmerbazen, van welke hij er een noemde „die een schip teekende op geruit papier, ieder ruit een voet, evenals de vrouwen, bij haar brei- of kantwerk, ieder ruit voor een steek nemen." Of het toestoppen van de lokgaten op de *Haarlem* „met mantjes, gevult met krullen en andere vuyligheeden," werkelijk uit kwaadaardigheid was geschied, zooals de admiraal vermoedde, om een schip, door een Engelschen baas gebouwd, te doen vergaan [1]), laten wij geheel in het midden. Zeker lokte de lof, door hem aan Bentam toegezwaaid, veel tegenspraak uit. L. van Zwijndregt, Borst en Rijkert Koek, welke dezelfde betrekking bij de Maas, in Zeeland en in het Noorder-Kwartier bekleedden, kwamen tegen de ontwerpen van Bentam op. Koek viel dezen in de „Aanmerkingen," die hij in 1748 te Enkhuizen liet drukken, zelfs heftig aan, ten slotte de niet zeer vleijende meening uitende, dat eerzucht de voorname drijfveer van Bentam was, die er vermoedelijk naar streefde, om baas-generaal te worden, ten einde, evenals een dergelijk ambtenaar in Engeland, in eene koets met vier paarden te kunnen rijden [2]). Al dat geharrewar, tusschen de voorstanders van het oude en het nieuwe stelsel, gaf aanleiding tot de vertaling van menige vreemde pennevrucht over den scheepsbouw, en tot de uitgave van twee oorspronkelijke werken, over hetzelfde onderwerp, die eerst zeven jaren later het licht zagen. In het eene, door van Zwijndregt opgesteld, trad deze op, als de handhaver van den roem der Oud-Hollandsche constructie, zich wel wat schamper uitlatende over de hoogvliegers, die zich op wiskundige regels beriepen tegenover mannen van ondervinding, wier geslacht reeds anderhalve eeuw schepen had gebouwd. In het andere, gevloeid uit de pen van Udemans, onderbaas van de kamer der Oost-Indische compagnie te Middelburg, wordt aan den ijver van den luitenant-admiraal Schrijver, en in het geheel aan de theorie hulde gedaan, schoon de opsteller erkent, dat de ervaring veel moet beslissen, wat niet wiskunstig is uit te maken.

Vooreerst was er echter, wegens gebrek aan geld, niet veel te

---

1) Verbaal van Schrijver, M. S. fo. 357, 399, 481, 483.
2) Aanmerkingen op het antwoort van Meester Bentam, tot Enchuyzen bij Jacob Kuyper, 1748.

bouwen. Reden te meer, om het voorhanden materiëel, dat in 1749 nog verzwakt was, door het verkoopen van de *Oud-Teylingen* en de *Rossum*, die wegens ouderdom waren afgekeurd [1]), zorgvuldig te bewaren. De gelegenheid hiertoe was, zelfs te Amsterdam, uitermate slecht. „Onze scheepen zijn geen tien jaaren oud, of het voor- en agterschip is doorgezakt, en in het midden steeken zij een hoogen rug op, zynde de lenden gebrooken, waardoor in weynig meerder jaaren buyten staat zyn van dienst te doen, veroorzaakt door het op den grond zitten, als de scheepen in het arssenaal zyn leggende [2]).

Met het oog op deze woorden van Schrijver, moest ieder het weder opvatten van een plan, tot herstelling van het dok te Vlissingen goedkeuren. De Staten-Generaal stonden hiervoor, den 31sten Julij 1750, eene subsidie van 500.000 gl. toe; doch onder voorwaarde, dat de Zeeuwsche admiraliteit voortaan jaarlijks geregeld verantwoording zou doen aan de generaliteits-rekenkamer. De admiraliteit nam dit aan, en zond hare rekening. Maar nu wilde de rekenkamer ook de oorspronkelijke stukken hebben, om deze met de overgelegde te kunnen vergelijken, welke de admiraliteit alleen dan wilde zenden, indien zij vooraf de verzekering kreeg, dat zij die later zou terugkrijgen voor hare provinciale rekenkamer. Hiertoe was echter de rekenkamer der generaliteit niet te bewegen. Deze betwistte zelfs den Staten-Generaal het regt, dit geschil, volgens hare meening, van zuiver huishoudelijken aard, te beslissen, waarop de Staten-Generaal verzochten het dan maar in der minne bij te leggen, tevens last gevende tot het uitbetalen der volle subsidie [3]). Dien ten gevolge werd het dok, waarvan de heer van Borselen, 's prinsen vertegenwoordiger in Zeeland, den 9den October 1750, den eersten steen legde, drie jaren later weder bruikbaar. De admiraliteit van Zeeland kwam echter blijkbaar de gestelde voorwaarde slecht na; want in 1762 weigerde Overijssel haar de verschuldigde gelden te betalen, op grond dat zij hiervan geene rekening deed [4]).

---

1) Recueil van Zeesaaken, VI p. 340.
2) Verbaal van Schrijver, M. S. fo. 131.
3) Recueil van Zeesaaken, VI p. 431, 590 e. v.
4) Europische Mercurius voor 1750, 2e stuk, p. 304; Nederlandsche Jaarboeken 1750, p. 1360; de Jonge, Zeewezen, IV p. 297; Recueil van Zeesaaken, IX p. 84.

Betreffende het personeel, waren er twee zaken, die in hooge mate voorziening eischten, namelijk de gezondheidstoestand van alle schepelingen en de opleiding van officieren en onderofficieren. De eerste stond in naauw verband met den bouw der schepen, waarop de luitenant-admiraal Schrijver eene betere luchtverversching wenschte aan te brengen, waarvan hij aanvankelijk de goede uitwerking had gezien [1]. Wat de opleiding van het personeel betrof, die men vroeger hier te lande overbodig, ja bespottelijk vond, deed men een belangrijken stap voorwaarts, door te Amsterdam een zeemanscollegie op te rigten, waar Cornelis Douwes, een man, verdienstelijk door zijne geschriften, onderwijs gaf in de zeevaartkunde. Eerlang kwam er, bij de Maas, iets dergelijks tot stand [2].

Om den dienstijver in de hoogere rangen aan te moedigen, vermeerderde de prins het getal der vlagofficieren. Nadat hij Schrijver reeds tot luitenant-admiraal verheven en sommige vacaturen, b. v. die, welke den 25sten Maart 1749, door het overlijden van den luitenant-admiraal Grave, was ontstaan [3], aangevuld had, benoemde of bevorderde hij, den 8sten Maart 1750, op den tweeden verjaardag van den erfprins, niet minder dan zeventien personen. Hierdoor kwam de republiek, nadat er weinige dagen later nog een schout bij nacht van Zeeland was aangesteld, in het bezit van vijf luitenantadmiraals, zes vice-admiraals en acht schouten bij nacht. Hunne rangen, evenals die van den kapitein ter zee, werden, bij een besluit van denzelfden dag, op den nog tegenwoordig gebruikelijken voet, met die van de landmagt geassimileerd [4].

Ongetwijfeld maakte dit aantal vlagofficieren eene vrij zonderlinge tegenstelling, met de houding der republiek tegenover de Barbarijsche staten. Hier verschenen nu en dan slechts kleine eskaders van twee of drie schepen, terwijl men de goede verstandhouding onderhield door overeenkomsten, die hare voorname kracht aan de geschenken ontleenden. Eene onderhandeling met Marokko, waarbij de presen-

---

[1] Brief van Schrijver van 16 April 1748, M. S. in zijn verbaal, fo. 380.
[2] Verbaal van Schrijver, M. S. fo. 347, 429; de Jonge, Zeewezen, IV p. 289 e. v.
[3] Nederlandsche Jaarboeken 1749, p. 355.
[4] Europische Mercurius voor 1750, 1e stuk p. 209; Nederl. Jaarb. 1750, p. 328; Het leven van Willem Karel Hendrik Friso, III p. 68, 72; de Jonge, Zeewezen, IV p. 294, 295.

ten natuurlijk eene hoofdrol speelden, was zoo langwijlig, dat zelfs de Staten-Generaal er het geduld bij verloren, eer dat zij, in 1752, tot een gewenscht einde kwam [1]. Hoe bevreemdend, onder die omstandigheden, zulk eene ongewone bevordering van het personeel mogt zijn, die al ligt gerangschikt wordt, onder de bewijzen van zwakheid of te groote toegeeflijkheid, welke men den stadhouder verweet, zoo eischt de billijkheid hierbij te voegen, dat velen de aan hun rang verbonden tractementen niet genoten, en dat de uitbreiding van het kader vermoedelijk in naauwe betrekking stond met andere plannen, omstreeks denzelfden tijd overwogen, die nogtans, wegens den dood van Willem IV, onuitgevoerd bleven.

Dewijl het niet te miskennen was, dat de bronnen van nationale welvaart niet meer in dezelfde mate vloeiden, als voorheen, zoo had de prins ook den toestand van handel en industrie ter harte genomen. Het verlevendigen hiervan was een uiterst moeijelijk vraagstuk, omdat het gepaard moest gaan met een herstel van 's lands algemeene geldmiddelen en van 's lands vervallen zeemagt. Doch het was in hooge mate populair. „Huilt gij inwoners der laagte: want al het volk van koophandel is uitgehouwen," riep de schrijver eener patriotsche redevoering uit, met de woorden van den profeet Zephanja. En zijn inderdaad kalm betoog vond een geopend oor, bij zijne landgenooten. Hij toch roerde hetzelfde vraagstuk aan, dat veler aandacht onverdeeld bezig hield. De welgemeende poging, om het op te lossen, maakte den prins tot den lieveling des volks.

Voorloopig had de stadhouder zich bereid verklaard, om voor zich en de zijnen, bij voorkeur, inlandsche stoffen te gebruiken, hetgeen evenwel meer tot de kunstmatige middelen behoorde, die geene duurzame verbetering aanbrengen. Tevens was de haringvisscherij, die van de concurrentie der Engelschen veel te lijden had, van bijna alle lasten bevrijd en nadrukkelijk beschermd [2]. Onderwijl bragt eene commissie, den 20sten November 1750, een rapport uit, met een voorstel, dat heel wat verder strekte. Zij wenschte de admira-

---

[1] Recueil van Zeesaaken, VI p. 177, 422, 494, 608, 822; Europische Mercurius, voor 1753, 2e stuk p. 245; Nederl. Jaarb. 1753, p. 859.

[2] Recueil van Zeesaaken, VI p. 382; Nederl. Jaarb. 1750, p. 707; Wagenaar, XX p. 408.

liteiten in het Noorder-Kwartier en in Friesland op te heffen, de lijsten der convooijen en licenten te herzien en vervolgens gestreng te handhaven, alles gepaard met eene volledige opgave van het beheer der instand blijvende admiraliteiten [1]).

Deze voorstellen betroffen het netelige vraagstuk regtstreeks. Zij beoogden eene vermeerdering van de inkomsten der admiraliteiten, bezuiniging en eene gestrenge controle. Hoe fraai dit evenwel oppervlakkig mogt klinken, zoo loste het de bestaande moeijelijkheid in geenen deele volledig op; want juist de opbrengsten van handel en visscherij, ten behoeve der admiraliteiten, en de hieraan verbonden formaliteiten, hield men voor de regte oorzaken van den achteruitgang. Er moest derhalve iets anders worden uitgedacht, hetwelk voor handel en zeemagt beiden was aan te bevelen. Hierover peinsde de stadhouder, nadat hij zich, over de redenen van het verval des koophandels, door deskundigen had doen inlichten. Dien ten gevolge bragt hij, den 27sten Augustus 1751, bij de Staten-Generaal en bij de Staten van Holland eene uitvoerige verhandeling over den koophandel ter tafel, met een daarbij gevoegd ontwerp, om de republiek tot een gelimiteerd porto-franco te maken, d. i. om de regten op den in- en uitvoer van een aantal artikelen af te schaffen [2]). Wat de admiraliteiten hierdoor verloren, zou men haar op andere wijze vergoeden. Maar dit wekte de bezorgdheid der genoemde collegiën op. Dat van Zeeland, reeds geraakt, omdat er geene Zeeuwsche kooplieden waren geraadpleegd, keurde het plan hoogelijk af. De Hollandsche collegiën, ofschoon bereid, onder zekere waarborgen, eene proef te nemen, duchtten van den voorgestelden maatregel een volslagen ondergang der marine, omdat juist het bezit van eigen inkomsten de reden was geweest, dat zij in de laatste jaren nog iets hadden kunnen doen [3]).

Was de vrees der admiraliteiten gegrond? In theorie zeker niet; want de bloei van handel en visscherij moest het maatschappelijk

[1]) Naleezingen op Wagenaar, II p. 455.
[2]) Propositie van Syne Hoogheid, te 's Gravenhage bij Scheltus, 1751; Europische Mercurius voor 1751, 2e stuk, p. 194 e. v.; Nederl. Jaarb. 1751, p. 894 en bijvoegsels p. 186; Wagenaar XX p. 412 e. v.
[3] Europische Mercurius voor 1752, 2e stuk p. 298 e. v.; Nederl. Jaarb. 1752, p. 1002, 1233, 1804 en bijv. p. 496; Wagenaar, XX p. 488 e. v.

kapitaal vermeerderen, en de natie dus in staat stellen meer op te brengen. Hiertegenover stonden echter de lessen der ervaring. Het maatschappelijk kapitaal was reeds aanzienlijk; toch werden de gelden, ten behoeve der vloot gevraagd, doorgaans met weerzin toegestaan, en zeer ongeregeld, ja soms in het geheel niet uitbetaald. Daarom herhaalden de admiraliteiten, wat zij reeds in 1740 hadden gezegd, dat het namelijk gevaarlijk was, de zeemagt nog meer afhankelijk te maken van onzekere inkomsten [1]). In de praktijk waren de bezwaren der collegiën dus volstrekt niet ingebeeld of ver gezocht, schoon men sommige gebreken wel op rekening van hun eigen beheer kan stellen. Alle plannen vielen echter in duigen, door 's prinsen overlijden, op den 22sten October van hetzelfde jaar. Men liet toch bijna alles op den ouden voet, dewijl de Staten van Holland, die bereid waren, in den geest van het gedane voorstel, iets te beproeven [2]), bij de andere provinciën geene medewerking vonden.

Evenals 's prinsen verheffing stof tot regtmatige blijdschap had geschonken, baarde zijn dood die in nog ruimer mate tot droefheid, omdat hij, gedurende zijn kortstondig bewind, reeds veel goeds tot stand gebragt, en daarbij uitzigt op meer gegeven had. Met den lof, door den tijdgenoot toegezwaaid aan den verdienstelijken vorst, wiens optreden inderdaad een lichtpunt was, te midden van veel duisters, kan de nakomeling ten volle instemmen, ofschoon hij de laffe en walgelijke vleitaal, door sommigen geuit, om meer dan eene reden moet afkeuren. De belagchelijke overdrijving, in woord en geschrift ten toon gespreid, ware slechts een bewijs te meer voor de weinige degelijkheid der eeuw, ook op het gebied van welsprekendheid en goeden smaak, indien zij niet tevens eene reactie had uitgelokt of ten minste bevorderd, die voor de republiek zeer gevaarlijk kon worden. De overledene toch liet al de waardigheden, die hem erfelijk waren opgedragen, aan zijn driejarigen zoon na. Hierdoor vervielen de hooge ambten in de zeven gewesten, onder Willem IV voor het eerst op één eminent hoofd vereenigd, na zijn dood, aan een minderjarige. Wel voorziende, dat hem vermoedelijk geen lang

---

1) Luzac, Holland's rijkdom, IV bijl. C. p. 24, uit eene resolutie van 28 September 1753.
2) Luzac, Holland's rijkdom, IV p 374 en bijl. C.

leven beschoren was, had de overleden stadhouder, in 1750 de benoeming van den hertog van Brunswijk-Wolfenbuttel tot veldmaarschalk bewerkt. Deze kon thans, als zoodanig, het bevel over de troepen voeren. Voor het overige, kreeg prinses Anna de teugels van het bewind in handen, als gouvernante van haren zoon Willem V, den onmondigen erfstadhouder der Zeven Vereenigde Nederlanden.

---

c. Minderjarigheid van Willem V. — Zevenjarige zeeoorlog tusschen Frankrijk en Groot-Brittanje. — Kapitein Evertsen met een convooi aangehouden. — Dood van de prinses-gouvernante. — Voogdijschap van den hertog van Brunswijk-Wolfenbuttel. — Vruchtelooze dapperheid van kapitein Dedel. — Vrede te Parijs. — Aanhoudend gekibbel met de Barbarijsche staten.

Ontmoedigende verschijnselen openbaarden zich in de republiek, na het overlijden van Willem IV. Hadden vele staatsgezinde regenten, bij zijn leven, zoodra het oorlogsgevaar was geweken, pogingen aangewend, om een gedeelte van hun verloren invloed te herwinnen, deze werden thans natuurlijk voortgezet of herhaald. Dewijl zij echter aanstonds tegenkanting vonden, bij de voorstanders van het stadhouderlijk gezag, wier ijver nu, te gelijk met de reactie aangroeide, ontwaakte de van ouds bestaande verdeeldheid weldra dermate, dat er, in 1754, zelfs maatregelen noodig waren tegen sommige schotschriften, die haar aanwakkerden [1]. Het kenmerkend verschil, doorgaans tusschen de buitenlandsche staatkunde van beide partijen waargenomen, kwam te scherper uit, nu men hiervan, eerst der prinses, eene Engelsche van geboorte, daarna den hertog van Brunswijk, een Duitsch vorst, met schijn van grond, een bitter verwijt kon maken. Werkelijk zal er voortaan niet alleen sprake zijn van eene stadhouderlijke en eene anti-stadhouderlijke partij, welker leden den naam van Patriotten kregen; maar ook van Engelschgezinden en Fransch-

---

[1] Europische Mercurius voor 1754, 1e stuk, p. 208 en 300; Nederl. Jaarb. 1754, p. 69, 175 en 334.

gezinden, naar gelang men voor de zwakke republiek steun zocht, bij de eene of de andere mogendheid. Aanvankelijk gaf de anti-stadhouderlijke partij, gelijk zij dit sedert haar ontstaan in den regel had gedaan, ook in deze jaren, de sterkste blijken van de eigenaardige rigting harer buitenlandsche politiek. Doch juist de hevigheid, waarmede zij haar doel najaagde, noopte de prins- of stadhoudersgezinden, insgelijks eene meer besliste keuze te doen, in denzelfden geest, dien men hun tot dusverre, eigenlijk slechts bij wijze van tegenstelling, had kunnen toedichten.

Het redeneren over de plannen tot verbetering der zeemagt, dat nog eene wijle aanhield, baatte ten slotte niet veel. Ondertusschen rakelden de admiraliteit van de Maas en die van Zeeland haren ouden twist weder op, over het licent, verschuldigd door schippers, die zoowel de Hollandsche, als de Zeeuwsche wateren bevoeren. Het collegie van Zeeland wilde het geheel blijven ontvangen, terwijl dat van de Maas, zich beroepende op den toestand voor 1686, weder aanspraak maakte op de helft. Slechts noode, bukte Zeeland voor de beslissing der prinses-gouvernante, die ten gunste van Holland uitviel en door de Staten-Generaal werd bekrachtigd [1]. Overigens valt er, met betrekking tot 's lands zeemagt, weinig te melden. Hare verrigtingen bepaalden zich voornamelijk tot het geleiden van koopvaarders. Aangezien de admiraliteiten dit, uit hare eigen middelen, moesten bekostigen, geschiedde het evenwel, met zoo spaarzame hand, dat het op de roofstaten geen indruk maakte. Zelfs vatte Algiers de wapenen op, louter omdat de republiek zwak en nogtans zoo benijdenswaardig rijk was. Dit verpligtte haar iets meer te doen, tot beveiliging der koopvaardijschepen, welke de zuidelijke havens van Europa bezochten. Hieraan, doch vooral aan de mindere veerkracht der Algerijnen zelven, had zij het te danken, dat er betrekkelijk weinig schade was geleden, toen de dey weder voorstellen tot vrede deed. De schout bij nacht Sels, hierop met de *Diamate* (68), de *Landskroon*, de *Leeuwenhorst*, de *Dordrecht* en *Het hof van St. Janskerke* naar Algiers gezonden, vond er eene zware taak, waarvan hij

---

[1] Europische Mercurius voor 1753, 1e stuk, p. 138; Nederl. Jaarb 1753, p. 92 en bijvoegsels hierop I p. 588; Recueil van Zeesaaken, VI p. 679; Stuart Vaderlandsche historie, I p. 77 e. v.

zich echter, naar omstandigheden, gelukkig kweet, door in het laatst van November 1757 een nieuw tractaat te sluiten [1]).

Voor dien tijd, was de republiek in moeijelijkheden van ernstigen aard geraakt, ten gevolge van de geschillen, tusschen Frankrijk en Groot-Brittanje, over de grenzen hunner bezittingen in Noord-Amerika. Het laatstgenoemde rijk, dat er Nieuw-Engeland, en sedert 1713, ook Nieuw-Schotland bezat, wenschte deze streken te verbinden, en tevens zijn gebied naar het verre westen uit te breiden. Frankrijk daarentegen, in het bezit van Kanada en Louisiana, beoogde niet alleen de vergrooting dier twee koloniën, maar ook hare toekomstige vereeniging, waartoe het bereids de eerste stappen had gedaan, door het aanleggen van eenige sterkten in de nog woeste en onbezette binnenlanden. De belangen der genoemde mogendheden waren dus, zoo lijnregt, met elkander in strijd, dat de eene haar doel niet kon bereiken, zonder dat van de andere te verijdelen. Beiden hadden reeds een schat van tijd en papier verkwist, om haar goed regt te staven, eer het in Amerika tot feitelijkheden kwam, waarvan zij elkander wederkeerig de schuld gaven. Tot ergernis van vriend en vijand, namen de Engelschen weder eene menigte Fransche schepen, zelfs in de Europesche zeeën, voor dat hun gouvernement, in Mei 1756, openlijk den oorlog verklaarde, waarop Frankrijk, in den loop der volgende maand, antwoordde [2]).

Geen wonder, dat de republiek, die eenmaal aan de vereenigde magt der betrokken partijen het hoofd had geboden, thans in het bewustzijn harer eigen onmagt, de naderende gebeurtenissen met bezorgdheid te gemoet zag. Frankrijk, dat volgens sommigen, tijdens den vrede van Aken, slechts één bodem bezat, waaraan men strikt genomen, den naam van linieschip kon geven, en in het geheel niet meer dan een dertigtal oorlogsvaartuigen, had, onder het kortstondig beheer van den minister Machault, zijne marine

---

[1]) Europische Mercurius voor 1755, 1e stuk, p. 226, 263, 285; Nederl. Jaarb. 1755, p. 216, 1757 p. 769 en 1758 p. 853; Recueil van Zeesaaken, VII p. 126, 217, 615, 704; Stuart, 1 p. 173 en 350. Rapport van den schout bij nacht en journaal, gehouden aan boord van de *Damiate*, M. S. in het Rijks-Archief.

[2]) Beide declaratiën in de Europische Mercurius voor 1756, 1e stuk, p. 277 en 283; Beatson, Memoirs, III appendix p. 102 en 107

versterkt [1]). Groot-Brittanje kon, ongerekend alle kleinere, op 130 schepen van vijftig tot honderd stukken bogen [2]). Wat kon de republiek, met hare kleine convooijers en naauwelijks twintig oorlogsschepen [3]), tegen de kolossale magt der vijandelijke mogendheden aanvangen, bijaldien zij het goed regt harer eigen bevolking krachtdadig moest handhaven? En hare uitzigten werden eerlang nog donkerder, toen er bovendien een oorlog te lande uitbrak, tusschen Oostenrijk en Pruissen, waarbij Frankrijk zich schaarde aan de zijde van het eerste, en Engeland later eene lijn trok met het tweede.

Alle voorstellen tot versterking van zee- en landmagt, onder die omstandigheden door de prinses-gouvernante gedaan, niet om deel te nemen aan den krijg, maar om eene gewenschte onzijdigheid met eere te kunnen bewaren, leidden helaas, slechts tot vermeerdering der binnenlandsche verdeeldheid. Hard moge het klinken, in den mond van den vreemdeling, dat de slecht geëerbiedigde neutraliteit van de republiek, inderdaad weinig eerbied verdiende [4]); met het oog op de feiten, is zijne uitspraak niet te wederleggen. Noch hare grenzen, noch hare kusten en zeegaten werden, gedurende den thans uitgebroken oorlog, naar behooren ontzien. De republiek was te zwak, om den Franschen een doortogt door hare vestingen te weigeren, en moest het gedoogen, dat een Pruissisch leger, op haar grondgebied, over den Rijn trok. Aan den zeekant was het nog erger. Op hare reeden en in hare havens werden allerlei vijandelijkheden gepleegd, en tegen het einde van den oorlog, bevochten vijandelijke schepen elkander in hare kustzee, in de onmiddellijke nabijheid van de residentie der Staten-Generaal [5]). Dit alles lokte nu wel vertoogen uit, waarop meestal eenige voldoening of verontschuldiging volgde, en is trouwens in oorlogstijd doorgaans niet geheel te verhoeden; doch het geschiedde, voor de eer der republiek, als eene onafhankelijke mogendheid, en te menigvuldig, en te open-

---

[1] Chassériau, Précis historique de la Marine Française. I p. 151; Guérin, II p. 423.
[2] Hervey, V p. 21; Beatson, I p. 443 en III appendix p. 95; Charnock, III p. 197.
[3] de Jonge. Zeewezen, IV bijl. VII en VIII.
[4] Hervey, V p. 196.
[5] Vaderlandsche historie, ten onmiddellijken vervolge van Wagenaar, XXII p. 312; Recueil van Zeesaaken, VII p. 302, 372, 560 en VIII p. 476, 654, 726; Nederl. Jaarb. 1756 p. 672, 740, 1020; 1758 p. 502; 1761 p. 116; Beatson, II p. 475.

baar, en te straffeloos. Zoo plukte Nederland, bij aanvang, de wrange vruchten, door baatzucht en partijschap in eigen boezem gekweekt. Wat de Staten onderwijl beproefden, om handel en zeevaart te beschermen, zal dit nader bevestigen.

Vooraf zij hier opgemerkt, dat de republiek, bij het uitbreken van den oorlog, tot beide partijen, geenszins in dezelfde verhouding stond. Met Frankrijk, dat geweigerd had het geschorste tractaat, na den vrede, te vernieuwen, was zij op geenerlei wijze verbonden; daarentegen wel met Groot-Brittanje, door verschillende tractaten, waaronder meer bepaald die van 1674 en 1678 bij latere overeenkomsten bekrachtigd waren. Op grond van het laatste, vroeg de Britsche gezant, in Februarij 1756, dus voor de oorlogsverklaring, aan de Staten-Generaal 6000 man hulptroepen, omdat zijn gouvernement eene landing in Schotland duchtte. Hiertegen verhief de Fransche gezant zijne stem, in een tamelijk dreigend vertoog, dat zich slechts uit de volslagen weerloosheid van de republiek liet verklaren [1]. Menige Nederlandsche pen zette zich daarop in beweging, om het verleenen dier hulp te ontraden, dewijl het gemelde tractaat, van zuiver defensiven aard, en derhalve niet van toepassing was, nu Groot-Brittanje in Europa de eerste vijandelijkheden had gepleegd [2]. Het Britsche hof, van den eersten schrik bekomen en niet voornemens de republiek te bemoeijelijken, liet de zaak voorloopig rusten. Toen het er, den 2den Augustus, op terugkwam [3], was er zooveel voorgevallen, naar aanleiding van het andere tractaat, dat de Staten-Generaal het verzoek met stilzwijgen beantwoordden.

Gouden bergen spiegelden de Nederlandsche kooplieden zich intusschen voor, van de gestrenge onzijdigheid, waartoe hun gouvernement, den 25sten Mei, besloot. Behalve de grove, doch onzekere winsten, uit een verboden handel voortspruitende, kon toch de geoorloofde handel, in het tractaat van 1674 zoo duidelijk omschreven [4], ongehoorde voordeelen afwerpen. Noemde het de scheepsmaterialen, die Frankrijk tot versterking zijner marine dringend

---

[1] Beatson, I p. 441; Hume, XIV p. 237; Europische Mercurius voor 1756, 1e stuk, p. 118, 160, 162, 289; Nederl. Jaarb. 1756 p. 659 e. v.
[2] Historische en politieke tractaaten van Wagenaar, I p. 69 e. v.
[3] Nederl. Jaarboeken, 1756 p. 666 en 741.
[4] Zie bladz. 300 van het tweede stuk.

behoefde, niet uitdrukkelijk onder de geoorloofde handelsartikelen? Zou niet de vlag de gansche lading dekken, indien er geene contrabande aan boord was? Welk eene vlugt kon daarenboven niet de vaart op St. Eustatius en Curaçao nemen, nadat Frankrijk het verkeer met zijne koloniën had opengesteld! Al die schitterende uitzigten waren zeker bekoorlijk genoeg. Jammer slechts, dat het Engelsche gouvernement, reeds in zijne oorlogsverklaring en in eene hierop gevolgde acte van het parlement [1]), de Nederlandsche zienswijze niet scheen te deelen, en tevens de middelen bezat, om zijne denkbeelden te doen zegevieren.

Onregelmatig was elke afwijking van een plegtig bezworen tractaat zeker; doch lang niet zoo trouweloos, als menigeen, teleurgesteld in zijne hoop op winst, of verblind door staatkundigen hartstogt, dit liet voorkomen. Wel verre van zich van alle verpligtingen ontslagen te achten, nu de Staten-Generaal niet aanstonds de verlangde hulp hadden toegestaan, verklaarde de Britsche regering het tractaat van 1674 nog verbindend. Zij beriep zich niet eenmaal op eene blokkade der geheele Fransche kust [2]), in welk geval zij zich door hetzelfde tractaat had kunnen dekken, met verwijzing naar de overeenkomst van 1689, waarvan de onzen liefst nooit hoorden gewagen. Alleen den handel in scheepsmaterialen en den toevoer hiervan aan haren vijand, meende zij niet te kunnen gedoogen. Om dit te rijmen met hare erkenning van een duidelijk sprekend tractaat, behoeven niet alle vroeger en later bedachte spitsvondigheden te worden nageplozen. Zij verschool zich achter de wet der noodzakelijkheid, welker geldigheid de Groot en anderen hebben erkend, ofschoon velen haar later hebben gewraakt en geloochend, vooral omdat ieder, die er zich van bedient, eigenlijk regter in zijne eigen zaak is, en zoodoende alle overeenkomsten geheel willekeurig kan verijdelen [3]). Wel beseffende, dat men de scheepsbehoeften in geen geval als contrabande kon behandelen, sloeg de Britsche regering een middelweg in, door er het regt van voorkoop (praeëmptie) op

---

[1]) Historische en politieke tractaaten, I p. 233.
[2]) Recueil van Zeesaaken, VII p. 667, 669; Stuart, I p. 344 Wat Ortolan, II p. 329, met de woorden van Flassan zegt, is dus niet juist.
[3]) Hautefeuille, Des droits et des devoirs des nations neutres, en temps de guerre maritime, I p. 155; II p. 29 e. s.

toe te passen. Zij liet namelijk de schepen, met hout en andere materialen, opsporen en aanhouden, die goederen tegen betaling van waarde en vracht overnemen, en daarna de schepen, met het overige gedeelte der lading, vrijelijk vertrekken Afgescheiden van alle geweldenarijen en knevelarijen, hierbij gepleegd, is de maatregel zelf, van een Britsch standpunt, wel te verdedigen.

Met betrekking tot den handel op de Fransche koloniën in West-Indië, uitte Groot-Brittanje voor het eerst de meening, dat onzijdigen in oorlogstijd geen nieuwen handel mogen aanvangen [1]. Vergeefs beriepen de onzen zich op het eerste artikel van het tractaat van 1674, waarin ten opzigte van de plaatsen, geene sprake was van eenige beperking. Hiervan gewaagde alleen het tweede, dat de vrijheid van handel uitstrekte over alle goederen „die oyt in vrede sullen werden gevoert," uitgezonderd contrabande.

Naar de letter van het tractaat, hadden de Nederlanders dus ten volle gelijk; want de Engelschen moesten de beide artikelen van het tractaat dooreenwarren, om tot de slotsom te geraken, dat de handel der onzijdigen zich niet verder mogt uitbreiden, dan tot hetgeen in vredestijd geoorloofd was [2]. De Britsche regering, wier opvatting door velen werd gedeeld, bragt later de zaak op een ander terrein, door de Fransche koloniën in staat van blokkade te stellen [3]. Zij oogstte zoodoende den bijval harer onderdanen, wier naijver jegens de onzen te sterker ontbrandde, naarmate vijandelijke kruisers en het pressen van zeevolk, hun eigen handel meer stremden.

Tegen de schepen met Fransche producten, van St. Eustatius en Curaçao komende, of derwaarts bestemd met goederen, die maar eenigzins verdacht waren, gingen de Engelschen met de uiterste gestrengheid te werk. In de meeste gevallen, werden schip en lading verbeurd verklaard [4]. Ongerekend het wederregtelijke van de aanhouding en de buitensporigheden, door vele kruisers begaan, achtten Nederlandsche schippers, reeders en kooplieden zich ten hoogste verongelijkt, door het kostbare der regtsgedingen voor de Britsche admiraliteitshoven, die soms geheel naar willekeur beslis-

---
[1] Hautefeuille, Des droits et des devoirs, etc. II p. 54.
[2] Historische en politieke tractaaten, I p. 251 e. v.
[3] Hume, XV p. 281; Recueil van Zeesaaken, VII p. 766.
[4] Beatson, Memoirs, 1 p. 520.

ten. Sommigen hunner gaven den Britten, helaas, niet dan al te zeer een voorwendsel aan de hand, door zich van slinksche middelen te bedienen, en verlokt door het uitzigt op grove winst, inderdaad oorlogscontrabande te vervoeren. Doch men zond, over het geheel, eene verbazende hoeveelheid geschut, wapenen en buskruid, uit de republiek, aan de beide oorlogvoerende partijen, hetgeen zich kwalijk met de begrippen eener volstrekte onzijdigheid laat overeenbrengen [1]). Om deze te handhaven, moest de republiek eene zeemagt bezitten, geëvenredigd aan hare taak. Zij miste die, om vroeger gemelde redenen, en erlangde haar voorloopig niet, om redenen, die wij thans nader zullen uiteenzetten.

In den zomer van 1756, kort na het uitbreken van den oorlog, klonk het den onzen, als een donderslag, in de ooren, dat een aantal hunner schepen, in de Engelsche havens waren opgebragt. Wat de Nederlandsche regering bij den Britschen gezant Yorke, te 's Gravenhage, en door haren eigen gezant Hop, te Londen, bij het Britsche hof, in het belang der eigenaars aanvoerde, werd gunstig opgenomen. Men beloofde toch de schepen te zullen vrij geven, na er de scheepsmaterialen uit geligt te hebben, die men evenwel zou betalen [2]). Hierdoor bleek aanstonds, waaraan Engeland zich dacht te houden. Het meende zoo gematigd te zijn, als bestaanbaar was met zijn eigen belang, en verklaarde zich ten volle bereid tot eene nadere schikking. De bedoeling hiervan, hoewel ligt te raden, scheen den onzen niet regt duidelijk, vooral wanneer er te gelijk van het tractaat van 1678 werd gerept. Daarentegen bleven zij maar aandringen op de getrouwe nakoming van het tractaat van 1674, tegen elke inbreuk hierop luide protesterende.

Staatkundig was die oogenschijnlijk kloeke houding niet; althans zoolang de middelen ontbraken, om den magtigen bondgenoot eenigzins tot nadenken te brengen. Dit bleek aanstonds, terwijl de onderhandelingen over de eerste der opgebragte schepen in vollen gang waren. Kapitein Evertsen van Lodyke, met de *Gorkum* (46) en 21 koopvaarders uit de haven vertrokken, ontwaarde toch, den 15den Augustus, dat drie Engelsche schepen, de *Rochester* (50), de

---

[1]) Beatson, II p. 124; Nederl. Jaarb. 1759, p. 874, 1040.
[2]) Recueil van Zeesaaken, VII p. 297, 323.

Port-Mahon (20) en een kleiner vaartuig jagt op hem maakten. Nadat er een saluut was gewisseld, draaide hij bij, hetgeen kapitein Dof van de *Rochester* in de gelegenheid stelde, hem eene sloep te zenden met een officier. Toen deze, namens zijn bevelhebber, de hoop uitdrukte, dat Evertsen geen bezwaar zou hebben tegen het visiteren der schepen van het convooi, gaf de Nederlandsche kapitein zijne verwondering te kennen over deze boodschap, met de verzekering, dat zijne koopvaarders geenerlei verboden goederen aan boord hadden. Hij liet daarop een zijner eigen officieren, met de sloep, naar kapitein Dof varen, om dezen tot andere gedachten te brengen. Maar de Britsche kommandant zond beide officieren terug, met het berigt, dat hij uitdrukkelijk last had tot visiteren, en dat hij al de schepen, geladen met masten, stengen en wat verder tot uitrusting van schepen diende, te Duins moest opbrengen. Hij hoopte, dat Evertsen hem niet zou noodzaken tot een gevecht, en wenschte van nadere bezoeken verschoond te blijven. Evertsen las den officier, welke die boodschap overbragt, het vierde artikel van het veel besproken tractaat nog eens voor, en antwoordde voorts, dat hij het verlangde onderzoek niet kon toestaan. Daar hij, onder dit gesprek, Engelsche sloepen naar de koopvaarders zag roeijen, zond hij er ook de zijne heen, met bevel aan de schippers, om geene Engelschen aan boord te nemen en geweld met geweld te keeren. Nu hielden de sloepen der Engelschen af, doch maakten hunne schepen zich gereed tot den aanval. „In deze critique omstandigheydt, als synde een gedeelte myner coopvaarders met maste, stengen, balken en verdere scheepstoerustinge belaaden," dus luidde het in den brief van Evertsen, „resolveerde met advys myner officieren, omme de visitatie, en door haar overmagt het wegneemen der scheepen voor te komen, tot welsyn der commersie, met myn onderhebbend convooy en de Engelsche oorlogscheepen tot voor de rheede van Duyns te zeylen, en aldaar soo lange te blyven cruyssen, tot windt, weer en stroom mij mogte noodsaaken aldaar ter rheede te loopen en te moeten ankeren, tot de ordres van Haar Hoog Mogende, hoe mij in dit kas te moeten gedraagen, sal hebben ontfangen." Hij schreef den schippers seinen voor, bijaldien zij onverwacht assistentie mogten behoeven, en volvoerde zijn plan.

Zoodra Evertsen te Duins kwam, zond hij een brief aan den

aldaar kommanderenden vice-admiraal Smith, en een anderen aan der Staten ambassadeur te Londen [1]). Al zijne bemoeijingen waren echter vruchteloos, en de belofte van den genoemden vice-admiraal, dat deze met „alle veneratie" zou te werk gaan, en niets zou gelasten tot krenking van de vlag, moet niet al te letterlijk worden opgevat; want den 22sten, kwam er een Engelsch officier, met een brief van dien vice-admiraal, om de schepen te visiteren. Volgens een aanbod hem gedaan, liet Evertsen den Brit vergezellen door een der Nederlandsche officieren, die in last kreeg, den schippers hunne papieren af te vragen. Tegen den avond van denzelfden dag, verklaarde de Britsche kommandant, dat hij vijftien schepen van het convooi moest aanhouden. De zes overige, waarvan twee naar Faro, in Portugal, en vier naar Fransche havens bestemd waren, konden vertrekken. Evertsen vond het, in overleg met den scheepsraad, gepast, dienaangaande nadere bevelen af te wachten [2]). Hij ontving die eerlang; want de Staten-Generaal besloten, den 31sten Augustus, hem aan te schrijven, dat hij de reis met de vrijgelaten schepen moest voortzetten, terwijl zij tevens hunnen ambassadeur gelastten, nieuwe vertoogen bij het Britsche gouvernement in te dienen [3]). Voor dien tijd had Evertsen, op hoop van approbatie, reeds een plan gevormd, om de reis te vervolgen met de zes schepen, die hunne papieren teruggekregen hadden. Lijdelijk moest hij aanzien, dat de meeste bodems van zijn convooi naar Sheerness en Portsmouth gevoerd werden. Na al het mogelijke te hebben aangewend, om dit te verhoeden, ried hij den schippers tegen de hun aangedane behandeling te protesteren, en verliet, zoo als hij later uit La Rochelle schreef, den 3den September, de reede van Duins [4]).

Tot verontschuldiging van den Nederlandschen bevelhebber, wiens gedrag door sommigen werd afgekeurd, omdat hij de middelen tot zelfverdediging ongebruikt had gelaten, is niet alleen aan te voeren

---

[1]) Missive van kapitein Evertsen van 17 Augustus 1756 aan de admiraliteit van de Maas, M. S. in het Rijks-Archief.
[2]) Missive van kapitein Evertsen van 18 en 23 Augustus aan hetzelfde collegie, insgelijke M. S. in het Rijks-Archief.
[3]) Recueil van Zeesaaken, VII p. 339; Stuart, I p. 266.
[4]) Missive van kapitein Evertsen van 2, en eene andere van 28 September aan de admiraliteit van de Maas, M. S. in het Rijks-Archief.

de groote verantwoordelijkheid, die hij door een gevecht op zich genomen zou hebben, maar ook vooral de bewustheid, dat hij eene regering diende, welke niet bij magte was, den haar toegeworpen handschoen aanstonds op te rapen. Juist daarom was de halsstarrigheid, waarmede de Staten-Generaal bleven hechten aan de nakoming van een tractaat, dat zij toch niet met nadruk konden doen eerbiedigen, onstaatkundig.

Eenige toegeeflijkheid, onder den drang der omstandigheden, van regeringswege betoond, ware te verkiezen geweest, boven een vruchteloozen tegenstand, die schadelijk was voor den koophandel en beleedigend voor de eer der vlag.

Kapitein Vis, die insgelijks koopvaarders moest geleiden, was zoo voorzigtig den Staten-Generaal bepaald af te vragen, wat hij in een dergelijk geval moest doen. Maar dit was niet zoo gemakkelijk te zeggen. Onder allerlei adviezen, klonk dat van Holland, om den uitvoer van houtwaren te beperken, op grond dat men die zelf noodig had, niet kwaad; te meer, omdat men aan dien maatregel, ofschoon inderdaad eene uitvlugt, door een beroep op het verledene, wel een zekeren glimp had kunnen geven. Maar de Staten-Generaal namen voorloopig geen besluit, en verschoven slechts het vertrek van kapitein Vis, die eindelijk de reis schijnt te hebben aanvaard, met achterlating van drie schepen, welker lading in hout bestond [1]

Sedert dien tijd, verleenden de autoriteiten der republiek convooi, behalve naar die havens, welker blokkade zij erkenden, steeds zekere voorzigtigheid in acht nemende. Betreffende het wedervaren der bevelhebbers van 's lands oorlogsschepen op die togten, moeten wij ons tot enkele bijzonderheden bepalen. De commandeur van der Kamp, voerende de *Veere*, in April 1757 van Marseille vertrokken met een convooi, waarbij zich een Fransch schip, onder Spaansche vlag, had aangesloten, deed op de hoogte van Barcelona sein voor de Hollandsche schepen, die er mogten liggen. Dien ten gevolge kwam ook een Engelsche koopvaarder naar buiten, die, insgelijks convooi vragende, hetzelfde antwoord ontving, dat van der Kamp vroeger den Franschman had gegeven, namelijk dat de zee

---

[1] Recueil van Zeesaaken, VII p. 344. 350, 358; Stuart, I p. 266 e. v.

vrij en ruim was, ,,daar meede," volgens de opvatting der Staten-Generaal, ,,apparent denoteerende, dat hij deselve wel direct niet kon protegeeren, maar hem egter niet uyt syn convooy soude weeren." Toen evenwel de Franschman, onder Fransche vlag, op het Engelsche schip vuurde en dit vermeesterde, terwijl de schipper zich nog aan boord van den Nederlandschen bevelhebber bevond, achtte deze zich verpligt tusschenbeiden te komen. Hij verhinderde alle vijandelijkheden onder het bereik van zijn kanon, en liet de beide schippers hun verschil te Alicante uitmaken. De Staten-Generaal, die zijn gedrag ten volle goedkeurden, wisten door het eenvoudig verhaal van het gebeurde, dat van der Kamp overzond, ook den Franschen gezant en diens hof, van het goed regt van hunnen bevelhebber te overtuigen [1].

Maar de kommandanten van kleine, meest afzonderlijk gebezigde schepen, waren niet altijd bij magte, zich behoorlijk te doen gelden. Kapitein Crul, met *Het Welvaren van 't land* (20), moest, in Augustus 1758, meer dan eenmaal het visiteren van zijn convooi toelaten. Gelukkiger was kapitein Binckes, met de *Maarsen*. Hij verjoeg, den 27sten December, de Engelsche kapers, die reeds twee schepen van zijn convooi hadden afgesneden, en bragt dit ongedeerd, te Cadix. Ook de schout bij nacht Sels redde een koopvaarder, dien de Engelschen, onder het bereik van zijn kanon, wilden aantasten, en beschermde een anderen, dien een hunner kapers ter reede van Malaga bedreigde, terwijl hij er lag, met vier Nederlandsche oorlogsschepen [2]. En wat ze zeggen tot lof van kapitein Haringman, kommanderende de *Veere* (50), wiens eigen bodem, in strijd met sommige berigten, geen convooi bij zich hebbende, door twee Britsche oorlogsschepen, elk van zestig stukken, voor een verdachten koopvaarder werd aangezien? Zonder te gewagen van een kloek gezegde, hem misschien ten onregte in den mond gelegd, melden wij slechts, dat hij den eisch tot onderzoek van zijn schip beantwoordde, door te wijzen op zijne geladen batterij, met de verzekering, dat hij zich tot het uiterste zou verdedigen. Dit

---

[1] Recueil van Zeesaaken, VII p. 629 e. v.; Stuart, 1 p. 321 e. v.
[2] Nederlandsche Jaarboeken, 1759 p. 123 en 124; de Jonge, Zeewezen, IV p. 333 en 334.

maakte inderdaad zooveel indruk, dat men hem zijne reis ongemoeid liet voortzetten [1]).

Welk eene verpoozing het lezen van dergelijke kloeke daden, te midden van allerlei droevige ervaringen, ook schenkt, zij konden voor den tijdgenoot het grievende hiervan slechts verzachten, niet wegnemen. Terwijl de gemoederen in het land zelf meer in gisting kwamen, door allerlei geschriften, waaronder die over het karakter en het bestuur van Johan de Witt [2]) een waren oorlog op het papier te voorschijn riepen, sprak het Engelsche gouvernement zijne meening, over de betwiste punten van het tractaat, steeds duidelijker uit. Blijkbaar ging het tegen de schepen, naar West-Indië bestemd, nog strenger te werk, dan tegen die, welke de Fransche havens moesten aandoen. Fabelachtig waren de sommen, welke de Nederlandsche kooplieden, in 1758, gedurende twee jaren tijds, alleen uit dien hoofde beweerden verloren te hebben [3]). Dit verbitterde hen ook tegen de prinses-gouvernante, die hen tot gematigdheid aanspoorde, en tevens haar invloed bij koning George II, ter wille van den Nederlandschen handel, wel met warmte, doch niet met den gewenschten uitslag aanwendde.

Inmiddels wakkerde het Fransche hof de bestaande ontevredenheid tot zijn voordeel aan, door den Nederlandschen koopman den vrijen invoer van gezouten haring, als een lokaas, voor te houden [4]). Welk een invloed dit moest hebben, nadat Groot-Brittanje, sedert het optreden van den minister Pitt, eene nog meer beslissende houding aannam, is te begrijpen Weldra vervloog zelfs de hoop, aanvankelijk op eene overeenkomst met Zweden en Denemarken gevestigd. De Britten zelven erkennen, dat zij, in 1758, niet minder dan 176 onzijdige schepen opbragten, van welke de meeste aan

---

[1]) Recueil van Zeesaaken, VII p. 896, waar uitdrukkelijk blijkt, dat het onderzoek zijn eigen schip gold; Stuart, I p. 475 en II p. 187 (noot), waar het eerste verhaal gerectificeerd wordt; de Jonge, Zeewezen, IV p. 334, waar, in de noot op de volgende bladzijde, alleen het eerste verhaal van Stuart bestreden wordt. De grond van het opgesierde berigt schijnt te liggen bij Kok, Vaderlandsch Woordenboek, III p. 969.

[2]) Historische en politieke tractaaten, II p. 275 e. v.

[3]) Nederlandsche Jaarboeken, 1758 p. 923 e. v.; Kok, Vaderlandsch Woordenboek III p. 985; Historische en politieke tractaaten, I p. 249.

[4]) Stuart, I p. 411 e. v.; Nederlandsche Jaarboeken, 1758 p. 818; Recueil van Zeesaaken, VII p. 837, 856.

Nederlanders toebehoorden [1]. Voor het einde van 1758, verklaarde het Britsche hof, zonder eenig voorbehoud, dat het noch den handel op West-Indië, noch het vervoer van scheepsbehoeften meer zou toelaten [2].

Tot driemalen toe, had eene commissie van kooplieden zich met weinig vrucht tot de prinses-gouvernante gewend, eer de mare zich verspreidde, dat Engeland voornemens was, onwrikbaar op den ingeslagen weg te volharden. Geen wonder, dat eene vierde bezending van kooplieden, den 7^{den} December, onder den indruk van dit berigt, bij de prinses-gouvernante ten gehoore ontvangen, zich wat sterk uitliet. Na in de eerste plaats te hebben aangedrongen op allerkrachtigste vertoogen, bij het Britsche gouvernement, tot vrijgeving van den grooten, aan Nederland toebehoorenden schat, dien het tegen regt en reden in zijne havens ophield, vroegen de kooplieden, in de tweede plaats, genoegzame bescherming voor de zeevaart, door de geheele wereld. „Oorlogsschepen, Mevrouw, zijn er noodig, om deze te beveiligen!" riep hun woordvoerder uit, ten slotte vergeving vragende, bijaldien eene wanhopende drift hem en zijne medeafgevaardigden wat ver deed gaan [3].

Tot op zekere hoogte hadden de kooplieden volkomen gelijk: oorlogsschepen waren er inderdaad noodig; maar zij hadden geen regt het gemis hiervan bedektelijk te verwijten aan de prinses-gouvernante, die reeds in 1756 op het versterken van zee- en landmagt had aangedrongen. Duidelijk genoeg hadden zij en de raad van state, bij het overleggen der petitie voor 1757, op het jammerlijke verval van 's lands marine en den onhoudbaren toestand der admiraliteiten gewezen. Met herinnering aan de grootsche plannen van Willem III, hadden zij zelfs de meening geopperd, of het, bij de schromelijke nalatigheid der provinciën, niet verkieslijk ware „'s lands magazijnen, werven, schepen, kanon en al haar toebehooren te verkoopen," met de opbrengst hiervan de schulden zooveel mogelijk af te lossen, en vervolgens de zorg voor den handel aan de kooplieden zelven over

---

[1] Beatson, Memoirs, II p. 195; Mahon, History of England, IV p. 152.
[2] Nederlandsche Jaarboeken, 1758 p. 1186 en 1221.
[3] Nederlandsche Jaarboeken, 1758 p. 1190; Wagenaar, onmiddellijk vervolg, XXII p. 400.

te laten. Was eene petitie, in het belang der zeemagt ingediend, niet sedert vijftien jaren onafgedaan? Zeeland alleen had zich van zijne verpligting ten volle gekweten. De andere gewesten waren allen, in meerdere of mindere mate, te kort geschoten [1]). Sommigen hunner begonnen nu over eene gelijktijdige zorg voor de grenzen te spreken. Groningen, dat nog niets had gedaan, dan praten en schrijven, zonder voor- of tegen te stemmen, behandelde het onderwerp nog eens uitvoerig, in eene missive van den 21sten November 1758 [2]). Zoo leverde eene gebrekkige constitutie aan het provinciale belang, en niet minder aan kleingeestige baatzucht of ontwakende partijschap een gereed middel, om den gang der gansche staatsmachine te verlammen. Vooral de koopsteden van Holland hadden zich, ook na de schending van het Nederlandsche grondgebied, tegen elke vermeerdering der landmagt aangekant. Thans had de prinses-gouvernante, ofschoon niet weinig ontstemd door hetgeen was voorafgegaan, uit de woorden der kooplieden naauwelijks opgemaakt, dat Amsterdam en andere stemhebbende steden niet langer denzelfden tegenstand zouden bieden, of zij bragt, vier dagen later, bij de Staten-Generaal een nieuw voorstel ter tafel [3]), waarvan zij echter den uitslag niet beleefde, daar zij den 12den Januarij overleed.

Hierdoor kwam, in het bestuur der zeezaken, eene niet onbelangrijke wijziging. Terwijl de hertog van Brunswijk-Wolfenbuttel de voogdij over den minderjarigen stadhouder aanvaardde, geraakte alles, wat het zeewezen betrof, nagenoeg op denzelfden voet, als onder stadhouderloos bewind. De kapiteins ontvingen hunne aanstelling weder van de Staten-Generaal, die hierin, als voogden van hunnen algemeenen admiraal, handelden [4]). Maar de verhouding der admiraliteiten tot de Staten-Generaal, gaf, evenals vroeger, telkens aanleiding tot onderling gekibbel tusschen het laatstgenoemde regeringsligchaam en de Staten van Holland en andere gewesten.

Oogenschijnlijk bestond er, na het overlijden der prinses, gegronde reden

---

[1]) Stuart, I p. 353 e. v.; C. van der Aa, het leven van Willem den Vijfden, I p. 180 e. v.
[2]) Nederlandsche Jaarboeken, bijvoegsel II p. 1140.
[3]) Nederlandsche Jaarboeken, 1758 p. 1201; Wagenaar, XXII p. 410.
[4]) Nederlandsche Jaarboeken, 1759 p. 101; Recueil van Zeezaaken, VIII p. 9, 59, 525 e. v.

tot bekommering, dewijl men voortaan hare door sommigen hoog gewaardeerde tusschenkomst bij den koning van Engeland zou moeten ontberen. Nogtans werd de toestand, door een zamenloop van omstandigheden, eer beter dan erger. Want hoewel een buitengewoon gezantschap aan het Britsche hof weinig hielp, en het aantal opgebragte en verbeurd verklaarde schepen in 1759 nog aanzienlijk was, zoo erkende men toch eerlang hier te lande, dat de beleedigingen minder waren, dan voor dien tijd [1]. Dit was een gevolg van de maatregelen, in Engeland genomen, tot beteugeling der kapers, en van de gematigdheid, welke de staatspartij aan den dag legde, nadat zij tijdelijk meer invloed had gekregen. Bovendien wierp het laatste voorstel der prinses-gouvernante deze heilzame vrucht af, dat de Staten-Generaal, den 26sten Februarij 1759, het besluit namen, om, behalve de gewone convooijers, 25 schepen in zee te brengen.

Volgens de raming, waarbij die ongelukkige petitie van 1741 weder ter sprake kwam, vereischte de gemelde uitrusting eene buitengewone uitgaaf van 2.649.600 gl., eene voorwaar onbeduidende som, in vergelijking met die, waarop de kooplieden hunne verliezen hadden geschat. Het vinden dier gelden baarde echter veel moeite [2]. Wegens de nalatigheid van sommige provinciën, kon men zelfs het genomen besluit niet eenmaal volledig ten uitvoer brengen. Toch vormden de 21 schepen, welke in den loop van 1759 werden uitgerust, met de gewone convooijers, een aantal van 32 bodems, die men vroeger of later tot het geleiden van koopvaarders kon bezigen [3].

Aangezien dit op de gebruikelijke wijze geschiedde, en er dus wel veelvuldiger, doch geen sterker convooi werd verleend, zoo waren de bevelhebbers dier schepen er meestal weinig beter aan toe. Kapitein Dol van Ourijk bevrijdde met de *Castor*, een Nederlandschen koopvaarder, die te Livorno werd opgebragt, en ontzette later, in de straat van Gibraltar, een anderen, die reeds

---

[1] Nederlandsche Jaarboeken, 1759 p. 387 en 1760 p. 47, 205, 530; Recueil van Zeesaaken, VIII p. 16, 35, 58; Beatson, Memoirs, II p. 202 en 262.
[2] Recueil van Zeesaaken, VIII p. 32, 45, 55.
[3] Recueil van Zeesaaken, VIII p. 175 en de lijst bij p. 332. Nederl. Jaarb. 1759 inhoud. i. v. oorlogsschepen.

Engelsche prijsmeesters aan boord had [1]). Maar kapitein Betting kon met de *Prins Willem* (36) niet verhinderen, dat vier Engelsche schepen, behoorende tot een sterk eskader, onder den admiraal Boscawen, zijn convooi onderzochten en aanvankelijk eenige koopvaarders hiervan in bezit namen. Hij bewerkte echter hunne vrijgeving, door de flinke houding, welke hij tegen de Britsche kapiteins, en tegen hun admiraal aannam, om opheldering en satisfactie te erlangen [2]). Hoogst bedenkelijk was, omstreeks denzelfden tijd, eene reis van den schout bij nacht Sels, met slechts vier schepen, naar West-Indië, omdat aldaar een Britsch eskader kruiste. Hij kwam evenwel behouden te Curaçao, waar hij kort daarna overleed, aan eene hevige ziekte, die aan boord van 's lands eskader was uitgebroken [3]).

Door middel van een verhoogd last- en veilgeld, en eene bij herhaling aangevraagde som, waartoe echter de meeste provinciën niet bijdroegen, konden de admiraliteiten, ook in 1760 en 1761, een dertigtal schepen in dienst stellen [4]), welker bevelhebbers, schoon doorgaans met eene onvoldoende magt toegerust, hunne taak nagenoeg ongestoord volbragten. Er bestonden, aan de zijde der Britten, stellig minder grieven, al kan men dit niet onvoorwaardelijk aan de voorzigtigheid en de toegeeflijkheid der onzen toeschrijven. Immers vroeg het Fransche gouvernement, dat zijne marine weder liet vervallen, minder naar scheepsmaterialen, en benam het verlies van bijna alle Fransche koloniën den onzen de gelegenheid, den gewraakten handel voort te zetten. Daar het Fransche hof, om het verval der eigenlijke marine voor de oogen des volks eenigermate te verbloemen, de kaperijen aanmoedigde, hadden Nederlandsche schepen hiervan eerlang meer te lijden, dan van de Britsche kruisers [5]).

Groot-Brittanje, waar George III in 1760 zijn vader opgevolgd, en de minister Pitt in October 1761 afgetreden was, verklaarde,

---

[1]) Nederlandsche Jaarboeken, 1759 p. 712 en 858.
[2]) Recueil van Zeesaaken, VIII p. 197; Nederl. Jaarb. 1759, p. 936.
[3]) de Jonge, Zeewezen, IV p. 342.
[4]) Recueil van Zeesaaken, VIII p. 323, 394, 612, 660; Nederlandsche Jaarboeken 1760, p. 85 en 539 en inhoud 1760 en 1761, i. v. oorlogsschepen.
[5]) Wagenaar, XXIII p. 167.

bij den aanvang van 1762, ook den oorlog aan Spanje, welks koning, in het afgeloopen jaar, een familieverdrag met Lodewijk XV had gesloten. Die stap, gevolgd door het zenden van een Engelsch leger naar Portugal, dreigde aan den oorlog eene grootere uitbreiding te geven, tot nadeel van de republiek, welker eigendom nu op zee aan alle kanten gevaar liep [1]). Onder die omstandigheden, namen de Staten-Generaal maatregelen van voorzorg, en drong Holland op nog sterker uitrusting aan. Wegens den tegenstand der andere gewesten, kon men het besluit tot eene uitrusting van dertig schepen, boven het aanvankelijk bepaalde cijfer, slechts voor de helft ten uitvoer leggen, hetgeen trouwens eerst voor het volgende jaar baatte. Intusschen konden 29 schepen, gedurende den loop van 1762, de koopvaarders in verschillende rigtingen geleiden [2]).

Tegen alle verwachting, ontlook er weldra hoop op het einde van den krijg. Rusland, dat tot dusverre Pruissen had bestreden, nam, tijdens het kortstondig bestuur van Czar Peter III, eene tegenovergestelde houding aan. Het trad eensklaps op, als de bondgenoot van zijn vijand. Dit gaf aan den oorlog te lande eene wending, die het uitzigt op vrede opende. Ter zee kon de magtelooze marine der Franschen weinig of niets meer uitrigten. Terwijl nu alles een spoedig staken van de vijandelijkheden voorspelde, liep de republiek, welker onzijdigheid, zoo al niet eervol, dan toch feitelijk was bewaard gebleven, ernstig gevaar, om ter elfder ure regtstreeks in de zaak betrokken te worden.

Kapitein Dedel, die met de *Dankbaarheid* (24) reeds een convooi naar Lissabon en Cadix had geleid, vertrok in Augustus 1762 andermaal met vier koopvaarders, van welke twee met scheepshout naar Bordeaux, twee andere met stukgoederen naar S. Sebastiaan en Bilbao gedistineerd waren [3]). Meer dan eenmaal weigerde de zesentwintigjarige kapitein, zijn convooi door kleine vaartuigen te laten onderzoeken, en toen de *Diana* (32), gesteund door andere bodems, denzelfden eisch herhaalde, en het voorgenomen onderzoek

---

[1]) Nederlandsche Jaarboeken 1762, inhoud, i. v. Kapers.
[2]) Recueil van Zeesaaken, IX p. 9, 17, 105, 265 e. v. Nederlandsche Jaarboeken 1762, inhoud, i. v. oorlogsschepen.
[3]) Missive van der Staten gezant Boreel van 17 September aan de admiraliteit van Amsterdam, M. S. in het Rijks-Archief.

wilde bewerkstelligen, besloot hij, overeenkomstig zijn last, geweld met geweld te keeren. De uitslag hiervan was te vermoeden. Na in een half uur tijds twee dooden en elf gekwetsten bekomen te hebben, en zelf in het aangezigt verwond te zijn, moest Dedel voor de overmagt zwichten en het opbrengen van zijn schip en zijn convooi gedoogen [1]).

Wie zal het wraken, dat hij, steunende op zijn goed regt, de middelen gebruikte, waarover hij kon beschikken? Hadden de Staten-Generaal hun gevoelen over de handelwijze der Engelschen niet meermalen in de sterkste bewoordingen geuit? Waartoe diende eigenlijk 's lands convooi, indien een bevelhebber, zelfs met levensgevaar, de eer zijner vlag niet mogt verdedigen? Deze en dergelijke vragen blijven ter beantwoording voor hen, die het gedrag van Dedel, vroeger of later, als overijld hebben afgekeurd. De Staten-Generaal dachten er anders over. Zij erkenden, dat zij in dien geest orders hadden gegeven, approbeerden het gedrag van hun kapitein, en hielden „voor aangenaam de fermiteyt door hem betoond [2])."

Zeer bedenkelijk was evenwel het voorgevallene, dat beide partijen als een *casus belli* konden aanmerken. Maar noch de eene, noch de andere achtte dit wenschelijk: de republiek, omdat zij zwak was; Groot-Brittanje, omdat het de reeds kwijnende oorlogsfakkel niet op nieuw wilde doen opflikkeren. Om dit te verhoeden, gaf het blijken van de grootste toegevendheid. Na de schepen, met hout geladen, naar Chattam gezonden, en een volledig onderzoek van de geheele lading der andere bevolen te hebben, liet het aan Dedel zeggen, dat hij met zijn fregat naar goedvinden kon vertrekken, met aanbieding van „alle nodige hulp en adsistentie, zo aan het schip als aan desselfs staand en loopend want, hetgeen nog al wat had geleeden in de rencontre [3])." Eerlang kregen de twee schepen, welker lading onschuldig bevonden was, dezelfde ver-

---

[1]) Recueil van Zeesaaken, IX p. 207; Nederlandsche Jaarboeken 1762 p. 836; Kok, Vaderlandsch Woordenboek, III p. 1001; Beatson, Memoirs, II p. 592; de Jonge, Zeewezen, IV p. 846 e. v.

[2]) Recueil van Zeesaaken, IX p. 209, 211.

[3]) Missive van Boreel van 7 September aan de admiraliteit van Amsterdam, M. S. in het Rijks-Archief.

17

gunning, en schenen de Britten voornemens, de lading der beide andere voor rekening van het gouvernement over te nemen. Doch ook hierin kwam nog verandering; want in denzelfden brief, waarin der Staten gezant berigtte, dat het eene vrijgelaten schip zonder convooi vertrokken was, en dat het andere slechts op een gunstigen wind wachtte, om hetzelfde te doen, schreef hij: „de twee scheepen met hout geladen en naar Bourdeaux gedestineert, zijn op mijn gedaene repraesentatiën ontslagen, en men heeft alleenig daarvan genomen twee à drie masten, dewelcke boven op het deck waeren geplaast." Hij vond het raadzaam, kapitein Dedel met deze schepen te doen vertrekken [1]), waartoe de Staten-Generaal hem de noodige orders zonden. Nu verzocht hij van de vrijlating dier schepen een schriftelijk bewijs, opdat zij niet andermaal zouden worden opgebragt, en gelastte hij vervolgens kapitein Dedel, hen naar de plaats hunner bestemming te geleiden. Den 2den October, ging 's lands fregat met de beide koopvaarders onder zeil [2]).

Alles pleit zeker voor de overgroote gematigdheid, welke thans Engeland bezielde. Maar juist die gematigdheid, of liever die beschermende welwillendheid, was voor de magtelooze republiek een scherp verwijt en eene regtmatige straf. Had niet de Portugesche minister Pombal nog onlangs getoond, wat de kloeke houding eener kleine mogendheid vermogt? Had hij, in 1759, den fieren Brit niet genoopt, zich door een buitengewonen gezant, ten aanhooren van het gansche corps diplomatique te Lissabon, te doen verontschuldigen, wegens eene schending der Portugesche kusten [3]). Moest dan de republiek achterstaan bij een rijk, waaraan men zelfs te dien tijde reeds eene te groote afhankelijkheid van Groot-Brittanje verweet? Hiervoor was geene reden hoegenaamd, tenzij de heillooze verdeeldheid in de republiek zelve. Wel verre van hare bijzondere belangen te verzaken, verspilden de partijen hare krachten in onderlingen twist, vergetende dat eendragt en vaderlandsliefde,

---

[1]) Missive van Boreel van 14 en eene andere van 17 September aan de admiraliteit van Amsterdam, M. S. in het Rijks-Archief.

[2]) Missive van Boreel van 24 September en eene andere van 5 October aan de admiraliteit van Amsterdam, M. S. in het Rijks-Archief.

[3]) Ortolan, Diplomatie de la mer, II p. 281; Hautefeuille, Des droits et des devoirs des nations neutres, en temps de guerre maritime, I p. 329.

zelfs bij gemis van stoffelijke middelen, nog een zedelijk overwigt kunnen schenken, dat eerbied inboezemt. De republiek schijnt de inderdaad vernederende handelwijze van haren bondgenoot niet begrepen, ten minste niet als een heilzamen wenk voor de toekomst beschouwd te hebben.

Reeds den 3den November, werden Frankrijk en Groot-Brittanje, te Fontainebleau, het eens, met betrekking tot de voorafgaande punten. Den 10den Februarij 1763, maakte de vrede te Parijs een einde aan den oorlog ter zee, evenals vijf dagen later, de vrede te Hubertsburg, in Saksen, aan den oorlog te land. Ook deze was rijk aan gebeurtenissen geweest, die echter de republiek slechts middellijk raakten. De uitslag van den zeekrijg, waarbij zij eene weinig vereerende rol had gespeeld, leverde niets op, dat haar regtstreeks betrof, dan eene gewenschte rust. Gedurende den zevenjarigen oorlog, waarin de staatsschuld van Groot-Brittanje was verdubbeld, had zij niet onbeduidende geldelijke voordeelen behaald. Ongerekend de Groenlandsvaarders, de haringbuizen en de Zeeuwsche schepen, waren in 1760, te Texel, in 't Vlie, te Goeree en in de Maas, meer dan 4000 schepen binnengekomen, en nagenoeg evenveel uitgezeild. In weerwil van alle klagten over geleden verliezen, was er ten slotte veel geld verdiend [1]. Daarentegen had de republiek hare staatkundige beteekenis bijna geheel verloren, en verdiende zij meer en meer de niet zeer vleijende uitspraak van Frederik den Grooten, die haar de sloep noemde van het Engelsche linieschip [2]. De waarheid van dit beschamend gezegde is niet geheel te loochenen. Nu de republiek hare waardigheid toch eenigermate prijs gaf, had zij misschien verstandiger gedaan, door alle halfheid af te leggen en zich werkelijk naauw aan te sluiten bij Groot-Brittanje, dat zij thans van zich verwijderd had, zonder Frankrijk duurzaam te winnen. Dit zocht uit eigenbelang hare gunst slechts tijdelijk te verwerven. Leverde het van deze gezindheid niet een sprekend bewijs door onmiddellijk na den vrede, alle verleende handelsvoordeelen, en bepaaldelijk dat nopens den invoer van gezouten haring, weder op te heffen [3]?

[1] Nederl. Jaarb. 1761 p. 60 en 112; Wagenaar, XXIII p. 229; Luzac, Holland's rijkdom, II p. 257 en IV p. 339.
[2] Lapeyrouse-Bonfils, II p. 256.
[3] Recueil van Zeesaaken, IX p. 430; Stuart, II p. 183.

Zoodra de vijandelijkheden gestaakt waren, begon de naauwelijks ontwaakte ijver der republiek voor hare zeemagt op nieuw te verflaauwen. Dank zij de vroegere besluiten, lagen er, in 1763, een dertig schepen beschikbaar, van welke zij er drie naar Berbice zond, om een opstand onder de slaven aldaar te bedwingen. De aan boord zijnde troepen hield zij, na hunne terugkomst, op voorstel van den hertog van Brunswijk, als een regiment mariniers in dienst [1]. Maar weldra verviel de zeemagt, die men, nagenoeg geheel buiten bezwaar voor de provinciën, eenigzins versterkt had, weder tot ver beneden peil. In 1764, bedroeg het aantal gebruikte schepen slechts half zoo veel, als in de voorafgaande jaren, en vond het plan tot eene geregelde jaarlijksche uitrusting geen bijval [2]. Welke gevolgen dit had, is duidelijk te zien, uit de houding der Barbarijsche staten, die wij, sedert den vrede, in 1757 met Algiers gesloten, schier geheel uit het oog verloren hebben.

Meermalen waren schepen naar de Middellandsche zee gezonden, om de beheerschers dier kleine roofnesten op de noordkust van Afrika, door geschenken en vertoogen, in gunstige stemming te houden, hetgeen niet belette, dat zij de Staten-Generaal voortdurend met allerlei dwaze eischen en klagten bleven lastig vallen. Zoo was de keizer van Marokko, in 1764, ten hoogste verstoord, omdat twee paar bracelettem, voor zijne dochter bestemd, in Spanje zoek geraakt waren; omdat verder een oud uurwerk niet spoedig genoeg hersteld, en een nieuw niet tijdig gereed was. De consul, een oud man, die trouwens onder verdenking lag van ongeoorloofhandel te drijven, moest vertrekken, en wist niet, wat hij maar zou bedenken, om den vertoornden vorst te bevredigen [3]. Een nieuwe dey, in 1766 te Algiers aan het bestuur gekomen, wenschte zooveel te ontvangen, dat de Staten-Generaal het niet konden inwilligen. Nogtans betoonden zij zich overbereid, hem genoegen te doen. Zij beloofden toch voortaan, bij de jaarlijksche geschenken, Algiersche maat en gewigt te gebruiken, d. i. 10% meer te geven, en zonden buitengewone consulaire presenten, benevens eenige dui-

---

[1] Nederlandsche Jaarboeken 1763, inhoud, i. v. Oorlogsschepen; Jaarboeken 1764, p. 362, 531, 952; Stuart, II p. 228; de Jonge, Zeewezen, IV p. 359.
[2] Nederlandsche Jaarboeken 1764, inhoud, i. v. Oorlogsschepen; Stuart, II p. 281.
[3] Nederlandsche Jaarboeken 1765, p. 211 e. v.; Stuart, II p. 254.

zenden aan specie. Nadat de dey met de gewone jaarlijksche geschenken en de toezegging van consulaire, geregeld om de twee jaren, genoegen had genomen, toonde hij zich eerlang weder misnoegd, omdat het beloofde niet spoedig genoeg kwam. In 1767, dreigde hij den staat zelfs met oorlog, en den consul met slavernij [1]).

Al dat loven en bieden, tusschen de rijke, doch zwakke republiek, en de kleine, doch stoute roofnesten, niet minder kluchtig dan hoogst vernederend, was in vollen gang, toen Willem V, inmiddels meerderjarig geworden, als admiraal-generaal, ook het bestuur over het zeewezen aanvaardde. Bij de indiening der laatste petitie, had de raad van state den wensch uitgedrukt, dat met 's prinsen optreden, een nieuw tijdperk van bloei mogt aanbreken. Hiertoe moesten de geldmiddelen verbeterd, de achterstallen, waaronder die van 1741, aangezuiverd worden; bovendien moesten de namen van prinsgezind en staatsgezind vervallen, of voortaan dezelfde beteekenis erlangen [2]). Naauwkeurig wees de raad van state den weg, door tot eendragt en herstel der finantiën aan te sporen. Maar de smeulende partijschap, welke hem die woorden in den mond legde, en de herinnering aan eene petitie, die na vijf en twintig jaren onafgedaan was, moest bij hem zelven en velen in den lande zekeren twijfel doen oprijzen, aangaande de vervulling van den geuiten wensch.

d. Pogingen van Willem V om het aanzien der republiek te vermeerderen. — Opstand der Noord-Amerikanen. — Invloed hiervan. — Nieuwe geschillen met Engeland. — Paul Jones. — Een eskader onder den schout bij nacht van Bylandt aangehouden. — Gewapende neutraliteit. — Onderschepte papieren. — Engeland verklaart in December 1780 den oorlog.

Willem V, kreeg in 1766, de teugels van het bewind onder vrij gunstige omstandigheden in handen. Rust en welvaart heersch-

---

[1]) Recueil van Zeesaaken, X p. 214, 342, 464 e. v.
[2]) Stuart, II p. 258; van der Aa, Het leven van Willem den Vijfden, I p. 242.

ten in het binnenland, en er waren geene buitenlandsche vraagstukken aanhangig, welke den vrede in de onmiddellijke nabijheid der republiek dreigden te verstoren. Met bijna onverdeelde blijdschap, begroetten, zoowel de autoriteiten, als de bewoners der vereenigde Nederlanden, den jeugdigen erfstadhouder, van wien allen blijkbaar de schoonste verwachtingen koesterden. Uitbundigen lof zwaaide men zelfs den hertog van Brunswijk toe, wegens de zorg, door hem gedragen, om den prins tot diens veel omvattende taak te bekwamen. Wel jammer, dat deze schijnbaar algemeen goede verstandhouding slechts kort duurde, en vooral dat Willem V, met al zijne goede hoedanigheden en inderdaad goede bedoelingen, niet opgewassen bleek te zijn, tegen de stormen, die eerlang boven zijn hoofd losbraken. Niet onwaarschijnlijk, dat hij, in het bewustzijn van eigen zwakheid, gelijk een zijner warme verdedigers berigt, het tijdstip zijner mondigheid met een bezwaard gemoed zag naderen [1], en hierom bij eene speciale acte, welker bestaan eerst veel later van algemeene bekendheid werd, zijn gewezen voogd, als een vertrouwden raadsman of consulent, duurzaam aan zich verbond, zonder dezen echter, daarentegen, met genoegzame verantwoordelijkheid te belasten [2]. Dit was voor den prins zelven noodlottig, toen de openbare meening zich tegen den hertog verklaarde. Diens invloed was aanvankelijk naauw merkbaar, en zeker niet hinderlijk. 's Prinsen huwelijk, in 1767, met eene nicht van den koning van Pruissen en eene zuster van diens vermoedelijken opvolger, hetwelk de republiek in nadere betrekking bragt tot het Brandenburgsche stamhuis, werd ten minste door verreweg de meeste Nederlanders luide toegejuicht.

Zoodra de stadhouder het bestuur had aanvaard, wijdde hij zijne opmerkzaamheid aan den beklagenswaardigen toestand van 's lands marine, waaruit de aanhoudende moeijelijkheden met de roofstaten voortsproten. Met volle regt had de schout bij nacht Sels, na het sluiten der laatste overeenkomst met Algiers, aangemerkt „dat de bestendigheyd van eene vreede met de Barbaren alleenlijk rustte,

---

[1] Van der Aa, Het leven van Willem den Vijfden, I p. 261.
[2] Bij van der Aa, I p. 347, Stuart, Vaderlandsche historie, 11 p. 292, en in de Nederlandsche Jaarboeken van 1784 p. 960, is de acte in haar geheel te vinden.

of op het ontsag, dat sij hebben voor de mogendheydt met dewelke sij in vreede staen, of op de groote presenten, die sij van
deselve ontfangen, en dewelke dikmaels van die natuur sijn, dat
sij daardoor te meerder werden in staet gestelt om te konnen be-
schadigen" [1]).

Hoe lastig het was, die kleine potentaten te bevredigen, ondervond kapitein Binckes weder, die in December 1767 met de *Zephyr*
vertrok, om de gewone presenten, voor 1766, en de consulaire,
voor 1767, naar Algiers te brengen. Hij vond, den 23sten Januarij
des volgenden jaars, bij zijne aankomst, den dey slecht geluimd,
en zooveel eischend, dat hij naar Toulon zeilde, om eerst rapport
te doen en nadere bevelen af te wachten. Toen hij den 27sten Maart
andermaal te Algiers kwam, en er de presenten overreikte, scheen
de dey hierover nog al tevreden, doch hij vroeg, waarom hij nu wel
een horologie, maar hierbij geen ring kreeg, zoo als gewoonlijk.
Op het antwoord van Binckes, dat het horologie veel kostbaarder
was, verklaarde de dey zich bereid den ring, dien hij noodig had,
te koopen, waartoe hij den Nederlandschen bevelhebber eene beurs
met 500 sequinen zond. Deze onderhandelde inmiddels over de vernieuwing van het tractaat, waarin hij den 6den April slaagde, nadat
de geschenken eenigzins waren gewijzigd; natuurlijk in het voordeel
van den dey, die thans 1125 quintalen lood, 500 quintalen klein touwwerk, 25 kabeltouwen, 10 zware touwen van 120 vademen lengte
en 13 tot 18 duim dikte, 20 masten, 500 eiken planken, 1000
greenen of vuren planken, 100 balken, allen van bepaalde lengte
en dikte, 100 rollen zeildoek, 100 tonnen teer en 50 tonnen pek
bedong. Geld wilde hij echter volstrekt niet aannemen. Den
16den April, ging Binckes weder onder zeil, en zond den 25sten, na
zijne komst te Marseille, berigt van den uitslag zijner reis, eenstemmig met den schout bij nacht Sels verklarende, dat Franschen en
Engelschen, ofschoon deze insgelijks presenten gaven, toch meer
achting genoten dan de onzen, omdat zij meer oorlogsschepen in de
Middellandsche zee vertoonden [2]).

---

[1]) Rapport van den schout bij nacht Sels over 1757 en 1758, M. S. in het Rijks-
Archief.

[2]) Verbaal van kapitein Binckes over 1767 en 1768, M. S. en zijn brief van 25
April 1768 aan de Staten-Generaal, insgelijks M. S. in het Rijks-Archief.

Moest het den stadhouder niet bitter grieven, dat hij in 1768, als admiraal-generaal den Helder bezoekende, aldaar slechts vijf schepen, onder Roemer Vlacq, aantrof, die met moeite waren uitgerust? Zij waren bestemd tegen Marokko, welks keizer de geschenken had afgeslagen, en moesten vooral indruk maken, door de kostbare lading, die zij overbragten [1]).

Om den oorlogzuchtigen dey van Algiers niet andermaal reden tot misnoegdheid te geven, vertrok kapitein Binckes, den 22sten Februarij 1769, weder met de *Zephyr* en drie fluiten, welke de beloofde presenten aan boord hadden. Bovendien nam de Nederlandsche bevelhebber twee diamanten ringen mede, elk ter waarde van 3180 gl. of ruim 605 sequinen, waaruit de dey moest kiezen. Deze, nu zeer voldaan over het ontvangene, zond den eenen ring terug en behield den anderen, doch weigerde het ontbrekende te betalen, om dat de ring, naar hij voorgaf, op slechts 400 sequinen was getaxeerd. Binckes liet het er maar bij, hopende dat de Staten-Generaal dit wel zouden goedkeuren [2]). Nogtans was de dey, een jaar later, weder ontevreden, omdat de geschenken wat lang uitbleven. Bovendien wilde hij, door tusschenkomst van de Staten, duizend geweren koopen, welke commissie deze nog al lastig vonden, als minder strookende met de tractaten. Zij verschoonden zich dus zoo goed mogelijk van de leverantie, en legden aanstonds eene pleister op de wond, door tegen het vervolg weder iets meer te beloven [3]).

Ten einde de republiek, als mogendheid, meer aanzien te geven, had de stadhouder, in 1768, een plan ontworpen, om hare landmagt op omstreeks 50.000 man te brengen, en behalve de gewone convooijers der admiraliteiten, jaarlijks ten minste zes schepen op kosten der provinciën uit te rusten. Alle voorstellen van dien aard schonken evenwel slechts stof tot praten. Nadat de provincie Holland zich bereid had verklaard, om de verbetering van land- en zeemagt, met al haar vermogen, op gelijken voet te ondersteunen, diende de raad van state, in 1771, eene petitie in van 4.178.508

---

[1]) Nederlandsche Jaarboeken 1768 p. 697; Wagenaar, XXIV p. 123; Stuart, II p. 390 e. v.
[2]) Rapport van kapitein Binckes over 1769, M. S. in het Rijks-Archief.
[3]) Recueil van Zeesaaken, XI p. 615 e. v; p. 708.

gl. tot den aanbouw van 24 nieuwe schepen, waarvoor sedert dertig jaren niets was aangevraagd [1]). De noodzakelijkheid hiervan was niet te betwisten, daar uit een speciaal onderzoek bleek, dat de republiek, met hare rijke bevolking en hare uitgebreide handelsbetrekkingen, in 1772, slechts 26 linieschepen van 50 tot 72 stukken en 40 kleinere schepen bezat, waarvan sommige reeds dertig of meer jaren oud, en dus zoo goed als onbruikbaar waren. De stadhouder vond dit zoo bedenkelijk, dat hij het raadzaam oordeelde, den uitslag van het onderzoek zorgvuldig te verbergen [2]). In plaats dat nu echter de regeringsligchamen, voor welke die toestand geen geheim bleef, aanstonds middelen tot een spoedig herstel beraamden, gingen zij voort met redeneren, terwijl de Staten van Holland een stap achterwaarts deden, door te verklaren, dat zij, na de verbetering der marine, die van de landmagt eerst in overweging zouden nemen. Zoodoende was er, in 1773, nog geen besluit genomen, toen zich de mare verbreidde, dat de keizer van Marokko voornemens was, een gezantschap met vijf oorlogsschepen herwaarts te zenden.

Belagchelijk was de overdreven vrees, die nu eensklaps 's lands hoogste vergadering bezielde; doch zij gaf aanleiding tot eenige meerdere krachtsontwikkeling tegen de Barbarijsche staten, en bepaald tegen Marokko, dat in 1774 weder den oorlog verklaarde. De eskaders naar de kust van Afrika gezonden, waarvan er een, in 1777, twaalf schepen telde, maakten den keizer van het genoemde rijk wat handelbaarder. Zij leidden tot een vrede, gesloten door kapitein van Kinsbergen, die, na een vierjarig verblijf in Rusland, hier voor het eerst, in Nederlandsche dienst, op den voorgrond treedt [3]). Eer dit echter geschiedde, waren de verwikkelingen met de roofstaten, door andere gebeurtenissen, reeds geheel op de achtergrond geraakt.

De sommen, aan die buitengewone uitrustingen besteed, hoewel

---

[1]) Vertrouwelijke correspondentie, ed. 1781, voorkomende in het 20ste deel eener collectie Politieke tractaten, in de Koninklijke bibliotheek te 's Gravenhage.

[2]) de Jonge, Zeewezen, IV p. 392 en bijlage VIII; Stuart, II p. 500.

[3]) de Jonge, Zeewezen, IV p. 365 e. v.; van Hall, Het leven en karakter van J. H. van Kinsbergen, p. 57 e. v. Twee brieven van Kinsbergen, aan de Staten-Generaal, van 22 Maart en 23 Julij, 1778, M. S. in het Rijks-Archief.

gezamenlijk meer dan negen millioen gl. bedragende [1]), konden geene duurzame verbetering aanbrengen. Deze was eer te verwachten van het gemelde voorstel tot den aanbouw van nieuwe schepen, hetwelk men voor sommige provinciën wat smakelijk maakte, door er eene kleine vermeerdering van landmagt aan te verbinden. Niet minder dan vijf provinciën hechten er, in 1773, hare goedkeuring aan. Zeeland was er insgelijks niet tegen, doch verklaarde zich onvermogend, om tot de kosten bij te dragen [2]). Alleen de provincie Holland, waar intusschen van Bleiswijk, den vermoedelijken opsteller der acte van consulentschap, op 's prinsen aanbeveling, tot raadpensionaris was benoemd, ging voort met beraadslagen, en stak eindelijk, den 25sten April 1774, eene spaak in 't wiel, door hare toestemming afhankelijk te maken van de vaststelling eener jaarlijksche uitrusting van schepen, waarvoor 780.000 gl. moest worden uitgetrokken [3]). Dien ten gevolge kon men weder van voren af aan beginnen, en verliep een kostbare tijd met ijdel debat. Te vergeefs kwam er, den 17den Januarij 1775, op advies van den stadhouder, een bemiddelend voorstel ter tafel, volgens hetwelk de uitgaven voor de landmagt iets verminderd, en daarentegen jaarlijks 600 000 gl. tot eene buitengewone uitrusting bestemd zou worden [4]); want ook dit plan droeg geenszins de goedkeuring der Staten van Holland weg. Bij hunne aanmaning tot meerdere behartiging der marine, den anderen gewesten in April 1776 toegezonden, repten zij van geene landmagt meer. Wegens het geschil over eene som van minder dan twee ton, kon men dus niet tot een gewenscht besluit komen, terwijl zich, aan den staatkundigen horizont, allerlei donkere plekken vertoonden, die zich eerlang tot onheilspellende wolken zamenpakten.

Groot-Brittanje was, kort na het einde van den zevenjarigen oorlog, in onmin geraakt met zijne Noord-Amerikaansche koloniën, die eindelijk tegen het moederland opstonden. Den 19den April 1775, terwijl men hier vruchteloos beraadslaagde over 's prinsen

---

[1]) Missive en memorie door Z. H. overgegeven aan H. H. M. den 7den October 1782, fo. 10.

[2]) Nederlandsche Jaarboeken 1775, p. 860.

[3]) Nederlandsche Jaarboeken 1775, p 1229 e. v.; Wagenaar, XXIV p. 385 e. v.; Stuart, III p. 41 e. v.

[4]) Nederlandsche Jaarboeken 1775, p. 1239; Missive en memorie van Z. H. fo. 12.

bemiddelend voorstel, was het, bij Lexington, tusschen de gewapende opstandelingen en de troepen des konings, tot een gevecht gekomen. Dit sloegen velen in de republiek en elders met belangstelling gade Wat gevierde schrijvers, sedert jaren, als afgetrokken theoriën, hadden verkondigd, scheen zich toch in Noord-Amerika te verwezenlijken Met het verleden brekende, grondden de kolonisten zich uitsluitend op het regt der natuur. Zij verwierven zich hierdoor in Frankrijk, den bijval van het ontwikkelde gedeelte der natie, die zelve de vrijheid niet bij ervaring kende; ja van sommigen aan het alles behalve democratisch gezinde hof, die dweepten met een denkbeeldigen toestand van staatkundig geluk, evenals met een Arcadisch herdersleven, dat al weinig strookte met het maatschappelijk keurslijf, waarin zij leefden. Bovendien zagen velen, in den opstand der Amerikanen, het middel, om de Britsche magt te fnuiken. Geen wonder, dat zij dien eerst heimelijk, daarna openlijk ondersteunden. Ook in de republiek vonden de Noord-Amerikanen sympathie, bij hen, die van den opstand stoffelijke voordeelen verwachtten, en bij anderen, die hem, gelijk wij hierboven van de Franschen zeiden, als een zuivere toepassing van geliefkoosde stellingen beschouwden. Welk een invloed dit zelfs op den stand der binnenlandsche partijen had, vereischt eenige toelichting.

Gilden, schutterijen en andere corporatiën, uit den boezem des volks voortgekomen, hadden, sedert onheugelijke tijden, in Nederland eenige beteekenis gehad, vooral onder het bestuur van een stadhouder, dien velen hierom, als den natuurlijken schutsheer van de regten des volks, aanmerkten. De staatspartij, zamengesteld uit de stedelijke regenten en hun aanhang, vormde daarentegen eene eigenaardige aristocratie, die aan de eene zijde het gezag van den stadhouder en den adel, aan de andere, den invloed van den burgerstand zocht te beperken. Onder de twee van ouds bestaande partijen, hadden, in de laatste jaren, ook de nieuwe begrippen, over natuurregt en volkssouvereiniteit, aanhangers gevonden. De hieruit ontstane democratische partij, die insgelijks in hare buitenlandsche politiek sterk naar Frankrijk overhelde, en zich te heftiger tegen het gezag van den stadhouder aankantte, naarmate deze, door het erfelijke zijner waardigheden en eene regt vorstelijke hofhouding, boven vele zijner voorgangers uitstak, vormde, met de overblijfselen der vroegere staatspartij, die der zoogenaamde Patriotten. Deze was aanvankelijk niet talrijk, doch kon, als eene goed aaneengesloten oppositie, veel uitwerken, tegenover de Oranjegezinden, wien het aan de noodige eenheid ontbrak. Dit was te wijten aan den prins zelven, die eene beschuldiging van Engelschgezindheid, met regt, als eene lasterlijke aantijging van zich mogt werpen [1]), doch niet is vrij te pleiten van eene mate van zwakheid en besluiteloosheid, die hem eindelijk ten verderve bragt.

Zeer ontstemde het de vrienden der Noord-Amerikanen, toen de Staten-Generaal, op verzoek van den Britschen gezant, ter wille van hun ouden bondgenoot, den uitvoer van krijgsbehoeften verboden [2]). Doch er ging een kreet van verontwaardiging onder hen op, toen zij vernamen, dat de koning van Groot-Brittanje, tegen het einde van 1775, eene Schotsche brigade, in Nederlandsche dienst, tot demping van den opstand had aangevraagd. Hiertoe moest men, zoo uitte zich de heer van de Capelle tot den Pol, liever eene bende Janitsaren, dan de troepen van een vrijen staat bezigen [3]). Anderen meenden hetzelfde. En hoewel de koning van Groot-Brittanje er ten slotte van afzag, zoo hadden de debatten over het verzoek toch een smeulend vuur doen ontbranden, dat spoedig helder opflikkerde.

Onmiddellijk na het uitbreken van den opstand, had de handel op St. Eustatius en Curaçao, waar de Amerikanen, tot spijt der Engelschen, vele behoeften kwamen halen, eene ongekende vlugt genomen. Later beschuldigde men den Britschen gezant, dat zelfs hij de ongehoorde winsten, welke de toevoer van het verbodene, langs dien weg, opleverde, niet had versmaad [4]). Wat kon men zich echter niet voorspiegelen van een regtstreeksch verkeer, bij aldien het den kolonisten, die zich den 4^{den} Julij 1776 hadden vrij verklaard, inderdaad gelukte, in het verre westen, een nieuwen en onafhankelijken staat te stichten? Dewijl zulks niet zonder tegenspraak zou gaan, en de handel op St. Eustatius reeds klagten

---

[1]) Missive en memorie van Z. H. fo. 20 en 23.
[2]) Nederl. Jaarb. 1774 p. 1209; 1775 p. 196 e. v. Stuart, III p. 48 e. v.
[3]) Stuart, III p. 61 e. v.; Vaderlandsche historie, ten vervolge op Wagenaar, I p. 55.
[4]) Post van den Neder-Rhijn, I p. 114.

uitlokte, vereischte 's lands marine, die het geoorloofde moest kunnen beschermen, alle zorg. Doch terwijl de eskaders, in denzelfden tijd uitgezonden, om de republiek op beteren voet met de staten der Barbarijsche kust te brengen, vrij goed aan het oogmerk beantwoorden, kwamen de provinciën, betreffende den aanbouw van nieuwe schepen, tot geen besluit.

In den loop van 1777, stelde men verscheidene bodems in dienst, welker getal, met inbegrip van de kleine, evenwel niet meer dan 32 beliep [1]). Den 27sten September, bezocht de stadhouder 's lands werf te Amsterdam, waar hem eene luisterrijke ontvangst verbeidde [2]). Zijne bemoeijingen konden echter weinig baten, daar hem de magt ontbrak, om slechts te bevelen, en de geestkracht, om al de leden van een zamengesteld bewind tot onverwijld handelen te nopen. Naar aanleiding zijner bevinding, wees hij, nog voor het einde des jaars, op den ellendigen staat der verdedigingsmiddelen, en diende de raad van state nieuwe voorstellen tot verbetering in.

Den 29sten December, ging de schout bij nacht van Bylandt, zijn nog ongereed vlaggeschip achterlatende, onder zeil naar West-Indië, met de *Jason* (36), de *Alarm* (26), de *Thetis* (26) en de *Argo* (40), welke laatste, onder kapitein van Kinsbergen, zich in de Spaansche zee moest afzonderen, om bij de nog hangende geschillen met Marokko te dienen. Na in het Kanaal van den eenigen koopvaarder afgeraakt te zijn, dien hij bij zich had, moest de schout bij nacht twee zijner schepen, wegens bekomen schade, met de *Argo* naar Lissabon zenden. Aangezien de schout bij nacht Reynst er bereids met vier andere lag, zeilde van Bylandt zelf met de *Jason* door, om het voorgeschreven aantal van zes, in de Portugesche havens niet meer te overschrijden, dan hoog noodig was. Den 23sten Februarij 1778, te St. Eustatius aangeland, vond hij er de *Princes Royal* (56), zijn eigen schip, dat eenige dagen na hem uit Texel was gezeild.

Als kommandant der zeemagt, wachtte den schout bij nacht eene zeer netelige taak. De Noord-Amerikanen, die zich wel onafhan-

---

[1]) Nederl. Jaarb. 1777 p. 1096; van der Aa, Het leven van Willem den Vijfden, II p. 323.

[2]) Vaderlandsche historie, I p. 102; Stuart, III p. 92; Journaal van van Bylandt, M. S. in het Rijks-Archief.

kelijk verklaard hadden, doch niet als zoodanig erkend waren, bezochten in steeds klimmend aantal de Nederlandsche havens in West-Indië, hetgeen de Engelsche autoriteiten natuurlijk met leede oogen aanzagen. Ten volle beseffende, dat het belang van Nederland eischte, den ouden bondgenoot geene regtmatige stof tot klagen te geven, en evenmin den opkomenden staat in de nieuwe wereld te verbitteren, gedroeg van Bylandt zich uiterst voorzigtig. Hij ried den Amerikanen, voor als nog geene vlag te laten waaijen, doch belette dit niet met geweld, toen zij later dien raad in den wind sloegen. Alle saluten, onder niet erkende vlag, liet hij geheel onbeantwoord. Daarentegen verleende hij alle verpligte bescherming, in de Nederlandsche havens en kustzeeën. Na de aankomst van de *Prinses Louise* (56), de *Maria Louise* (56), de *Brunswijk* (36), de *Alarm* en de *Thetis*, zond hij, tegen het einde van Maart, de *Jason*, tot versterking naar Demerary en Suriname, waar, in korten tijd, wel 25 Amerikaansche schepen, digt bij de kust, genomen waren. Niet weinig vermeerderde het gehaspel met de Britten, vooral met den gouverneur van St. Kits, nadat er berigt was gekomen van de vredebreuk in Europa, en van het openstellen der Fransche havens, in West-Indië, voor schepen van alle natiën. Hierop volgden weldra een sterke aanvoer van Fransche producten en een levendige handel daarin, welke te St. Eustatius aanving, nog voor dat van Bylandt, den 31sten Julij, met de *Princes Royal* vertrok, om den orkaantijd te Curaçao door te brengen.

De meeste schepen waren inmiddels, na verschillende diensten in de kolonie verrigt te hebben, weder naar het vaderland onder zeil gegaan. Dien ten gevolge had van Bylandt, toen hij, den 4^{den} Augustus, te Curaçao het anker liet vallen, behalve zijn vlaggeschip en de *Brunswijk*, die er tot den 8sten vertoefde, alleen bij zich de *Alphen* (36), onder kapitein van der Feltz, die eerst den 29sten Junij uit Nederland was aangekomen. Het tijdelijk verblijf van den schout bij nacht te Curaçao, dat tot den 7^{den} October duurde, kenmerkte zich voornamelijk, door de ontzettende ramp, welke den 15^{den} September de *Alphen* trof. Tegen acht uren in den morgen, hoorde men, aan boord van het vlaggeschip, een zwaren slag „alsof hemel en aarde verging," waarvan de oorzaak, wegens den hiermede gepaard gaanden rook, niet aanstonds te bespeuren was.

Weldra ontwaarde men evenwel met schrik, dat het genoemde fregat, door eenig toeval was in de lucht gesprongen, hetgeen andere schepen en vele huizen zwaar had beschadigd, hoewel de *Princes Royal*, die er slechts eene scheepslengte van af lag, er betrekkelijk weinig door leed. Meer dan 200 man verloren, met kapitein van der Feltz, het leven. Slechts 25 personen, die zich of niet aan boord bevonden, of met sloepen gered werden, bleven gespaard. De schout bij nacht, wiens journaal een uitvoerig verslag behelst van de begrafenis der opgevischte lijken en andere bemoeijingen, kwam den 19den October weder te St. Eustatius, waar hij aanvankelijk slechts over de *Princes Royal*, en na den 27sten November, ook over het teruggekeerde fregat *Jason* kon beschikken, om de eer van 's lands vlag, onder steeds toenemende verwikkelingen, te handhaven [1]).

Gedurende zijne afwezigheid, waren de zaken in Europa heel wat bedenkelijker geworden. Het overlijden van den keurvorst van Beijeren maakte beducht voor nieuwe vijandelijkheden in Duitschland, die mogelijk tot de grenzen der republiek konden overslaan. Veel ernstiger was de houding van Frankrijk, hetwelk, na den opstand in Noord-Amerika op verschillende wijzen begunstigd te hebben, ten laatste het masker afwierp, door de nieuwe republiek te erkennen, en zich, den 6den Februarij 1778, door formeele tractaten met haar te verbinden. Zoodra het Britsche hof hiervan kennis had gekregen, waren er vijandelijkheden uitgebroken, die voor Engeland, naar veler oordeel, ligt eene zeer ongunstige wending konden nemen; want er was, in de laatste jaren, iets meer zorg gedragen voor de zeemagt van Frankrijk [2]), waarbij Spanje weldra de zijne voegde, terwijl Groot-Brittanje nog steeds een belangrijk gedeelte zijner magt tegen de Noord-Amerikanen moest gebruiken. De ongelegenheid, waarin Engeland hierdoor geraakte, was groot genoeg, voor de republiek, om met eene betrekkelijk geringe magt

---

[1]) Rapport van den schout bij nacht van Bylandt, overgelegd den 11den Junij 1779, M. S. en journalen, gehouden aan boord van de *Jason* en de *Princes Royal*, M. S.; brieven van van Bylandt aan den griffier der Staten-Generaal, en aan de admiraliteit van Amsterdam, M. S. allen in het Rijks-Archief.

[2]) Guérin, II p. 532, 537; Lapeyrouse-Bonfils, III p. 6; Beatson, Memoirs, VI p. 94; Charnock, III p. 220.

een aanzienlijk gewigt in de schaal te kunnen leggen, doch niet van dien aard, dat de oude bondgenoot zich, gelijk sommigen waanden, als door vijanden overstelpt, maar alles moest laten welgevallen.

Was het niet te betreuren, dat nu de Nederlandsche regenten, in Mei 1778, aan den vooravond van een Europeschen zeeoorlog, toen eene middelmatige vloot eerbied zou hebben ingeboezemd, eerst den zevenjarigen twist over den aanbouw van 24 schepen staakten, en dienaangaande tot een besluit kwamen? [1]) Was het niet bedroevend, dat er slechts tragelijk uitvoering aan kon worden gegeven, dewijl er vier jaren later, nadat de republiek reeds in de vijandelijkheden was betrokken, nog meer dan vijf ton van de goedgekeurde som niet was opgebragt? [2]) Dit was te noodlottiger, omdat de Staten onbegrijpelijker wijze verzuimd hadden, het tractaat van 1674, in vredestijd, te herzien, en zij op nieuw alle voorstellen tot schikking, door Engeland gedaan, hardnekkig afsloegen. Onder de gegeven omstandigheden, waarvan de republiek het onaangename en vernederende zich zelve te wijten had, scheen er werkelijk geen fatsoenlijker uitweg te zijn, dan ten minste voorloopig iets toe te geven, en zich inmiddels eendragtig op eene mogelijke botsing voor te bereiden. Men deed echter noch het eene, noch het andere. De Nederlandsche zeeofficieren moesten zich, volgens hunne instructie, met betrekking tot de oorlogscontrabande, in September 1778, niet alleen regelen naar het veel besproken tractaat van 1674 met Engeland, maar ook, zonderling genoeg, naar dat van 1739 met Frankrijk, hetwelk indertijd geschorst, en nooit vernieuwd was [3]).

Groot-Brittanje liet, evenals tijdens den vorigen oorlog, zoodra de vijandelijkheden met Frankrijk waren aangevangen, de Nederlandsche koopvaarders aanhouden, en de hierin geladen scheepsbehoeften, tegen betaling der vracht en der waarde, overnemen. Tusschen den 2den Augustus en den 20sten September, werd die maatregel op niet minder dan honderd schepen toegepast. Op de vele klagten, hierover ingeleverd, verklaarde het Britsche gouvernement, eerst aan den Nederlandschen gezant te Londen, en den 2den November, bij monde van zijn eigen gezant Yorke, te 's Gravenhage, aan de Sta-

---
[1]) Missive en memorie van Z. H. fo. 14.
[2]) Missive en memorie van Z. H. bijlage No. 11.
[3]) Nederlandsche Jaarboeken 1778 p. 1404.

ten-Generaal, dat het den toevoer van scheepsbehoeften niet kon gedoogen, doch steeds bereid was dienaangaande in schikking te treden [1]. Hiertoe waren de onzen echter niet genegen, ofschoon die tak van handel inderdaad slechts geringe voordeelen afwierp, en Engeland thans niet, even als vroeger, dezelfde bezwaren opperde, tegen den handel op West-Indië. Onder den indruk der ontvangen mededeeling, besloten de Staten-Generaal, den 19den November, voorloopig geen convooi te verleenen aan schepen, met hout geladen, zonder nogtans den uitvoer hiervan te verbieden. [2] Dit scheen een middelweg, die Engeland kon bevredigen, en aan Frankrijk niet alle uitzigt benam. Strikt genomen, was de regering der republiek tegenover geene buitenlandsche mogendheid verpligt, voor den geregelden aanvoer van scheepsmaterialen te zorgen. Toch was haar besluit eene geenszins onverschillige zaak, dewijl het een handelsartikel betrof, dat in vredestijd wel in Frankrijk, maar niet in Engeland mogt worden binnengevoerd, en dat Engeland, in oorlogstijd, wegens zijne ligging, altijd gemakkelijker met eigen schepen kon halen, dan Frankrijk. Bovendien is een maatregel, op verzoek der eene partij, ten nadeele der andere genomen, niet als volstrekt neutraal te beschouwen.

Aanstonds vond het besluit van den 19den November tegenspraak, bij de afgevaardigden van Amsterdam, welks regenten de zienswijze van het Fransche hof, met betrekking tot de Noord-Amerikanen deelden, en zooals later bleek, omstreeks denzelfden tijd, reeds onderhandelingen met de nieuw gestichte republiek hadden aangeknoopt [3]. Terwijl Amsterdam protesteerde tegen het besluit der Staten-Generaal, trok het Fransche gouvernement alle onlangs verleende handelsvoordeelen in, behalve voor de genoemde stad, die zich door hare patriottische gevoelens had onderscheiden [4].

---

[1] Beatson, Memoirs, IV p. 443, 570; Nederlandsche Jaarboeken 1778 p. 1375 en 1440; Stuart, III p. 156 e. v.

[2] Nederlandsche Jaarboeken 1779 p. 40, 57.

[3] Nederlandsche Jaarboeken 1779 p. 45; Kok, Vaderlandsch Woordenboek, III p. 1038. In Nijhoff's bijdragen, III p. 157 e. v. zijn belangrijke uittreksels te vinden van de gevoerde correspondentie, geput uit een werk van 12 deelen, in 1829 en 1830 te Boston verschenen.

[4] Nederlandsche Jaarboeken 1779 p. 84, 87, 167; Stuart, III p. 200 en 265.

Waarlijk een uitstekend middel, om het opflikkerende twistvuur in de republiek aan te wakkeren. Als zoodanig mogt de stadhouder, in een rondgaanden brief van den 24sten Januarij 1779, de ongehoorde handelwijze van het Fransche hof ten sterkste afkeuren [1]. Waar moest het heen, bijaldien het Britsche de binnenlandsche tweespalt, even zigtbaar, tot bereiking zijner eigen oogmerken begon dienstbaar te maken?

Een onmiddellijk gevolg van de verklaring van Frankrijk was, dat men, bij een besluit van den 28sten Januarij, dat van den 19^{den} November voorloopig schorste [2], hetgeen den ontbranden ijver der partijen echter weinig bekoelde. Wat al verdeeldheid in den boezem der republiek, juist op hetzelfde tijdstip, waarop zij het tweehonderdjarig bestaan der Unie feestelijk herdacht!

Ergerlijk is het te zien, hoe Frankrijk in denzelfden geest bleef voortwerken. Een nieuw reglement, in 1778 aldaar uitgevaardigd op den handel van onzijdigen, was inderdaad vrijgevig en op wederkeerigheid gegrond. Het gouvernement kon de voordeelen hiervan en andere aan de republiek verleenen of haar die ontzeggen; maar het was niet geregtigd, die aan eenig lid der Unie, als een lokaas, voor te houden. Naarmate de stemmen, ter staatsvergadering uitgebragt, zijne goedkeuring wegdroegen, schonk het aan Haarlem en andere steden dezelfde voorregten, als aan Amsterdam, en ten laatste in Julij 1779, aan geheel Holland, omdat de Staten van dit gewest, bij meerderheid van stemmen, het verleenen van onbepaald convooi hadden aangenomen [3]. Nog ergerlijker was de verblinding van hen, die eenig bijzonder belang boven dat van het gemeenschappelijk vaderland stelden, en hierdoor zelfs de beschuldiging op zich laadden, dat de steller van het Fransche edict „juist niet in Frankrijk gezocht moest worden [4]."

Aan onbepaald convooi was evenwel niet te denken, zoo lang men niet over een genoegzaam aantal schepen kon beschikken, vooral nadat Engeland, reeds in April 1779 verklaard had, ook de gecon-

---

[1] Nederlandsche Jaarboeken 1779 p. 175; van der Aa, II p. 400.
[2] Nederlandsche Jaarboeken 1779 p. 174; van der Aa, II p. 392.
[3] Nederlandsche Jaarboeken 1779 p. 597 en 734; Vaderlandsche historie, II p. 28, 33, 84; Stuart, III p. 303, 339, 353.
[4] Kluit, Iets over den laatsten Engelschen oorlog, Amsterdam 1794, p. 90.

vooijeerde schepen, met de betwiste goederen geladen, te zullen aanhouden [1]). Alle aanmaningen tot versterking van zee- en landmagt, om de republiek uit haren weerloozen staat op te beuren, hadden weinig ingang gevonden. Na veel over en weer praten, waarbij zich ook nu en dan de Britsche gezant liet hooren, hadden de Staten-Generaal, den 26sten April 1779, eene reeds in het vorige najaar aangevraagde som van 1.995.840 gl., tot het uitrusten van 32 schepen ingewilligd, welk cijfer evenwel niet aanstonds kon worden bereikt, omdat vooreerst de gelden slechts gedeeltelijk werden opgebragt [2]). Ondertusschen kwamen de schepen, die met verschillende bestemming waren uitgezonden, langzamerhand in de havens bijeen, eer de Staten-Generaal, tegen het einde van 1779, moesten beoordeelen, in hoeverre aan het uitgedrukt verlangen der provincie Holland kon worden voldaan.

Onder de teruggekeerde schepen, behoorde ook de *Princes Royal*, waarmede de schout bij nacht van Bylandt, na de aankomst van de *Erfprins* (56) en de *Holland* (64), den 27sten Maart van St. Eustafius onder zeil gegaan, den 21sten Mei te Texel binnenviel [3]). Sedert het ongeluk van de *Alphen*, was er weinig merkwaardigs voorgevallen, dan dat hij voortdurend had moeten worstelen met de Engelsche kapers, die in de kustzee van het slecht versterkte St. Eustatius straffeloos velerlei geweld pleegden. Hoogst belangrijk waren de berigten, welke de schout bij nacht aangaande den toestand van den West-Indischen handel gaf, in het officiëele rapport, dat hij den 11den Junij overlegde. Na te hebben gemeld, dat er, in 1778, van St. Eustatius 43 schepen naar Nederland waren vertrokken, op één na, allen bestemd voor Amsterdam, en dat, volgens een schrijven van kapitein van Hoey, in hetzelfde jaar, 59 schepen van Suriname naar het vaderland waren uitgezeild, hing hij ten slotte een tafereel op van het levendig verkeer in de koloniën, door hierbij te voegen: „Zedert de tijd, dat ik op de rhede van St. Eustatius gekomen ben, heeft het getal der vaartuygen, die van de rhede geseild zyn, na

---

[1] Brief van den gezant van Welderen, en memorie van den Britschen ambassadeur van 9 April 1779.
[2] Missive en memorie van Z. H. fo. 17 en bijlage I fo. 14 en No. 11; Nederl. Jaarboeken 1779 p. 508.
[3] Journaal gehouden aan boord van de *Princes Royal*, M. S. in het Rijks-Archief.

onderscheide plaatsen, bedragen circa 3182, waaronder 235 Noord-Americanen, waarvan er nog verscheidene op de rhede lagen." [1])

Bij de aankomst van den schout bij nacht van Bylandt, vond deze ter reede van Texel slechts een zestal fregatten, tot kleine togten in de Noordzee en andere diensten bestemd. Eerlang kwamen grootere bodems in gereedheid. Den 20sten Julij, viel kapitein Riemersma, met de *Erfprins* en een convooi van St. Eustatius, en den 7den September, viel ook de *Jason* binnen. Tevens ontving men berigt, dat eene Fransche en Spaansche vloot van meer dan honderd zeilen, bij den ingang van het Kanaal, gezien was, die vermoedelijk den Engelschen eene niet geringe ongelegenheid zou baren [2]). Nadat er, den ganschen zomer van 1779, tamelijk vruchteloos was geredeneerd, over de versterking en het gebruik der magt, die zich thans in de zeegaten vereenigde, hadden er gebeurtenissen plaats, die eensklaps 's lands vloot tot een voorwerp van meer dan gewone opmerkzaamheid maakten.

Terwijl de gemoederen der bewoners van Nederland, door al het gekibbel over hetgeen er gedaan moest worden en door vele vlugschriften, meer en meer in gisting kwamen, had de bemanning der inmiddels werkeloos liggende schepen overvloedig tijd, hare bijzondere grieven te overdenken en hierover op hare beurt te redeneren. Dit leidde tot een oproer, aan boord van de *Venus* (24), dat zich ernstig liet aanzien, en den hoogen zeekrijgsraad niet weinig zorg baarde, eer deze, den 21sten October na de executie der belhamels, de gansche zaak als geëindigd kon beschouwen [3]). Onder den titel van „vier brieven uit Texel", verscheen een verhaal van de aanleiding tot den opstand, welks schrijver te gelijk vele gebreken der schromelijk vervallen zeemagt opsomde. Voor men dit bedaard kon overwegen en het vonnis aan de veroordeelden voltrekken, had reeds een ander voorval de spanning in 's lands raadzalen, ja in alle kringen, niet weinig vermeerderd.

Paul Jones, een Schot van afkomst, doch thans in dienst van Noord-Amerika, die reeds maanden lang de kusten van Groot-Brit-

---

[1]) Rapport van den schout bij nacht, M. S. in het Rijks-Archief.
[2]) Journaal, gehouden aan boord van de *Princes Royal*, M. S.
[3]) Nederlandsche Jaarboeken 1779 p. 1190 e. v.

tanje had bekommerd, viel den 4^{den} October te Texel binnen. Zijn klein eskader, in Frankrijk uitgerust, bestond, nadat hij zijn eigen schip de *Black Prince* of de *Bonhomme Richard* (40), wegens bekomen schade, aan de golven had prijs gegeven, uit de *Alliance* (40), de *Pallas* (32) en de *Vengeance* (12). Bovendien voerde hij met zich de *Serapis* (40) en de *Countess of Scarborough* (20), twee Engelsche schepen, die hij kort te voren had veroverd [1]).

Wie hier te lande sympathie gevoelde voor de zaak der Noord-Amerikanen, kreeg nu de gelegenheid haar op in het oog vallende wijze te openbaren; vooral toen de beruchte kaperkapitein zich eerlang, te Amsterdam en te 's Gravenhage, in het publiek vertoonde [2]). De onverdiende hulde, welke de menigte hem bewees, moest Engeland bitter grieven. Het kon echter deze uiting van den volksgeest niet aan den staat wijten, zoolang de regenten tegen elke schending der onzijdigheid zorgvuldig waakten. Doch juist dit viel, in het onderhavige geval, zoo hoogst moeijelijk, dat sommigen de komst van Paul Jones slechts voor een fijn doordacht middel hielden, om de Staten-Generaal, als ware het met geweld, uit hunne onzijdige stelling te verdrijven [3]). Zij konden op de schepen en de prijzen der Noord-Amerikanen, wier onafhankelijkheid noch door hen zelven, noch door Groot-Brittanje erkend was, immers kwalijk toepassen, wat de tractaten en het volkenregt dienaangaande voorschreven. Dit besefte ook het Britsche gouvernement, dat, bij monde van zijn ambassadeur te 's Gravenhage, den kaperkapitein als een rebel en staatsmisdadiger voorstelde. Het eischte voorts, dat men hem als een zeeroover zou behandelen, door zijne prijzen in beslag te nemen en die aan de regte eigenaars terug te geven [4]). Hierin wilden de Staten-Generaal niet treden. Zij moesten erkennen, dat zich, bij de vestiging hunner eigen republiek, een dergelijk vraagstuk had voorgedaan, toen de Watergeuzen met hunne

---

[1]) Beatson, Memoirs, IV p. 489, 549; Lapeyrouse-Bonfils, III p. 116; Nederlandsche Jaarboeken 1779 p. 1207; Journaal, gehouden aan boord van de *Princes Royal*, M. S.

[2]) Nederlandsche Jaarboeken 1779 p. 1210; Vaderlandsche Historie, II p. 154; Stuart, III p. 393. Een der versjes op hem gemaakt, in de Navorscher van 1868, p. 359.

[3]) (R. M. van Goens) Politiek vertoog enz. p. 120.

[4]) Nederlandsche Jaarboeken 1779 p. 1208, 1217.

schepen rondzwalkten. Het ware bovendien zeer onstaatkundig geweest, de Noord-Amerikanen, die vermoedelijk weldra eene plaats onder de onafhankelijke mogendheden zouden innemen, van de republiek te vervreemden. Alles wel overwogen hebbende, besloten zij, op grond van een reglement, in 1756 door hen gemaakt, dat Paul Jones en de zijnen zich hier te lande slechts van het allernoodigste mogten voorzien, en dan ten spoedigste moesten vertrekken [1]). De hierbij gevoegde bepaling, dat men des noods geweld tegen hen zou bezigen, vond bij velen in Holland luide tegenspraak [2]).

Nog ingewikkelder dreigde het geval te worden, zoodra het bleek, dat de bevelhebbers ook Fransche aanstellingen bezaten, en vervolgens eene Fransche vlag heschen, hetgeen Paul Jones zelf echter niet deed, ofschoon men hem van dezelfde dubbelzinnigheid van karakter verdacht [3]). Gelukkig bewerkte de vice-admiraal Reynst, den 27sten December, het vertrek van Paul Jones, voor dat het nieuwe incident aanleiding kon geven tot nadere overwegingen. Hij noodzaakte den kaperkapitein de ankers te kappen, om aan het getalm een einde te maken. Drie dagen later, staken ook de overige Fransche schepen in zee [4]). Paul Jones kwam, met de twee prijzen, behouden te Duinkerken. Zijne latere bedrijven hebben niets opgeleverd, om de zekere vermaardheid te staven, die zijne verschijning, onder de gegeven omstandigheden, aan zijne persoonlijkheid had geschonken [5]).

Intusschen waren alle beschikbare schepen in de Nederlandsche havens bijeengekomen, met uitzondering van de *Holland*, die te St. Eustatius lag, en van een kleiner, dat zich nog in de Middellandsche zee bevond [6]). Op de vele klagten der kooplieden, over

---

[1]) Nederlandsche Jaarboeken 1756 p. 1089; Nederlandsche Jaarboeken 1779 p. 1221.
[2]) Stuart, III p. 394.
[3]) Nederlandsche Jaarboeken 1779 p. 1871; Stuart, III p. 396.
[4]) Brieven van 27 en 30 December van den vice-admiraal Reynst aan de admiraliteit van Amsterdam, M. S. in het Rijks-Archief.
[5]) Nederlandsche Jaarboeken 1780 p. 106; de Cussy, Phases et causes célèbres, II p. 10, waar gezegd wordt, dat hij van 1783 tot 1789 in Russische dienst was, en in 1792 te Parijs overleed.
[6]) Nederlandsche Jaarboeken 1779 p. 1134; Stuart, III p. 380.

de werkeloosheid der zeemagt en het gebrek aan bescherming, hadden de Staten-Generaal, onder protest van Holland, in November het besluit genomen, om voorloopig wel eenig convooi te verleenen, doch niet aan houtschepen [1]). Dien ten gevolge stak de schout bij nacht van Bylandt, den 27sten December, denzelfden dag, waarop Paul Jones was vertrokken, van de reede van Texel in zee, met de *Princes Royal* (56), de *Argo* (40), de *Valk* (24), de *Zwieten* (44) en de *Alarm* (24), welke beide laatsten naar West-Indië bestemd waren. Buitengaats, wachtte hij zijn convooi in, dat uit 27 schepen moest bestaan, van welke hij zeker was, dat zij geen scheepshout aan boord hadden. Hij kon echter des nachts niet goed zien, hoeveel er waren, en telde er 's anderen daags 17, welk getal later nog met enkele werd vermeerderd [2]). Of van de menigte houtschepen, die op hetzelfde tijdstip ter reede van Texel lagen, en nagenoeg te gelijk met het convooi uitzeilden [3]), sommige ter sluiks zich hierbij hebben aangesloten, doet minder ter zake, omdat zulks geenerlei moeijelijkheid heeft gebaard. Hunne tegenwoordigheid heeft slechts een schijnbaren grond opgeleverd voor eenige liefelijkheden, den Nederlanders door een schrijver van later tijd naar het hoofd geslingerd [4]).

Omstreeks denzelfden tijd, moesten eenige bodems uit de Maas vertrekken. Hier waren, den 26sten December, de *Jason*, de *Castor*, de *Arend*, de *Bellona* en *den Briel* werkelijk in zee gestoken. Wegens ongunstig weder en hierdoor bekomen schade, bleven er drie liggen, zoodat alleen de *Arend*, bestemd naar Suriname, en de *Bellona*, die zich bij het convooi moest aansluiten, de reis ondernamen. De laatste, meenende dat van Bylandt vooruit was, zeilde ongehinderd door, tot St. Martin, zonder iets te bemerken. De andere bodems, van welke de *Jason* naar St. Eustatius moest, vertrokken eerst op den 7den Januarij [5]).

Alleen met de schepen uit Texel, ondernam de schout bij nacht

---

[1]) Nederlandsche Jaarboeken 1779 p. 1352 en 1780 p. 133.
[2]) Journaal, gehouden aan boord van de *Princes Royal*, M. S.
[3]) Nederlandsche Jaarboeken 1779 p. 1410 en 1780 p. 141; Politiek vertoog p. 139.
[4]) Schlosser, Achttiende en negentiende eeuw, IV p. 209.
[5]) Journalen, gehouden aan boord van de *Castor*, *den Briel* en de *Bellona*, M. S. allen in het Rijks-Archief.

van Bylandt den hem bevolen togt. Hij had de koopvaarders, die hij onder zijn geleide nam, van een bijzonder sein voorzien, om hen van andere te kunnen onderscheiden. Men kon van den graaf van Bylandt niet vermoeden, dat hij, als bekend aanhanger van den prins, diens bevelen in den wind zou slaan, of als edelman en militair eene valsche verklaring afleggen, die trouwens weinig zou hebben gebaat, omdat de Engelsche bevelhebbers, aangaande de lading der geconvooijeerde schepen, tamelijk naauwkeurig schenen ingelicht.

Naauwelijks was het convooi in zee, of men ontdekte een paar kleine Engelsche vaartuigen, die onmiddellijk afhielden. In den voormiddag kwamen verscheidene groote in 't zigt, die zooals later bleek tot een geheel eskader van zeven linieschepen, met vele fregatten en kotters, onder den commodore Fielding behoorden. Nadat de onzen alles tot een gevecht hadden klaar gemaakt, praaide de *Courageux* (74), een der Britsche schepen, den schout bij nacht en berigtte dezen, dat de Britsche commodore, die vooruit lag, een onderhoud met hem verlangde. Van Bylandt verklaarde zich hiertoe genegen, en zeilde nu door, tot dat hij, des namiddags te half vijf, het Britsche vlaggeschip de *Namur* (90) op zijde kwam. Uit de onderhandelingen, door middel van sloepen aangeknoopt, bleek weldra, dat de Nederlandsche schout bij nacht, evenals zijn neef en vlaggekapitein, wel kon verzekeren, dat zich, onder het convooi, geene schepen met hout bevonden, doch dat zij niet hetzelfde konden verklaren, nopens hennip, ruw ijzer en andere materialen, waarover tot dusverre niet was geklaagd. Het onderzoek, waartoe de Britsche commodore, in dit geval, volgens zijn last moest overgaan, zeide van Bylandt niet te kunnen gedoogen. Inmiddels was het volslagen donker geworden, hetgeen de Britten verpligtte, de uitvoering hunner verdere plannen tot 's anderen daags verschuiven.

Uit de niet overal eensluidende berigten van hetgeen, op den 31[sten] December, tusschen de gemelde eskaders voorviel, is het volgende met genoegzame zekerheid op te maken. Gedurende den nacht, hadden vele schepen van het convooi, en stellig dezulke, die er niet bij hoorden, de vlugt gekozen. Met de *Princes Royal*, de *Argo* en de *Alarm*, zeilde van Bylandt, des morgens, naar de overgeblevene, terwijl de *Zwieten* en de *Valk* iets meer te loefwaarts bleven. Tot tweemaal toe, liet de Nederlandsche schout bij nacht met scherp vuren, op eene Engelsche sloep, die zich te half negen naar eene der koffen begaf, om haar te visiteren. Nu opende Fielding zijn vuur tegen de *Princes Royal*, waarop van Bylandt onmiddellijk antwoordde, gesteund door Kinsbergen, den kapitein van de *Argo*. De bewapening van de *Alarm* was te zwak, om veel te kunnen uitwerken. Maar de Nederlandsche bevelhebber zette den strijd, tegen de overmagt, niet voort. Hij streek de vlag, na door het hijschen eener rood en wit gestreepte vlag, aan de bezaansroe, den anderen kapiteins gelast te hebben, het gevecht insgelijks te staken.

Het doen van dit sein, speciaal voor dezen togt gegeven, hoe vreemd op zich zelf, was echter niet het eenige bezwaar, later tegen van Bylandt ingebragt. Daar het strijken zijner vlag, noch door hem, noch door de Engelschen, als een teeken van overgaaf werd beschouwd, heesch hij deze, na eenig overleg met een der kapiteins van Fielding, weder op. Hij gelastte zelfs den kapiteins Nauman en Mulder, hunne reis naar West-Indië, met de *Zwieten* en de *Alarm*, aanstonds te vervolgen. Nu de Britten op de oorlogsschepen toch geenerlei aanspraak maakten, is dit te begrijpen, evenals het besluit, om met de drie overige bij het convooi te blijven, ten einde van den afloop der zaak getuige te zijn. Minder begrijpelijk vonden sommigen het, dat van Bylandt aan de vordering der Britten, met betrekking tot het gewone eerbewijs, nog toegaf, eer hij denzelfden avond het Engelsche eskader volgde [1], dat met de zeven aangehouden koopvaarders, later met nog twee achterhaalde vermeerderd [2], koers zette naar Portsmouth.

Zoodra de schout bij nacht, den 4den Januarij 1780, ter reede van Spithead was aangekomen, zond hij den kapitein van Bylandt naar Londen, met een brief aan der Staten gezant van Welderen,

---

[1] Journaal, gehouden aan boord van de *Princes Royal*, M. S. De latere sententie, afzonderlijk gedrukt, en ook te vinden in de Nederlandsche Jaarboeken 1780 p. 490 e. v. Voorts de rapporten en brieven van den schout bij nacht en diens vlaggekapitein, en andere stukken in de Nederlandsche Jaarboeken 1780 p. 130 e. v.

[2] Stuart, III p. 406; Beatson, Memoirs, IV p. 575. In de Nederlandsche Jaarboeken 1780 p. 156, worden er slechts acht genoemd.

waarin hij verslag gaf van het gebeurde [1]). De opgebragte koopvaarders, hoewel niet de strafbaarste, werden strenger behandeld dan andere, vermoedelijk omdat zij geconvooijeerd waren [2]). Den 18^{den} Januarij, besloten de Staten-Generaal den schout bij nacht met zijne schepen terug te roepen, opdat hij zich in de eerste plaats zou kunnen verantwoorden. Dien ten gevolge, ging van Bylandt, den 27sten Februarij, onder zeil, met de *Princes Royal*, de *Argo*, de *Valk* en de *Nassau* (64), die inmiddels te Spithead was binnengevallen. Den 1sten Maart, kwam de *Valk* ter reede van Texel. Kapitein Sylvester, die er het bevel over voerde, had uitdrukkelijk order, geene rapporten hoegenaamd te doen, betreffende het eskader, dat evenwel voorgaats lag, en nog op den avond van denzelfden dag binnenviel [3]).

Op de internationale betrekkingen, had de ontmoeting tusschen van Bylandt en Fielding geen invloed, tenzij dat de wederzijdsche verbittering iets toenam. Groot-Brittanje zocht den oorlog niet, en de republiek had alle reden dien te duchten. Op advies der admiraliteiten, drongen de Staten van Holland bij de Staten-Generaal aan, op het vragen van satisfactie voor de ondergane beleediging, waartoe reeds den 17^{den} Februarij voorloopig werd besloten, in afwachting van de goedkeuring der andere provinciën [4]). Alle vertoogen bij het Britsche hof, dat oogenschijnlijk van de gansche zaak weinig notitie nam, bleven echter zonder eenig gevolg. Maar dezelfde gebeurtenis, die tegen veler verwachting den buitenlandschen vrede niet verbrak, gaf aan de binnenlandsche tweespalt nieuw voedsel. Het onderzoek, op het verlangen van den schout bij nacht zelven ingesteld [5]), bragt te weinig aan het licht. De een-

---

[1]) Brief aan van Welderen, M. S, in het Rijks-Archief en gedrukt in de Nederlandsche Jaarboeken 1780 p. 142.

[2]) Nederlandsche Jaarboeken 1780 p. 743, en het request der kooplieden in Maart overgelegd.

[3]) Journaal, gehouden aan boord van de *Princes Royal*, M. S.; brieven van van Bylandt van 31 Januarij en 2 Maart, M. S.; brief van kapitein Spengler van 1 Maart aan boord van de *Boreas*, M. S. allen in het Rijks-Archief en gerigt aan de admiraliteit van Amsterdam.

[4]) Nederlandsche Jaarboeken 1780 p. 427.

[5]) Memorie bij de Jonge, Zeewezen, IV bijlage X.

parige vrijspraak door een hoogen zeekrijgsraad, die er den 14den April op volgde, regtvaardigde den bevelhebber geenszins in de oogen der menigte. Uit de lange sententie [1]), waarin verklaard werd, dat zijn gedrag overeenkomstig de regels van voorzigtigheid en van goede soldaat- en zeemanschap was geweest, ,,vooral in aanmerking genomen de particuliere omstandigheden, waarin hij zich had bevonden," putte men stof voor nieuwe beschuldigingen, die niet uitsluitend hem, maar ook den stadhouder golden. Andere zeeofficieren waren, volgens het gerucht, slechts tegen hun wil, in de zaak betrokken. Onder de talrijke vlugschriften, waarin de ontmoeting tusschen van Bylandt en Fielding werd besproken, voerde er een tot titel: Kinsbergen's traanen, gestort op 's lands schip van oorlog de *Argo* [2]).

Donker waren de uitzigten, terwijl het voorgevallene de gemoederen in den aanvang van 1780 bezig hield. Niemand kon met zekerheid bepalen, of de aanhouding van het convooi niet tot vijandelijkheden zou leiden. Velen hoopten dit zelfs, in den waan, dat Engeland, onder de slagen zijner vereenigde aanvallers, weldra zou bezwijken. Maar de vloot der Franschen en Spanjaarden, die in het najaar op de kusten van Engeland werkelijk een verbazenden schrik had verspreid, was ten slotte vertrokken, zonder iets van belang verrigt te hebben [3]). Men kwam echter, hier te lande, niet tot bezinning. Terwijl het den Franschgezinden nu en dan gelukt was iets te doen, om Frankrijk te believen, bewaarden de Staten-Generaal, over de aanzoeken van den Britschen gezant om hulpbenden, een diep stilzwijgen, omdat de provinciën het dienaangaande niet eens konden worden. Maar Yorke had niet vruchteloos, meer dan zeven en twintig jaren, zijn meester in den Haag vertegenwoordigd. Hij kende den toestand der republiek door en door, waarom een gematigd schrijver hem liever in den hemel, dan in den Haag wenschte te zien [4]). Den 21sten Maart, te midden der verbittering

---

1) Nederlandsche Jaarboeken 1780 p. 490 e. v.
2) Met andere stukken in een bundel, betreffende de ontmoeting tusschen van Bylandt en Fielding in de Koninklijke bibliotheek te 's Gravenhage.
3) Campbell, V p. 464; Beatson, IV p. 545; Guérin, II p. 582; Lapeyrouse-Bonfils, III p. 77.
4) Vrijmoedig en staatkundig onderzoek van een Gelderman, ed. 1781.

over het opgebragte convooi, herhaalde hij zijn verzoek om hulpbenden, tevens een termijn stellende, waarbinnen de koning een bepaald antwoord verwachtte. Die termijn verstreek, eer de Staten-Generaal het weigerend antwoord, waartoe alle provinciën, schoon niet op dezelfde gronden, hadden besloten, behoorlijk konden opmaken. Hun stilzwijgen werd echter in den bedoelden geest opgevat, en het Britsche hof schorste, dien ten gevolge, alle tractaten met de republiek, en met name dat van 1674 [1]). Denzelfden dag, waarop de Staten-Generaal hiervan kennis kregen, besloten zij, evenwel niet zonder tegenspraak van de provincie Zeeland, tot het verleenen van onbepaald convooi, alleen met uitzondering van die goederen, welke in het geschorste tractaat als oorlogscontrabande waren aangeduid. Frankrijk juichte dit toe, en hief aanstonds alle nadeelige edicten op, ten behoeve der gansche republiek [2]).

Thans openbaarde zich inderdaad een streven, om te doen, wat de meer beslissende houding der republiek dringend vereischte. Reeds den 2den Mei, hechtten de Staten-Generaal hunne goedkeuring aan eene som van 2.623.590 gl., kort te voren aangevraagd, om, met eene gelijke som uit het last- en veilgeld, de kosten eener uitrusting van 52 schepen te bestrijden [3]). Weldra kwam er nu meer drukte in de havens en zeegaten, van waar de gereed zijnde schepen soms kleine kruistogten ondernamen, dewijl men voortdurend hoorde van allerlei geweldenarijen. Deze troffen ook andere mogendheden, van welke sommige, omstreeks denzelfden tijd, er op bedacht waren haren geoorloofden handel met nadruk te beschermen.

Den 26sten Februarij 1780, had Catharina II van Rusland, op raad van haren minister Panin, eene verklaring geteekend, welke den grondslag legde tot een verbond van gewapende neutraliteit [4]), waarin eerlang Zweden en Denemarken werden opgenomen, die reeds in 1693 eenigermate het voorbeeld hadden gegeven. Het merkwaardige stuk, door Catharina uitgevaardigd, behelsde naauwkeurige bepalingen, nopens oorlogscontrabande, het regt van blokkade en

---

[1]) Nederlandsche Jaarboeken 1780 p. 308, 335; Stuart, III p. 429 e. v.
[2]) Nederlandsche Jaarboeken 1780 p. 340, 438; Stuart, III p. 441, 448.
[3]) Missive en memorie, fo. 19 en bijlage No. 11; Stuart, III p. 453.
[4]) Nederlandsche Jaarboeken 1780 p. 543; de Cussy, Phases et causes célèbres, II p. 34; Mahon, History of England, VII p. 46.

andere punten, welker handhaving, zoo noodig met geweld, de onderteekenaars elkander plegtig waarborgden. Den 3^{den} April, was het ook den Staten-Generaal medegedeeld, die reeds den 24sten derzelfde maand, onmiddellijk nadat zij tot onbepaald convooi hadden besloten, hunne ingenomenheid met de hoofdzaak betuigden. Doch nu begon een onbegrijpelijk getalm over bijzaken, eer de Staten-Generaal, den 20sten November, met vier tegen drie stemmen konden besluiten, aan de uitnoodiging te voldoen [1]. In plaats van nu aanstonds aan de vreemde hoven hiervan kennis te geven, zoo als binnen zes weken moest geschieden, verschoven zij dit eene wijle, hetgeen 'de Britten in de gelegenheid stelde, om alles te verijdelen.

Sommige papieren, gevonden bij Hendrik Laurens, den gewezen president van het Noord-Amerikaansche congres, die met de *Mercury* door een Britschen kruiser genomen en in October naar Londen gevoerd was [2], gaven het Britsche gouvernement een uitstekend voorwendsel aan de hand. Het zond die stukken, welke over den bedekten handel van sommige Nederlanders, met de Noord-Amerikanen, een helder licht verspreidden, aan den stadhouder. Deze, verbaasd over den inhoud, en met reden wat geraakt door enkele uitdrukkingen, betreffende zijn persoon, bragt den 30sten October al het ontvangene ter tafel, in de vergadering der Staten van Holland. [3] Voor zoo ver het brieven waren, tusschen particulieren gewisseld, leerde men er weinig nieuws uit; want, hoe velen hier te lande over den vrijheidsoorlog der kolonisten dachten, was van algemeene bekendheid. Onder de overgelegde stukken, bevond zich echter ook het concept van een tractaat, dat men later met Noord-Amerika hoopte te sluiten. Het was opgesteld, in overleg met den pensionaris en met voorkennis der burgemeesters van Amsterdam. Dit klonk zeker hard genoeg, doch beteekende inderdaad niet veel, daar het slechts een ontwerp was, hetwelk eerst na de vrijverklaring der kolonisten, bij de bevoegde autoriteit, ter sprake moest komen.

---

[1] Nederlandsche Jaarboeken 1780 p. 550, 564, 1051; Stuart, III p. 465, 470, 492.
[2] Beatson, Memoirs V p. 52; Mahon, History of England, VII p. 83.
[3] Stuart, III p. 502. De volledige inhoud der stukken in de Nederl. Jaarboeken van 1781 p. 159 e. v. uittreksels hiervan in de Vaderl. historie, II p. 427 e. v.

Maar het ruchtbaar worden dier op zijn hoogst zeer onvoorzigtige daad was genoeg, om de reeds ontwaakte hartstogten meer in beweging te brengen. Te midden van het debat, over het al dan niet geoorloofde van zoodanigen stap, drong de Engelsche gezant, den 10den November en den 12den December, met klimmende heftigheid, op het voorbeeldig straffen der schuldigen aan [1]). Daags voor de indiening der tweede memorie, hadden de Staten-Generaal besloten de kennisgeving van hunne aansluiting bij het verbond der gewapende neutraliteit wat te verhaasten. Doch nu kwam het Britsche gouvernement hun voor, door in den nacht, tusschen den 19den en den 20sten December, tot den oorlog te besluiten, eer het officieel berigt had van de toetreding der Staten-Generaal, en eer deze het definitive stuk, den 24sten December, te Petersburg lieten teekenen [2]). Op dien grond beweerde het, dat de republiek, zelve niet langer neutraal, ook niet in een verbond van neutralen kon worden opgenomen.

Hiervan werd evenwel met geen enkel woord gerept, in het oorlogsmanifest [3]), dat slechts een tal van andere grieven opsomde, waaronder enkele inderdaad belangrijk genoeg, om eene vredebreuk te regtvaardigen. Maar dit lag immers in de bedoeling van velen hier te lande, die een oorlog met den gehaten Brit zelfs met vreugde te gemoet zagen, dwaselijk vergetende, dat de inwendig verdeelde en uitwendig zwakke republiek oneindig meer te vreezen, dan te hopen had. Er bestond toch weinig kans, dat de partijen haren onderlingen twist zelfs tijdelijk zouden staken, daar juist de omstandigheid, dat men slechts weinige personen voor de oorzaak van de vredebreuk hield, als ware het olie in het vuur wierp. Wat er tot verdediging van het politiek systema van Amsterdam werd geschreven, bewees te veel en lokte tegenspraak uit, o. a. in het Politiek vertoog, hetwelk den Amsterdammers alles behalve aangenaam in de ooren moest klinken. Onder de talrijke vlugschriften, die het licht zagen, waren er ook gewijd aan den toestand der vloot, die eerlang weder eene hoofdrol zou moeten vervullen.

---
1) Nederlandsche Jaarboeken 1781 p. 212 en 228; Stuart, III p. 515 en 524.
2) Nederlandsche Jaarboeken 1781 p. 22, 31 en 564; Stuart, III p. 532 en 544.
3) Nederlandsche Jaarboeken 1781 p. 39; Beatson, VI p. 243.

e. *Kortstondige blijdschap over de vredebreuk. — St. Eustatius en andere bezittingen verloren. — Medewerking der Franschen. — Onbeduidende verrigtingen van 's lands vloot. — Gevecht van de kapiteins Melvill en Oorthuys. — Zeeslag op de Doggersbank. — Teleurgestelde verwachtingen.*

Oppervlakkig beschouwd, is het tafereel van verwarring, hetwelk de laatste jaren der republiek voor 1780 opleverden, reeds weinig opbeurend. Het werd sedert nog somberder gekleurd, ofschoon nu en dan opgeluisterd door spranken van den ouden heldenmoed. Alles draagt sporen van de naderende crisis in het ziekelijke en ondermijnde staatsligchaam. Gistende bestanddeelen, die in dagen van kalmte een zuiverenden invloed konden hebben, verhoogden slechts den heerschenden nood en bragten de stroeve staatsmachine tot nagenoeg volkomen stilstand. Het nasporen van de oorzaken hiervan is niet alleen onmisbaar voor het verband, maar kan ook bovendien eene nuttige zijde hebben, omdat vele waarheden, door de gebeurtenissen uit de tweede helft der achttiende eeuw gepredikt, juist niet uitsluitend voor dat tijdperk gelden. Het zijn vooral de feiten, die opmerking verdienen. Afgetrokken begrippen, die ons vaak koud laten, erlangen toch, in het kleed der historie, eene zekere realiteit, die verwarmt en aangrijpt. Oorzaak en gevolg grenzen nader aan elkander, vallen meer als in een brandpunt te zamen, en vormen zoo een helderen spiegel, die tot zelfkennis leidt.

Al aanstonds was de blijdschap, waarmede velen de oorlogsverklaring begroetten eene grove dwaling. Men zag intusschen de aanzienlijke waarde in Engelsche fondsen belegd, en omstreeks vijftig millioen, onbeschermd aan de zee toevertrouwd, niet voorbij [1]). Wie te goeder trouw hoopte, dat Nederland, gelijk weleer, den vermogenden tegenstander een gewenscht ontzag zou inboezemen, overschatte echter zoowel de bezwaren, waaronder deze gebukt ging, als de middelen, waarover de republiek kon beschikken. Ongetwijfeld was er, sedert maanden, in de havens niet vruchteloos gearbeid. Van de 69 bodems, waaronder ten minste 25 bruikbare linieschepen en 40 fre-

---

[1]) Nederlandsche Jaarboeken 1781 p. 27, 187; Vaderlandsche historie, III p. 13; Stuart, IV p. 3.

gatten of andere charters, van 24 tot 44 stukken, welke de republiek bezat, waren toch verreweg de meeste, voor de oorlogsverklaring, in dienst gesteld [1]). Den 28sten November, kon de schout bij nacht Binckes uitloopen, met de *Prinses Louise* (54), bestemd naar de Middellandsche zee; den 4den December, kapitein F. S. van Bylandt, met de *Mars* (36), om naar West-Indië te gaan; den 19den December, de schout bij nacht van Bylandt, met de *Amsterdam* (68), waarmede hij naar de Spaansche zee moest [2]). Te gelijker tijd, zeilden kapitein van Rietveld, met de *Nassau* (60), en kapitein Cras, met de *Nassau-Weilburg* (50), naar West-Indië. Andere schepen lagen te Texel, op de Maas of elders gereed.

Om een aanval van den zeekant met nadruk af te weren, was de nu voorhanden magt zeker toereikend. Doch zij kon de luchtkasteelen van ouden zeeroem, door sommigen op haar gebouwd, niet regtvaardigen. Deze waren des te gevaarlijker, omdat de koude werkelijkheid hen niet aanstonds in duigen wierp, en dus natuurlijk tot allerlei verkeerde gevolgtrekkingen leidde. Hoe ver dit ging, bleek aanstonds, uit de beoordeeling van het wedervaren der bevelhebbers, die, onbekend met de vredebreuk, nog den 25sten December, uit de Maas waren vertrokken.

Kapitein Satink, voerende de *Prinses Caroline* (54), ontmoette, den 30sten, het Engelsche schip *Bellona* (74), dat overgave eischte, en na eene weigering ontvangen te hebben, zijn vuur opende. Dit kwam den onzen op veel schade aan staand en loopend want, drie dooden en tien gekwetsten te staan. De Nederlandsche officieren, die het vijandelijk vuur, gedurende een half uur, hadden beantwoord, aan eene vergissing denkende, riepen nu, dat zij bereid waren naar Duins te volgen, indien de Engelschen hun slechts van een loods voorzagen. Van overgave, wilde Satink evenwel niets hooren, verklarende, dat hij zijn bodem liever wilde doen zinken of in de lucht vliegen. Zoodra hij echter met de *Bellona* (74) en de *Marlborough* (74), die inmiddels genaderd was, Duins bereikte, bleek het, dat er geen abuis bestond. In alle opzigten overmand,

---

[1]) Nederl. Jaarboeken 1780 p. 752; Missive en memorie van Z. H. bijlage 9 en 10.
[2]) Journaal, gehouden aan boord van de *Princes Royal* en voortgezet aan boord van de *Amsterdam*, M. S.

moest Satink zijn schip overgeven, hetwelk de Engelschen vervolgens in bezit namen [1]).

Weinig dagen later, trof den kapitein van Volbergen, bevelhebber van de *Rotterdam* (52), die te gelijk met Satink was uitgezeild, nagenoeg hetzelfde lot. Hij ontmoette, den 26sten, een kotter, die onmiddellijk naar Duins stevende, en eene Nederlandsche kof, die Engelsch volk aan boord had, waarvan niemand het regte begreep. Den 31sten, op de hoogte van Wight, eischte een Britsch kommandant de overgave van de *Rotterdam*, en gaf den onzen, na een weigerend antwoord bekomen te hebben, de volle laag. Hierdoor kreeg van Volbergen niet weinig schade, benevens drie dooden en een twintig gekwetsten, van welke er later nog vier overleden. Zoodra de batterij gereed was, en ook hij zijn vuur opende, hield de Engelschman af. Terwijl van Volbergen nu zijne reis voortzette, en La Hogue naderde, zag hij, in den namiddag van den 3den Januarij, andermaal een Engelschen bodem. Toen deze weder hetzelfde eischte, was hij op alles voorbereid, en wisselde hij eenige lagen met dien aanvaller, waarbij zijn volk weinig, doch zijn tuig des te meer leed. Maar ook dit schip hield vervolgens af, evenals een ander, dat zich den 4den liet zien. Eerst den 5den Januarij, tastte de *Warwick* (54), in 't zigt van de *Edgar* (74), den reeds deerlijk gehavenden bodem met kracht aan, dien van Volbergen niet onmiddellijk wilde overgeven. Na echter het vijandelijk vuur met drie of vier lagen beantwoord te hebben, moest hij voor de noodzakelijkheid bukken. Thans vernam hij, dat het oorlog was, en bij zijne aankomst te Portsmouth, waar men hem den 15den op parool aan wal liet gaan, dat hij vroeger, eerst met de *Isses* (54), en vervolgens met de *Middeston* (30) had te doen gehad [2]).

Zeker was er te Hellevoetsluis niets beproefd, om die schepen, welke slechts een paar uren, voor de aankomst van 's prinsen bode, waren uitgezeild [3]), te verwittigen van het gevaar, dat zij in den mond liepen. Men had hun ten minste kleine vaartuigen kunnen

---

[1]) Journaal, gehouden aan boord van de *Princes Carolina*, M. S. in het Rijks-Archief.
[2]) Journalen, gehouden aan boord van de *Rotterdam* M. S. No. 358 en 380 in het Rijks-Archief.
[3] Missive en memorie van Z. H. fo. 24 en bijlagen fo. 21; Stuart IV p. 4.

nazenden, hetgeen de autoriteiten in Zeeland, op denzelfden tijd, met een gewenschten uitslag deden [1]). Voor dit verzuim, kon men echter kwalijk den prins aansprakelijk stellen, wiens bedoelingen men, op allerlei losse gronden, begon te wantrouwen. Dat hij, aan den vooravond van een oorlog, waarvan hij en de zijnen, na al het onvruchtbaar gekibbel der laatste jaren, slechts nadeel voorzagen, nog tot gematigdheid overhelde, bewees geenszins, dat hij niet liever, met kracht van wapenen, den Britschen vorst tot dezelfde meening had genoopt. Met blijkbare zinspeling op zijne mislukte plannen van het vorige jaar, bragt hij, den 26sten December, na het vertrek van Yorke, een voorstel ter tafel, om de zeemagt te versterken, en om, tot verdediging der kust, ook het leger wat te vermeerderen [2]). Dit vond een zeer begrijpelijken tegenstand, omdat men reeds bezwaarlijk de aanwezige schepen kon bemannen [3]), hetgeen natuurlijk, door eene gelijktijdige werving van troepen, nog meer bemoeijelijkt zou worden. Het voorstel leidde, eerst later, tot de oprigting van een corps scheepssoldaten. Over de versterking der zeemagt, waartoe de stadhouder, den 5den Januarij 1781, verschillende petitiën, gezamenlijk ten bedrage van 14.605.671 gl. indiende, dachten alle partijen eenstemmig, zoodat de Staten-Generaal eerlang hunne goedkeuring aan de gedane voorstellen konden hechten. Om de bereiking van het oogmerk niet te zeer afhankelijk te maken van de ongeregelde opbrengst, werden de benoodigde sommen voorloopig opgenomen [4]).

Met betrekking tot het verzuim, waarvan Satink en van Volbergen de gevolgen ondervonden, zij hier in het algemeen opgemerkt, dat men de keuze van sommige bevelhebbers niet gelukkig kan noemen. Tot hunne eigen schade, schenen noch kapitein de Bruyn, die ter reede van Hellevoetsluis op de *Prins Willem* (74) het bevel voerde, noch de vice-admiraal Hartsinck, die met het algemeene toezigt belast, ter reede van Texel, op de *Admiraal-Generaal* (74) kommandeerde [5]), ten volle voor hunne gewigtige taak berekend. Bij alle goede hoe-

---
[1]) Nederlandsche Jaarboeken 1781 p. 265.
[2]) Nederlandsche Jaarboeken 1781 p. 58; Stuart, III p. 540.
[3]) Missive en memorie van Z. H. fo. 32; Stuart, IV p. 50.
[4]) Nederlandsche Jaarboeken 1781 p. 109; Stuart, IV p. 46; de Jonge, Zeewezen, IV p. 445 en 471.
[5]) Verbaal van Hartsinck, M. S. in het Rijks-Archief.

danigheden, die zij, als menschen en officieren, mogten bezitten, misten zij beiden onmiskenbaar de noodige veerkracht. Even besluiteloos, als de stadhouder zelf, liet de vice-admiraal, door een te veelvuldig en te langdurig overleg, vaak het gunstige tijdstip voorbij gaan. Is het wonder, dat velen, bij de heerschende spanning, achter het aarzelen der redenerende hoofdpersonen, ten laatste eenig boosaardig opzet waanden te zien, waarvan men deze inderdaad niet beter kan vrijpleiten, dan door hun wezenlijk zwak te doen uitkomen.

Aanvankelijk nam de republiek eene zuiver defensive houding aan, tegen de talrijke kruisers en kapers der Britten. Tot bescherming van kusten en zeegaten, werden batterijen aangelegd en troepen gedetacheerd. De regering vernieuwde ook het plakaat op de vijandelijke kapers, waarvan er een zoo digt bij den wal te Scheveningen kwam, dat zijne kogels door de huizen vlogen. Dit geval baarde niet weinig opschudding De stadhouder zelf, de hertog van Brunswijk en vele nieuwsgierigen snelden aanstonds naar het bedreigde punt [1]. Hieruit blijkt ten volle, hoe weinig er noodig was, om de weerlooze republiek schrik aan te jagen. Daarom was haar contra-manifest zoo flaauw gesteld; daarom wenschten de Staten van Zeeland, ook na de openbare vredebreuk, den vijand door toegeeflijkheid nog tot andere inzigten te brengen, hetgeen een der woordvoerders van de andersdenkende partij de hatelijke opmerking ontlokte, dat hij nooit aan den heldenmoed der Zeeuwen had getwijfeld, en nu slechts hoopte, dat zij geene korenschepen, in plaats van kaperschepen tegen Engeland zouden uitzenden [2].

Tot het beveiligen van den nationalen eigendom, die bij het uitbreken van den oorlog overal verspreid was, kon vooreerst niets gedaan worden. Binnen enkele weken, vielen den vijand omstreeks 200 koopvaarders, ter waarde van vijftien millioen gulden, in handen. Meer dan 300 andere lagen in vreemde havens en durfden zich niet op zee vertoonen [3]. Handel en visscherij stonden volslagen stil. In de koloniën zou het er vermoedelijk treurig uitzien, omdat vele

---

[1] Nederlandsche Jaarboeken 1781 p. 136.
[2] Post van den Neder-Rhyn, I p. 36.
[3] Nederlandsche Jaarboeken 1781 p. 145; Vaderlandsche historie, III p. 108; Stuart!, IV p. 122; Post van den Neder-Rhyn, I p. 139.

schepen, onbekend met den oorlog, waren uitgezeild. De kapiteins Rietveld en Cras, die te Madera berigt kregen, hadden zich naar Curaçao begeven, waar de *Beverwijk* en de *Arend* lagen [1]). Op last van den stadhouder, had de schout bij nacht van Bylandt, na zijne aankomst te Lissabon, kapitein de Rook, die zich met de *Eendragt* aldaar bevond, den 30sten Januarij, naar West-Indië gezonden [2]). Hierdoor bleef Suriname behouden, evenals Curaçao door de tijdige komst van de *Nassau* en de *Nassau-Weilburg*. Andere plaatsen vielen den vijand bijna zonder slag of stoot in handen, nadat Rodney, die een Britsch eskader in West-Indië kommandeerde, den 27sten Januarij, te gelijk met het berigt van den oorlog, ook last tot handelen gekregen had [3]).

Den 3den Februarij, veroverde hij St. Eustatius, hetwelk den Britten zoo lang een doorn in het oog was geweest. Hij vond er de *Mars* (36), waarmede kapitein van Bylandt onlangs was aangekomen, en een ontzaggelijken buit aan geld en koopmansgoederen, door sommigen op wel vijftig millioen gulden begroot [4]). Zelfs achterhaalden drie zijner schepen den schout bij nacht Crul, die een paar dagen geleden was vertrokken met de *Mars* (60) en een convooi van 23 koopvaarders, waarvan er slechts één aan de Engelschen ontsnapte. De schout bij nacht sneuvelde, met drie der zijnen, waarna het gansche convooi te St. Eustatius werd opgebragt [5]). Saba, St. Martin, Berbice, Demerary en Essequebo volgden weldra, doch werden met meer verschooning behandeld dan St. Eustatius.

Rodney achtte zich geregtigd, om hier, met eene ongehoorde gestrengheid, bijna alles verbeurd te verklaren, niet alleen dewijl vele inwoners verboden handel gedreven hadden, maar ook dewijl vele Engelschen er in betrokken waren, blijkens eenige gevonden koop-

---

1) De Jonge, Zeewezen, IV p. 468.
2) Journaal, gehouden aan boord van de *Amsterdam*, M. S.; Missive en memorie van Z. H. fo. 26.
3) Beatson, V p. 161; Mundy, the life of Rodney, p. 143.
4) Campbell, VII p. 26; Post van den Neder-Rhyn, I p. 85; Stuart, IV p. 88. Het journaal aan boord van de *Mars*, M. S. is een afschrift, dat met 23 Januarij eindigt op 18° 43′ N. B. en 332° 13′ Lengte.
5) Brief van kapitein van Halm aan Z. H. van 21 Februarij, M. S. in het Rijks-Archief. Nadere brief van denzelfden in de Nederlandsche Jaarboeken 1781 p. 1392.

mansboeken. De bevelhebber zond deze, als bewijsstukken, naar Londen, waar zij echter nergens te vinden waren, toen hij die later, tot eigen verantwoording, opvroeg [1]). Veel kwam er nogtans van den buit niet te regt. Op het eiland zelf, werd een gedeelte, ver beneden de waarde, verkocht. Een convooi van 34 schepen, met het voornaamste naar Engeland gezonden, ontmoette een Fransch eskader, onder La Motte-Piquet, die er meer dan de helft van wegnam [2]). Sommigen vleiden zich, hier te lande, dat zij dien ten gevolge een gedeelte van het verlorene zouden terugkrijgen. Maar dit ging niet. Op het algemeene gebruik, was geen beroep te doen, omdat alles langer dan vier en twintig uren in 's vijands handen was geweest. Nopens eene gunstiger voorwaarde, indien het verlorene door oorlogsschepen werd heroverd, kwam men, eerst drie weken later, met Frankrijk overeen [3]). De Nederlandsche kooplieden moesten zich dus vergenoegen met den schralen troost, dat eene aanzienlijke hoeveelheid van den buit ook den vijand was afhandig gemaakt.

Met de eenmaal zoo vermogende Oost-Indische compagnie, zag het er thans weinig minder treurig uit, dan met hare altijd eenigzins hulpbehoevende zuster. Noch hare schepen, noch hare bezittingen waren tegen een aanval gedekt. Hare verliezen waren dan ook niet onbelangrijk. De Kaapkolonie dankte haar behoud slechts aan eenig krijgsvolk, hetwelk de Fransche admiraal de Suffren, op zijne reis naar Indië, er achterliet [4]). Uit dien hoofde tastte de Britsche admiraal Johnstone haar niet aan. Doch in de meer westelijk gelegen Saldanha-baai, veroverde hij, in Julij, een vijftal schepen der compagnie. Drie andere, welke vroeger in zee tijding hadden bekomen van de vredebreuk, zetten koers naar de havens van Noorwegen. Van een zestal, dat in den Oceaan eenige kapers had afgeslagen, waarbij de *Eendragt* of de *Concordia* was verongelukt, bereik-

---

[1]) Beatson, V p. 161 e. s.; Mundy, p. 140 e. s.
[2]) Vaderlandsche historie, III p. 253; Schlosser, Achttiende en negentiende eeuw, IV p. 215; Beatson, V. p. 384; van Kampen, De Nederlanders buiten Europa, III a. p. 280 e. v.
[3]) Nederlandsche Jaarboeken 1781 p. 1024 (art. 3).
[4]) Guérin, II p. 660; Lapeyrouse-Bonfils, III p. 324.

ten er vijf, onder bescherming eener Spaansche vloot, den 8sten Junij, de baai van Cadix [1]).

Tot eer van hen, wier onvruchtbaar gekibbel veel had bedorven, zij hier aangemerkt, dat het ten minste, in het voorjaar van 1781, niet aan geld ontbrak. Maar de ervaring had reeds meer getoond, dat eene vervallen zeemagt niet oogenblikkelijk met geld te herstellen is. Al aanstonds wees de heer Titsingh, in eene flink gestelde brochure, op de schaarschheid van zeevolk. Onder de middelen ter verbetering, die hij aanhevel, behoorde het oprigten eener maatschappij, evenals in Engeland. Dit vond wel algemeene goedkeuring, doch werkte meer op tijd, en gaf iemand, die het doel prees, tevens deze vrij ondeugende opmerking in de pen: „Wy leeven thans in een eeuw van societeiten en maatschappyen, en het is te hopen, dat de posteriteit het nut erlangen zal, dat deselve beoogen, maar voor zoo verre als men thans nog bereekenen kan, is de winst van deselve niet groot." Ook te Dordrecht opperden sommigen het denkbeeld, om eene maatschappij op te rigten, meer bepaald tot aanmoediging en belooning van Nederlandsche heldendeugd [2]).

Intusschen was het benoodigde personeel, ondanks de uitgeloofde premiën, niet dadelijk te vinden. Zoo er nieuwe schepen bij kwamen, moest zulks nog grooter bezwaar opleveren. Dit zou evenwel vermoedelijk niet spoedig gebeuren, omdat het insgelijks aan werkvolk voor 's lands werven ontbrak. Hier was men verpligt zich te behelpen met allerlei personen, wier ambacht slechts eenige punten van overeenkomst had, met dat van den scheepstimmerman [3]). Ter bespoediging, werden bovendien niet alleen vele schepen op particuliere werven aanbesteed, maar poogde men ook de Noordsche mogendheden te bewegen, tot het overdoen van eenige bodems, met bewapening en volk. Deze toonden zich evenwel hiertoe niet bereid. Katharina II, op wier bijstand men voornamelijk had gerekend, beantwoordde het verzoek om hulp met nieuwe voorstellen tot be-

---

[1]) Beatson, V. p. 324 en VI p. 295; Nederlandsche Jaarboeken 1781 p. 1230, 1402 en 1987; Vaderlandsche historie, III p. 29.

[2]) Deze en andere stukken vormen een bundel pamfletten in de Koninklijke bibliotheek te 's Gravenhage.

[3]) Nederlandsche Jaarboeken 1781 p. 371; Missive en memorie van Z. H. fo. 32 e. v.; Rapporten der admiraliteiten, hierna te melden.

middeling ¹). Op geestige wijze, hekelde men hare verhouding tot de republiek, in een droomgezigt. Hierin was sprake van een koerier, naar Petersburg gezonden, beladen met demonstratiën, deliberatiën, resolutiën, sollicitatiën en andere hedendaagsche galanteriewaren, om die te verruilen tegen oorlogsschepen en equipages, van waar hij terugkeerde, met een valies vol mooije woorden, verhandelingen over de zelfverdediging en den scheepsbouw, een spiegeltje van het verledene, het tegenwoordige en de toekomst, alles aangevuld met wind ²). Zeker lieten de meesten hunne ijdele verwachting, gebouwd op de gewapende neutraliteit, langzamerhand varen, en kwamen allen meer tot de overtuiging, dat de republiek, wilde zij iets uitwerken, zich zelve moest helpen.

Voorloopig konden de gereed zijnde schepen, hoewel niet talrijk, den vijand op kleine schaal toch wel eenige afbreuk doen. Velen, onder welke de stadhouder, meenden het. Doch naauwelijks waren de eerste plannen hiertoe, onder de leiding van den vice-admiraal Hartsinck, ontworpen, of diens handelingen verwekten zooveel opspraak, dat men al wat dienaangaande geschreven en gedrukt is, met de grootste omzigtigheid, moet gebruiken. Zijn oorspronkelijk verbaal, tot eigen verantwoording door hem overgelegd, levert echter overvloedige stof, om het vroeger uitgesproken oordeel te staven. Hieruit blijkt, dat de vice-admiraal, in Februarij, iets vernomen hebbende van een Engelsch convooi, dat eerlang de Elbe moest verlaten, den prins voorstelde, eenige pogingen aan te wenden, om die vijandelijke magt te onderscheppen. Nadat echter de prins het plan goedgekeurd, en er, den 16den Maart, zelfs nader op aangedrongen had, vond de vice-admiraal het, wegens de ongereedheid zijner schepen, niet uitvoerbaar. Hij begaf zich vervolgens naar den Haag, van waar hij, eerst den 10den April, terugkeerde. Er lagen, op dat tijdstip, ter reede van Texel, verscheidene bodems, onder welke het vlaggeschip, de *Admiraal-Generaal* (74). Aan boord hiervan, zond Hartsinck, den 14den, eenige orders aan de kapiteins de Bruyn en baron van Kinkel, die te Hellevoetsluis en te Vlissingen kommandeerden; hij gelastte bovendien aan zeven kapiteins, ter

---
1) Kluit, Iets over den laatsten Engelschen oorlog, p. 155.
2) Post van den Neder-Rhyn, I p. 169.

reede van Texel, zich tot eene expeditie gereed te maken. Aan het geleiden van koopvaarders was echter vooreerst niet te denken. Er was vooral gebrek aan personeel. Volgens de later ingediende Missive en memorie van den stadhouder, ontbraken er, alleen voor de schepen van Amsterdam, niet minder dan 1600 koppen, waaronder 24 luitenants en 129 onderofficieren.

Kort na zijne terugkomst te Texel, berigtte de vice-admiraal aan den prins, dat zich thans een Engelsch convooi in de Wezer bevond. Hierop vertrok de stadhouder in persoon naar den Helder, waar men hem luisterrijk ontving. [1] Na eenig overleg, in het bijzijn van den Amsterdamschen burgemeester Rendorp, kreeg Hartsinck de benoodigde volmagt, om den schout bij nacht Zoutman met eenige schepen te detacheren. Weldra vertrokken de prins en andere autoriteiten, die tijdens hun verblijf ook de inrigting van het Nieuwediep, tot eene geschikte ligplaats voor groote schepen, hadden besproken. Zij hielden de onderneming voor zoo stellig bepaald, tegen de eerste gunstige gelegenheid, die zich op of na den 26sten April zou voordoen, dat Rendorp met een zijner vrienden een glas op den goeden uitslag ledigde, toen de wind, op den gemelden dag, uit het oosten woei. [2]

Maar Hartsinck scheen terug te deinzen voor de verantwoordelijkheid, die natuurlijk eenigermate op hem zou rusten. Hij vond de ruchtbaarheid van het plan en de ongereedheid van twee kleine schepen belangrijk genoeg, om op het tijdstip der uitvoering de zaak nogmaals met Zoutman te beredeneren, en dien ten gevolge nadere orders in den Haag te vragen, omdat hij wel volmagt, doch geen stelligen last gekregen had. Hierop kwam een antwoord van den prins, dat weder een krijgsraad noodig maakte, die bij meerderheid van stemmen de onderneming afkeurde. Hartsinck zelf, die hiertegen eerst bezwaren had geopperd, stemde er nogtans voor. [3]

Luide en oogenschijnlijk niet ongegronde klagten lieten zich hooren, over de werkeloosheid der vloot, nu zich eene gelegenheid

---

[1] Verbaal van den vice-admiraal Hartsinck, M. S. in het Rijks Archief.
[2] Missive en memorie van Z. H. fo. 51; Rendorp, Memoriën, I p. 145, 160.
[3] Verbaal van Hartsinck, M. S. Missive en memorie van Z. H. fo. 52 en bijlagen fo. 104.

tot handelen aanbood, waarvoor men hare krachten toereikend waande. Wel beseften sommigen, dat er vooreerst geen sprake kon zijn van grootsche verrigtingen, zoolang niet 25 linieschepen en een gelijk aantal fregatten gereed lagen. In een gedrukten „brief uit Texel over de vloots-revue van Zijne Doorluchtige Hoogheid," was uit dien hoofde zelfs bitter den spot gedreven, met de fiere houding, welke de Gekroonde Leeuw, te midden eener onaanzienlijke magt behield. Het ware, volgens den schrijver, zeker een ondeugend en leelijk paskwil geweest, indien men hem eens met den staart tusschen de beenen had afgebeeld; doch het zou ongetwijfeld beter met den toestand hebben gestrookt, dan eene majestueuse en dreigende houding. Tot het onderscheppen van een vijandelijk convooi, achtte men evenwel 's lands vloot in staat. Waarom hadden 's lands zee-officieren dit niet beproefd? Waarom liep de vloot, na de revue, volgens den algemeenen wensch niet in zee, terwijl „de zuchtende koopvaardij en de smeekende haringvaart naar bescherming reikhalsden?" [1]

Gehoor gevende aan veler dringend verlangen, gelastte de stadhouder nu uitdrukkelijk het uitzenden van eenige schepen. Dien ten gevolge vertrok kapitein Kinsbergen, den 9den Mei, met de *Batavier* (54), de *Amphitrite* (36), de *Argo* (40), de *Venus* (24) en de *Ajax* (20), waarbij zich later nog de *Eensgezindheid* (36) voegde. [2] Weldra bleek het echter, uit de rapporten van Kinsbergen, dat zijne magt onvoldoende was. De prins beval daarom haar te versterken, waaraan Hartsinck onmiddellijk voldeed, door op den 14den Mei zelf onder zeil te gaan, met de *Admiraal-Generaal* (74), de *Erfprins* (54), de *Zephyr* (36) en de *Zeebaars* (20). Maar het eskader, dat hij thans onder zich had, beantwoordde geenszins aan de verwachting. Uit vrees van te worden afgesneden, bleef het nabij de kust toeven. Het bespeurde, om die reden, niets van een vijandelijk convooi, dat, volgens een koopvaarder, den 11den Mei, onder het geleide van slechts vijf oorlogsschepen, werkelijk uit de Wezer was gezeild, en den koers benoorden om Hitland gezet had. [3]

[1] Post van den Neder-Rhyn, 1 p. 128.
[2] De Jonge, Zeewezen, IV p. 486.
[3] Verbaal van Hartsinck, M. S. zijn brief van 24 Mei aan den griffier, M. S. insgelijks in het Rijks-Archief.

Mogelijk was dit geschied, om het Nederlandsche eskader te vermijden, evenals de Engelschen het vertrek van een ander convooi, uit dien hoofde, wat verschoven. [1] Er moest echter meer gebeuren, om de natie te bevredigen. Wien zal het bevreemden, dat het misnoegen klom, toen Hartsinck, den 24sten Mei, met achterlating van een paar kleine kruisers weder binnenviel. [2] Openlijk beschimpte men hem, als had hij den vijand met een driewerf hoezee begroet, doch onmiddellijk het roer gewend, om ten spoedigste in veiligheid te geraken. [3]

Terwijl er nu maatregelen werden genomen, om de reede van Texel tegen een aanval te dekken, en plannen ontworpen, om Zoutman met een sterker eskader uit te zenden, [4] wierpen velen de schuld van den slechten gang der zaken op 's prinsen raadslieden, en vooral op den hertog van Brunswijk. In Junij, drong de regering van Amsterdam op diens verwijdering aan, hetgeen tot een heftig tooneel met den stadhouder zelven aanleiding gaf, en den hertog eene bittere klagt ontlokte, over de grievende beleedigingen, waaraan hij dagelijks bloot stond. [5] Doch alle maatregelen tegen den wassenden stroom van vlugschriften, libellen en paskwillen, schenen ontoereikend. Hun aantal nam voortdurend toe, en hun inhoud begon zich meer tegen den prins zelven te rigten.

Intusschen was de houding van Hartsinck niet het eenige punt van bezwaar, tegen het beleid over 's lands vervallen zeemagt. Voor Curaçao, waar kapitein Rietveld met de *Nassau* (64) en kapitein Cras met de *Nassau-Weilburg* (54) benevens twee fregatten lagen, [6] was behoorlijk gezorgd. Doch St. Eustatius en andere plaatsen waren den vijand als eene weerlooze prooi in handen gevallen. Crul had met één schip voor de overmagt moeten bukken. Schier nergens vond de nationale eigendom eene gewenschte bescherming. Van alle kanten hoorde men slechts van verloren schepen en goederen. Den 12den April, hadden sommige reeders en kooplieden den

---

[1] Beatson, V p. 402.
[2] Verbaal van Hartsinck, M. S. en de reeds aangehaalde brief van 24 Mei.
[3] Post van den Neder-Rhyn, 1 p. 171.
[4] Verbaal van Hartsinck, M. S.
[5] Nederl. Jaarboeken 1781 p. 1166 e. v.; Rendorp, Memoriën, 1 p. 176 e. v.
[6] Nederlandsche Jaarboeken 1781 p. 1228. Zie hiervoor bladz. 292.

schout bij nacht Binckes zelfs van pligtverzuim aangeklaagd, met verzoek om vergoeding der geleden schade. [1])

Deze bevelhebber, wiens vertrek naar de Middellandsche zee vroeger is aangestipt, was regtstreeks doorgezeild naar Livorno, en den 23sten Januarij aldaar aangekomen. Behalve de *Princes Louisa*, had hij bij zich de *Castor*, gevoerd door kapitein Melvill, dien hij, den 19den, in zee had aangetroffen. Deze had, in 1780, de presenten naar Algiers gebragt en sedert in de Middellandsche zee en nabij de Spaansche kusten gekruist. Onder de orders van den schout bij nacht, kwam hij nu te Livorno, waar zij een berigt vonden van den oorlog en een bevel tot represailles. Dien ten gevolge zond Binckes den kapitein Melvill uit, die op den 4den Februarij *den Briel* ontmoette, gevoerd door kapitein Oorthuys, die in Januarij 1780 te gelijk met hem uit het vaderland was vertrokken, en sedert insgelijks verschillende kleine togten had gedaan. Beiden kwamen met hunne schepen, den 24sten Februarij, te Livorno, waar zij, den 1sten der volgende maand, last kregen, zich gereed te maken tot een kruistogt bij de Vlaamsche eilanden, om er de Oost-Indische schepen in te wachten, en deze naar eene Spaansche haven te geleiden. Hetzelfde was ook den schout bij nacht van Bylandt gelast [2]), die evenwel, na zijne aankomst te Lissabon, met de *Amsterdam*, voortdurend in reparatie lag, en vooreerst met dien bodem niets kon aanvangen [3]).

Terwijl Binckes nog, met zijne drie schepen, te Livorno was, bragten de Engelschen aldaar, den 11den Maart, de *St. George*, een Nederlandsch schip van Smyrna, op, welke gebeurtenis de kapiteins Melvill en Oorthuys, in hunne journalen, slechts ter loops vermelden. Alleen de schrijver van den laatste teekende aan, dat men eenige dagen te voren, van de verovering en de vermoedelijke opbrengst van dien bodem te Livorno, verwittigd was [4]). Dit

---

[1]) Nederlandsche Jaarboeken 1781 p. 840 en p. 1403 de brief van Binckes van 20 Junij, die ook voorkomt in een bundel verhandelingen, betreffende 's lands zee-officieren in de Koninklijke bibliotheek te 's Gravenhage.

[2]) Journalen van Melvill en Oorthuys, M. S. in het Rijks-Archief; Missive en memorie van Z. H. fo. 113.

[3]) Journaal, gehouden aan boord van de *Amsterdam*, M. S.

[4]) Journaal van J. G. van Bockom, gehouden aan boord van *den Briel*, M. S. in het Rijks-Archief.

erkende ook de schout bij nacht Binckes, toen hij vernam, dat men, op grond hiervan, de gemelde klagt tegen hem had ingeleverd. Hij verontschuldigde zich echter met de tijdelijke ongereedheid zijner schepen, die zich tot een verren togt moesten voorbereiden, en wierp de schuld der valsche voorstelling van het gebeurde, op de partijdigheid der bevolking van Livorno. Het gelukte hem niet zich van allen blaam te zuiveren; want zijn brief, den 20sten Junij geschreven, en door den druk algemeen verkrijgbaar gesteld, had geenszins de beoogde uitwerking.

Melvill en Oorthuys logenstraften eerlang door daden elk nadeelig gerucht, dat ook ten hunnen opzigte mogt zijn verbreid. Zij vertrokken den 20sten Maart, met den schout bij nacht van Livorno, doch kregen, twee dagen later, bevel zich te verwijderen, om den hun opgedragen last te volbrengen. Te Malaga binnengeloopen, vernamen zij de ontzettende verliezen, welke de republiek reeds in West-Indië had geleden, en tevens dat er eene overmagtige vloot te Gibraltar lag. Dit bewoog hen eene wijle te vertoeven, en eerst den 15den Mei, na de ontvangst van meer geruststellende berigten, onder zeil te gaan. Het gezelschap van de *Séduisant* (10), een Fransch schip, ware hun bijna noodlottig geworden. Dit liep toch onbegrijpelijkerwijze, in weerwil der gedane seinen, de *Castor* aan boord, en berokkende dezen, op een hoogst ongelegen tijdstip, schade aan de buitenhuid, die in zee niet te herstellen was. Melvill liet het gat van een paar vuisten slechts met eene prop vullen en hierover een plankje spijkeren, waarmede hij naauwelijks gereed was, of hem werd berigt, dat zich een drietal vijandelijke fregatten in de straat van Gibraltar bevonden. Zijn besluit om deze op te zoeken, werd door de equipage met een luid hoera begroet [1]).

Twee Engelsche fregatten, die zij den 29sten Mei in 't zigt kregen, verwijderden zich, nadat de onzen eenige schoten tegen hen gelost hadden, die evenwel niet raakten. Den 30sten kwamen dezelfde bodems, zoo als later bleek, de *Flora* (42), gevoerd door kapitein Williams, en de *Crescent* (36), gevoerd door kapitein Pakenham, op de hoogte van kaap St. Maria, voor den wind op de Nederlandsche schepen af. Melvill poogde vergeefs de *Flora*, die hem

---
[1]) Journalen van Melvill en Oorthuys, M. S. in het Rijks-Archief.

des morgens te half vijf de eerste laag gaf, tusschen twee vuren te brengen. Hij moest zich dus tot een afzonderlijk gevecht bepalen, terwijl Oorthuys de *Crescent* onder handen nam. Slechts nu en dan konden de kapiteins enkele schoten met elkanders bestrijder wisselen. Beiden kweten zich uitermate, doch geenszins met denzelfden uitslag.

De *Castor* leed ontzettend, omdat het de *Flora* gelukt was hem voorover te vallen, en hem, schier van voren, herhaaldelijk te enfileren. Dien ten gevolge werd de geheele batterij onbruikbaar, op twee stukken na, die Melvill tegen de voorliggende partij niet kon aanwenden. Na, in den loop van twee en een half uur, 21 dooden en 42 zwaar gekwetsten bekomen te hebben, van welke er later nog 14 overleden, moest hij zijn ontramponeerden bodem overgeven. Williams, die 9 dooden en 34 gekwetsten telde, prees het gedrag van den Nederlandschen bevelhebber, vooral omdat hij erkennen moest, dat zijne bewapening veel zwaarder was. De gansche laag van de *Castor* schoot toch slechts 186, die van de *Flora* meer dan 300 pond [1]).

Bij de overgave van de *Castor*, zette Oorthuys, wiens equipage den strijd met blijdschap had aangevangen, het gevecht nog voort. Lang kon het evenwel niet meer duren. Op *den Briel*, lagen 6 dooden en meer dan 40 gekwetsten, waaronder sommige doodelijk. Maar nog erger was het gesteld, aan boord van de *Crescent*. Deze had, in drie uren tijds, 27 dooden, 67 gewonden en eene ontzaggelijke schade bekomen. De groote mast en de bezaansmast vielen over boord. Niet te vergeefs had Oorthuys 1200 schoten gedaan [2]), en 5000 p. kruid verbruikt [3]). De bodem van Pakenham lag geheel reddeloos en moest den strijd staken. De bemanning gaf hiervan de onmiskenbare teekenen, door het strijken der vlag, het wuiven met de hoeden, en het luide roepen van „Yes sir!" Maar dit baarde Oorthuys, in zeker opzigt, eene grievende teleurstelling, die in sommige uitdrukkingen van zijn journaal doorstraalt. Zijne eigen sloepen

---

[1]) Journaal van Melvill, M. S. Dit gedeelte komt bijna letterlijk voor in de Nederlandsche Jaarboeken 1781 p. 1429 e. v. en strookt in hoofdzaak met den brief van den luitenant Bloys van Treslong, op p. 1484.

[2]) Journalen van Oorthuys en Melvill, M. S.

[3]) Tweede brief van Oorthuys, in de Nederlandsche Jaarboeken 1781 p. 1440.

waren zoo doornageld, dat hij die niet kon uitsturen; die van de *Crescent* lagen onder de pas gevallen masten. Nu ontwaart hij met schrik, dat de *Castor*, die hem moest bijspringen, reeds gestreken heeft en eene Engelsche vlag toont.

Het overgeven van de *Castor*, die volgens de eerste waarneming van Oorthuys nog goed, volgens die van den schrijver echter slechts redelijk in de zeilen scheen, achtte de teleurgestelde bevelhebber des te meer jammer, omdat anders de beide Engelsche schepen, buiten tegenspraak, veroverd zouden zijn, terwijl hij nu zelfs de *Crescent* niet in bezit kon nemen. „Had ik maar zeil kunnen voeren!" riep hij uit; want het ontbrak der bemanning noch aan moed, noch aan lust. Doch ook zijn eigen schip had veel geleden. Weldra brak ook zijn groote mast af, 22 voeten boven het dek, en viel deze, met alles wat er aan was, over boord. Bij het kappen der vleet, gingen nog een aantal kooijen verloren [1]).

Alvorens de bewegingen der schepen, na dien vrij zonderlingen afloop van den strijd, verder te volgen, moeten wij hier opmerken, dat Oorthuys den verkregen uitslag niet overdreef. Ook Melvill had de vlag zien strijken en verzekerde, dat Pakenham, na het gebeurde, aan boord van de *Flora* overging, omdat hij zwarigheid maakte, als bevelhebber dienst te doen, eer hij zich voor een krijgsraad, wegens het strijken zijner vlag, had verantwoord [2]). Oorthuys ontving, nog jaren daarna, een zeer vleijend schrijven van Pakenham, waarin deze niet alleen de waarheid van het voorgevallene bevestigde, maar ook de edelmoedigheid, waarmede hij en het overschot zijner equipage gespaard was, hoogelijk roemde [3]).

Inderdaad was het een geluk voor Oorthuys, dat Williams, die er misschien anders over kon denken, de handen te vol had, om zich oogenblikkelijk met *den Briel* te bemoeijen. Hij moest toch eerst de *Crescent* en toen deze, na drie dagen sukkelens, een noodtuig had, de *Castor* op sleeptouw nemen. Hieraan werd nu insgelijks,

---

1) Journalen van Oorthuys en diens schrijver van Bockom, M. S., waarvan dit gedeelte bijna letterlijk voorkomt in de Nederlandsche Jaarboeken 1781 p. 1234 e. v.
2) Journaal van Melvill, M. S. Dit zeggen ook Beatson, V p. 390 en Allen, Battles of the British navy, I p. 276.
3) Brief van 27 Maart 1795, te vinden bij Engelberts Gerrits, Neêrland's heldendaden ter zee, II p. 394.

drie dagen lang, gerepareerd. Den 19den Junij, op de hoogte van Ouessant, maakten vervolgens twee Fransche schepen, de *Friponne* (40) en de *Gloire* (36), jagt op de in haast wat opgelapte bodems. Het eene veroverde aanstonds de *Castor*, het tweede 's anderen daags de *Crescent*. Alleen de *Flora*, waarop Melvill zich met een veertig man zijner equipage bevond, bereikte den 26sten de reede van Spithead. Een dag later kwam aldaar een Engelsch convooi, uit West-Indië, met de beide landsschepen *Mars*. De kapiteins Melvill, van Bylandt en Halm kregen eerlang vergunning, om op hun woord naar Holland te gaan. De *Castor*, die te L'Orient was opgebragt, werd aldaar, na een speciaal onderzoek, afgekeurd en voor sleet verkocht [1]).

Oorthuys was, den 2den Junij, te Cadix aangeland, waar hij zijne gekwetsten aan wal bragt. Van hun ellendigen toestand, hing de Nederlandsche consul een droevig tafereel op, verklarende, dat er zelfs stukken glas en porcelein uit de wonden gehaald werden [2]). Dit was ongetwijfeld niet aan Pakenham te wijten, en laat zich uit de woede van een schier hopeloos gevecht eenigzins verklaren. Oorthuys vond, te Cadix, kapitein Berghuys met de *Princes Maria Louise*. Maar deze bodem verkeerde in zulk een slechten staat, dat hij eerlang verkocht moest worden, hetgeen den bevelhebber van *den Briel*, tot aanvulling zijner bemanning, uitmuntend te stade kwam. Den 8sten Junij, vielen nu te Cadix, onder het geleide eener Spaansche vloot, ook de vijf Oost-Indische schepen binnen, waarop Melvill en Oorthuys hadden moeten kruisen [3]). De schout bij nacht van Bylandt, wien dit ingelijks was opgedragen, lag nog in het ongereede te Lissabon, en kon, eerst den 7den Julij, met de *Amsterdam* en de *Dieren*, in zee steken [4]).

Melvill en Oorthuys hadden met der daad getoond, dat zij en hunne equipages de moed gevende pillen niet behoefden, in een buitenlandsch nieuwspapier, tot beschimping der Hollanders, aange-

---

[1]) Journaal van Melvill, en zijne hierbij gevoegde verklaring, M. S. Het veroveren van de *Castor* ook in den reeds aangehaalden brief van Bloys van Treslong.
[2]) Nederlandsche Jaarboeken 1781 p. 1440; Post van den Neder-Rhyn, 1 p. 206.
[3]) Journalen van Oorthuys en van Bockom, M. S.
[4]) Journaal, gehouden aan boord van de *Amsterdam*, M. S.

kondigd [1]). Misschien had de stadhouder meer partij kunnen trekken van de geestdrift, door het berigt hunner kloeke houding te weeg gebragt, indien hij nu oogenblikkelijk gehandeld, en minder geraadpleegd had. Wel verre van die gunstige stemming der natie aanstonds te leiden, lokte hij den 28sten Junij, om zijn bestuur te regtvaardigen, weder een omstandig rapport uit, over den toestand en de verrigtingen der admiraliteiten, hetwelk alle collegiën iets later inleverden [2]). Het opmaken dier stukken verslond echter veel tijd, en de inhoud gaf weder stof tot nader geschrijf.

Inmiddels was de vloot niet uit het oog verloren. Bijna onmiddellijk na de terugkomst van Hartsinck, had de stadhouder met dezen het zenden van een convooi naar de Oostzee besproken, waartoe hij dien bevelhebber, den 4den Julij, een bepaalden last zond. De schout bij nacht Zoutman moest het kommanderen, en tot meerder veiligheid, zoowel van het convooi, als van de kust, moest kapitein van Kinsbergen, te gelijker tijd, met een eskader in de Noordzee kruisen [3]). Op de bezwaren, andermaal door den vice-admiraal in het midden gebragt, antwoordde de prins, dat hem die niet belangrijk genoeg toeschenen, om deswege het vertrek te verschuiven, er deze opmerkelijke woorden bijvoegende: „In deeze tijden ben ik verplicht u nader aen te schrijven, om de schepen te doen uitgaen, tot het beschermen van de koopvaerdijschepen, aen u overlaetende, om, zoo zulks geraden vind, krijgsraet te doen houden, doch met dien verstande, dat van de eerste goede wint moet werden geprofiteert, tenzij dat eenparigh door den krijgsraet wierden begrepen, nadere ordres te moeten vraegen; in dat geval alleen en in geen ander, authoriseere ik u, om nadere ordres te vraegen; want wij moeten ons niet als geblocqueert considereeren, zoo ras als men verneemt, dat de vijand in zee is" [4]).

Beide kommandanten staken, den 20sten Julij, even voor de ontvangst van den gemelden brief, in zeé: Zoutman, met de *Admiraal de*

---

[1]) Nederlandsche Jaarboeken 1781 p. 1501 (noot).
[2]) Rapporten van de respectieve collegiën, ed. 1781, te Amsterdam bij J. Verlem. Zij zijn opgenomen in de bijlagen der Missive en Memorie van Z. H. alsmede in de Nederlandsche Jaarboeken 1781 p. 2008, 2128, 2153, 2166 en 2174.
[3]) Verbaal van Hartsinck, M. S.; Missive en memorie van Z. H. fo. 65.
[4]) De Jonge, Zeewezen, IV p. 511 (noot).

Ruyter (68), de *Holland* (64) en drie fregatten; Kinsbergen met de *Admiraal-Generaal* (74), de *Erfprins* (54), de *Batavier* (54), de *Argo* (40) en een drietal kleinere bodems. Hartsinck drukte, bij zijn berigt hiervan, den wensch uit, dat kapitein de Bruyn, volgens den hem gegeven last, weldra met de *Prins Willem* (70) en een paar kleinere schepen bij Zoutman mogt aankomen, en dat de *Zuid-Beveland* (64), een Zeeuwsch schip, tot versterking van Kinsbergen mogt opdagen [1]). Noch het eene, noch het andere geschiedde. Zoutman kreeg, buitengaats, alleen de *Piet Hein* (54) en twee fregatten, die zich bij het eskader voegden, met de 71 koopvaarders, welke in het Vlie bijeengekomen waren. Gelukkig dat hij de schepen van Kinsbergen nog bij zich had, toen hij in den vroegen morgen van Zondag, den 5^{den} Augustus, op de hoogte van de Doggersbank, een aanzienlijk getal vreemde schepen in 't zigt kreeg [2]).

Weldra bleek het een Engelsch eskader te zijn, dat onder den vice-admiraal Hyde Parker, eene menigte koopvaarders, uit de Sond, naar de Engelsche havens geleidde. Zoodra de vijandelijke bevelhebber zich met eenige schepen van het convooi afzonderde, liet Zoutman de koopvaarders, met een paar fregatten, wat lijwaarts afzakken. Hij schaarde voorts onmiddellijk zijne schepen in linie van bataille, en posteerde de nog aanwezige fregatten aan lij. Toen de Britsche schepen hem, te zeven uren, met een noordoostewind, voor den wind naderden, liet hij zijne schepen, die op eene kabellengte van elkander lagen, nog wenden, zoodat zij over stuurboord, om de Oost-Zuid-Oost, kwamen te liggen, eer de strijd aanving [3]).

Het eerste schip der Nederlandsche linie was de *Erfprins*, gevoerd door kapitein Braak. Hierop volgden de *Admiraal-generaal*, onder kapitein van Kinsbergen, de *Argo*, onder kapitein Staring, de *Batavier*, onder kapitein Bentinck, de *Admiraal de Ruyter*, het vlagge-

---

[1]) Verbaal van Hartsinck, M. S. Zijne missive van 20 Julij aan de admiraliteit van Amsterdam, M. S. in het Rijks-Archief.

[2]) Nieuwe en nauwkeurige bijzonderheeden aangaande het gevecht op de Doggersbank, te Amsterdam bij J. C. de Roeder; rapport van Zoutman, M. S. in het Rijks-Archief en gedrukt in de Nederlandsche Jaarboeken 1781 p. 1524.

[3]) Rapport van Zoutman. Over de laatste manoeuvre zijn de berigten verward en onvolledig. Eene duidelijke voorstelling hiervan door P. Bruining, in de Gids voor 1843, p. 587 e. v.

schip van den schout bij nacht, de *Piet Hein*, onder kapitein van Braam, en eindelijk de *Holland*, onder kapitein Dedel. De zwakheid van de *Argo* is vermoedelijk de reden, dat het vlaggeschip niet in het midden lag. Lijwaarts van de linie bevonden zich de fregatten *Amphitrite*, *Zephyr*, *Eensgezindheid* en *Bellona*, allen van 36 stukken, benevens de *Dolphyn* (24) en de kotter *Ajax* (20). De *Medemblik* (36) en drie kleinere bodems lagen bij de koopvaarders. Wat de Engelschen vertellen van de *Charles-town* of *South-Carolina*, een Amerikaansch fregat van zonderlingen bouw en zware bewapening, hetwelk de onzen hielp, is een louter verzinsel [1].

Hyde Parker had zijne linie insgelijks met zeven schepen gevormd. Het waren de *Bienfaisant* (64), onder kapitein Braithwater, de *Preston* (50), onder kapitein Graeme, de *Princes Amelia* (80), onder kapitein Macartney, de *Fortitude* (74), waarop de vlag van den vice-admiraal woei, de *Buffalo* (60), onder kapitein Truscott, de *Dolphin* (44), onder kapitein Blair, en de *Berwick* (74), onder kapitein Steward. Te loefwaart hiervan, bevonden zich de *Artois* (40), de *Latona* (38), de *Belle Poule* (36), de *Cleopatra* (32) en de *Surprise* (14) [2]. Volgens de Nederlandsche berigten, overtroffen de Britsche schepen die van Zoutman dermate in bewapening, dat elke laag 373 pond meer schoot. Daarentegen beweren de Britten, dat niet alle schepen de aan hun rang geëvenredigde stukken voerden, en dat, in het algemeen, de toestand hunner schepen veel te wenschen overliet [3].

Voor den wind, hield Hyde Parker op de onzen aan, met drie zijner schepen aan stuurboord en drie aan bakboord, in den breede zeilende. Hij bragt in die rangschikking geene verandering, zoodra hij bespeurde, dat Zoutman niet in het midden lag. En daar hij nu diens schip toch opzocht, kreeg de *Erfprins* niet aanstonds een

---

[1] Beatson, V p. 403 en VI p. 316. Ook Schlosser gewaagt er van, in zijne geschiedenis der achttiende en negentiende eeuw, IV p. 219.

[2] Beatson, VI p. 315; Ekins, Naval battles of Great-Britain, p. 142; de Jonge, Zeewezen, IV p. 516. In de Nieuwe en nauwkeurige bijzonderheden, bij van Hall p. 80 e. a. ligt de *Preston* achter de *Bienfaisant*, hetgeen niet strookt met een brief van Dedel van 16 Aug. M. S. in het Rijks-Archief, waarin hij verklaart in de eerste plaats met den ligtsten, in de tweede met den zwaarsten bodem gevochten te hebben.

[3] Nederl. Jaarboeken 1781 p. 1508; Post van den Neder-Rhyn, III p. 1097; de Jonge, IV bijlage XIII; Beatson, V p. 404; Ekins, p. 139, 143.

schip tegenover zich, en moest de *Holland* er daarentegen twee bevechten. Dit werd niet ten volle opgewogen door hetzelfde gegeven, aan de beide einden der Britsche linie; want de *Berwick*, die gevaar liep van twee bestrijders op den hals te krijgen, was een der beste schepen van het eskader, terwijl bovendien de *Erfprins*, die hem bedreigde, niet zoo ligt eene voordeelige stelling kon innemen, als de *Bienfaisant*, aan het tegenovergestelde einde, onder begunstiging van den wind, zulks ten opzigte van de *Holland* kon doen.

Zoodra de Britten, tegen acht uren, tot op een half musketschot genaderd, geloefd hadden en dwars voor de onzen lagen, openden zij het vuur [1]. Sommigen keuren het af, dat Zoutman dit niet vroeger had gedaan, vooral omdat Hyde Parker, hoogst onvoorzigtig, te regt op hem aanstuurde, en dus geënfileerd kon worden [2]. Een Engelschman noemt het zelfs eene beleefdheid, waarvoor de Staten-Generaal hun bevelhebber geen dank schuldig waren [3]. Anderen hebben die handelwijze verdedigd, omdat de Nederlandsche bevelhebber, zoodoende, veel amunitie en de kracht van zijn volk spaarde; omdat hij, zoodoende, niet voornemens bleek te zijn, op de Fransche manier aan lij te vechten, door op den vijand te vuren, dan af te houden en andermaal dezelfde manoeuvre te beproeven [4]. Maar dit laatste behoefde niet te volgen op eenige schoten, tegen den vijand gelost, terwijl men dezen, nagenoeg vlak voor in den boeg, kon raken, zoodat het altijd te betwijfelen is, of de onzen hieraan niet eenige amunitie, met voordeel, hadden kunnen besteden.

Allen brengen Zoutman en den zijnen eenparig hulde, wegens de kloekheid, waarmede zij den vijand bedaard afwachtten. Hunne latere handelingen beantwoordden ten volle aan dit loffelijk begin; want zij bevochten, gedurende den ganschen voormiddag, den vijand met eene hevigheid, die het gevecht, op de Doggersbank, tot een der merkwaardigste feiten maakte van den geheelen zeeoorlog, door Engeland tegen zijne talrijke vijanden gevoerd. Zelfs een Britsch

---

[1] Brief van Hyde Parker, in de Nederlandsche Jaarboeken 1781 p. 1528, Naval Chronicle, V p. 295, Ekins p. 137 en Navorscher voor 1858, p. 59.
[2] Beatson, V p. 406 en 409; de Jonge, Zeewezen, IV p. 523.
[3] Ekins, Naval battles of Great-Britain, p. 141.
[4] Het reeds aangehaalde stuk van den heer Bruining, in de Gids voor 1843.

schrijver, die met niet weinig nationale ijdelheid verklaart, dat de onzen zich hier een gevecht met de Engelschen waardig betoonden, laat er het eervolle getuigenis op volgen, dat zij de onverbasterde nakomelingen bleken te zijn van hen, die eenmaal onder Tromp en de Ruiter hadden gestreden [1]).

Langs de geheele linie weerden beide partijen, na de opening van het vuur, zich met inspanning van alle krachten. De *Berwick*, eerst door de *Admiraal-Generaal*, daarna door de *Erfprins* bevochten, kreeg het, omstreeks tien uren, te kwaad, stak bij den wind op en zeilde iets vooruit. Kinsbergen zou dit belet hebben, indien de toestand van de *Argo* hem niet had weerhouden. Deze toch had, in het gevecht met de *Dolphin*, veel geleden, en moest uit dien hoofde de linie verlaten. Om de hierdoor veroorzaakte opening aan te vullen, laat Kinsbergen de zeilen tegenbrassen, en nadert hij zoodoende de *Batavier*, terwijl de *Erfprins* zijne beweging volgt [2]). Maar ook de *Batavier* was, op dit tijdstip, reeds zwaar beschadigd. Kapitein Bentinck had, reeds in het begin van den strijd, eene gevaarlijke kwetsuur bekomen, en het kommando, over dien bodem, aan zijn tweeden kapitein Bosch moeten overgeven. Deze, zelf gewond, kweet zich eervol van zijne taak, doch stond, juist toen de *Buffalo* hem eenige verademing schonk, aan een nieuw gevaar bloot. Hyde Parker toch, die tot dus verre het vlaggeschip van Zoutman bevochten heeft, ontwaart de aarzelende houding zijner voorhoede en den ontramponeerden staat, waarin de *Batavier* en de *Argo* zich bevinden. Hij besluit daarom Zoutman te verlaten en tracht, omstreeks elf uren, gevolgd door zijne achterste schepen, lijwaarts van de *Buffalo*, door de Nederlandsche linie heen te dringen [3]). Terwijl hij, met de *Fortitude*, de *Batavier* aantast, komt ook de *Berwick* weder opdagen, die veel tijd verloren heeft met bij den wind

---

[1]) Campbell, Lives of the British admirals, continued, VII p. 39, 40.

[2]) Nieuwe en nauwkeurige bijzonderheeden, p. 18; brief, geschreven aan boord van de *Admiraal-Generaal*, zijnde No. 2 van een bundel verhandelingen betreffende den slag van Doggersbank, in de Kon. Bibl. te 's Gravenhage, insgelijks voorkomende bij Kok, - Vaderlandsch Woordenboek, VI p. 407 i. v. Bentinck; Beatson, V p. 406; Ekins, p. 142.

[3]) Nederlandsche Jaarboeken 1781 p. 1509 e. v.; Nieuwe en nauwkeurige bijzonderheeden, p. 19; Ekins, p. 143.

over te wenden. Hij ligt eerst dwars voor het Britsche vlaggeschip, en geraakt, na andermaal eenige lagen met Kinsbergen gewisseld te hebben, loefwaarts van Hyde Parker [1]).

Nu wordt de poging van den Britschen opperbevelhebber, om door de Nederlandsche linie heen te boren, gepaard met hetgeen Kinsbergen aanwendt, om haar te verijdelen, het hoofdmoment van den strijd. De bevelhebber van de *Admiraal-Generaal*, het plan van den Britschen admiraal doorziende, heeft toch zijn bodem, terwijl de *Batavier* wordt aangetast, digt aan den wind laten schieten, zoodat hij, met zijne achterste stukken, de *Fortitude* van voren kan bestrijken. Hierdoor redt hij de *Batavier*, doch stelt hij zich zelven bloot aan het vuur van de *Fortitude*, gesteund door de *Princes Amelia* en de *Bienfaisant*. Hij weerstaat evenwel de vereenigde pogingen der vijandelijke schepen, en smaakt eindelijk de voldoening, dat het eene voor, het andere na, de zeilen bijzet en bij den wind opsteekt [2]).

Zoutman, die omstreeks drie uren lang den vijandelijken admiraal, en vervolgens andere schepen der achterhoede had bevochten, meldt, in zijn hoogst eenvoudig rapport, weinig bijzonderheden, aangaande hetgeen er, aan boord van hem en anderen, voorviel. De kapiteins van Braam en Dedel hadden zich insgelijks roemvol gekweten en lagen nog op de hun aangewezen plaats, toen Hyde Parker, tegen twaalf uren, de strijdvlag neerhaalde, en gevolgd door zijne achterste schepen, onder het levendig vuur der onzen, zich verwijderde, om zich met zijne voorhoede te vereenigen [3]).

Een doorslaand bewijs van de hardnekkigheid, waarmede beide partijen elkander de zege hadden betwist, leverde de toestand van het personeel en het materiëel. Aan boord van het Nederlandsche vlaggeschip, waren meer dan 40 dooden en 90 gekwetsten. Kinsbergen, die er, na 7484 pond kruid verschoten te hebben, met 7 dooden en 41 gewonden afkwam [4]), verklaarde dit betrekkelijk ge-

---

[1]) Brief geschreven aan boord van de *Admiraal-Generaal*; Ekins, p. 142.
[2]) Brief geschreven aan boord van de *Admiraal-Generaal*; Nieuwe en naauwkeurige bijzonderheeden, p. 19.
[3]) Brief van Hyde Parker; Rapport van Zoutman.
[4]) Brief geschreven aan boord van de *Admiraal-Generaal*; Nederlandsche Jaarboeken 1781 p. 1516.

ringe aantal uit de zorgvuldigheid, waarmede hij den vijand belet had, hem te enfileren [1]). Met uitzondering van de *Erfprins*, hadden alle andere schepen meer personeel verloren. De fregatten, die nu en dan, tusschen de openingen der linie, op den vijand gevuurd hadden, telden eenige dooden en gekwetsten. Met inbegrip dergenen, die weldra bezweken, had men, in het geheel, op het Nederlandsche eskader, 142 dooden en 403 gewonden. Aan de zijde der Britten, die later 104 dooden en 339 gekwetsten opgaven, was het weinig beter gesteld [2]).

Beide eskaders waren deerlijk gehavend. Hyde Parker, die steeds het voordeel van den wind bezat, vond het dus niet geraden, den strijd te vernieuwen, en verklaarde, dat er zelfs aan het later volgen der onzen niet te denken viel [3]). Onbewust van dit besluit, maakten de Nederlanders, met een uitmuntenden geest bezield, alles zooveel mogelijk tot een herhaalden strijd gereed. Dit kostte hun evenwel moeite, omdat alle schepen zeer ontreddered, en vooral de *Holland* en de *Batavier*, wegens hun ontramponeerden staat, bijna niet in beweging te krijgen waren. Zoutman deed hierom sein aan de koopvaarders, om het gevaar te ontvlugten, door om de zuid op te duwen. Hij toefde vervolgens eene wijle op de plaats van het gevecht, liet meer lijwaarts nog eene nieuwe linie formeren, en gaf, eerst te vier uren, het bevel om de koopvaarders te volgen [4]).

Naauwelijks hebben de schepen den togt naar de havens aangevangen, of kapitein Dedel is verpligt, door vlag in sjouw en noodschoten, den reddeloozen staat van de *Holland* te melden. Op dezen bodem, waarop zich ook bevonden het zesjarig zoontje van den bevelhebber, en de heer van de Poll, student te Leiden, die gedurende zijne vacantie, als vrijwilliger, de expeditie bijwoonde, zag het er treurig uit. Alle pogingen tot behoud aangewend, terwijl het water tegen de pompen aanwies, bleven vruchteloos. 's Nachts

---

[1]) Brief van 10 Aug. aan de admiraliteit van Amsterdam, M. S. in het Rijks-Archief.

[2]) Nederl. Jaarboeken 1781 p. 1521 en 1529; Beatson, V p. 408 en VI p. 316.

[3]) Brief van Hyde Parker.

[4]) Beatson, V p. 407; Rapport van Zoutman; Nieuwe en nauwkeurige bijzonderheeden p. 20. Volgens een brief bij Kok, Vaderlandsch Woordenboek, VI p. 412, was Zoutman ten minste een groot half uur in de linie gebleven.

te twee uren, moesten Dedel en de zijnen, onder noodweer, op de *Spion* overgaan, met achterlating van drie of vier gekwetsten, een opperkonstapel, die niet wel bij 't hoofd was, en een jong matroos, die kapitein van 't schip wilde blijven [1]). De *Holland* zonk, doch verdween niet in de diepte; want 's anderen daags was de wimpel nog zigtbaar. De bemanning van een Zweedsch schip, die zulks bespeurde, maakte zich, door middel eener sloep, van dien wimpel meester, en stelde hem ter hand aan een der Britsche officieren, die er insgelijks op afkwam. Zoo geraakte Hyde Parker nog in het bezit eener gemakkelijk verworven trofee [2]).

Den 9^{den} Augustus, bragt de graaf van Welderen, met de *Ajax*, het eerste berigt van het voorgevallene aan den Helder, van waar hij aanstonds naar 's Gravenhage reisde. Den volgenden dag, verkondigde eene buitengewone Haarlemsche courant het gewigtige nieuws, en gaf de vice-admiraal Hartsinck der admiraliteit van Amsterdam kennis van hetgeen hij slechts ter loops had gehoord. Het convooi bereikte het Vlie, waar ook de equipage van de *Holland* aanlandde, alles verloren hebbende. Den 12^{den} Augustus, verscheen 's lands eskader voor het zeegat van Texel, waar het, den volgenden dag, binnenliep. Hartsinck heesch zijne vlag weder aan boord van de *Admiraal-Generaal*, welks equipage hij, in hartelijke bewoordingen, zijne tevredenheid over haar kloek gedrag betuigde [3]).

Hoedanig was nu de uitslag van den ongetwijfeld roemvollen strijd? Zeker niet zoo beslissend in het voordeel der Nederlanders als velen hunner, in de eerste opwelling van vreugde, zich dit voorstelden. Tijdens het gevecht waren er geene schepen veroverd, noch vernield. Het verschil in dooden en gekwetsten, schoon eenigzins in het nadeel der onzen, is te gering, en blijkens de jongste erva-

---

[1]) Brieven van Dedel van 10 en 16 Aug. aan de admiraliteit van Amsterdam, M. S. in het Rijks-Archief; van Hall, Het leven van Kinsbergen, p. 88 en 107; Nederlandsche Jaarboeken 1781 p. 1515.
[2]) Beatson, V p. 409; Ekins, p. 138; P. S. van den brief van Hyde Parker, dat in de Nederlandsche Jaarboeken is weggelaten, en ook niet van het Zweedsche schip gewaagt.
[3]) Verbaal van Hartsinck, M. S., Nieuwe en nauwkeurige bijzonderheden; Nederlandsche Jaarboeken 1781 p. 1518. Een exemplaar van de buitengewone Haarl. Cour. in den reeds gemelden bundel verhandelingen betreffende den slag van Doggersbank.

ring van Kinsbergen, ook te zeer afhankelijk van bijkomende omstandigheden, om hierop eenig oordeel te gronden. Onpartijdig beschouwd, konden de onzen alleen hierop bogen, dat Hyde Parker het eerst den strijd gestaakt en zich verwijderd had, terwijl zij bereid waren hem andermaal af te wachten. Hun langdurig toeven op de plaats van het gevecht mag zelfs, wegens den staat van de *Holland* en de *Batavier*, niet te zwaar in rekening gebragt worden. Zij lagen er nogtans, aan lij van den vijand, gereed den strijd te vernieuwen, en mogten zich dus, uit een militair oogpunt, beroemen, dat er eenig voordeel aan hun kant was. Noch Zoutman, noch andere officieren gaven, door hunne veeleer te korte, dan opgesmukte berigten, aanleiding tot de overdrijving, waarmede velen, in dicht en ondicht, de luisterrijke zegepraal der Nederlanders verkondigden [1]. Al wat hierin gezegd wordt, tot lof van Zoutman en de zijnen, was eene welverdiende hulde aan de onmiskenbare heldhaftigheid, waarmede het Nederlandsche personeel had gevochten; al het smalen, op het vlugten van een totaal geslagen vijand, was eene bespottelijke overdrijving, die slechts reactie baarde, toen de natie, van haren eersten zwijmel bekomen, weder de werkelijkheid begon te zien. En deze was, dat Hyde Parker, met zijn convooi naar de havens gaande, de voorgenomen reis slechts had voortgezet, terwijl Zoutman, na een eervol gevecht, met zijn convooi naar de havens terugkeerende, inderdaad het doel miste, waartoe hij was uitgezonden [2].

Onmiddellijk na de binnenkomst der schepen, bedankte de stadhouder het personeel voor den betoonden heldenmoed, in een brief van den 14den Augustus, die aan boord van elk schip werd voorgelezen. Hij en andere autoriteiten, ja vele particulieren, legden eene hooge mate van belangstelling aan den dag, in het lot der gekwetsten, wier verpleging dan ook niets te wenschen overliet.

Met verontwaardiging ontdekte men hierbij al weder stukken glas en

---

[1] Le Francq van Berkhey, De zeetriumph der Bataafsche vrijheid; Trip, in de Nederlandsche Jaarboeken 1781 p. 1547; Bellamy, e. a, vermeld door van Hall in het leven van Kinsbergen, p. 111 e. v.

[2] Missive en memorie van Z. H. fo. 68; Post van den Neder-Rhyn, I p. 318, 357.

porcelein in de wonden [1]). Op de vraag, hoe de vijand toch altijd aan dat ontuig kwam, antwoordde een der onzen:

»Zoo men zegt,
Was het de punchkom, die voor 't aangaan van 't gevegt,
Met glaasjes had gediend, om d' Engelsche Mijnheeren,
Op hun beminden drank, tot barstens te tracteren."

Hoe weinig echter het gebruik van ongewone of verboden projectielen, in de hitte van den strijd, op rekening der kommandanten te stellen is, leert het voorbeeld van Kinsbergen, op wiens schip, na den slag, twaalf ijzeren koevoeten zoek waren, die zijn volk waarschijnlijk, uit het kanon, den vijand had toegezonden [2]). Onder de meer duurzame blijken van belangstelling, die het publiek aan het personeel der vloot gaf, behoort de oprigting van een fonds voor zeelieden, waaraan later de kweekschool voor de zeevaart, te Amsterdam, haar ontstaan te danken had [3]).

Gouden penningen, eeresabels en allerlei onderscheidingsteekenen werden, tot eene herinnering aan het gebeurde, met kwistige hand uitgedeeld of toegezegd. Voorts benoemde de stadhouder eerlang Zoutman tot vice-admiraal, en de kapiteins Dedel, van Braam, van Kinsbergen en Bentinck tot schouten bij nacht. De laatste had er evenwel weinig genot van, omdat hij, in den nacht tusschen 23 en 24 Augustus, aan zijne wonden overleed, waarna zijn lijk te Amsterdam plegtig werd begraven. Wegens hunne dienstjaren, verhief de stadhouder, te gelijkertijd, de schouten bij nacht Pichot en van Bylandt tot vice-admiraals, en kapitein van Rietveld tot schout bij nacht. Sommigen, die zich vroeger, onder Melvill en Oorthuys, loffelijk hadden gekweten, kregen insgelijks hun deel van de thans verleende onderscheidingsteekenen [4]). Eenig-

---

[1]) Nederlandsche Jaarboeken 1781 p. 1522, 1531, 1543; Kok, Vaderlandsch Woordenboek, VI p. 413.
[2]) 't Gebroken punch-tuig, en brief geschreven aan boord van de *Admiraal-Generaal*, beiden in den bundel verhandelingen in de Kon. Bibliotheek.
[3]) Stuart, IV p. 258; Nederlandsche Jaarboeken 1784 p. 1908; Vaderlandsche historie, IX p. 133.
[4]) Nederlandsche Jaarboeken 1781 p. 1533 en 1548; Nederlandsche Jaarboeken 1782 p. 71.

zins vreemd schijnt het, dat kapitein Bosch, die als eerste officier van Bentinck diens taak had overgenomen en ten einde gebragt, te gelijk met andere eerste officieren, slechts de eeresabel ontving [1], doch geen van de gedenkpenningen, namens de Staten-Generaal of den prins vereerd.

Welk eene scherpe tegenstelling vormt dit alles niet, met hetgeen den Britten na de aankomst in hun vaderland wedervoer! Hyde Parker genoot de eer van een bezoek, hetwelk de koninklijke familie op zijn eskader aflegde; doch hij ontving geenerlei openlijk bewijs van goedkeuring, hetzij om de ruwe wijze, waarop hij zich over het gebeurde uitliet, hetzij om de staatkundige gevoelens, die hij koesterde. Hij legde weldra zijn kommando neder, en vertrok, ruim een jaar later, als bevelhebber der zeemagt in Oost-Indië, met de *Cato* (58), waarvan men sedert geen taal of teeken heeft vernomen [2].

Binnen weinig tijds, deden nieuwe teleurstellingen het gejuich in de republiek verstommen. Wel had de prins, om den algemeenen wensch te vervullen, reeds den 24sten Augustus, het gereedmaken van een ander eskader bevolen, om de koopvaarders te geleiden en de Oost-Indische schepen uit Noorwegen af te halen; doch het kwam er niet toe. Naauwelijks was de vice-admiraal Hartsinck, acht dagen later, aan boord van zijn schip, of hij begon weder allerlei bezwaren te opperen en tevens van Engelsche schepen te gewagen, die zich telkens in de nabijheid der kust lieten zien. De stadhouder kwam op nieuw aan den Helder, en bewerkte, dat er den 11den September, inderdaad een eskader, onder den schout bij nacht van Braam, zeewaarts liep, dat evenwel te onbeduidend was, om zich te kunnen verwijderen. Hierbij bevond zich nu de *Zuid-Beveland*, een schip uit Zeeland, dat in het begin van September te Texel was aangekomen. Hier verbeidde men insgelijks, met ongeduld, de *Prins Willem*, uit de Maas, welk schip reeds bij het eskader van Zoutman had moeten zijn. Toen kapitein de Bruyn

---

[1] De Jonge, Zeewezen, IV p. 551.
[2] Beatson, V p. 412 en 617; Naval Chronicle, III p. 12 en 40; V p. 306; XX p. 345. Hierdoor vervalt de meening, door Mr. de Jonge, IV p. 546 (noot), aangaande zijne tegenwoordigheid in 1801 bij Koppenhagen geuit. Dit was zijn tweede zoon, die in 1807 overleed.

nu eindelijk met dien bodem, een paar kleinere en eenige koopvaarders in zee stak, om zich naar Texel te begeven, liep hij gevaar, om door Engelsche kruisers verrast te worden. Kinsbergen ging daarom, met de *Ajax*, 's lands ten anker liggend eskader waarschuwen. Weldra scheen men alles te boven; want den 14[den] kon Hartsinck den stadhouder berigten, dat de *Prins Willem*, de *Thetis* en de *Bellona* met hun convooi voorgaats lagen. Doch terwijl hij dit schreef, ontving hij „de onaangenaame tijding, dat 's lands schip *Prins Willem* op de Zuyder Haaks was vastgeraakt" [1]).

Kapitein de Bruyn weet dit aan de onkunde of de zorgeloosheid van den loods Jan Kok. Deze had, naar hij beweerde, zijne eerste waarschuwing in den wind geslagen, en daarna op zijn verschrikten uitroep: „Kaerel, myn schip stoot, gy verzeyld myn schip, wat wilt gy doen?" slechts een zeer verward antwoord gegeven. Maar het schip was verloren. Vele goederen werden er uit geborgen; doch alle pogingen, om het vlot te krijgen, bleven vruchteloos. Den 25[sten], dus na tien dagen tobbens, was er niets meer van te zien, dan eenig drijfhout [2]).

Inmiddels was de schout bij nacht van Braam, den 16[den] weder binnengevallen, en hadden de zeeofficieren bij herhaling ontraden, nog zoo laat in het jaar een eskader uit te zenden [3]). Andere adviezen, voorkomende in de Missive en memorie van den stadhouder, strookten hiermede ten volle. Niet minder dan zestig koopvaarders vertrokken nu, den 14[den] October, onder vreemde vlag en onder het geleide van een Zweedsch oorlogsschip [4]).

Misnoegd over het regeringsbeleid, sloegen de Patriotten, in hunne organen, een scherpen toon aan. Zinspelende op den naam der verloren schepen, durfde een hunner de meening uiten, dat het kwalijk anders kon gaan, nu de *Eendragt* in den grond geboord, *Holland* gezonken, en *Prins Willem*, door slecht bestuur, van geen nut meer was [5]). Woorden, als landverraad en Judasloon, werden

---

[1]) Verbaal van Hartsinck, M. S.
[2]) Journaal van kapitein de Bruyn, M. S. in het Rijks-Archief.
[3]) Verbaal van Hartsinck, M. S.; Missive en memorie van Z. H. in de bijlagen, fo. 144 e. v.
[4]) Vaderlandsche historie, III p. 886; Stuart, IV p. 282.
[5]) Post van den Neder-Rhyn, I p. 322. Zie hiervoor bladz. 293.

menigvuldig gebezigd. Overal waanden sommigen eene geheime bedoeling, eenig boos opzet te bespeuren. Met klimmende bitterheid voeren zij uit tegen de paketbooten, die hare dienst tot gerief van velen bleven voortzetten. Men brandmerkte haar, als werktuigen van verraders en als triomfwagens van spionnen [1]). Nogtans leidde het zorgvuldigst onderzoek van de papieren eener boot, die onverwachts door een onzer kapers was aangehouden, tot niets, hetwelk den argwaan eenigermate kon regtvaardigen [2]). Kapitein de Bruyn, door een krijgsraad uit de dienst ontslagen, met veroordeeling in de kosten, was eene onuitputtelijke bron van aardigheden. Wat hij tot zelfverdediging aanvoerde [3]), wette slechts de pijlen van het vernuft. Zelfs de opregtheid, waarmede 's lands belangen op de Doggersbank behartigd waren, begon men te wantrouwen, nog eer dat de stadhouder, op den 30sten November, de beloofde eereblijken, te 's Gravenhage, plegtig overhandigde. Enkele geschriften, in het geheim gedrukt en verspreid, lieten zich, aangaande hem zelven, op zulk eene buitensporige wijze uit, dat er maatregelen van bedwang tegen noodig gekeurd werden.

Te midden dier heerschende ontevredenheid, viel de vice-admiraal van Bylandt, dien wij sedert Julij uit het oog verloren hebben, te Texel binnen. Hij had, met de *Amsterdam* en de *Dieren*, bij tusschenpoozen in de Spaansche zee gekruist, en was, den 20sten October, te Cadix gekomen, waar op dat tijdstip, behalve de vijf Oost-Indische schepen, de schout bij nacht Binckes met de *Princes Louise*, en kapitein Oorthuys met *den Briel* lag. Met deze vier schepen, was de vice-admiraal, den 2den November, naar het vaderland vertrokken, waar hij, eene maand later, ongehinderd aanlandde [4]).

Onder de gegeven omstandigheden, schonk de behouden aankomst niet allen stof tot onverdeelde blijdschap. De schout bij nacht Binckes werd toch eerlang, wegens het gebeurde te Livorno, voor een krijgsraad geroepen, die hem, in Maart van het volgende jaar,

---

1) Post van den Neder-Rhyn, I p. 365; II p. 527 en 804.
2) Nederlandsche Jaarboeken 1782 p. 1442 en 1619.
3) Sententie in de Nederlandsche Jaarboeken 1781 p. 2187; Ouderwetsche Nederl. Patriot, IV p. 553 e. v.
4) Journalen van Oorthuys en van Bylandt. Een brief van den laatste, van 2 December aan de admiraliteit van Amsterdam, insgelijks M. S. in het Rijks-Archief.

voor drie jaren schorste, welk vonnis de stadhouder bekrachtigde, ofschoon deze in den hoogen leeftijd van den vlagofficier, die steeds met ijver had gediend, eene genoegzame verschooning voor diens gedrag scheen te vinden [1]). Tegen den vice-admiraal opperden sommigen insgelijks een bezwaar. Hoewel overtuigd, dat hij thans zijne schepen niet zou hebben overgegeven, vonden zij het onverklaarbaar, dat hij, overeenkomstig 's prinsen last, de Oost-Indische schepen, die te Cadix lagen, niet huiswaarts of ten minste tot L'Orient had geleid. Doch eene nadere missive, eerst den 8sten November afgezonden, kon hem niet bereikt hebben [2]). Toch schreef men, in de Post van den Neder-Rhyn, deze schampere opmerking: „Het gebeurt meer, dat de couriers reizen, als de kinderen op hobbelpaarden, d. i. veel geweld maken, en weinig avanceren" [3]).

Stellig beantwoordden de gebeurtenissen van 1781 niet aan de verwachting. Blijkbaar waren sommigen wat haastig geweest, door in Januarij den ganschen inboedel van koning George ten verkoop aan te slaan, nu bij slot van rekening diens ambtenaren daarentegen een gedeelte van den Nederlandschen eigendom niet alleen geïnventariseerd, maar ook werkelijk verkocht hadden [4]). Wat al zijdelingsche verliezen moesten de kooplieden niet bovendien lijden! Er waren in 1781 naauwelijks half zooveel schepen binnengekomen, als een jaar te voren. In de Sond, waar jaarlijks een paar duizend Hollandsche schepen passeerden, had men er thans slechts elf gezien [5]), welk cijfer echter, door het varen onder vreemde vlag, zoo verbazend laag schijnt geworden te zijn. Alleen het personeel der vloot had, in den loop van het jaar, lauweren geoogst, die evenwel niet de gewenschte vruchten afwierpen.

Ongerekend de bittere teleurstelling, die velen zich zelven bereid hadden, door het vermogen der vervallen zeemagt tot in het bespottelijke op te vijzelen, als ware deze meer dan voldoende om

---

[1]) Nederlandsche Jaarboeken 1782 p. 498; Verhandelingen betreffende 's lands zee-officieren, in de Koninklijke Bibliotheek te 's Gravenhage.
[2]) Missive en memorie van Z. H. fo. 114, 115.
[3]) Post van den Neder-Rhyn, 1 p. 413.
[4]) De ouderwetsche Nederl. Patriot I p. 35, 84.
[5]) Nederlandsche Jaarboeken 1780, 1781, 1782 p. 502; Kluit, Iets over den laatsten Engelschen oorlog, p. 152.

de Britten uit zee te slaan, is het zeer te betwijfelen, of de voorhanden middelen wel altijd ten meesten nutte waren aangewend. Behalve hetgeen dienaangaande elders gezegd is, werkte hiertoe mede de neiging, die sommigen voortdurend bleven koesteren, om de zaak met Engeland nog in der minne te schikken. De naauwe banden toch, door een meer dan honderdjarig bondgenootschap gelegd, werden niet eensklaps verscheurd. Uit dien hoofde waren de eerste voorstellen, om de Noord-Amerikanen als eene zelfstandige mogendheid te erkennen, afgeslagen [1]), en hadden de burgemeesters van Amsterdam daarentegen de openingen, hun in het geheim door Engeland gedaan, ten minste in overweging genomen. Zelfs was er, met voorkennis van den stadhouder en van den Franschen gezant, door middel van een vertrouweling der Britsche regering, een bedekte handel aangeknoopt, die tot in Februarij des volgenden jaars werd voortgezet [2]). Rusland deed inmiddels nieuwe pogingen tot bemiddeling. Is het wonder, dat al die plannen, in verband gebragt met de persoonlijke neiging van den stadhouder en anderen, om geheel in den geest van hun tijd meer te schrijven en te redeneren, dan te handelen, de uit haren aard langzaam werkende staatsmachine tot bijna volkomen stilstand bragten?

Jammer was het voorzeker, dat men onderwijl de gelegenheid, om zich gedurende den winter in beter postuur te stellen, niet met warmte aangreep. Dubbel jammer, dat vele woordvoerders der Patriotten, met onverstandigen ijver, de bestaande gebreken hekelden en die met de spooksels eener door argwaan ontstelde verbeelding verrijkten. Zoodoende lokten zij een binnenlandschen strijd uit, die weldra in hevigheid den buitenlandschen overtrof.

---

[1]) Nederlandsche Jaarboeken 1781 p. 993 en 1010.
[2]) Rendorp, Memoriën, II p. 7, 68, 86, 89, 96, 102, 146.

1. *Merkbaar overwigt der Franschgezinden. — Aanhoudend gemor over het oorlogsbeleid. — Mislukte expeditie naar Brest. — Zeerampen. — Verguizing van het personeel. — Geschillen met keizer Jozef II. — Vrede met Engeland. — Volkomen zegepraal der Patriotten in Holland. — De zeemagt gedurende de troebelen. — Tusschenkomst der Pruissen.*

Van lieverlede hadden de Patriotten, in den loop van 1781, veld gewonnen. Hun kwam de overdreven gematigdheid van den prins zeer te stade; want de talrijke Oranjegezinden, die een bekwaam aanvoerder misten, om wien allen zich konden scharen, werden ontmoedigd en langzamerhand, ten minste in sommige gedeelten des lands, geheel overvleugeld. De heftigheid, waarmede beide partijen elkander bestreden, maakte de republiek tot een tooneel van onbeschrijfelijke verwarring.

Bij den twist, gedurende een oorlog met Engeland gevoerd, kwam uit den aard der zaak de zeemagt, met al wat haar betrof, gestadig ter sprake. Hierbij openbaarden zich natuurlijk allerlei gebreken. Dewijl echter het personeel, dat er op wees, vooral in de hoogere rangen, den stadhouder met warmte aanhing, zoo meenden vele Patriotten de onmiskenbare werkeloosheid der vloot, niet aan de telkens opgenoemde redenen, maar aan staatkundige bedoelingen te moeten toeschrijven. Door hartstogt verblind, beschouwden zij doorgaans, ook de meest gegronde bezwaren der zeeofficieren, als uitvlugten en voorwendsels. Omgekeerd is het niet te loochenen, dat het personeel der vloot, door elke nadeelige kans haarfijn te berekenen en sterk te doen uitkomen, ten einde door het mislukken eener onderneming den laster geen voedsel te geven, juist bewerkte wat het zorgvuldig poogde te vermijden.

Zigtbaar was de toenemende invloed der Patriotten, in de houding der republiek tegenover Frankrijk en Noord-Amerika. Nadat toch de Staten-Generaal, reeds in Maart 1782, hadden besloten, den oorlog voortaan in overleg (*de concert*) met Frankrijk te voeren, ontvingen zij een afgezant der kolonisten, wier onafhankelijkheid zij zoodoende stilzwijgend erkenden. Later deden zij het officiëel, hetgeen tot eene naauwe verbindtenis met den pas verrezen staat leidde. Alle voorstellen, door Engeland nog gedaan, werden nu bepaald afgewezen [1]). Den 24sten Mei verliet de hertog van Brunswijk, op wien men het in de eerste plaats gemunt had, de residentie, om zich te 's Hertogenbosch, de hoofdplaats van zijn kommandement, te vestigen. Kort daarna verscheen een boekje, waarin al zijne hoedanigheden en eigenschappen, naauwkeurig en naar waarheid werden beschreven, en waarin onwedersprekelijk werd bewezen, dat hij den naam van „monster" in alle opzigten verdiende. Het kan tot een staaltje strekken van den aard der hatelijkheden, waarvan ook het personeel der zeemagt weldra ruimschoots zijn deel ontving.

Een treurzang over 's lands diep verval [2]) deerde niemand, en kon zelfs eenig nut stichten, indien de hierin vervatte aansporing tot herstel der eendragt gehoor vond. Maar de grondtoon der meeste geschriften was veeleer geschikt, om de ontstane breuk te verwijden. Dat men Hartsinck wees op het voorbeeld van Tromp, die zelfs in het allerguurste jaargetijde benoorden Schotland had gevaren, op dat van Zoutman en Bentinck, kon er mede door. Grievend voor den genoemden bevelhebber, was echter een hierop gevolgde „brief van Frederik Zeebang", waarin de geriefelijkheden werden opgesomd, die een zeeofficier aan wal en op de reede genoot, terwijl een zeetogt in het voorjaar hem daarentegen aan allerlei ongemak blootstelde. Aan het slot, voerde men den stadhouder sprekend op. Men liet hem den vice-admiraal, in grappige bewoordingen, troosten over het gemis der onderscheidingsteekenen, aan anderen te beurt gevallen, met zinspeling op eene hem vereerde snuifdoos, die ook later nog al eens ter sprake kwam.

Dit was zeker geen middel, om den bevelhebber en het personeel der vloot bij hunne allezins moeijelijke taak op te beuren, waarvan velen zich een geheel verkeerd denkbeeld vormden. Wanende, dat alles plotseling naar wensch zou gaan, nu er, bij onderscheidene petitiën, niet minder dan 27 millioen gl. ten behoeve der zeemagt was ingewilligd [3]), nu reeds eenige nieuwe bodems van stapel konden

---

[1] Missive en memorie van Z. H. fo. 119; Rendorp, Memoriën, II p. 155, 168; 175; Nederlandsche Jaarboeken 1782 p. 458, 1159 e. v.; Stuart, IV p. 353 e. v., Nijhoff's bijdragen, III p. 180.

[2] Nederlandsche Jaarboeken 1782 p. 331.

[3] Missive en memorie van Z. H. bijl. No. 11; Stuart, IV p. 372; de Jonge, Zeewezen, IV p. 567.

loopen, stelden velen het volste vertrouwen in de toekomst. Al wat niet regtstreeks tot versterking der vloot leidde, keurden zij af, vooral de in oorlogstijd gebruikelijke bedestonden, als waren dit maar „houten degentjes" [1]). Weinig zorg baarde thans de oorlogzuchtige houding van den keizer van Marokko. Immers zou de republiek, in haar vorig aanzien hersteld, weldra hem en andere vijanden tot reden brengen. Allen, die zoo spraken en dachten, rekenden echter buiten den waard. Zij vergaten, dat enkele bodems verloren gegaan waren, en dat het gemelde gebrek aan volk, om de nieuwe met spoed te voltooijen en de gereed zijnde te bemannen, bleef voortduren.

Toch liet de zeemagt bij tijds van zich hooren. Den laatsten Februarij, had de vice-admiraal Hartsinck berigt gekregen van den stadhouder, dat er in de Wezer een Engelsch convooi zeilree lag, hetwelk onder het geleide van de *Ariadne* moest vertrekken, zoodra de rivier van ijs bevrijd was. Den 29sten Maart, gaf de stadhouder een bepaalden last om kapitein Staring uit te zenden, die de *Zephyr* (36) en de *Amphitrite* (36), met een convooi naar West-Indië bestemd, tot benoorden Hitland moest vergezellen, en vervolgens pogingen aanwenden, om het bewuste convooi uit de Wezer te onderscheppen. Staring vertrok, den 8sten April, met de *Argo* (40), de *Bellona* (36), de *Waakzaamheid* (24), de *Hoorn* (24), de *Jager*, de *Zeebaars*, de beide fregatten, naar West-Indië bestemd, en dertien koopvaarders. Van het geleiden der laatste schepen tot benoorden Hitland, wordt in zijne instructie met geen woord gerept, ofschoon dit hem toch wel opgedragen schijnt te zijn. Twee dagen later, zeilden de *Prins Frederik* (64), de *Tromp* (54), de *Windhond* en de *Brak*, uit de Maas naar Texel, waar men 's lands hoofdmagt wenschte te verzamelen. Bij hunne aankomst, den 12[den] April, lagen er de *Piet Hein* (56), de *Unie* (68), de *Amsterdam* (64), de *Zuid-Beveland* (60), de *Jason* (36), de *Thetis* (36) en de *Bellona* (20). Andere bevonden zich nog in het veer en elders, om zich eerlang hierbij aan te sluiten.

Met het oog op die scheepsmagt, ter reede van Texel, is het zeker wat bevreemdend, dat een betrekkelijk zoo klein gedeelte was uit-

---

[1]) Post van den Neder-Rhyn, II p. 672, 744, 805.

gezonden. De stadhouder zag dit in, en beval, den 30sten April, het eskader van Staring te versterken. Deze lag echter reeds voorgaats, toen de vice-admiraal van Bylandt, den 4den Mei, met de *Amsterdam*, de *Prins Frederik*, de *Unie*, de *Zuid-Beveland*, de *Tromp*, de *Erfprins* (54), de *Thetis*, de *Dolphijn* en de *Ajax* uitzeilde. Versterken van Staring kon men het dus kwalijk noemen, aangezien deze met de *Argo* en de *Hoorn* binnenviel, evenals vier dagen later de *Waakzaamheid*. Het eskader onder van Bylandt, waarbij zich, op de hoogte van de Maas, de *Kortenaar* (64) voegde kruiste eene wijle in de nabijheid der kust, en viel den 11den Mei weder binnen, nadat de bevelhebber kapitein Braak met de *Erfprins*, de *Zuid-Beveland*, de *Bellona* (36), de *Thetis* en de *Jager* had gedetacheerd, om nog iets tegen het convooi uit de Wezer te beproeven [1]. Er bestond echter spoedig reden, om zich over die afgezonden schepen te verontrusten, omdat zich, kort na de terugkomst van het Nederlandsche eskader, een Britsch voor de zeegaten vertoonde. Gelukkig vernam men, dat kapitein Braak, in tijds gewaarschuwd, den 16den behouden in het Vlie was aangeland. Met zijne onbeduidende magt, waarvan hij de *Zuid-Beveland* nog onbekwaam noemde, om als oorlogsschip gebruikt te worden, ware hij eene ligte prooi geweest voor den vijand, die met omstreeks 15 bodems in de nabijheid onzer kusten kruiste.

Niet bij magte dit vijandelijk eskader te verdrijven, namen de vlagofficieren, ter reede van Texel, maatregelen tot zelfverdediging [2]. De omslagtigheid, waarmede alles werd beredderd, scheen kapitein van Gennep, den bevelhebber van de *Tromp* te verdrieten. Hij vroeg ten minste, nadat de schout bij nacht van Braam, als kommandant der reede, onder Hartsinck, aanmerking had gemaakt op het laat indienen van zijn rapport, wat papier „vermits op soo veel leyste, raporte etc. zich niet voorsien had." Hij werd echter verwezen naar het collegie van de Maas, waaronder hij behoorde, en vernam later, dat er bij den opperbevelhebber klagten over hem

---

[1] Verbaal van Hartsinck over 1782, M. S.; journalen van van Gennep en zijn schrijver, aan boord van de *Tromp*, M. S.; journaal van van Bylandt, M. S. allen in het Rijks-Archief.
[2] Verbaal van Hartsinck, M. S.

waren ingekomen, o. a. dewijl hij zijn rapport op een kwart vel papier had geschreven [1]).

Den 25sten Mei, kwam de stadhouder zelf aan den Helder, om te overleggen, wat er onder de gegeven omstandigheden kon worden gedaan. Een krijgsraad, dien hij bijwoonde, ried eenparig tot het voortzetten der verdedigende houding. Toen de prins, vier weken later, verlangde te weten, of er dan volstrekt geene mogelijkheid bestond tot uitloopen, riep Hartsinck aanstonds weder den krijgsraad bijeen. Nadat hij de voor- en nadeelen omstandig had uiteengezet, verklaarden alle leden eenstemmig, dat zij het uitloopen niet geraden vonden, zoo lang zich in de Noordzee een Engelsch eskader ophield, waartegen de tien gereed zijnde Nederlandsche bodems, ongerekend meer dan 500 zieken, die zij aan boord hadden, ter naauwernood bestand zouden wezen.

Maar de stadhouder herhaalde schier onmiddellijk zijne vraag, met toezending van eenige Engelsche nieuwspapieren, waaruit hij opmaakte, dat het vijandelijk eskader zich niet langer in de Noordzee bevond [2]). Nu ontving hij een particulier schrijven van den schout bij nacht van Kinsbergen, die hem de uitzending van een eskader ontried, omdat zich eene nederlaag liet voorzien, welker gevolgen te raden waren [3]). Hierop kreeg de stadhouder het berigt, dat de krijgsraad, aan boord van de *Admiraal-Generaal*, den 1sten Julij, eenparig had besloten: „dat hoe gevoelig het ook voor alle officieren van eer zijn mogt, tot eene alzints onaangenaame werkeloosheyd van eene den lande zoo kostbaare marine te adviseeren, en zich daardoor mogelyk aan de hoonende discoursen van desonkundige lieden bloot te stellen, zijl. echter volgens eed en plicht en na rijpe overweging van de facheuse en geforceerde omstandigheeden, waarin het vaderland zich door eenen ongelukkigen zaamenloop van zaaken gebracht vond, in dit ogenblik het uitloopen van 's lands macht, welke in Texel legt, met geen gerust geweeten konden aanraaden." Dit moest, naar hunne meening,

---

[1]) Journaal van van Gennep, M. S.
[2]) Verbaal van Hartsinck over 1782, M. S. waarbij zich de verslagen van den krijgsraad, als bijl. I en K bevinden. Missive en memorie van Z. H. in de bijlagen, fo. 169 e. v.
[3]) De Jonge, Zeewezen, IV p. 578 (noot).

eerst geschieden, nadat de gecombineerde vloot in het Kanaal, en ook de hoofdvloot der Britten derwaarts op reis was [1]).

Geen wonder, dat de prins aarzelde en dat velen, misleid door overdreven opgaven van schepen, die wel aanwezig, doch niet beschikbaar waren, in het gevoelen van den krijgsraad niet deelden. Zou de nakomeling het gelooven, dat wij, na anderhalf jaar in oorlog geweest te zijn, nog geen eskader van achttien slecht bemande schepen kunnen verdrijven? Waar zijn de 52 linieschepen, waaruit de zeemagt thans, volgens de petitie moet bestaan? Al wat men opgeeft zijn „sprookjes van 't Rood Kousje." „Waar zijn onze oorlogsschepen? Niet de oorlogsschepen van 's lands admiraliteiten, noch van hooge of lage bevelhebbers; maar onze schepen, welke voor ons geld gebouwd zijn? Zijn die gezonken of vernield? Dat wij ten minste weten, waar onze waterkasteelen gebleven zijn, of welke de reden is, dat zij niet gebruikt worden tot dat einde, waartoe wij die bestemd hebben!" [2]).

Op denzelfden dag, waarop de krijgsraad te Texel een advies uitbragt, dat zoo weinig met veler wensch strookte, las men, in de Zuid-Hollandsche courant een brief, naar het heette, geschreven aan boord van de *Jason*, gevoerd door kapitein Story, te Vlissingen [3]), waar de schout bij nacht van Kruyne pas het bevel had aanvaard. Ook hier waren, volgens een berigt van dien vlagofficier, Engelsche schepen bij den wal gezien [4]). Maar de gemelde brief behelsde niet meer of minder, dan dat een Engelsch schip van 28 stukken van Zaturdag tot Maandag ongestoord in de Wielingen had ten anker gelegen; dat kapitein Story dit had willen verdrijven, doch hiertoe geene vergunning had kunnen erlangen. De brief, later door een tweeden gevolgd, waaruit bleek, dat er in Zeeland dergelijke praatjes liepen [5]), was echter een verdichtsel. De geheele zaak was onwaar, of ten minste zeer overdreven, omdat er geen schip ten anker had gelegen, zoodat kapitein Story niets gevraagd, en

---

[1] Bijlage K., in het verbaal van Hartsinck over 1782, M. S.
[2] Post van den Neder-Rhyn, II p. 663, 740, 741.
[3] Nederlandsche Jaarboeken 1782 p. 758.
[4] Verbaal van Hartsinck over 1782; brief van den schout bij nacht van Kruyne aan de admiraliteit van Zeeland van 18 Junij, M. S. in het Rijks-Archief.
[5] Nederlandsche Jaarboeken 1782 p. 759.

de schout bij nacht dus ook niets geweigerd had. Zij, die met kleine vaartuigen waren buiten geweest, onder welke de gebroeders Naerebout, verklaarden, omstreeks denzelfden tijd, slechts een driemast schip bij den wal gezien te hebben, vermoedelijk een koopvaarder, bestemd naar Ostende [1]). De schrijver van den brief, die met een verdichten naam had onderteekend, was nergens te vinden. De uitgever der courant herriep nu zijn berigt. Maar dit alles nam den eenmaal gemaakten indruk niet weg, hetgeen van Kruyne en Story tot hun leedwezen ondervonden. De ontevredenheid, die zich in dagbladen en schotschriften uitte, begon ook in officiëele stukken door te stralen. Den laatsten Julij, bragten de afgevaardigden van Leiden, in de vergadering der Staten van Holland, een voorstel tot een volledig onderzoek [2]) ter tafel, hetwelk een verbazenden nasleep had.

Kort na de ontvangst van het laatste advies van den krijgsraad, had de prins echter reeds aan den wensch van de woordvoerders der ontevredenen voldaan, door bij herhaling en met nadruk het uitzeilen der vloot te bevelen, bijaldien er geene overwegende redenen tot het tegendeel bestonden. Dien ten gevolge stak de vice-admiraal Hartsinck, den 7[den] Julij, in zee, met de *Admiraal-Generaal* (74), de *Amsterdam* (68), de *Admiraal de Ruyter* (68), de *Prins Frederik* (64), de *Unie* (64), de *Kortenaar* (64), de *Princes Royal* (56), de *Tromp* (54), de *Rhynland* (56), de *Batavier* (54), de *Glinthorst* (54), de *Pallas* (40), de *Argo* (40), de *Brunswijk* (36), de *Jason* (36), de *Hoorn* (24) en de kotters *Ajax*, *Brak* en *Snelheid* [3]). Welk eene blijdschap dit verwekte, is op te maken uit de woorden van Bellamy:

> Triomf, een blij gerucht
> Verspreidt zich door de lucht:
> »De vloot der Batavieren
> »Is eindelijk in zee!" [4])

---

1) Nederlandsche Jaarboeken 1782 p. 969 e. v.; Ouderwetsche Nederl. Patriot, IV No. 44 tot 47, zijn hoofdzakelijk aan dit geval gewijd, dat ook in de Post van den Neder-Rhyn, II p. 771, 784 e. v. uitvoerig behandeld wordt.

2) Nederlandsche Jaarboeken 1782 p. 787.

3) Verbaal van Hartsinck, M. S.; journalen van van Bylandt en van Gennep. M. S. allen in het Rijks-Archief.

4) Post van den Neder-Rhyn, II p. 761.

Zou nu de bevelhebber, die in de schatting der misnoegden, wegens zijne bekende staatkundige gevoelens, niet hoog stond aange-
schreven, zich met der daad van allen blaam zuiveren? De magt,
waarover hij kon beschikken en die eerlang nog werd versterkt, was
zeker niet onbeduidend; doch zijne taak was omvangrijk en vereischte
het wegzenden van enkele bodems. Hij moest zorgen voor acht
Oost-Indische en drie West-Indische schepen, die te gelijk met hem
uit Texel gezeild waren; voor een convooi naar de Oostzee, dat
uit het Vlie zou komen; eindelijk voor de drie Oost-Indische schepen, die sedert het vorige jaar te Drontheim lagen. Bovendien
moest hij trachten den vijand regtstreeks afbreuk te doen, door zoo
mogelijk diens verwachte convooijen te onderscheppen.

Daags na het uitloopen, ontving Hartsinck de zekere tijding, dat
er eene Fransche en Spaansche vloot op de hoogte van Ouessant
was gezien. Den 12^{den} Julij, voor dat andere Nederlandsche schepen waren opgedaagd, zonderden de *Princes Royal* en de *Brunswijk*
zich met de Oost- en West-Indische schepen van de vloot af. Den
19^{den}, passeerde de *Enkhuizen* (24), insgelijks naar West-Indië bestemd. Maar den 22sten kwamen, met een achttal koopvaarders, uit
het Vlie: de *Zuid-Beveland* (60), de *Erfprins* (56), de *Medemblik*
(36), de *Bellona* (36), de *Thetis* (36) en de *Dolphijn* (24). De *Eensgezindheid* (36) passeerde slechts, evenals vroeger de *Enkhuizen*, op
weg naar West-Indië. Aanstonds detacheerde Hartsinck nu kapitein
van Gennep met de *Tromp*, de *Zuid-Beveland*, de *Erfprins*, de
Thetis en de *Snelheid*, om naar Drontheim te stevenen. Twee andere kapiteins, van der Beets en Rijneveld, kregen in last, met
de *Pallas* en de *Medemblik*, de koopvaarders naar de Oostzee te
geleiden [1]).

Behalve de veiligheid, welke al die convooijen en detachementen tot op
zekere hoogte hadden genoten, was de geheele kruistogt vruchteloos,
ofschoon de tegenwoordigheid van een Nederlandsch eskader in de
Noordzee de Britsche koopvaarders en kruisers werkelijk in hunne
bewegingen belemmerde. Maar dit beteekende weinig, evenals het
nemen van een paar kleine vaartuigen. Reeds den 6^{den} Augustus,
besloot de vice-admiraal, wegens gebrek aan bier en water, naar

---

[1]) Verbaal van Hartsinck, M. S.; journalen van van Bylandt en van Gennep, M. S.

Texel terug te keeren. Hij toefde nog eenige dagen voorgaats, met de schepen, die hij aldaar vond. Nadat hij verzocht had de tonnen weder te leggen en het gewone vuur op Kijkduin te ontsteken, liep hij, den 16^{den} Augustus, met de meeste schepen binnen, eerdaags door al de overige gevolgd. [1]

De kapiteins van der Beets en Rijneveld kwamen met hunne koopvaarders behouden te Elseneur, na een Britsch convooi verstrooid, en hiervan twee vaartuigen veroverd te hebben. Kapitein van Gennep liet den 12^{den} Augustus, op de kust van Noorwegen, bij het eiland Roeff, iets ten zuiden van Drontheim het anker vallen, en gaf hiervan onverwijld kennis aan de gezagvoerders van de Oost-Indische schepen [2]. Dit was evenwel slechts de aanvang van de taak dier beide detachementen, waarvan de afloop nader zal blijken.

Reeds den 20sten Augustus, verscheen de prins op nieuw ter reede van Texel, waar hij de schepen zoo ontramponeerd of slecht voorzien aantrof, dat er niet meer dan één in staat was onmiddellijk zee te kiezen. [3] Hij gaf de noodige bevelen, en stelde op alles orde, waarvan men evenwel weinig voordeel kon trekken, omdat er den 23sten, op denzelfden dag van zijn vertrek, een berigt kwam van den vice-admiraal Pichot, dat er weder Britsche schepen voor de Maas gezien waren, die zich eerlang ook voor Texel vertoonden. Hun aantal bewoog den krijgsraad weder eene verdedigende houding aan te raden, „alhoewel het voor officieren van eer, dewelke hun vaderland met liefde en yver dienen, niettegenstaande zij zich door de lasterschriften van onbeschaamde en tot heeden toe ongestrafte Nieuwsschrijvers dagelijks aangerand moeten zien, niet dan ten uitersten onaangenaam is, om door eene vijandelijke macht opgeslooten te worden." [4] Nogmaals vertrok de prins naar den Helder, waar

---

[1] Verbaal van Hartsinck, M. S.; zijn brief van 16 Augustus aan de admiraliteit van Amsterdam, M. S. in het Rijks-Archief. Een extract uit het journaal, gedrukt in de Missive en memorie van Z. H. in de bijlagen, fo. 192 e. v. alsmede in de Nederlandsche Jaarboeken 1782, p. 1343 e. v. loopt slechts tot 18 Julij.

[2] Brief van kapitein van der Beets van 9 Augustus in de Missive en memorie van Z. H. bijl. 53; verbaal van Hartsinck en journaal van van Gennep, M. S.

[3] Missive en memorie van Z. H. fo. 111.

[4] Verbaal van Hartsinck, M. S. en bijlage Q, ook gedrukt in het vervolg der Missive en memorie van Z. H. bijlage No. 1.

hij, den 9den September, een krijgsraad bijwoonde, die zijne vraag, of 's lands schepen al dan niet konden uitzeilen, om de schepen uit Drontheim verwacht te beveiligen, ontkennend beantwoordde. Op de nadere vraag van den stadhouder, of iemand der aanwezigen ook eenig denkbeeld kon opperen, verklaarden allen, dat zij er niets bij te voegen hadden, ofschoon de bestaande toestand hun leed deed. Hierin moest de stadhouder berusten. Van zijn kant beval hij alle schepen zoodanig van victualie en water voorzien te houden, dat zij op de eerste orde konden uitzeilen, onder aanbieding van een zeker aantal soldaten, om de bemanning aan te vullen, hetgeen vijf bevelhebbers zeer welkom was. [1])

Twee omstandigheden liepen mede. Kapitein van der Beets werd in tijds verwittigd, dat hij in de Sond moest toeven, tot dat hij nadere bevelen of versterking had ontvangen. Nog gelukkiger was het, dat kapitein van Gennep, die met de Oost-Indische schepen, den 25sten Augustus werkelijk de reis had aanvaard, den 7den September, in zee het kleine vaartuig ontmoette, door Hartsinck afgezonden met een brief van den 27sten Augustus, waarin hem gelast werd, om in de eerste haven de beste weder binnen te loopen. Hij voldeed hieraan ten eerste, en lag, reeds den 11den September, met zijn eskader en de drie Oost-Indische schepen, in het Lied van Bergen [2]).

Mag nu al het bovenstaande tot de overtuiging leiden, dat er met betrekking tot de uitrusting van 's lands schepen gebreken waren ingeslopen, die men als werkelijke beletselen kon aanmerken; dat het personeel alle hieruit voortspruitende moeijelijkheden, die het grootendeels had kunnen verhoeden, en in het algemeen de bezwaren, die zich voordeden, rijkelijk zwaar tilde: zoo is toch nergens eenig bewijs te vinden van de laakbare oogmerken, die men 's lands zeeofficieren aanwreef. Hoe ver dit toen reeds ging, blijkt uit het lofdicht op den vice-admiraal Hartsinck, den roemrijken hersteller van 's lands glorie, waarin met ronde woorden gezegd wordt, dat hij het merk van een verrader droeg; uit den

---

[1]) Verbaal van Hartsinck, M. S. en bijlage R, ook gedrukt in het vervolg der Missive en memorie van Z. H. bijlage No. 2.
[2]) Journaal van van Gennep, M. S.

lauwerkrans voor dien onverwinnelijken zeeheld, waarin men hem, ongelijk aan zijne voorgangers, een admiraal van het strand noemde, met bittere zinspeling op de snuifdoos, die hij tot loon zijner deugd had ontvangen; uit een ander gedicht op dien zeer dapperen, onversaagden, onverwinnelijken vlootvoogd, waarin het bewuste geschenk alweder voorkomt: „waaruit men klaarlijk kan bemerken; dat snuiven 't zwaarst is van zijn werken." [1]) Later verscheen een catalogus van rariteiten, verzameld door Philip van Wolvensteyn, eigenlijk gerigt tegen den hertog van Brunswijk, waarin men onder andere zeldzaamheden ook ten verkoop aanbood: „de couragie van een Hollandschen vice-admiraal, zeer voorzigtig in een snuifdoos vol watten gepakt," met de bijgevoegde opmerking, „splinternieuw en nog nooit gebruikt."

Dergelijke spotternijen, die eerlang boosaardiger werden, kwamen in vliegende blaadjes en schotschriften voor, welke ieder fatsoenlijk man doorgaans met een verachtelijk schouderophalen of op zijn hoogst met een afkeurenden glimlach begroet. Maar ook de veel gelezen Post van den Neder-Rhyn viel den bevelhebber heftig aan, door te vragen, of wij nu de Engelschen geslagen, verbrand, genomen en opgebragt hadden, en dan hierop te antwoorden: „Maar de *Admiraal-Generaal*, het schip van den vice-admiraal, was lek. Doch moesten, in dit geval, de andere schepen hem te huis brengen? Was hij bang, dat onze getrouwe geloofs- en bondgenooten hem zouden knippen? Dan is hij een held, om op een papieren kasteel te zetten." Met het oog op het Engelsch eskader, dat ons telkens zoo goed als blokkeerde, luidde het verder: „De Engelschen permitteren ons nu en dan een zeeluchtje te scheppen. Als zij eene koopvaardijvloot wachten, dan sluiten zij ons op, als een hond in zijn hok. Is die voorbij, dan zullen wij denkelijk weder permissie krijgen om uit te loopen." [2]) In de „Echte copy eener missive geschreven op de reede van Texel, wegens een verregaanden twist onder de vlagofficieren," voegde men er de vuilaardige opmerking bij, dat de Engelschen niet eenmaal zoo veel moeite behoefden te doen, omdat wij hunne schepen toch niet zouden nemen, dewijl wij „maar uit jok en niet uit houwens" vochten.

---

[1]) De gevonden brieventas, p. 39 e. v.; Een bundel verhandelingen betreffende 's lands zeeofficieren in de Koninklijke bibliotheek te 's Gravenhage.

[2]) Post van den Neder-Rhyn, II p. 847 en 868.

In den regel minder grof, doch niet minder scherp, liet de Oranjepartij zich hooren. Zij wees er op, dat het concert met Frankrijk tot dusverre al weinig had gebaat, en dat de Spaansche admiraal, bij zijn togt naar het Kanaal, niet eenmaal de Oost-Indische schepen, die meer dan een jaar te Cadix lagen, onder zijn geleide wilde nemen. Een harer organen kon een zeker leedvermaak over dit alles niet verbergen, en uitte dit in de geestige voorstelling van een berouwhebbend Patriot. [1]

Sedert het voorstel, door de afgevaardigden van Leiden gedaan, vestigde zich de aandacht meer en meer op den prins zelven. Als eersten staatsdienaar der republiek, met de uitvoerende magt bekleed, stelden velen hem voor alles aansprakelijk. [2] Vruchteloos trachtte hij den argwaan zijner bestrijders te overwinnen. Naauwelijks van den Helder teruggekeerd, ontving hij den 13den September een berigt uit Duinkerken, dat het vijandelijk eskader zuidwaarts gezeild was. Onverwijld deelde hij zulks mede aan Hartsinck, met bevel om 's lands schepen te doen uitloopen. Ongelukkig waren er nu juist, ter reede van Texel, rapporten ingekomen, die het tegendeel behelsden, hetgeen den krijgsraad tot een nader schrijven aan den stadhouder bewoog. Wel jammer, omdat het berigt van den prins waar bevonden werd, en diens bepaalde last, om nu een eskader uit te zenden, niet aanstonds kon worden volvoerd, dewijl er inmiddels verandering in den wind was gekomen. [3] Dit oponthoud, veroorzaakt door schipper Sjoerd, die beweerd had de Britsche schepen, den 5den, op de hoogte van Jutland gezien te hebben, gaf weder nieuwe stof tot verwijt. Te midden van het beraadslagen, over het uitloopen van Kinsbergen, met een klein eskader, verwekte iets anders de grootste opspraak.

Den 20sten en 21sten September, stelde de Fransche gezant te 's Gravenhage den stadhouder voor, tien onzer schepen naar Brest te zenden, waar zijn hof meende, dat zij de Nederlandsche koopvaarders beter konden beschermen en gunstiger kans zouden hebben,

---

[1] De ouderwetsche Nederlandsche Patriot, III p. 263 e. v. IV p. 329 e. v. alsmede p. 380.

[2] Post van den Neder-Rhyn, II p. 781, 791, 811 e. v.

[3] Nederlandsche Jaarboeken 1783 p. 53 e. v.; Vervolg der missive en memorie van Z. H. fo. 16 en bijlage No. 3; Verbaal van Hartsinck, M. S. en bijlage S.

om den vijand te benadeelen. Zoutman keurde het overhaast detacheren van zulk een aanzienlijk gedeelte der vloot ten sterkste af. [1] Anderen deelden in zijn gevoelen. Ook de stadhouder was er tegen, hetgeen evenwel niet belette, dat hij het voorstel, den 23sten September, bij de Staten-Generaal ter tafel bragt, en den 30sten aan den vice-admiraal Hartsinck schreef, dat een tiental door hem aangeduide schepen, benevens eenige fregatten, zich ten spoedigste voor vier maanden moesten victualeren. Onderwijl raadpleegden de Staten-Generaal, en namen zij dien ten gevolge, den 3den October, met vier tegen drie stemmen het besluit, de schepen te zenden, doch onder voorbehoud, dat zij voor den 8sten eene geschikte gelegenheid tot zeilen moesten hebben. De noodige orders, hierop onverwijld door den prins uitgevaardigd, kwamen, door eenig oponthoud aan het Nieuwediep, eerst den 5den aan boord van de *Admiraal-Generaal*. Op hetzelfde tijdstip, waren bovendien de vice-admiraal van Bylandt en de onlangs benoemde schout bij nacht van Hoey, die het eskader moesten kommanderen, beiden afwezig. [2] De eerste was naar den Haag, met een vonnis over een luitenant, hetwelk, gelijk men zeer teregt aanmerkte, juist niet door een vlagofficier behoefde te worden overgebragt. De tweede had de bezorging van een request der vlagofficieren op zich genomen. [3] Er was evenwel blijkbaar op zulk een spoed niet gerekend; want zoodra Hartsinck den aanwezigen kapiteins kennis gaf van hunne bestemming, verklaarden allen hunne schepen tot zoodanige expeditie buiten staat, hetgeen de opperbevelhebber aanstonds, door kapitein van Welderen, aan den prins liet weten. [4] De eene had gebrek aan victualie, de andere aan zeilen, touwen, ankers, winterplunje of iets dergelijks.

Na de herhaalde aanmaningen van den stadhouder, dat allen zich

---

[1] De Jonge, Zeewezen, IV in de bijlagen p. 791.
[2] Vervolg der missive en memorie van Z. H. fo. 24 e. v.; Stuart, IV p. 457 e. v.; Rendorp, Memoriën, II p. 207 e. v.; De XXX artikelen nevens hunne aanhangsels of nieuwe bedenkingen over de mislukking der expeditie naar Brest, ed. 1783 p. 4, 20, 28; Verbaal van Hartsinck, M. S.
[3] De XXX artikelen enz. p. 40, 141.
[4] Verbaal van Hartsinck, M. S.; Vervolg der missive en memorie van Z. H. fo. 28 e. v.

steeds gereed moesten houden, om onverwachts te kunnen zeilen, klinkt die verklaring nog al vreemd. Doch wat de proviand betrof, bleek later, dat al die aansporingen slechts voor de maand October golden [1]). Het bevel van den 30sten kon ongetwijfeld niet in tijds worden opgevolgd. Sommigen, die van de admiraliteiten vroeger last hadden gekregen en dien niet waren nagekomen, hadden zich inderdaad aan verzuim schuldig gemaakt. Het later onderzoek bragt vele dergelijke misbruiken aan het licht, die meer en meer de oogen openden voor de nadeelen van het nog altijd gevolgde stelsel, om de bevelhebbers zelven met de proviandering hunner schepen te belasten. Maar ook zij, die zich behoorlijk voorzien hadden, tot den 1sten November, achtten dit niet toereikend voor den bedoelden togt.

Den 7den October, kwamen van Bylandt en van Hoey, die te 's Gravenhage een onderhoud met den prins gehad hadden, waarvan niets uitlekte, en waaraan men dus vrijelijk allerlei geheimzinnige bedoelingen kon toeschrijven, weder ter reede van Texel [2]). Hier overwogen de vijf aanwezige vlagofficieren, denzelfden dag, de zaak nogmaals, ten slotte de meening uitende, dat de schepen, wegens gebrek aan victualie, behoeften, kleeren „en verscheidene andere redenen, te lang hier te melden, volkomen buiten staat waren, om de voorgestelde expeditie naar Brest ten uitvoer te brengen, declarerende de heer Grave van Bylandt, dat hij zulks wel gansch speciaal infaisable oordeelde." [3]) Den 9den October, legde de stadhouder deze verklaring over, in de vergadering der Staten-Generaal, die nu hun vorig besluit, wegens het verstrijken van den gestelden termijn, als geheel vervallen beschouwden [4]).

Zie hier de hoofdpunten eener gebeurtenis, die in 1782 en later een verbazend gerucht maakte. Wie zich, uit al wat daarover is geschreven, een eenigzins onpartijdig oordeel wil vormen, zal onwillekeurig tot de slotsom geraken, dat de ongereedheid der schepen werkelijk uit bestaande gebreken voortsproot; dat evenwel dit ver-

---

[1]) Rapport over de expeditie naar Brest, ed. 1785, p. 29, 47.
[2]) De Jonge, Zeewezen, IV p. 612; gedrukt rapport over de expeditie naar Brest, p. 35, 91 e. v.
[3]) Verbaal van Hartsinck, M. S. en bijlage U; Vervolg der missive en memorie van Z. H. fo. 31.
[4]) Vervolg der missive en memorie van Z. H. fo. 32; Stuart, IV p. 470.

schijnsel zich doorgaans, en niet alleen bij deze gelegenheid openbaarde; dat eindelijk noch hierin, noch elders een bewijs te vinden is voor de kwade trouw, waarvan eene teleurgestelde partij het personeel betichtte.

Hoogst onvoorzigtig, gaf de stadhouder, die rijkelijk zijn deel kreeg in de gewaande schuld, den ontevredenen een gevaarlijk wapen in de hand, door nu met overhaasting het uitloopen van Kinsbergen te bevelen. Immers liep zijn last, die kapitein van Welderen, reeds den 8sten October, bij zijne terugkomst uit den Haag, medebragt [1]), de beslissing der Staten-Generaal vooruit. Daarenboven was zoodanig bevel kwalijk te rijmen met de bezwaren, door de zeeofficieren, een jaar te voren, op grond van het saisoen, reeds in Augustus en September, tegen een togt naar het noorden geopperd. Nogtans wekte niet zoozeer het uitzeilen van een eskader, dan wel de overhaasting, waarmede dit geschiedde, de ergernis van sommigen op. Zij schreven 's prinsen ijver slechts aan diens vrees toe, dat de Staten-Generaal, op hun genomen besluit terugkomende, den gestelden termijn zouden verlengen [2]). Het beweren, dat schepen, in voldoenden staat voor een kruistogt, ook wel naar Brest konden stevenen, ging niet op, omdat het eskader veel minder schepen telde, en met behulp van eenigen voorraad uit de achterblijvende, slechts voor vijf weken was geproviandeerd.

Ware nu Kinsbergen, overeenkomstig de wenschen van den stadhouder, ten volle geslaagd, dan zou dit misschien een voordeeligen indruk gemaakt hebben. Maar de togt, dien hij den 10den October aanvaardde, met de *Admiraal de Ruyter*, de *Unie*, de *Utrecht*, de *Kortenaar* en den kotter *Meermin*, beantwoordde in geenen deele aan de verwachting; want hij keerde, in de eerste dagen van November, terug, zonder iets verrigt, en na een zijner schepen verloren te hebben. De *Unie* (64) namelijk, gevoerd door kapitein van Welderen, was den 19den October, in eene hevige stormvlaag, omstreeks een uur na den middag, plotseling omgeslagen, en tot niet geringe ontsteltenis van hen, die zulks aan boord der andere schepen zagen, spoorloos verdwenen. Niemand van de 450 man sterke equi-

---

[1]) Verbaal van Hartsinck, M. S.
[2]) De XXX artikelen over de expeditie naar Brest, p. 44, 68, 82.

page **bragt** er het leven af, zoodat men onkundig bleef van de oorzaak der ramp, die Kinsbergen en anderen toeschreven aan het losspringen eener huidplank of iets dergelijks, tijdens het vreeselijk werken van het schip [1]). De *Zierikzee* (64), waarmede kapitein Haringman, kort te voren, bij het eskader was aangekomen, ging iets later insgelijks verloren. Deze bodem, even als de *Venus* tot versterking van het convooi naar de Sond gezonden, bereikte in vrij slechten staat Elseneur. Van daar met kapitein van der Beets en diens convooi naar het vaderland onder zeil gegaan, strandde hij bij Schagen, op de kust van Jutland. Gelukkiger dan van Welderen, was Haringman, zooals men later vernam, er in geslaagd, zich met de gansche equipage, op omstreeks twintig man na, aan den Deenschen wal te bergen [2]).

Kapitein van Gennep, die met de *Meermin*, door Kinsbergen afgezonden, den 17den October eenig berigt had ontvangen, en twee dagen later een schrijven van den prins, was den 29sten met zijn eskader en de drie Oost-Indische schepen van Bergen gezeild. Zoodra hij zich, in de eerste dagen van November, voorgaats bevond, scheidden de *Zuid-Beveland* en de *Thetis* zich af, om de *Oud-Haarlem*, een der Oost-Indische schepen, naar Zeeland te geleiden. De *Triton*, het tweede, viel den 11den November, te gelijk met de *Tromp* binnen. Drie dagen later, kwam ook *Het Loo*, na van het convooi afgedwaald te zijn, behouden aan [3]). Omstreeks denzelfden tijd, bereikte kapitein van der Beets het Vlie, met de *Pallas* en de overige schepen van zijn convooi [4]).

Dit alles had zeker, eenige weken vroeger, algemeene blijdschap verwekt. Onder den indruk der mislukte expeditie naar Brest, merkten velen het thans naauwelijks op, terwijl het voor anderen,

---

1) Rapport van Kinsbergen, in het vervolg der missive en memorie van Z. H., bijlagen fo. 112 e. v.; Verbaal van Hartsinck, M. S.; zijn brief van 2 November aan de admiraliteit van Amsterdam, M. S. insgelijks in het Rijks-Archief.

2) Vervolg der missive en memorie van Z. H. fo. 45, en het rapport van Haringman in de bijlagen, fo. 141; brief van 25 November van de admiraliteit van Amsterdam aan die van Zeeland, M. S. in het Rijks-Archief.

3) Journaal van van Gennep, M. S.; Vervolg der missive en memorie van Z H. fo. 42 en het rapport van kapitein Braak in de bijlagen, fo. 186.

4) Vervolg der missive en memorie van Z. H. fo. 44.

die met ietwat overdreven hoop, alle verrigtingen der onlangs versterkte vloot gadesloegen, de smart over het verlies van twee schepen niet kon lenigen. De Franschgezinden, die nu bijna onbetwist den boventoon voerden, hadden voor niets ooren, dan voor al wat betrekking had op het schromelijk verzuim, ten nadeele van den bondgenoot gepleegd. Al vorschende naar de ware oorzaak van het niet zenden der schepen naar Brest, wonden zij zich meer en meer op, tot dat hunne organen de onzinnigste beschuldigingen tegen den prins en het personeel der vloot uitbragten.

Geen wonder, dat het request der zeeofficieren, waarin zij de bescherming der hooge regering inriepen tegen de verguizing, waaraan zij dagelijks blootstonden [1]), hetwelk de schout bij nacht van Hoey te 's Gravenhage had overgelegd, juist terwijl de zaak van Brest hangende was, niet tot het beoogde doel leidde. Zoodra het ruchtbaar werd, dat er, den 7^{den} October, een verzoek van dien aard was ingediend, leverde het stof tot nieuwe aanvallen. De weigering der zeeofficieren, om naar Brest te stevenen, strookte al zeer weinig, naar het heette, met hun verlangen, om bij hun goeden naam en faam te worden gehandhaafd. Indien zij, gelijk hun request luidde, met allen ijver hadden gearbeid, om den vijand alle mogelijke afbreuk te doen, en geene andere of meer middelen ten dienste van het vaderland hadden kunnen aanwenden, dan was het vraagstuk der marine immers volkomen beslist! [2]) Een stortvloed van hatelijkheden goot men eerlang over het personeel uit, waarbij niemand gespaard bleef. In de grofste bewoordingen, werden niet alleen Hartsinck en van Bylandt, op wie men het vooral gemunt had, maar ook Zoutman, Kinsbergen, Reynst e. a. beschimpt en beklad [3]).

Denzelfden dag, waarop het request der vlagofficieren was ingediend, had ook de stadhouder zijne missive en memorie overgelegd, ten einde zich te verantwoorden, wegens zijn bestuur over de zeemagt. Het ging hem niet beter, dan de vlagofficieren. Zijn geschrift, op de vinnigste wijs bestreden, werd eene schier onuitputte-

---

[1]) Nederlandsche Jaarboeken 1782 p. 1181; Stuart, IV p. 433.
[2]) Post van den Neder-Rhyn, III p. 951, 954.
[3]) Verhandelingen betreffende 's lands zeeofficieren in de Koninklijke bibliotheek 's Gravenhage.

lijke bron van nieuwe beschuldigingen [1]). Men werkte de verspreiding van den zakelijken inhoud, die voor een billijken prijs verkrijgbaar was gesteld, tegen, als ware dit een libel, en vond later dat uittreksel alleen geschikt, om er aan boord kardoezen van te maken [2]). Het officiëele stuk zweeg natuurlijk over de expeditie, die eerst in het later overgelegde vervolg werd behandeld; doch juist over de expeditie, en over haar alleen verlangden velen iets te hooren. „Hoe men het wende of keere," luidde het in de Post van den Neder-Rhyn, „er is een misdrijf begaan tegen de gansche natie! [3]" Zeker bestond er weinig kans, om hen, die zich in dergelijke termen uitlieten, van het tegendeel te overtuigen. Omstreeks denzelfden tijd, betrapte men een vaandrig op het verkoopen van plannen, die met de verdediging van Zeeland in verband stonden [4]). Het versterkte velen in hunne reeds opgevatte kwade vermoedens. Overal waanden sommige Patriotten slechts pligtverzuim en verraad te ontdekken. De schout bij nacht van Rietveld, die met zijne vier schepen nog te Curaçao lag, werd insgelijks heftig aangevallen, omdat hij een kleinen kaper, in de nabijheid der reede, niet tijdig genoeg had ontzet, hetgeen hem een verdrietig proces op den hals haalde [5]). Omstreeks denzelfden tijd, bestormden de Staten van Holland, Friesland en Groningen den prins met klagten, die niet altijd even kalm werden opgenomen. 's Prinsen aanhangers meenden zelfs, in het gansche plan der veel besproken expeditie, slechts een kunstig beraamden toeleg der Patriotten zelven te zien [6]), om de Oranjepartij in verlegenheid te brengen. Nu er, met steeds klimmende woede, op onderzoek en straf werd aangedrongen, poogde ieder zich vrij te pleiten. Hartsinck legde zijn verbaal over, en vroeg zijn ontslag. De admiraliteiten van de Maas en Amsterdam verdedigden zich uitvoerig, tegen de beschuldiging van verzuim; vooral de laatste, in een geschrift, met niet minder dan drie en zeventig bijlagen [7]).

---

[1] Post van den Neder-Rhyn, III No. 124 tot 126, No. 143 tot 146, en de bijlagen.
[2] Nederlandsche Jaarboeken 1783 p. 854; van der Aa, Geschiedenis van Willem den Vijfden, I p. 292 en III p. 107; Post van den Neder-Rhyn, V p. 484.
[3] Post van den Neder-Rhyn, III p. 1007.
[4] Nederlandsche Jaarboeken 1782, p. 1190; Stuart, IV p. 481.
[5] De Jonge, Zeewezen, IV p. 676.
[6] Van der Aa, Geschiedenis van Willem den Vijfden, III p. 119.
[7] Vervolg der missive en memorie van Z. H. in de bijlagen fo. 26 e. v.

Alvorens den draad van het verhaal weder op te vatten, voegen wij hierbij, dat de Staten-Generaal het vurig begeerde onderzoek inwilligden; dat er nogtans meer dan een jaar verstreek, eer men het eens was over de wijze, waarop het moest worden ingesteld, zoodat eene hiermede belaste commissie, eerst den 30sten Maart 1784, hare taak kon aanvaarden. Zij bragt, na alle hierin betrokken vlag-officieren en kapiteins, gedurende vijftien maanden, op verschillende punten scherp ondervraagd te hebben, den 24sten Junij 1785, haar rapport uit. Het vormt, met de bijlagen, een foliant van nagenoeg 600 bladzijden druks. Het bragt vele gebreken en bestaande misbruiken aan het licht, en klonk, wat de hoofdzaak aangaat, zeer bezwarend voor Hartsinck en van Bylandt, welke laatste bovendien der commissie wat stout had geantwoord, en volgens hare meening, evenals andere zeeofficieren, een merkwaardig gebrek aan geheugen scheen te hebben [1]). Wat echter het meest opmerking verdient, is dat een rapport, uitgebragt in de hagchelijkste oogenblikken voor het stadhouderlijk gezag, door eene commissie, waarin de heftigste bestrijders hiervan zaten, weinig of geen bezwaar tegen den prins zelven behelsde [2]). Nadat eindelijk, den 16den November 1786, alles gereed was, om het gedrag der zeeofficieren, op het verlangen der Staten van Holland, nu ook geregtelijk te onderzoeken, betwistte van Bylandt, die te regt vermoedde, dat het in de eerste plaats hem zou gelden, de bevoegdheid der regtbank. Hij vond steun bij de Staten van Gelderland. Zoo bereikte men den zomer van 1787, waarin de geheele omkeering van den binnenlandschen toestand alle plannen tot nader onderzoek deed staken [3]).

Terwijl de partijen in de republiek, gedurende het najaar van 1782, harrewarden, knoopte het Fransche gouvernement, te Parijs, onderhandelingen aan, waarbij de heer Brantsen en der Staten gewone ambassadeur van Berkenrode de belangen der republiek moesten voorstaan [4]). Veel goeds kon deze evenwel niet verwachten, na een oorlog, dien zij maar flaauw en daarenboven, vooral in de kolo-

---

[1]) Rapport over de expeditie van Brest, ed. 1785, fo. 42, 93 e. v., 122, 126 en de verhooren in de bijlagen.
[2]) Rapport over de expeditie, fo. 31.
[3]) De Jonge, Zeewezen, IV p. 624 e. v.
[4]) Nederlandsche Jaarboeken 1782, p. 1026; Rendorp, Memoriën, II p. 260 e v.

niën, ongelukkig had gevoerd. Zelfs de anders levendige kaapvaart had thans, in weerwil van al den gemaakten ophef, weinig gebaat. Bovendien waren Le Turq, Jarry e. a., die zich, als kaperkapiteins, hadden onderscheiden, vreemdelingen [1]. De eenige vrucht van den oorlog was de versterking van het lang veronachtzaamde materieël der zeemagt, zoodat de republiek, met inbegrip van enkele niet geheel voltooide, zich thans kon verheugen, in het bezit van 46 linieschepen, van 50 tot 70 stukken, en 38 fregatten, van 20 tot 40; waarlijk een cijfer, dat hare vloot sedert jaren niet had bereikt. Tot uitrusting hiervan, werd, in Januarij 1783, eene som van nagenoeg veertien millioen gl. aangevraagd [2], doch naar gewoonte niet ten volle goedgekeurd en opgebragt. Om aangaande het beleid der zeemagt beter ingelicht te worden, had de stadhouder, reeds drie dagen na de indiening zijner missive en memorie, een specialen raad van marine benoemd. Doch aan raad was voorloopig minder gebrek, tenzij om den weg af te bakenen te midden der zee van geschriften, waarin personen van onderscheiden kleur allerlei plannen tot hervorming der marine opperden.

Eer men de nu voorhanden magt kon aanwenden, verspreidde zich eensklaps de mare, dat alle mogendheden, uitgezonderd de republiek het over de preliminairen eens waren [3]. Het Fransche hof, dat bereid was, ons de heroverde koloniën weder te geven en voorts zijne bemiddeling aanbood, toonde zich niet misnoegd over het uitblijven der schepen van Brest, ofschoon het zoowel hierop, als op onze doorgaande werkeloosheid wees, om zijne eigen houding wat te bewimpelen [4]. De republiek, nu geheel alleen staande, kon den haar aangeboden wapenstilstand moeijelijk weigeren. Deze benam haar de gelegenheid de thans versterkte marine tegen den vijand te gebruiken, doch stelde haar in staat een gedeelte daarvan elders te bezigen.

Reeds in Maart 1783, vertrok kapitein van Braam, met de *Utrecht* (68), de *Wassenaer* (66), de *Goes* (54), de *Princes Louise*

---

[1] Stuart, IV p. 491; de Jonge, Zeewezen, IV p. 673 (noot).
[2] De Jonge, Zeewezen, IV p. 681 en p. 794 in de bijlagen.
[3] Nederlandsche Jaarboeken 1783, p. 87, 184; Rendorp, Memoriën, II p. 241.
[4] Rendorp, Memoriën, II p. 219 e. v.; Stuart, IV p. 517.

(56), de *Monnickendam* (40) en de *Juno* (36) naar Oost-Indië, waar hij evenwel, door allerlei oponthoud, eerst een jaar later aankwam [1]). Zijne verrigtingen in de Indische wateren moeten hier onvermeld blijven; doch wij mogen de opmerking niet terughouden, dat de behoefte aan hulp, in schepen en geld, welke de compagnie gevoelde, wel een treurig bewijs van haren achteruitgang was.

Bijna alle hoofdbewegingen der vloot kenmerkten zich echter, helaas, door de eene of andere zeeramp. Het eskader, dat onder den schout bij nacht van Rietveld in 1783 uit West-Indië terugkeerde, verloor onder weg de *Nassau-Weilburg* (54), doch met behoud der equipage. Kapitein Riemersma, die in het laatst van Junij onder zeil ging, met de *Overijssel* (68), de *Erfprins* (54), den *Briel* (36) en de *Windhond*, om den ambassadeur van Berckel naar Amerika over te voeren, verloor de *Erfprins*, die met ruim driehonderd man verging, zoodat kapitein Aberson en slechts veertig der zijnen behouden bleven. In Julij vertrokken eenige bodems naar de Middellandsche zee, die later vereenigd met andere, onder den vice-admiraal Reynst, aldaar een vrij aanzienlijk eskader vormden. Het werd er, in Februarij van het volgende jaar door een zwaren storm beloopen, die alle schepen zeer ontramponeerde, en het verlies van de *Drenthe* (64) veroorzaakte, die omsloeg en met 450 man in de golven verdween, zonder dat iemand er afkwam [2]). Uit dien hoofde lagen vele schepen, maanden lang, in reparatie. De vice-admiraal zelf bevond zich, met de *Vrijheid* en andere, te Toulon. Van hier werden sommige bodems, die gereed waren, tot verschillende diensten uitgezonden. Niet weinig moeite baarde het geleiden van een koopvaarder met geschenken naar Algiers, omdat er van 44.000 pond kruid, die men beloofd had, nog slechts 10.000 geleverd, en de voorraad inmiddels zeer verminderd was. Met de *Drenthe* was 11.000 pond verloren geraakt, en in denzelfden storm, was 22.000 pond, aan boord van de *Noord-Holland*, door zeewater onbruikbaar geworden. Met inspanning, bragt men de ontbrekende 34.000 pond bijeen, welke hoeveelheid in de kruidkamer van de *Prins Willem* niet te bergen, en aan boord van den koopvaarder niet te vertrouwen was,

---

[1]) De Jonge, Zeewezen, IV p. 688 e. v.
[2]) De Jonge, Zeewezen, V p. 65 e. v.

hetgeen Reynst bewoog ook de *Alkmaar* mede te geven. Na de terugkomst van dezen bodem, ging de vice-admiraal, den 31sten Mei 1784, met de *Vrijheid* en de *Alkmaar* onder zeil naar het vaderland [1]).

Behalve de gemelde zeeschade, had de republiek, den 20sten October 1783, ter reede van Texel, het verlies van de *Rhynland* (56) te betreuren. Volgens ooggetuigen, hoorde men te negen uren in den morgen een zwaren slag, gepaard met dikken rook, waarna het bleek, dat het genoemde schip in volle vlam stond. Andere schepen, die gevaar liepen, slipten of kapten aanstonds hunne touwen. Zoodra het reddelooze schip begon te drijven, boegseerde men het wat om de noord, ten einde andere bodems te behoeden. Het vuur zette den ganschen nacht zijn vernielingswerk voort, zoodat het schip den volgenden dag, tegen het middaguur, tot op het water was afgebrand, en alleen inwendig nog bleef smeulen [2]).

Terwijl de republiek met Engeland, dat in September 1783 den vrede met Frankrijk, Spanje en Noord-Amerika [3]) had gesloten, nog onderhandelde, om ook voor zich dragelijke voorwaarden te bedingen, viel een andere nabuur haar aan. Keizer Jozef II, een gekroonde radicaal, die in 1780 zijne moeder Maria Theresia in het bestuur der Zuidelijke Nederlanden was opgevolgd, en sedert, op eene reis door de republiek, de zwakheid hiervan ten duidelijkste had ontwaard, kwam vervolgens met allerlei eischen voor den dag. Na onze barrière eigendunkelijk vernietigd te hebben, verlangde hij eene betere regeling der grenzen, den afstand van Maastricht en de verwijdering der Nederlandsche wachtschepen op de Schelde [4]).

Blijkbaar bedoelde hij niets minder, dan de opening der rivier, welke de onzen, sedert den vrede van Munster, gesloten hielden. Het was eene botsing tusschen twee begrippen. Jozef II grondde zich op het regt der natuur, en beweerde, dat niemand bevoegd was, zijnen onderdanen de inderdaad bestaande gemeenschap met de zee kunstmatig te benemen. De Staten daarentegen beriepen zich op het beschreven regt, en wel bepaald op het tractaat van Munster.

---

1) Verbaal van den vice-admiraal Reynst, M. S. in het Rijks-Archief.
2) Journaal, gehouden aan boord van van Bylandt, M. S. No. 540 in het Rijks-Archief.
3) Mahon, History of England, VII p. 216.
4) Nederlandsche Jaarboeken 1784, p. 1467; Vaderlandsche historie, VII p. 207.

De keizer had, volgens de opvatting onzer dagen, in de hoofdzaak gelijk; doch hij had, als Europeesch vorst, terwijl vele regten in de oude wereld alleen op tractaten steunen, bepaald ongelijk, door er een willekeurig te verscheuren. Zoodoende maakte hij zich tot regter in zijne eigen zaak, die hij bovendien slechts volgens het regt van den sterkste wilde beslissen. Bouwende op de magteloosheid der republiek, verklaarde hij, den 23sten Augustus 1784, dat hij de Schelde voorloopig als geopend aanmerkte, en dat hij elke poging tot belemmering der vaart als eene oorlogsverklaring zou beschouwen [1]).

Na den vrede, den 20sten Mei, tusschen de republiek en Engeland tot stand gekomen, bleek nu het verlies van Negapatnam, gepaard met eene schade, op omstreeks tachtig millioen gl. begroot [2]), voor de eerste oneindig minder nadeelig te zijn, dan de hoogte, welke de binnenlandsche tweespalt, gedurende den oorlog, had bereikt. Zelfs de afzonderlijke vrede, door Frankrijk gesloten, bragt in veler stemming, ten opzigte van dit rijk, geene merkbare verandering. Men bleef het edelmoedig, onbegrijpelijk edelmoedig noemen, bewerende dat alleen lage zielen er anders over konden denken [3]). Verontwaardigd over den schandelijken vrede, troostten sommigen zich met de blijkbare verwijdering, tusschen de republiek en Engeland ontstaan. Reeds kort na het opstellen der nadeelige preliminairen, hadden de Staten van Holland een besluit doorgedreven, om den koning van Frankrijk plegtig te bedanken [4]). Is het wonder, dat de Staten-Generaal en de prins, onder die omstandigheden, huiverig waren, om in het geschil met den keizer door te tasten? Om elk voorwendsel op te heffen, lieten zij het wachtschip voor Lillo reeds een weinig lager post vatten, bij Saaftingen, hetwelk onbetwist tot het gebied der republiek behoorde [5]). De gansche zaak kwam den prins en zijner partij, uit een staatkundig oogpunt, hoogst ongelegen. Daarentegen werkten de schrikbeelden, in open-

---

[1]) Nederlandsche Jaarboeken 1785, p. 157.
[2]) Nederlandsche Jaarboeken 1784 p. 979, 1098; Stuart, IV p. 554; Vaderlandsche historie, V p. 264.
[3]) Post van den Neder-Rhyn, IV p. 204 en 208.
[4]) Nederlandsche Jaarboeken 1783 p. 1539 e. v. p. 1869 e. v.; Vaderlandsche historie, VI p. 88.
[5]) Nederlandsche Jaarboeken 1785 p. 168, 384.

bare geschriften, van pandoeren en uhlanen opgehangen, de burgerwapeningen der Patriotten in de hand. Nogtans beschuldigden deze later de Oranjegezinden, dat zij, ook de moeijelijkheden met den keizer, opzettelijk hadden uitgelokt [1]).

Onmiddellijk na de verklaring van Jozef II, was de vice-admiraal Reynst, in het laatst van Julij uit de Middellandsche zee teruggekeerd, naar Zeeland vertrokken, om het bevel over de zeemagt op de Schelde, aan boord van de *Vrijheid*, op zich te nemen. Van de schepen, die zich aldaar bevonden, lag de *Pollux*, onder kapitein van Volbergen, met de *Dolphijn*, onder den luitenant Cuperus, hooger op, bij Saaftingen. Zij en andere bevelhebbers kregen in last, alle Oostenrijksche schepen aan te houden, doch hierbij met groote bescheidenheid te handelen, en niet dan in het ergste geval geweld te gebruiken. [2])

De houding van 's lands zeemagt, onder het bevel van Reynst, stak gunstig af, bij haar onvermogen in 1747, tijdens den inval der Franschen. Thans werden allerlei maatregelen genomen, tot dekking van Zeeland, en tot bescherming of tijdige waarschuwing van alle Nederlandsche koopvaarders en visschers. Doch al de ijver, hierbij door den vice-admiraal aan den dag gelegd, beveiligde hem niet tegen de aanvallen, waaraan ook hij eerlang bloot stond. Hij had zich na de eerste berigten, aangaande het plan van den keizer om de Schelde te forceren, op mogelijke gebeurtenissen voorbereid, en ook zijnen officieren de benoodigde voorschriften gegeven. De burggraaf Vilain XIV, den 1sten October met een pleiziervaartuig te Vlissingen gekomen, was eerst beleefd ontvangen, na zijn woord gegeven te hebben, dat hij langs denzelfden weg zou terugkeeren. [3])

Zoo stonden de zaken, toen de Staten-Generaal, den 6den October, vernamen, dat er te Antwerpen een vaartuig gereed lag, om onder keizerlijke vlag de Schelde af te zakken. Deze tijding, in verband met de laatste verklaring van het Oostenrijksche gouvernement, dat een schot op de Schelde, als eene oorlogsverklaring zou worden aangemerkt, bewoog den prins, nog den 7den October, een naderen last te zenden, zoowel aan den vice-admiraal, als aan kapitein van

---
1) Post van den Neder-Rhyn, V. p. 829; VI p. 1005, 1248.
2) Verbaal van den vice-admiraal Reynst, M. S. in het Rijks-Archief.
3) Verbaal van Reynst, fo. 120, en zijn brief aan den stadhouder van 3 October, 1784.

Volbergen. Hierin werd hun voorgeschreven, om op de schepen, die zich mogten vertoonen, zoo mogelijk niet te vuren, maar hen slechts aan te houden, op grond van eenig gebrek in de scheepspapieren. De bode, die onmiddellijk was afgereisd, doch te Bergen op Zoom, wegens den lagen waterstand, eene wijle moest toeven, kwam, den 8sten October, met zijn paket een weinig te laat [1]).

Denzelfden morgen, was de *Louis*, onder keizerlijke vlag varende en naar zee bestemd, door den luitenant Cuperus, na eene vruchtelooze aanmaning tot het vrijwillig staken der reis, met geweld hiertoe gedwongen. Zeer omzigtig, hadden echter 's lands officieren gedaan, wat hun pligt voorschreef. Een schot met los kruid, een schot met scherp voorover, en eerst toen dit alles niet hielp meer schoten met scherp, die voorbedachtelijk op het tuig gerigt waren en inderdaad weinig schade deden. "Het komt mij voor," schreef van Volbergen uit dien hoofde, "dat dit vaartuig op eene wijze behandeld is, dat geene denkbeelden van hostile wijze kunnen plaats hebben." Na de opmerking, dat men, tot handhaving der orde, tegen een Hollandsch schip niet anders had kunnen doen, zegt hij, dat slechts één kogel bij de groote rust eenige schade had aangerigt, en dat voorts "al het scherp, hetzij kogels of schroot veel gehuils en weinig effect" had te weeg gebragt [2]). Maar er was gevuurd, eer de Oostenrijksche schipper bijdraaide, waarover velen in den lande hunne vreugde niet konden verbergen. Nu dit toch was geschied, hielden de onzen de *Louis* voorloopig in bewaring.

Hetzelfde wedervoer de *Verwachting*, een ander keizerlijk vaartuig, den 8sten October van Ostende vertrokken, met bestemming naar Antwerpen, hetwelk acht dagen later de Schelde opzeilde, en in tegenwoordigheid van de *Vrijheid*, de *Alkmaar* en de *Tromp* ter reede van Vlissingen ankerde, om bij de eerste gunstige gelegenheid de reis te vervolgen. Overeenkomstig de laatste bevelen van den prins, werd op dit schip niet gevuurd, en vergenoegden de onzen zich met het eenvoudig te bezetten. Weinige dagen later, kreeg de schipper zelfs vergunning om te vertrekken, indien hij vooraf beloofde weder te

---

[1]) Nederlandsche Jaarboeken 1785 p. 376, 381, 390, 392.
[2]) Brief van kapitein van Volbergen van 13 October aan den griffier der Staten-Generaal, met de hierbij gevoegde verklaringen van Cuperus e. a. M. S. in het Rijks-Archief.

gaan vanwaar hij gekomen was. Hiermede draalde hij evenwel geruimen tijd, waarom zijn vertrek, eerst den 26sten November, kon plaats grijpen. In afwachting van den loop der aangeknoopte onderhandelingen, kreeg het andere aangehouden vaartuig dezelfde vergunning, onder dezelfde voorwaarde. [1)]

Intusschen had de vice-admiraal den stadhouder verwittigd van het ongeluk, dat 's lands brik de *Ajax* was overkomen. Deze bodem, in den nacht tusschen 28 en 29 October, op de hoogte van Wight kruisende, was plotseling lek geworden, en met de gansche equipage, op dertig man na, gezonken. Overigens viel er, tijdens het kommando van Reynst, dat nog langer dan een jaar duurde, weinig meldenswaardigs meer voor. Keizerlijke schepen vertoonden zich niet meer. De vice-admiraal bleef echter onafgebroken zorgen voor het bewaken der stroomen, zoolang de spanning aanhield, en zond tevens vele schepen met verschillende bestemming uit. In verband met latere gebeurtenissen, zij hier alleen bijgevoegd, dat hij, in het voorjaar van 1785, ook de *Havik*, een klein fregat, met de noodige loodsen en manschappen detacheerde, om *La Méfiante* en nog eene andere kanonneerboot, welke de admiraliteit van Amsterdam, te St. Malo, had gekocht, aldaar af te halen. [2)]

Onder bemiddeling van het Fransche hof, kwam er, den 8sten November 1785, te Fontainebleau, eene overeenkomst met den keizer tot stand, waarbij deze de Schelde tot Saaftingen kreeg, met de forten Lillo en Liefkenshoek. Het lagere gedeelte der rivier bleef echter in het bezit der republiek, met de bevoegdheid, om dit, ingevolge het tractaat van Munster, gesloten te houden. Alle verschil over de vrijheid der rivieren was hiermede evenwel niet voor altijd uitgemaakt, gelijk de jaarboekschrijvers waanden, omdat later, bij de regeling van onderscheiden Europesche vraagstukken, op het Weener congres, een juist tegenovergesteld beginsel is gehuldigd. Jozef II vergenoegde zich met eene som van tien millioen gl. waarvan 500.000 gl. moest strekken tot schadeloosstelling van

---

[1)] Verbaal van Reynst, M. S. fo. 132 e. v.; zijne hierin voorkomende brieven aan den prins van 10 en 15 October; Nederlandsche Jaarboeken, 1785 p. 388, 390, 605.
[2)] Verbaal van Reynst, M. S. fo. 144 en 160, bijl. I. I. en zijne brieven aan den prins van 23 Februarij en 2 Maart 1785.

hen, wier bezittingen door inundatiën hadden geleden. ¹) Dat een man, als hij, wiens regtvaardigheid en vrijheidsliefde zoo hoog waren opgevijzeld, zijn goed regt ten slotte voor geld prijs gaf, deed hem merkbaar dalen in de schatting der Patriotten, ²) die omgekeerd in hunne gevoelens ten opzigte van het Fransche hof nader versterkt werden, nu dit, ter vermijding van een algemeenen oorlog, zelfs vier en een half millioen van de beloofde som voor zijne rekening nam ³) Twee dagen na het verdrag te Fontainebleau, verbond de republiek zich ten naauwste met Lodewijk XVI. Tot een tastbaar bewijs van erkentelijkheid, drong de nu in Holland bovendrijvende partij er op aan, den Franschen monarch twee linieschepen tot een geschenk aan te bieden, en wel de *Vriesland* (74) en de *Stad en Lande* (74), die te Harlingen nog op stapel stonden. ⁴) Zij werden echter later niet geleverd, vooral omdat zij, na de voltooijing, wegens te groote afmetingen, niet buiten de haven te krijgen waren. Het uitblijven van dit geschenk, waaromtrent de Staten-Generaal evenwel geen besluit hadden genomen, deed later het Fransche hof een geschikt voorwendsel aan de hand, om zich aan de volledige nakoming zijner verpligting jegens den keizer te onttrekken. ⁵)

Inmiddels leidden de aanhoudende en stelselmatige pogingen der Patriotten, in sommige streken der republiek, tot het beoogde doel. 's Prinsen invloed op de militaire regtspleging, op het benoemen van regenten en vlagofficieren was beperkt. Zijn persoon was in spotprenten en schotschriften verguisd, tot ergernis van het Pruissische hof, dat zich evenwel dienaangaande niet sterk uitliet, zoolang Frederik II leefde. Na het ruchtbaar worden der acte van

---

¹) Nederlandsche Jaarboeken 1785, p. 1556; Vaderlandsche historie, IX p. 296.
²) Post van den Neder-Rhyn, VI p. 1090, 1105.
³) Nederlandsche Jaarboeken 1789 p. 53, 57, 60; de Cussy, Phases et causes célèbres, II p. 285.
⁴) Nederlandsche Jaarboeken 1785 p. 1567; 1786 p. 17; Vaderlandsche historie, XIV p. 72; Bouwens, Aan zijne committenten, ed. 1797 p. 264; de Jonge, Zeewezen, V p. 82.
⁵) Nederlandsche Jaarboeken 1792 p. 640 en Vaderlandsche historie, XIV p. 75, blijkt dat zij in 1792 verkocht werden, om te worden gesloopt. Nederlandsche Jaarboeken 1789 p. 53 e. v. en Vaderlandsche historie, XXII p. 272 e. v. zijn uitvoerig over de gevolgen van het aanbod.

consulentschap, en de hierop gegronde beschuldigingen, had de hertog van Brunswijk-Wolfenbuttel, den 14^{den} October 1784, zijn ontslag gevraagd. [1]) Sedert waren de aanvallen tegen den prins zelven nog onstuimiger geworden en had men zelfs de Oranjekleur met oproerleuzen gelijk gesteld. [2]) Toen eindelijk de Staten van Holland, naar aanleiding eener volgens hen te weinig onderdrukte volksbeweging, den prins het bevel over het garnizoen in de residentie ontnamen, verliet hij, half September 1785, den Haag. [3])

Nu scheen de tweespalt tot een binnenlandschen krijg te zullen voeren. De partij, die in Holland zegevierde, oogstte in andere gewesten bijval, met name in Utrecht en Overijssel. Daarentegen hing de meerderheid in Zeeland en vooral in Gelderland den stadhouder aan. Met toenemende bitterheid bleef men elkander, eerst op het papier, bestrijden. Staatkundige hartstogt scherpte van weerszijde het vernuft, zoo als godsdiensthaat dit had gedaan, in den tijd der hervorming. Eene ware zee van geschriften stortte zich over het rampzalig Nederland uit. Terwijl de lezing dier omvangrijke litteratuur van den dag het twistvuur onderhield en aanblies, verzochten de Staten van Gelderland den prins in 1786, eene Patriotsche beweging, binnen Hattem en Elburg, met geweld te stuiten. Het bezetten dier stadjes, dat zonder bloedstorting geschiedde, [4]) verhaastte den afloop. Onder den indruk dier gebeurtenis, schorsten de Staten van Holland den stadhouder, als kapitein-generaal hunner provincie, tot welker verdediging zij zich voorbereidden. [5]) Alle pogingen, door Pruissen en Frankrijk aangewend, om het geschil nog bij te leggen, faalden. De hartstogt der Patriotten kende geen palen. Wie lust gevoelt, om iets van den aard hunner aanvallen te weten, behoeft slechts het „Gedenkboek van Amsteldam" op te slaan. Hij zal in de vele titels, op bladz. 93 en 94 vermeld,

---

1) Nederlandsche Jaarboeken 1784 p. 958 en 1607; Vaderlandsche historie, VIII p. 114.
2) Post van den Neder-Rhyn, V p. 804, 841 en VII p. 190; Nederlandsche Jaarboeken 1785 p. 197.
3) Nederlandsche Jaarboeken 1785 p. 1276 e. v.; van der Aa, Het leven van Willem den Vijfden, III p. 213 e. v.
4) Vaderlandsche historie, XII p. 244
5) Nederlandsche Jaarboeken 1786 p 1080. 1106; van der Aa, Het leven van Willem den Vijfden, III p. 385.

menig staaltje vinden van de strekking der werken, die velen met gretigheid lazen. Onderwijl nam de stadhouder, ook van zijn kant, maatregelen. Hij verzamelde troepen, op de Veluwe. En nadat zijne voorposten, den 10^{den} Mei 1787, bij de Vaart, een korps Utrechtsche vrijwilligers hadden teruggeslagen, vaardigde hij, den 26sten derzelfde maand, een manifest uit, [1] hetwelk de woede zijner tegenstanders ten top deed stijgen. Er waren bijna geen woorden te vinden, om den Gelderschen despoot, dien men bij Catilina, Nero, Alva en Philips II vergeleek, hatelijk genoeg te schetsen. Men wilde hem vogelvrij verklaren, nu hij gereed stond, zijne handen in burgerbloed te wasschen.

Onder al die troebelen, had de zeemagt hare taak voortgezet. Kinsbergen was, nog in 1784, naar de Middellandsche zee vertrokken, waar hij, vereenigd met de aldaar aanwezige schepen, een flink eskader onder zich kreeg, hetwelk in de hangende geschillen met den keizer en Venetië kon dienen, in vele havens de Nederlandsche vlag vertoonde en voorts tot oefening van het volk strekte. De schout bij nacht keerde, in het begin van 1786, met eenige bodems terug, het bevel in de Middellandsche zee aan kapitein Boot overlatende. [2] Den 28sten Junij van dit jaar, kwam ook kapitein van Braam weder, met de *Utrecht* (68) en de *Wassenaer* (66) uit Oost-Indië, waar hij, eerst te Malakka, Salangore en Riouw, daarna te Ceylon en op de kust van Coromandel, de compagnie had geholpen. Van zijne drie andere schepen, die later volgden, bereikten er slechts twee gelukkig de haven; want de *Juno* (36) strandde bij Wight, [3] hetgeen velen den kapitein, die met zijne equipage behouden bleef, zeer euvel duidden, omdat er reeds twee ongelukken met schepen onder zijn kommando waren voorgevallen. [4] Inmiddels waren vijf andere schepen, onder kapitein Sylvester, naar Oost-Indië gezeild, welker overtogt zich insgelijks door verschillende rampen kenmerkte. De *Amphitrite* (36) was, reeds eenige dagen na het vertrek, wegens een lek, weder binnengevallen. Daarna strandde

---

[1] Nederlandsche Jaarboeken 1787 p. 906; van der Aa, Het leven van Willem den Vijfden, III p. 516.
[2] De Jonge, Zeewezen, V p. 85 e. v.
[3] De Jonge, Zeewezen, IV p. 723 e. v.
[4] Post van den Neder-Rhyn, XI p. 568 e. v.

de *Holland* (68), bij de Kaap. Sylvester zond nu de *Scipio* (20) vooruit, en kwam zelf, eerst tegen het einde van 1786, met de *Beschermer* (54) en de *Ceres* (36), te Batavia, waar hij de *Amphitrite* (36), de *Hoorn* (26), de *Lynx* (16) en de *Pijl* (12) vond, die onlangs uit het vaderland waren aangekomen. Zij werden, ten deele in de Molukken, ten deele op de kust van Borneo gebruikt, om het gezag der compagnie te schragen. [1]) Behalve de genoemde eskaders, waren er voortdurend schepen uitgezonden, tot het convooijeren van koopvaarders en andere diensten, hetgeen wegens de sterkte van het thans beschikbare materiëel gemakkelijk kon geschieden.

Aanvankelijk werd de marine niet regtstreeks in den binnenlandschen twist gemengd, schoon de meeste zeeofficieren onverpoosd aan de grofste aanvallen bloot stonden, en sommigen hunner dien ten gevolge uitweken. Zoodra echter beide partijen, in den zomer van 1787, zich gereed maakten, om haar geschil met de wapenen te beslechten, werd het personeel der zeemagt er meer in betrokken. Eenige vaartuigen, door de in Holland benoemde commissie van defensie, die te Woerden zetelde, op de rivieren gestationneerd, baarden moeijelijkheden, hetgeen de Staten van Zeeland bewoog, tot dekking hunner provincie, een gelijksoortigen maatregel te nemen. Intusschen klaagden de Staten van Gelderland over de vaartuigen, door de commissie van defensie op de Zuiderzee gebezigd, waarover kapitein Braak het bevel had aanvaard [2]). Vooral gold het de verrigtingen van de schepen eener dergelijke commissie te Amsterdam, die tot geruststelling der burgerij, na het manifest van den stadhouder, bij de admiraliteit de beide onlangs te St. Malo gekochte kanonneerbooten, *La Levrette* en *La Méfiante* had aangevraagd. Onder den drang der omstandigheden, had zij de twee vaartuigen gekregen, die elk twee carronnades en acht korte achtponders voerden. Maar kapitein Sels weigerde het bevel over hare schepen, waarmede vervolgens kapitein van Pelt en de luitenant Molenaar zich belastten [3]).

---

[1]) De Jonge, Zeewezen, IV p. 732 e. v.
[2]) Nederlandsche Jaarboeken 1787 p. 4177; Vaderlandsche historie, XIV p. 399 e. v.; de Jonge, Zeewezen, V p. 93 e. v.
[3]) Brief van de admiraliteit van Amsterdam aan de Staten-Generaal van 10 Julij, in de Nederlandsche Jaarboeken 1787 p. 1929 e. v.

Weldra bleek, dat de commissie met de gemelde bodems iets meer voorhad, dan het geruststellen der burgerij; want zij liet die op de Zuiderzee kruisen. Hier namen die vaartuigen, onder prinsen vlag en geus, voor de Eem, zelfs eenige schepen met hooi en stroo, bestemd voor 's prinsen leger, die vervolgens te Amsterdam werden opgebragt. De stadhoudersgezinde Staten van Utrecht, die te Amersfoort vergaderden, noemden het zeeroof, waarmede later de Staten van Gelderland instemden. De prins, gebelgd over het misbruiken zijner vlag, wendde zich tot de Staten-Generaal, wier gezag, op dat tijdstip, echter weinig beteekende. Hun last aan de admiraliteit van Amsterdam, om kapitein van Pelt ter verantwoording te roepen, had dan ook niet de verlangde uitwerking, omdat van Pelt weigerde te komen, bewerende, dat hij alleen der commissie van defensie verantwoording schuldig was [1].

Ernstiger werd de zaak voor de kapiteins Dekker en Tulleken, die te Texel met de *Medemblik* en de *Salamander* zeilree lagen, toen zij, den 13den Julij, van den prins bevel kregen, om voorloopig niet te zeilen, in afwachting van hetgeen de Staten-Generaal tot beveiliging der Zuiderzee zouden noodig oordeelen, waarop ook de Staten van Friesland aandrongen, terwijl de Staten van Holland, den 18den Julij aan alle admiraliteiten hunner provincie gelastten, de schepen van het land uitsluitend tot het beschermen van den handel te gebruiken en de gereed zijnde ten spoedigste te doen vertrekken [2]. Ten einde niet door de politieke gevoelens der bevelhebbers te worden gedwarsboomd, begaven de Patriottischgezinde gecommitteerden van het Noorder-Kwartier, met eene bende ruiterij, zich naar den Helder, waar zij de kapiteins Dekker en Tulleken, op grond van zekere gesprekken, en den luitenant van Braam, omdat hij voor den eersten, als zijn kommandant, wat onstuimig in de bres sprong, gevangen namen. Misschien was er ook wel Oranjelint gedragen, waarvan men, bij een onderzoek aan den Helder, bij dezelfde gelegenheid een ruimen voorraad ophaalde. Eerlang

---

[1] Brief van 10 Julij aan de Staten-Generaal; Nederlandsche Jaarboeken 1787 p. 1539, 1724, 1896 en 3040; Bouwens, Aan zijne committenten, p. 181.

[2] Brief van de admiraliteit van het Noorder-Kwartier van 23 Julij, in de Nederlandsche Jaarboeken 1787 p. 4175. Voorts Nederlandsche Jaarboeken 1787 p. 1795 en 2153; Bouwens, Aan zijne committenten, p. 184; de Jonge, Zeewezen, V p. 96.

staken de schepen, onder andere bevelhebbers in zee. Voor de gevangenen zag het er donker uit, dewijl de heer Vitringa, die wegens zijne gevoelens Elburg had ontruimd, tot fiskaal bij de over hen gestelde regtbank werd benoemd. De eisch was dan ook niet minder, dan dat Tulleken en Dekker beiden onbekwaam verklaard en in de kosten veroordeeld zouden worden; dat men bovendien den eerste tot vijf jaren zitten en eene langdurige ballingschap, den tweede tot vijfjarige verbanning zou verwijzen [1]. Gelukkig voor hen, kwam er weldra eene omkeering, in den staatkundigen toestand der republiek, waardoor elke tegen hen ingebragte beschuldiging verviel.

Den 28sten Junij, was de gemalin van den prins, op eene reis naar den Haag, door eenige gewapende burgers, die onder de commissie van defensie te Woerden dienden, bij de Goejanverwellesluis, aangehouden en tot den terugkeer genoopt. Deze daad, waaruit ten klaarste blijkt, hoe weinig de Patriotten, zelfs in Holland, op de meerderheid rekenden, had voor hen zeer ernstige gevolgen; want de broeder van de prinses, die in 1786 zijn oom Frederik II, als koning van Pruissen, was opgevolgd, eischte voldoening voor de beleediging, zijner zuster aangedaan. Hieraan poogden de Staten van Holland zich te onttrekken, bouwende op de hulp van Frankrijk. Maar deze liet zich wachten. Den 9den September vaardigde de koning van Pruissen een ultimatum uit, twee dagen later gevolgd door eene declaratie van den stadhouder. Den 13den der genoemde maand, rukte een Pruissisch leger van 20.000 man, onder den hertog van Brunswijk-Luneborg, over de grenzen. Nu stoven de verdedigers van Holland en Utrecht uiteen, en greep eene omwenteling plaats, die zich sneller uitbreidde, dan het Pruissische leger marcheerde. Den 20sten September, lang voor dat er vreemde troepen genaderd waren, keerde Willem V, onder het gejubel des volks, in de residentie terug.

Buitenlandsche tusschenkomst, van wat zijde en in welke mate dan ook aangewend, is altijd een bedroevend verschijnsel. Ware de prins krachtiger opgetreden, of had zijne vastberaden gemalin haar oogmerk bereikt, dan zou het er vermoedelijk niet toe gekomen

---

[1] Vaderlandsche historie, XIV p. 412, 415; Nederlandsche Jaarboeken 178 p. 1835, 1850, 1860, 2024, 4178, 4846.

zijn. Men vergete niet, dat de zeer talrijke Oranjepartij, in Holland slechts ontmoedigd en onderdrukt was. Eene kloeke greep zou het kunstig weefsel eener overspannen minderheid aanstonds verbreken. Zeker had de prins dit liever zelf moeten doen; zijne gemalin wilde het beproeven; de Pruissen deden het. En ook niet meer! Want er kan geene sprake zijn van 's prinsen gewelddadige herstelling, nu deze, te 's Gravenhage en andere plaatsen, door eene juichende menigte als stadhouder werd begroet, voor dat er Pruissen kwamen. Deze pleegden, vooral op het platte land, vele wandaden, hetgeen bij de meeste troepenbewegingen dier dagen geene zeldzaamheid was; doch zij behoefden, zelfs te Amsterdam en elders, waar men weerstand bood, slechts betrekkelijk weinig maatregelen van dwang te nemen.

g. Herstelling van het stadhouderlijk gezag. — Toestand van 's lands marine, en pogingen om het bestuur hierover op beteren voet te brengen. — Verrigtingen in de Middellandsche zee en elders. — Terugwerking der Fransche staatsomwenteling. — Mislukte inval van Dumouriez. — Kinsbergen opperbevelhebber. — Pichegru rukt het grondgebied der republiek binnen. — Willem V wijkt naar Engeland.

Geruimen tijd nadat de prins, zoo al niet letterlijk door buitenlandsche hulp, dan toch onder den invloed hiervan, in al zijne waardigheden hersteld was, bleef de gisting onder de menigte voortduren. Op vele plaatsen leidden de vreugdebedrijven, over 's prinsen terugkomst in de residentie, tot allerlei baldadigheden. Te Amsterdam, dat zich maar noode had onderworpen, bleef de houding van beide partijen onrustbarend. Nog den 28sten Maart 1788, achtte de admiraliteit aldaar zich verpligt, het werkvolk van 's lands werf tot rust te vermanen [1]. Eerst vier weken later, ontruimden de Pruissen de Leidsche poort, die zij uit voorzorg hadden bezet gehouden. Om den inwendigen vrede der republiek vooreerst te ver-

---

1) Nederlandsche Jaarboeken 1788 p. 506.

zekeren, verbonden Pruissen en Engeland zich met haar, zoowel tot onderling hulpbetoon, als tot handhaving der constitutie [1]). Doch er bestond, na de nederlaag der Patriotten, geen dadelijk gevaar voor nieuwe omwentelingen. Zelfs verklaarden alle provinciën in den zomer van het genoemde jaar, bij eene speciale acte, dat het erfstadhouderschap een essentiëel gedeelte harer constitutie uitmaakte [2]). Dit alles scheen zekere duurzaamheid te voorspellen. In Holland, het brandpunt der beweging, werd de raadpensionaris van Bleiswijk vervangen door van den Spiegel, een door en door bekwaam man, die evenwel, als Zeeuw van geboorte, niet den gewenschten invloed kon uitoefenen.

Onderwijl was de reactie allerwege in vollen gang. De stadhouder zelf, gematigd en altijd geneigd tot verzoening, ging het ruwe geweld en de verregaande buitensporigheden te keer, waaraan bekende Patriotten op vele plaatsen ten doel stonden. Hij was echter niet gelukkig in de keuze van hen, die met de verandering der magistraten belast werden, en kon niet overal den ijver zijner aanhangers binnen de perken houden. Dit gaf natuurlijk den achtergebleven Patriotten, onder welke vele edel denkende en invloedrijke personen, nieuwe reden tot verbittering, terwijl de prins hen poogde te winnen. Beducht voor de naderende gebeurtenissen, waren velen, die zich wat sterk op den voorgrond geplaatst hadden, reeds uitgeweken, onder welke sommige vreemdelingen, wier vertrek der republiek niet schaadde. Anders was het gelegen met een aantal meest jeugdige heethoofden, die niet alleen hunne talenten aan het vaderland onttrokken, maar door zich, bij hunne geestverwanten in België en Frankrijk, als martelaars der vrijheid voor te doen, het diep geschokte Nederland nieuwe gevaren brouwden. Sommige Patriotten verzoenden zich, ten minste oogenschijnlijk, met de thans bovendrijvende partij; andere, die niet uitweken en zich niet aansloten, gaven hunne openbare betrekkingen prijs, en bleven in het geheim werken, hopende op de toekomst.

Hoe volslagen de omkeering in den binnenlandschen toestand was, blijkt ten klaarste uit het lot der weinige zeeofficieren, die in de

---

[1]) Nederlandsche Jaarboeken 1788 p. 780, 787.
[2]) Vaderlandsche historie, XX p. 47 e. v., Bouwens, Aan zijne committenten, p. 146.

troebelen eene meer in het oog loopende rol gespeeld hadden. Reeds voor het einde van September 1787, waren de kapiteins Tulleken en Dekker, met den luitenant van Braam in vrijheid gesteld. Later herzag men ook het vonnis van den schout bij nacht van Rietveld, die voor een jaar was geschorst [1]). Alle verder onderzoek naar de reden van het mislukken der expeditie naar Brest werd gestaakt. Daarentegen besloot de regering het gedrag der zeeofficieren, gedurende den jongsten tijd, naauwkeurig uit te vorschen [2]). Sommigen, die zich openlijk aan de zijde der Patriotten geschaard hadden, moesten hiervoor zwaar boeten. Kapitein Schierhout, die eensklaps zijn ontslag genomen en zich in dienst der commissie van defensie begeven had, werd op onteerende wijze gecasseerd en voor altijd gebannen [3]). Hetzelfde wedervoer den kapiteins Braak en van Pelt, evenwel met dien verstande, dat men de ballingschap voor den eerste op slechts tien, voor den laatste op vijftien jaren bepaalde. Kapitein Sels, die eerst eene benoeming aangenomen, doch op stuk van zaken daarvoor bedankt had, ontving geene straf, doch moest zich de kosten van het proces getroosten, omdat hij, evenals de andere, was uitgeweken. Pieter Paulus, de fiskaal der admiraliteit van de Maas, die zich als een ijverig voorstander der Patriotten had doen kennen, werd insgelijks ontslagen [4]).

Bedriegelijk was de nu herstelde rust; want hetzelfde vuur, hier te lande slechts oogenschijnlijk uitgedoofd en in stilte voortsmeulende, barstte eerlang buiten de grenzen der republiek in lichte laaije vlam uit. Inmiddels openbaarden zich, op het gebied der nationale welvaart, allerlei teekenen van achteruitgang. Wel kwamen er jaarlijks nog gemiddeld 4000 schepen alleen in de Hollandsche havens binnen, en voeren nog 2000 Nederlandsche schepen door de Sond; doch de vaart op Rusland nam af, het aantal walvischvaarders, vroeger meer dan 200, daalde tot beneden 70, dat der haringbuizen tot beneden 200 [5]). En hoe ellendig zag het er uit, met de Oost-

---
[1]) Bouwens, Aan zijne committenten, p. 120, 123, 252.
[2]) Nederlandsche Jaarboeken 1787 p. 4626, 5137, 5267.
[3]) Nederlandsche Jaarboeken 1788 p. 1179; Vaderlandsche historie, XXII p. 180.
[4]) Nederl. Jaarb. 1789 p. 576; Vaderl. hist., XX p 78, 86; de Jonge, Zeew., V p. 103.
[5]) Nederlandsche Jaarboeken 1787 p. 6172; voor 1788 p. 1954 en 1969; voor 1789 p. 2083, 2087 en 2107; Scheltema, Rusland en de Nederlanden, IV p. 250.

Indische compagnie! Hare achterstallen waren, in tien jaren tijds, van ruim acht, tot meer dan zeventig millioen gl. geklommen. Zij kon zich alleen staande houden, door de hulp, haar in schepen en enorme subsidiën verleend. [1]) Met de West-Indische compagnie, die altijd ondersteuning had ontvangen, was het betrekkelijk nog erger gesteld. Dit bewoog de Staten-Generaal, in 1791, het vervallen octrooi niet te vernieuwen, en liever het geheele bestuur op zich te nemen. [2]) Wat zij en andere autoriteiten deden, om door premiën als anderzins verschillende takken van industrie op te beuren en aan te moedigen, moet hier onvermeld blijven. De slotsom is, dat alles eenigermate was verachterd; doch dat er nog vertier genoeg bestond, om den toestand niet als hopeloos te beschouwen, vooral dewijl er, in alle kringen der maatschappij, zekere welvaart heerschte, en de republiek, over het geheel, als een der rijkste landen van den ganschen aardbodem was aan te merken.

Als eene vrucht van de inspanning der laatste jaren, nu sedert 1777 niet minder dan 46 linieschepen en 20 fregatten waren aangebouwd, [3]) bezat de republiek thans een vrij aanzienlijk drijvend materiëel. Het bestond, op den 1sten Januarij 1788, uit 39 schepen van 68 en 70, 11 schepen van 50 tot 56, 22 fregatten van 36 tot 40, 25 fregatten van 20 tot 26 stukken, en nog 25 kleinere bodems. [4]) Over het gehalte dier schepen, werden evenwel vaak klagten gehoord. De onbezeildheid der meeste verhinderde niet zelden het welslagen eener onderneming. Op den tegenstand, dien vroeger aangewende pogingen tot verbetering hadden ontmoet, is elders gewezen. Doch nu was er meer! Het gold thans minder het stelsel, dan wel de toepassing daarvan. Men wilde namelijk, dat er, tot een spoedig herstel van 's lands marine, met te veel overijling was gebouwd, en trachtte hieruit sommige zeerampen te verklaren, zoo als die, welke de *Unie* en de *Drenthe* getroffen hadden. Deskundigen mogen het beslissen, in hoeverre de aanbe-

---

[1]) Vaderlandsche historie, XXIV p. 82; v. Kampen, de Nederlanders buiten Europa, III a. p. 332; Bouwens, Aan zijne committenten.
[2]) Vaderlandsche historie, XXIV p. 357 en XXV p. 272.
[3]) De Jonge, Zeewezen, V bijlage I.
[4]) Nederlandsche Jaarboeken 1788 p. 74.

steding eener menigte bodems op particuliere werven, [1] tot eene min goede afwerking van het materiëel kan hebben bijgedragen. Kapitein van Bylandt schijnt het er voor gehouden te hebben, daar hij, den 13den October 1784, bij eenig defect aan de groote ra van de *Jupiter*, in zijn journaal aanteekende, dat zij, evenals het schip zelf, bij aanbesteding was gemaakt. [2] Wat de soort van schepen betreft, zij hier opgemerkt, dat de fregatten, die in den slag op de Doggersbank nog eene zeer ondergeschikte rol speelden, langzamerhand iets meer op den voorgrond traden, nadat de Noord-Amerikanen zich hiervan in den vrijheidsoorlog met vrucht hadden bediend.

Tot een bewijs, dat men hier niet tegen elke nieuwigheid opzag, kan in de eerste plaats de invoering van het koperen der schepen strekken, ten einde hierdoor hunne bezeildheid te vermeerderen. Sedert dat de Engelschen, in 1758 of iets later, bij wijze van proefneming, de *Alarm* hadden gekoperd, [3] waren vele hunner schepen op dezelfde wijze voorzien. Frankrijk, vroeger door de kosten afgeschrikt, volgde nu weldra. Het liet, in 1778, de *Iphigénie* koperen, naar het model van de *Lively*, een veroverd Engelsch schip. [4] De ervaring, door sommige Nederlandsche bevelhebbers, onder welke kapitein Melvill, opgedaan, dat vijandelijke schepen beter liepen, omdat zij gekoperd waren, [5] had ook in de republiek tot het besluit geleid, de gebruikelijke dubbeling met hout en de spijkerhuid langzamerhand door koper te doen vervangen. Behalve de admiraliteit van Zeeland, die eerst in 1786 volgde, [6] hadden alle collegiën, in 1781, reeds eene proef genomen, of konden zij verklaren hiermede bezig te zijn. Dat van Harlingen noemde de *Pallas*. Elders blijkt, dat ook de *Kortenaar*, op last van de admiraliteit van Rotterdam, werd gekoperd. [7] In betrekkelijk korten tijd,

---

[1] Rapporten der admiraliteiten in 1781, ed. Verlem p. 29, 65, 101.
[2] Journaal, gehouden aan boord van de *Tijger*, M. S. in het Rijks-Archief.
[3] Charnock, Marine architecture, III p. 201; Naval Chronicle, I p. 31.
[4] Guérin, Histoire maritime de France, II p. 628.
[5] Journaal, gehouden aan boord van de *Castor*, M. S.
[6] De Jonge, Zeewezen, V p. 9.
[7] Rapporten der admiraliteiten, ed. Verlem, p. 62, 100, 119; Nederlandsche Jaarboeken 1781 p. 1579.

waren vele schepen op dezelfde wijze voorzien. Dit is op te maken uit de woorden van kapitein van Bylandt, die van de manoeuvres gewagende, welke het Nederlandsche eskader, in 1784, onder het bevel van Kinsbergen, in de Middellandsche zee volbragt, er bijvoegt, dat zij niet weinig vertraagd werden, door het slechte zeilen van de *Noord-Holland* (64), het eenige schip van het gansche eskader, dat niet gekoperd was. [1])

Inmiddels had men ook pogingen aangewend, tot verbetering der bewapening, door het invoeren der in Engeland reeds gebruikelijke carronnades. Dienaangaande meldt kapitein van Bylandt, eer hij in 1780 zijne reis naar St. Eustatius met de *Mars* (36) aanvaardde, dat hij, den 30sten October, zijn geschut had opgezonden, omdat de admiraliteit van Amsterdam, die tot eene proef carronnades van vier en twintig pond voor de *Amsterdam* (68) had doen gieten, op zijn verzoek, ook achttienponders en achtponders voor de *Mars* (36) had doen vervaardigen. [2])

Doch alleen met eene verbetering van het materieel was de zeemagt niet te helpen. Welk een tal van gebreken hadden velen, door hunne geschriften, niet aan het licht gebragt! In een „Zeemansdroom", toegekend aan Kinsbergen; in de hierop gemaakte „Staat- en krygskundige reflectiën"; in de „Vier brieven uit Texel"; in het „Vrymoedig en staatkundig onderzoek van een Geldersman na de oorzaaken van den laagen en hachelijken toestand des Vaderlands," en andere werken, allen in 1781 verschenen; in „Eenige bedenkingen over de zeemagt van de republiek", een flink geschreven stuk, dat vermoedelijk van kapitein van Bylandt afkomstig is, en in 1783 werd gedrukt, waren doortastende maatregelen aanbevolen. Over de voordeelen van een vast corps matrozen en onderofficieren, over het nut eener jaarlijksche uitrusting, over de wenschelijkheid van een vereenvoudigd bestuur, over het nadeel der schafting van wege de bevelhebbers, en over vele andere zaken waren de meesten het nagenoeg eens. Het onderzoek naar het mislukken der expeditie van Brest bevestigde hunne meening. Maar de tijdsomstandigheden waren niet zeer geschikt tot het aanbrengen van omvangrijke ver-

---

[1]) Journaal, gehouden aan boord van de *Tijger*, M. S. in het Rijks-Archief.
[2]) Journaal, gehouden aan boord van de *Mars*, M. S. in het Rijks-Archief.

beteringen, toen de hiertoe strekkende plannen werden geopperd. Sommigen, door partijdrift beneveld, ontbrak het aan de vereischte kalmte, anderen, uit eigenbelang en staatkundigen hartstogt tevens, aan de noodige inschikkelijkheid.

Onder hetgeen er werkelijk tot stand was gekomen, behoort de inrigting van het Nieuwediep tot berging van schepen. In dit opzigt was het verblijf van den stadhouder, Rendorp, e. a. in April 1781 aan den Helder, niet zonder vrucht gebleven. Onder allerlei belemmeringen, had men het plan doorgezet, zoodat er, in 1788, meer dan honderd schepen, door alle jaargetijden heen, veilig konden liggen, waarvan de prins zich thans in persoon ging overtuigen. [1]) Van niet minder belang voor de marine, was de oprigting der kweekschool voor de zeevaart te Amsterdam, welke de opleiding van bekwaam personeel ten doel had. Met betrekking hiertoe zij opgemerkt, dat vele Nederlandsche vlagofficieren, schoon zij, even als de staatslieden van hun tijd in de kabinetten en de veldheeren aan de spits der legers, te veel woorden verspilden, toch bewijzen hadden geleverd, dat zij zelven wetenschappelijk gevormd waren, en op het voetspoor van den luitenant-admiraal Schrijver, hunne kennis ook ten dienste van anderen wenschten te gebruiken. Dezelfde van Bylandt, die later zoo verguisd werd, had reeds in 1767 een werk over de zeetaktiek uitgegeven. Is het al niet geheel oorspronkelijk, zoo is het toch in een zuiver Nederlandsch kleed gestoken en met vele aanteekeningen verrijkt. Vaillant, Kinsbergen e. a. hadden, reeds voor 1788, onderscheiden werken over zeevaartkunde en taktiek het licht doen zien. In het genoemde jaar, verscheen ook de almanak voor zeelieden. Zoowel hieruit, als uit andere geschriften, bleek, dat het berekenen der lengte op zee, het verbeteren der zeekaarten, een doelmatig inrigten en gebruiken van instrumenten, en vele andere onderwerpen, betreffende de zeevaart, den Nederlandschen zeeofficier ter harte gingen.

Onder de beperkingen van het stadhouderlijk gezag, welke de Patriotten beoogden, behoorde 's prinsen regt tot het aanstellen van vlagofficieren. Willem V had dit namelijk, evenals zijn vader,

---

[1]) Rendorp, Memoriën, I p. 140; Missive en memorie van Z. H. fo. 122; Vaderlandsche historie. XXII p. 213, 357.

meermalen uitgeoefend, b. v. na den slag op de Doggersbank, om sommigen een blijk van tevredenheid te geven. Dien ten gevolge bekwam de republiek, en vooral de admiraliteit van Amsterdam, een vrij groot aantal vlagofficieren. Dat zulks ligtelijk in gunstbetoon ontaarden en tot misbruik leiden kon, is niet te loochenen. Hierbij moet evenwel niet worden vergeten, dat de prins alleen den titel schonk, en dat de benoemde niet terstond in het genot kwam van het daaraan verbonden tractement. Spottenderwijs noemde men hen, uit dien hoofde, in een „Bericht uit het rijk der dooden, om te dienen tot een bijvoegsel van de Biographia Ultrajectina, of gulde legende van de Stichtsche Sinterklaas," eene menigte vice-admiraals en schouten bij nacht van papier, die vaak andere in den weg stonden.

Bekwame mannen van alle partijen kwamen hierin overeen, dat er bij de zeemagt veel moest worden veranderd, zou deze het bolwerk blijven van de zwaar geteisterde republiek. Pieter Paulus en andere Patriotten hadden plannen gevormd, hetgeen de thans herstelde partij, op hare beurt, insgelijks deed. Een allezins merkwaardig rapport, den 28sten October 1789, door eene commissie tot het defensie-wezen aan de Staten-Generaal uitgebragt, [1] waarin vele bestaande gebreken als met den vinger aangewezen en doortastende maatregelen aanbevolen werden, toont zonneklaar, welk eene radicale hervorming der marine sommigen wenschelijk achtten.

Voornamelijk drong de commissie in haar rapport aan, op vereenvoudiging van het bestuur, eenparigheid van bouw, afschaffing van allerlei misbruiken en bezuiniging. De vijf bestaande admiraliteiten wilde zij vervangen door één collegie te 's Gravenhage, dat op den voet van den raad van state moest worden ingerigt. Met bittere zinspeling op schepen, gebouwd op plaatsen, waar zij niet van daan te krijgen waren, meende zij dat een centraal bewind, hetwelk alles te gelijk gade sloeg, dergelijke misslagen zou kunnen verhoeden. Nopens de veel besproken schafting, deed zij geen bepaald voorstel; doch zij wees op andere schromelijke misbruiken aan boord der schepen, waar de schrijvers b. v. der bemanning 40 pCt. voor gedane voorschotten in rekening bragten. Den rang van kapi-

---

[1] Nederlandsche Jaarboeken 1789 p. 1156, 1165 e. v. en de bijlagen p. 1484 e. v.

tein-luitenant wenschte zij hersteld te zien, en die van vlagofficier moest, volgens hare meening, niet langer een provinciaal ambt blijven, maar voortaan door de Staten-Generaal, namens de Unie verleend worden. „De stof groeit onder onze vingeren aan; — overal stuiten wij op misbruiken!" riep de commissie uit, toen zij tot den staat der dokken en zeegaten genaderd was. Te Amsterdam, lagen de schepen doorgaans in den modder, zoodat men, in 1784, niet minder dan vier en veertig dagen had moeten besteden, om de *Vrijheid* (70) in vlot water te brengen. Maar de commissie was inderdaad verstomd over de enorme kosten, welke het innen der gewone middelen na zich sleepte. Deze beliepen gemiddeld 17 pCt. van het bedrag, en in Friesland niet minder dan 41 pCt. Die inkomsten der gezamenlijke collegiën, welke dooreen genomen, tusschen 1780 en 1785, 2.195.588 gl. per jaar hadden bedragen, konden door eene meer eenparige heffing en een zuiniger beheer worden opgevoerd. Ofschoon het moeijelijk te ramen was, hoeveel de marine jaarlijks behoorde te kosten, zoo gaf de commissie, met verwerping van alle aangeboden plannen, in overweging, om voortaan het drijvend materieel op 30 linieschepen en 40 fregatten te houden, terwijl men de schepen der Oost-Indische compagnie bovendien zoodanig kon inrigten, dat zij als goede zestigers te gebruiken waren. Na het invoeren der noodige bezuinigingen, begrootte de commissie de jaarlijksche uitgaven op 545.242 gl. voor aanbouw; 319.000 gl. voor reparatie; 1.200.000 gl. voor uitrusting; 1.000.000 gl. voor tractementen en 500.000 gl. voor huishoudelijke kosten. Het gezamenlijk bedrag van 3.564.242 gl., verminderd met 2.405.588 gl. waarop de commissie de gewone inkomsten schatte, liet een te kort van 1.158.654 gl. hetwelk de provinciën telken jare voor hare rekening moesten nemen. De finantiën der admiraliteit, thans een ware chaos, behoorden in orde gebragt, en door eene geregelde opbrengst tegen nieuw verval behoed te worden. Behalve de gewone inkomsten en de sommen uit de kas van het last- en veilgeld verstrekt, hadden de admiraliteiten, gedurende eenige jaren, bijna 43 millioen gl. aan verschillende uitrustingen, en 33 millioen gl. aan het bouwen van schepen besteed. Zij hadden echter slechts 60 millioen ontvangen, en dus 16 millioen te weinig. Vooral de afdoening der schulden van het collegie te Harlingen eischte dringend voorziening.

Pleit nu dit gansche rapport niet voor een ernstig streven, om de gebreken in den wortel aan te tasten? Alleen blinde partijschap kon beweren, dat de commissie, behalve de opheffing der admiraliteiten, bijna alles maar bij het oude wilde laten [1]. Doch reeds voor de indiening, begon de tegenstand, die zich voornamelijk grondde op sommige berekeningen. Alle collegiën, zelfs dat van Harlingen, hetwelk veel te wenschen overliet, en naar het oordeel der andere misschien zou kunnen vervallen, waren eenparig tegen eene eventuëele opheffing [2]. Van hunne adviezen, zoowel als van die, door de vice-admiraals Reynst en Zoutman uitgebragt [3], maakte de commissie gebruik, b. v. wat betreft den bouw van de schepen der Oost-Indische compagnie. Eenige wenken, in vlugschriften gegeven, had zij blijkbaar niet versmaad. Haar rapport was evenwel slechts de eerste stap op eene alles behalve geëffende baan.

Bij eene latere missive, erkenden de admiraliteiten het gegronde van sommige grieven. Het zeevolk moest aan wal 25 pCt., aan boord 40 pCt. voor ontvangen voorschotten betalen. Met betrekking hiertoe, had de admiraliteit van de Maas echter al vroeger bepaald, dat het voorschot aan boord nooit meer dan $^1/_5$ der gansche soldij mogt bedragen [4]. Voor dat de commissie haar rapport overlegde, kwamen de admiraliteiten van de Maas en Amsterdam reeds op, tegen vele hierin gemaakte berekeningen. De laatste beweerde, dat het hol van een schip, in 1781 op 381.000 gl. begroot, niet lager te stellen was. Hierbij kwam nog ruim 200.000 gl. aan touwwerk, blokwerk, optuigen, zeilen en bewapening, eer het schip eene reis van zestien maanden kon ondernemen [5]. Nadat het stuk ingediend en den Staten der bijzondere gewesten toegezonden was, vroegen die van Holland nog eens het gevoelen van de drie aldaar gevestigde admiraliteiten, welke zich, in den loop van het volgende jaar, weinig ingenomen betoonden met de voorgeslagen hervorming. Die van het Noorder-Kwartier vreesde, dat de beoogde menage niet zou op-

---

[1] Vaderlandsche historie, XXII p. 331.
[2] Nederlandsche Jaarboeken 1789 p. 1593 e. v.
[3] Nederlandsche Jaarboeken 1789 p. 1646 e. v.
[4] Nederlandsche Jaarboeken 1789 p. 1657 e. v.
[5] Brieven van 3 Maart en 3 Junij, in de Nederl. Jaarb. 1789 p. 375 en 740.

wegen tegen de hiermede gepaard gaande inconvenienten. Zij was tegen de opheffing der collegiën, hoewel bekennende dat het oprigten van een algemeen collegie, met behoud der bestaande, zijn nut kon hebben [1]). De admiraliteit van de Maas ontried het plan insgelijks. Eenparigheid van bouw behoorde, volgens haar, tot de Platonische republiek. Zij vond de kosten van aanbouw en reparatie, die alleen te Hellevoetsluis omstreeks 200.000 gl. beliepen, veel te laag geraamd. Zij kon niet inzien, op welken grond de commissie eene vermeerdering der gewone inkomsten verwachtte, en was beducht, dat eene opheffing der collegiën slechts strekken zou tot vermindering van den invloed der provincie Holland. Alleen het aannemen van mariniers, het wijzigen van den bouw der Oost-Indische schepen en het aanbrengen van sommige verbeteringen in de bestaande collegiën, kon zij ten volle toejuichen. [2]) Hiermede strookte het gevoelen der admiraliteit van Amsterdam in hoofdzaken. Deze merkte bovendien op, dat hare gewone inkomsten, gedurende het gegeven tijdsverloop, meer dan 300.000 gl. te hoog gesteld waren, hetgeen zij een notabel abuis noemde. Over het algemeen vond zij eene zoo diep ingrijpende hervorming, als de commissie voorstelde, uiterst gevaarlijk. [3])

Provinciale, stedelijke en personeele belangen werden, als om strijd, aangevoerd, om de verwezenlijking van een allezins nuttig, hoewel niet in allen deele onberispelijk plan te doen falen. Zeker niet bemoedigend voor hen, die het wrakke staatsgebouw wenschten te schragen. Hoe bezwarend dit was voor den raadpensionaris van de Spiegel, die bij de aanvaarding van zijn ambt alles in de war en in vervallen staat vond, is te begrijpen. Zijn voornemen, om de admiraliteiten ineen te smelten tot één collegie, evenals de raad van state, kon hij niet ten uitvoer brengen. Dit en andere voorstellen tot verbetering stuitten, in den regel, op den tegenstand der regenten.

Intusschen waren er, in 1789 en 1790, ten behoeve der zeemagt gelden toegestaan, waarover men betrekkelijk spoedig kon beschikken, omdat Holland voor de nalatige provinciën in de bres sprong. [4])

---

[1]) Brief van 4 Mei 1790, in de Nederlandsche Jaarboeken 1789 p. 1861.
[2]) Brief van 17 Augustus 1790, in de Nederlandsche Jaarboeken 1790 p. 1872.
[3]) Brief van 30 October 1790, in de Nederlandsche Jaarboeken 1790 p. 2363.
[4]) Bouwens, Aan zijne committenten, p. 266.

Verschillende uitrustingen kwamen dien ten gevolge tot stand. Kapitein Staring vertrok in 1789 met de *Thetis* (20), de *Bellona* (20), de *Zwaluw* (16) en de *Merkuur* (16) naar Oost-Indië, waar hij medewerkte tot het bijleggen der geschillen met de vorsten van Boni en Palembang, en het handhaven der rust op Java en in de Molukken, tot dat hij in 1792 terugkeerde, met achterlating van de *Zwaluw*, die afgekeurd en verkocht werd. [1]) Kleine eskaders kruisten in de Middellandsche zee, en vele schepen werden tot andere diensten uitgezonden. Kinsbergen, onlangs tot vice-admiraal verheven, kommandeerde in 1789 een oefenings-eskader in de Noordzee, en zou dit in 1790 bij herhaling gedaan hebben, indien zijne scheepsmagt niet eene andere bestemming had gekregen. In Junij van het laatstgenoemde jaar, zeilde hij met twaalf bodems naar Engeland, waar hij zich, ter reede van Spithead, eenige weken ophield, om desgevorderd tegen de Spanjaarden hulp te verleenen [2]) Het kwam er niet toe, zoodat zijn verblijf wel eenige overeenkomst had met dat van den vice-admiraal Aerssen van Sommelsdijk, in 1729 terzelfder plaatse. Ook thans weder klaagden sommigen over de kosten, [3]) aan een blijkbaar doelloozen togt besteed. Toch leverde deze het voordeel op, dat Kinsbergen en de zijnen, zoowel door hunne persoonlijkheid, als door den toestand hunner schepen, den ongunstigen indruk uitwischten, dien het eskader van den luitenant-admiraal Grave, ruim veertig jaren geleden, in de Engelsche havens had gemaakt.

Maar juist de ijver, door Kinsbergen en anderen aan den dag gelegd, om 's lands marine een beter voorkomen te geven, leidde hen tot de overtuiging, dat er van regeringswege meer gedaan moest worden. Kort voor zijn vertrek naar Engeland, schreef de vice-admiraal aan den griffier der Staten-Generaal: „Het doet my leet te moeten seggen, Hoog Edele Gestrenge Heer, als de Republicq zig thans schielyk tot een oorlog moest praepareeren, wy niet beter, als met den beginne van den laatstleden oorlog ter zee zullen

---

1) De Jonge, Zeewezen, IV p. 743 e. v.
2) De Jonge, Zeewezen, V p. 57. 118 e. v.; van Hall, Het leven van Kinsbergen, p. 156.
3) Vaderlandsche historie, XXIII p. 215.

zyn, en altoos weezen, zo wy niet eens een vaste voet van officieren, onderofficieren, eenig zeevolk en wagtschepen zullen hebben. Het is geen vuyl eigenbelang, maar de lievde voor myn Vaderland, die myn eerbiedigst deese vryheid doet neemen," [1]) enz. Doch er heerschte, in afwachting van den uitslag der geopperde plannen, zekere bedrijvigheid, door het uitzenden van de gemelde eskaders, vele convooijers en sommige schepen naar West-Indië, waarover de Staten-Generaal onlangs het geheele bestuur op zich genomen hadden.

Met deze bestemming was ook *den Briel* (36) vertrokken, die kort na het aanvaarden der reis, den 22sten December 1791, op de Engelsche kust strandde. Kapitein Gobius, die er het bevel over voerde, ontdekte 's avonds te half acht, op de hoogte van Lezard, een lek, dat niet te stoppen was, en moest aanstonds maatregelen nemen, tot redding der equipage. Wegens de sterke branding, bereikten hij en de meeste der zijnen slechts met veel moeite een onherbergzaam oord, waar de kustbevolking, zoo goed als straffeloos, nog een zeker strandregt handhaafde. Met verontwaardiging zag de Nederlandsche bevelhebber, hoe zij des anderen daags zijn schip met kleine vaartuigen omringde en alles vermeesterde, wat onder haar bereik viel. Daarentegen ontbraken hem de eerste levensbehoeften voor zijn volk. Brood was niet te bekomen, en de opgevischte hammen waren niet gekookt te krijgen. Hierover misnoegd, begaf een gedeelte der bemanning zich naar Falmouth. Het werd er, na de aankomst van 16 Engelsche soldaten, onder een sergeant, niet beter op; want deze maakten gemeene zaak met de bevolking. Sommigen hunner drongen, des nachts, zelfs tot in de slaapkamer van den Nederlandschen bevelhebber door, om het daar geborgene te rooven. Na hieruit met geweld verdreven te zijn, sloegen zij de glazen in en veroorzaakten zij allerlei rumoer in het benedenhuis, alvorens te vertrekken. Intusschen bleven 's lands meeste goederen eene prooi der kustbewoners. Deze vernielden, wat zij, van hetgeen de zee spaarde, niet konden vermeesteren. Het gezigt van de zware touwen, die langs het strand stuk gehakt lagen, zou, volgens den bevelhebber, een stalen hart hebben gebogen. Men liet hem voor

---

[1]) Brief van Kinsbergen van 23 Mei 1790 aan den griffier der Staten-Generaal. M. S. in het Rijks-Archief.

zijn eigen goed betalen, en niet dan tegen voldoening van een derde van de waarde, stond men hem een honderdtal hemden af voor zijne van alles ontbloote equipage. Gelukkig kwamen er, in de eerste dagen van Januarij, eenige schepen te Falmouth, waarop men het volk kon doen overgaan. Om Gobius te troosten en het gebeurde wat te vergoelijken, verklaarde de Engelsche kommandant, dat een Engelsch fregat, op dit gedeelte der kust, in de nabijheid der tinmijnen, er vermoedelijk weinig beter aan toe ware geweest. Gobius begaf zich naar Plymouth en bezocht later het tooneel der verwoesting nogmaals, in het belang van den verkoop der geredde goederen. Met uitzondering van de wapens en de amunitie, werd alles te gelde gemaakt. De opbrengst was evenwel niet groot. Het hol van het schip werd, in de tegenwoordigheid van Gobius, voor 56 guinjes verkocht. Zoodra deze, den 21sten Februarij, weder te Hellevoetsluis was aangekomen, gaf hij een omstandig verslag van het gebeurde, waarbij hij, volgens de officiëele lijst, aan proviand en commaliewant, nagenoeg 30.000 gl. had verloren. [1])

Kapitein Gobius werd eerlang benoemd tot bevelhebber van de *Castor* (36), die bestemd was naar de Middellandsche zee, waar de onzen, sedert het vertrek van Kinsbergen in 1786, doorgaans eene te kleine magt onderhouden, en zoodoende nieuwe verwikkelingen met de roofstaten uitgelokt, of ten minste aangemoedigd hadden. De keizer van Marokko liet zich, in 1787, slechts met geschenken bevredigen. Te Tunis liet men zich 25.000 gl. betalen voor het planten der Nederlandsche vlag, terwijl de dey vier paar pistolen, hem drie jaren geleden vereerd, terugzond, omdat zij met koper in plaats van met goud beslagen waren, en een ander paar, met diamanten en robijnen bezet, dat hem insgelijks niet beviel. Hij liet zich tevreden stellen met 10.000 pond buskruid, en nam toen het laatstgenoemde geschenk weder terug. De vrede met Tripoli bleef slechts bewaard, tegen betaling van 6000 gl. in geld. Algiers moest door buitengewone geschenken worden bewogen, om het gezondene te aanvaarden, dat evenwel, ongerekend de kosten van het

---

[1]) Generaal rapport van het ongeluk, voorgevallen op den 22sten December 1791, M. S. evenals het journaal van Gobius. van diens schrijver, en het rapport van den majoor Portegies, M. S. in het Rijks-Archief.

transport, op bijna 46.000 gl. te staan kwam. Tegen een volgend jaar verwachtte de dey weder vele scheepsmaterialen. [1]) Sedert waren er nieuwe onaangenaamheden gerezen, waartoe de admiraliteiten zelven vaak aanleiding gaven, door het eenmaal beloofde of niet in tijds te zenden, of wel van zoodanig gehalte, dat de ontvanger zich met reden kon beklagen. Waartoe dit leidde, ondervond Gobius, nadat hij, den 11den October, te Livorno was aangekomen.

Aldaar lagen op dat tijdstip reeds de *Lynx*, (14) en het *Zeepaard* (24), waarbij zich, den 18den, ook de *Gelderland* (64) voegde, gekommandeerd door kapitein van Bylandt, die met dezen bodem in het laatst van Julij was onder zeil gegaan, om het bevel in de Middellandsche zee op zich te nemen. Voor het einde van October, kwam de *Snelheid* (12) te Livorno. Den 15den November, verscheen er ook de *Concordia*, een hoeker, beladen met presenten voor Algiers, welker bezorging aan kapitein Gobius met de *Castor* werd opgedragen, te gelijk met 300 vaten buskruid, die hij van de *Gelderland* overnam. [2])

Den 19den November, zeilde Gobius met de *Castor* en de *Concordia* naar Algiers, waar hij, den 1sten December, bij zijne aankomst een goed onthaal vond, en het medegebragte kruid loste. Zoodra men vervolgens ook de andere geschenken aan wal bragt, vond de dey de gezonden masten wat kort, en nadat hij zich tot het aanvaarden had laten bewegen, ontdekte men, helaas, eene verrotte plek. Gobius, die zelf moest erkennen, dat de masten, over het geheel, slecht en dun waren, poogde te vergeefs de verbolgenheid van den dey te stillen. Deze bewerende, dat men hem slechts verrotte goederen zond, wilde van geene Hollanders meer hooren, en verklaarde hun den oorlog, met last aan Gobius en den consul om binnen drie dagen te vertrekken. Er was niets aan te doen. Gobius ging, den 16den Januarij 1793 onder zeil, om met kapitein van Bylandt te overleggen, hoe verder te handelen. Doch alvorens zijne bestemming te bereiken, vernam hij, dat van Bylandt, reeds eenigen tijd geleden, met de *Gelderland* en twee kleinere schepen naar het vaderland was vertrokken.

---

[1]) Vaderlandsche historie, XIX p. 416 e. v.
[2]) Journaal van kapitein Gobius, gehouden aan boord van de *Castor*, en dat door van Bylandt aan boord van de *Gelderland* gehouden, beiden M. S. in het Rijks-Archief.

Te Livorno, vond hij inderdaad slechts twee kleine vaartuigen de *Valk* (24), die in December was aangekomen, en de *Lynx* (14). Hem zelven werd, met de *Castor*, eene quarantaine van veertig dagen opgelegd. Met deze onaanzienlijke magt kon hij evenwel toch niets aanvangen, tegen de Algerijnen. In het besef hiervan, toefde hij te Livorno, tot den 21sten Augustus, en zeilde vervolgens naar Genua en naar Gibraltar, waar hij, den 30sten September 1793 het anker liet vallen, om er versterking af te wachten. [1] Eer deze op daagde, was de republiek zelve bedreigd, hetgeen ook aanleiding had gegeven tot het onverwacht vertrek van kapitein van Bylandt met de *Gelderland*.

Na de indiening van het rapport over den toestand der admiraliteiten, had die van Amsterdam nog een gevoelig verlies geleden, door het verbranden van haar magazijn, in den nacht tusschen den 5den en den 6den Julij 1791. [2] Sedert waren inderdaad pogingen aangewend, om het bestuur der republiek, en bepaald dat van haar zeewezen, op beteren voet te brengen. Ten einde den loop der zaken te bespoedigen, besloten de Staten-Generaal, den 7den September 1792, dat zij voortaan het stilzwijgen eener provincie, die negen weken, na de indiening eener petitie ten behoeve van zee- of landmagt, hare stem niet had uitgebragt, voor toestemming zouden aanmerken. Bovendien stelden zij een staat van oorlog vast, ten bedrage van hoogstens 13½ millioen gl., die nogtans slechts voor twee jaren zou gelden, bijaldien de admiraliteiten, binnen dit tijdsbestek, niet de noodige hervormingen hadden ondergaan. Voor equipage, aanbouw en reparatie werd eene jaarlijksche som van 1.080 000 gl. uitgetrokken. De Staten-Generaal namen tevens het besluit, om zes compagniën scheepsartilleristen op te rigten, gezamenlijk 840 man sterk, waarover vlagofficieren het bevel zouden voeren. Te gelijker tijd herstelden zij den rang van kapitein-luitenant, en regelden zij de kaders en de tractementen der zeeofficieren. [3] Onmiddellijk nadat de gemelde stappen op den goeden weg waren gedaan, dreigde het gevaar van den zuidkant.

---

1) Journaal van kapitein Gobius, gehouden aan boord van de *Castor*, M. S.
2) Nederlandsche Jaarboeken 1791 p. 885; Vaderlandsche historie, XXII p. 225.
3) Nederlandsche Jaarboeken 1792 p. 1106, 1113, 1145, 1201, 1244.

Frankrijk was, sedert 1789, het tooneel geweest eener staatsomwenteling, welker gelijke de wereld nooit te voren had aanschouwd. Hartstogtelijke volksleiders poogden er de eeuwen oude monarchie in den grond te hervormen. In dolle drift hun doel voorbijstrevende, sloopten zij echter, onder het vergieten van stroomen bloeds, wat zij aanvankelijk slechts wilden verbeteren. In September 1792, was de reeds zeer beperkte monarchale regering geheel afgeschaft, Frankrijk in eene democratische republiek herschapen, en koning Lodewijk XVI in staat van beschuldiging gesteld. Onheilspellend was dit voor naburige staten, waar velen dezelfde begrippen koesterden, die nu in Frankrijk tot de uiterste consequentie werden doorgevoerd; te meer dewijl het spoedig bleek, dat er bij de raddraaijers een voornemen bestond, om de zegeningen van hun werk ook over andere natiën uit te storten. Eerst gold het België, waar de hervormingen van Jozef II een tegenstand hadden uitgelokt, die vooral na zijn dood, in 1790, een meer democratisch karakter had aangenomen; daarna de republiek der Vereenigde Nederlanden, waarop de uitgeweken Patriotten de aandacht hunner geestverwanten hadden gevestigd, als op een rampzalig land, waar de vrijheid met hulp van buitenlandsch geweld was vertreden.

Gedurende het najaar van 1792, drongen de legers der Fransche republiek in Duitschland en de Zuidelijke Nederlanden door. In October, bezette de generaal Custine het gewigtige Maintz. De generaal Dumouriez veroverde bijna geheel België, en werd te Antwerpen binnengehaald. Tot vermeestering van het kasteel, achtte hij eenige schepen noodig, die er evenwel moesten komen, langs de Schelde, welke de Staten-Generaal, sedert hunne overeenkomst met Jozef II, ouder gewoonte, gesloten hielden. Vermoedelijk zou de Fransche republiek haar beginsel niet even gemakkelijk prijs geven. Ongerekend toch het verlangen naar eenig geschil met Nederland, om er hare begrippen te doen zegepralen, sprak de Nationale Conventie haar gevoelen, omtrent de belemmering der vaart op sommige rivieren, met name op de Maas en de Schelde, duidelijk genoeg uit. [1]

Toen zich, den 22sten November, twee Fransche vaartuigen op de Schelde vertoonden, met last van Dumouriez, om tot Antwerpen

---

[1] Nederlandsche Jaarboeken 1792 p. 1595; Vaderlandsche historie, XXV p. 126.

door te varen, verklaarden de Staten van Zeeland dit niet te kunnen toestaan. Zij schreven er aanstonds over aan de Staten-Generaal, die, wel beseffende, dat een beroep op het beschreven regt thans weinig zou baten, den doortogt weigerden, voornamelijk op grond, dat het verleenen van eene passage over hun gebied, aan eene der oorlogvoerende partijen, niet strookte met de regels eener strikte onzijdigheid. Zij gelastten evenwel hun bevelhebber op de Schelde, zich tot een ernstig protest te bepalen, indien het bleek, dat de Franschen voornemens waren, hun oogmerk des noods met geweld te bereiken. En zoo liep het af; want een zevental kleine vaartuigen, waaronder de *Ariël* en de *St. Lucie*, voeren den 1sten December, de Schelde op, en kwamen, eenige dagen later, voor Antwerpen ten anker, welks kasteel echter reeds den 29sten November was overgegaan. [1] De bevolking der stad zag in de verschijning dier schepen eene uitwerking van het besluit der Nationale Conventie, waarvan zij de afkondiging met luide vreugdeblijken begroette.

Aanstonds werden nu hier te lande maatregelen genomen, tot dekking van Zeeland. Kapitein Schreuder Haringman kreeg er het bevel over eenige kleine vaartuigen, op de Schelde, waar, in de eerste dagen van Januarij 1793, ook een Britsch smaldeel, onder den commodore Murray, verscheen. [2] Tot beveiliging der zeegaten, had de stadhouder ook kapitein van Bylandt, wiens onverwacht vertrek van Livorno elders is aangestipt, uit de Middellandsche zee teruggeroepen. Deze kwam, den laatsten Januarij 1793, met de *Gelderland* te Vlissingen, waar men ieder oogenblik eene oorlogsverklaring van de Franschen te gemoet zag. Hij vond er het Engelsche eskader en vele kleine Nederlandsche bodems, te Bath en elders op de Schelde gestationneerd, onder het bevel van den genoemden kapitein Haringman. Van Bylandt zeide, dat men, wegens den slechten toestand der grenzen en het gemis van batterijen, vooral op de bescherming der oorlogsschepen rekende. Deze moesten, op last van den prins, de Schelde weder gesloten houden, behalve voor de vroeger doorgezeilde schepen, die nog te Antwerpen

---

[1] Nederlandsche Jaarboeken 1792 p. 1422, 1447, 1449, 1496; Vaderlandsche historie, XXV p. 118, 132.
[2] De Jonge, Zeewezen, V p. 123.

lagen, en bijaldien zij de rivier afzakten, ongehinderd in zee mogten steken. [1])

Vreeselijk woedden ondertusschen de Fransche republikeinen, te Parijs en in andere oorden des rijks. Den 21sten Januarij, verloor de ongelukkige Lodewijk XVI het hoofd, onder de guillotine. De moordzucht der volksleiders in Frankrijk, die zich door niets liet bevredigen en het gepeupel tot allerlei gruweldaden aanzette, wekte, in het buitenland, den afschuw van alle weldenkenden op, onder welke velen, tot op zekere hoogte, dezelfde beginselen huldigden. Zoo deinsden ook de Patriotten, die sedert 1787 een democratischen geest onder hunne landgenooten hadden gevoed, voor een dergelijk uiterste terug. Alle dringende aanzoeken der uitgewekenen en der naderende Franschen stieten af, op het gezond verstand van de meer bezadigde Nederlandsche democraten. De groote menigte, vooral in de lagere standen der maatschappij, altijd meer bewerkt door anderen, dan geleid door eigen beginselen, hield zich rustig. Zij was trouwens innig gehecht aan het stadhouderlijke huis. Bovendien koesterden sommigen, die bij eene omwenteling weinig te verliezen en veel te winnen hadden, niet denzelfden haat tegen de meer bevoorregte leden der maatschappij, die zich thans in Frankrijk op zoo verschrikkelijke wijze lucht gaf; want vele ergerlijke misbruiken, welke daar en elders tot dusverre bestonden, waren in de republiek sedert eeuwen afgeschaft. Een heilzaam gevolg van de vrij algemeen heerschende stemming was, dat alle partijen de handen ineen sloegen, zoodra de Fransche republiek, den 19den November 1792, het besluit had gevormd, om andere volken insgelijks te bevrijden, en na de verovering van België, den 1sten Februarij 1793, ook werkelijk den oorlog verklaarde aan den koning van Groot-Brittanje en den stadhouder van de Vereenigde Nederlanden. [2]) De Staten-Generaal antwoordden hierop, den 20sten derzelfde maand, door een manifest, waarin zij hunne groote verontwaardiging betuigden, zoowel over de houding van het Fransche bewind, als over eene proclamatie van den generaal Dumouriez aan de Bataven, er ten slotte

---

[1]) Journaal van kapitein van Bylandt, gehouden aan boord van de *Gelderland*, M. S. in het Rijks-Archief.
[2]) Nederlandsche Jaarboeken 1793 p. 175; Vaderlandsche historie, XXV p. 327.

bijvoegende: „de goede Voorzienigheid, die ons gemeenebest zoo menigmalen uit de dringendste gevaren gered heeft, beware het genadiglijk voor zulk eene verlossing en zulke vrienden." [1])

Wat velen, wegens den slechten staat der landmagt en der vestingen, hadden gevreesd, verwezenlijkte zich eerlang. Nadat Dumouriez, den 17^{den} Februarij, van Antwerpen was opgerukt, veroverde hij spoedig bijna geheel Staats-Braband. Breda werd lafhartig overgegeven, de Willemstad kloekmoedig verdedigd. Geertruidenberg, de Klundert en andere plaatsen moesten allen, na langer of korter tegenstand, voor den vijand bukken. Deze stond, voor het einde van Februarij, aan den Moerdijk, gereed om in Holland door te dringen. Hier begon nu de taak der zeemagt.

Groote schepen waren er zoo weinig in gereedheid, dat van Bylandt had moeten terugkeeren, om den mond der Schelde te bewaken. Hooger op de rivieren kon men die zeker niet gebruiken; doch hunne aanwezigheid in de zeegaten had de uitrusting der kleine vaartuigen, die tot verdediging der stroomen vereischt werden, ongetwijfeld merkelijk bespoedigd. Thans lag de schout bij nacht Melvill, met eene niet noemenswaardige magt, op het Hollandsch diep, toen de vijand het blijkbaar gemunt had op de provincie Holland, tot welker verdediging de vice-admiraal van Kinsbergen, reeds in Februarij, een uitvoerig plan inleverde. [2])

Overeenkomstig hiermede, werden nu kustbatterijen aangelegd, eenige der meest bedreigde punten met krijgsvolk bezet, en voorts een aantal kleine vaartuigen gehuurd of gekocht. In allerijl liet men er zelfs enkele bouwen. De Britsche kapitein Berkeley, die onlangs den hertog van York met de *Sidon* te Hellevoetsluis had gebragt, [3]) kreeg eenige kanonneerbooten tot verdediging van Holland,

---

[1]) Nederlandsche Jaarboeken 1793 p. 204 e. v.

[2]) Verbaal van het voorgevallene gedurende het commandement en chef van Kinsbergen in 1793, M. S. in het Rijks-Archief, blijkbaar een klad, en zonder bijlagen. Het strookt echter dermate met de gedrukte beschrijving van het gebeurde ten tijde van den inval der Franschen, door Mr. J. D. Hoeufft, secretaris van 's lands vloot, dat zelfs het aanzienlijk getal bijlagen van den laatste met dezelfde letters zijn aangeduid, als in het geschreven verbaal, en sommige uitdrukkingen op merkwaardige wijze overeenstemmen. Hoeufft, I p. 7, 10 en 11 bijlage A.

[3]) Vaderlandsche historie, XXV p. 432.

waar hij maanden lang vertoefde. Den 3^{den} Maart, droeg de prins het opperbevel over de gansche scheepsmagt op aan den vice-admiraal van Kinsbergen, die zich in het belang der zaak eenige voorwaarden bedong, doch even verstandig als onbaatzuchtig voor de hem aangeboden waardigheid van luitenant-admiraal bedankte, om den naijver van andere vlagofficieren, reeds opgewekt door de hem geschonken voorkeur, geen nieuw voedsel te geven. [1]

Met behulp der toegestane middelen, kwam de linie van defensie, die bij de eerste verschijning des vijands alles behalve gereed was, in beteren staat. Zij had eene aanzienlijke lengte. In Holland, stond de regtervleugel, die zich van de Willemstad tot aan de Steenbergsche vliet uitstrekte, onder kapitein van Halm; het centrum, dat zich van de Dordsche kil tot aan de Willemstad en Hellevoetsluis uitstrekte, onder den schout bij nacht Melvill; de linkervleugel, die van Hardinxveld tot aan de Dordsche kil lag, onder kapitein Bols. De Engelsche kanonneerbooten, onder kapitein Berkeley, waarvan de eerste reeds den 5^{den} Maart opdaagden, werden, tot dekking van den wal, tusschen Strijensas en de Buitensluis; de Hollandsche, die te gelijk kwamen, in den mond van de Kil gebezigd. De Zeeuwsche linie van defensie was zoodanig geschaard, tusschen het Krammer en de Wester-Schelde tot bij het fort Bath, dat het uiterste schip van den linkervleugel zich in 't zigt bevond van den uitersten post der Hollandsche linie. [2]

Een vroeger gegeven bevel, om alle aanwezige vaartuigen, waarvan de vijand zich tot den overtogt kon bedienen, buiten zijn bereik te brengen, was blijkbaar slecht nagekomen. Zoodra nu, den 7^{den} Maart, de gansche overzijde, met uitzondering van de Willemstad, door vijandelijke troepen bezet was, eer de onzen alle batterijen gereed hadden, moest er voor Dordrecht gezorgd worden. Onder hetgeen er tot beveiliging dier stad werd gedaan, behoorde ook het versperren van den mond der Kil, door middel van een zwaar touw, met een ketting omwoeld, hetwelk tusschen de *Hoop* en een kaapstander aan den tegenover gelegen oever zoodanig werd gespannen,

---

[1] Verbaal van Kinsbergen, M. S.; Hoeufft, I p. 13 en II p. 6, bijlage B; van Hall, Het leven van Kinsbergen, p. 161 e. v.
[2] Verbaal van Kinsbergen, M. S.; Hoeufft, I p. 28 en 56; II p. 24, bijlage H.

dat men het naar verkiezing stijf kon winden en vieren. Dergelijke versperringen, welker zamenstelling niet even duidelijk blijkt, [1]) liet Kinsbergen ook elders aanbrengen.

Den 10^{den} Maart, ontving de luitenant Koek, die het bevel over de *Hoop* voerde, met eene poon uit Dordrecht, drie vlotten, zes ankers en touwen, een kaapstander, een gijn met zijn toebehooren en vijftig vademen ketting tot sluiting der Kil. Aanvankelijk door den wind belemmerd, slaagde hij er toch weinige dagen later in, onder het vuur der batterijen van den Moerdijk, het touw te spannen en de drie vlotten daaronder te brengen, zoodat hij den 15^{den} het vaarwater kon afsluiten. Daarna kreeg hij nog een paar zware balken voor eene sleê op den kant, om het loopen der gijnblokken te bevorderen en een vierde vlot, tot betere ondersteuning. [2])

Inmiddels hoorde men van eenige voordeelen, door de Oostenrijkers aan de Maas behaald, hetgeen uitzigt gaf op de ontruiming van Staats-Braband. Den 16^{den} Maart, heerschte aan den Moerdijk reeds eene ongewone stilte, dewijl op dat tijdstip, zoo als later bleek, reeds vele Franschen waren afgetrokken, nadat Dumouriez zelf, acht dagen geleden, den terugtogt had aangevangen. Bij de hierop gevolgde verkenningen der onzen aan den overkant, hadden nog eenige schermutselingen plaats met de achtergebleven Franschen, die eerlang het grondgebied der republiek insgelijks verlieten.

Vijf en twintig gewapende pinken, elk met twee twaalfponders en twaalf of veertien man aan boord, onder het bevel van den graaf van Rhoon, welke den 19^{den} Maart te Dordrecht, en 's anderen daags in den mond der Kil verschenen, werden, tot bewaking van den Biesbosch, hooger op, bij den vleugel van kapitein Bols gestationneerd. [3]) Ondanks de meer geruststellende berigten van het krijgstooneel, bleven de onzen op alles voorbereid. Eerst tegen het einde van Maart, kon men de gemeenschap met Zeeland, langs de binnenwateren, die tot ongerief van velen was gestremd geweest, als

---

[1]) Verbaal van Kinsbergen, M. S.; Hoeufft, I p. 46, 70.
[2]) Journaal van den luitenant Koek, gehouden aan boord van de *Hoop*, M. S. in het Rijks-Archief.
[3]) Verbaal van Kinsbergen, M. S.; journaal gehouden aan boord van de *Hoop*, M. S.; Hoeufft, I p. 100 en II p. 77, bijlage B. B.

geheel veilig beschouwen. Nogtans bleef de Kil, des nachts, voorloopig gesloten, tot dat alle hiertoe gebezigde goederen, den 7den Mei, werden teruggezonden. [1])

Sedert den 20sten Maart, waren de onzen langs de geheele linie aanvallend gaan handelen. Nederlandsche en Engelsche troepen begaven zich naar de Willemstad, om er het dappere garnizoen bij het laatste gedeelte zijner taak te ondersteunen. Andere verschenen te Klundert en elders, om de verlaten punten weder te bezetten of den nog toevenden vijand te verdrijven. Hiertoe werkten 's lands schepen mede, ook door het convooijeren der transporten.

Kinsbergen keurde het zeer af, dat Berkeley, nadat er versterking in de Willemstad was gebragt, op eigen gezag, des nachts iets tegen de nabij gelegen Noordschans had beproefd, hetgeen ten eenen male mislukte en nu door hem slechts als eene verkenning werd voorgesteld. Daarentegen kon de vice-admiraal zich verheugen over het berigt van kapitein Schreuder Haringman, dat zeven gewapende sloepen, onder het bevel van den luitenant Blois van Treslong, tusschen den 20sten en 21sten Maart, een gelukkigen aanval hadden gedaan tegen de Fransche vaartuigen, die bij Lillo en Liefkenshoek lagen. Onder het vuur van den wal en de schepen, hadden zij er, met de sabel in de vuist, een uitlegger en de reeds vroeger genoemde brik *St. Lucie* vermeesterd, welke laatste met drie metalen 24 p. bewapend, en met een gemetseld fornuis tot het gloeijen van kogels voorzien was. Meer dan vijftig gevangenen vielen den onzen in handen, bij de nachtelijke onderneming, die hun zelven op vier dooden en eenige gekwetsten te staan kwam. [2])

Voorloopig kreeg de republiek, na den aftogt des vijands, eenige verademing. Men was in sommige plaatsen wel wat haastig geweest met het planten van den vrijheidsboom, die nu geveld en te Breda feestelijk verbrand werd. Omgekeerd spotte de thans zegevierende partij wat ligtvaardig met de „Mislukte reize van den generaal Dumouriez van Frankrijk naar 's Hage"; want zij had dien

---

[1]) Journaal, gehouden aan boord van de *Hoop*, M. S.
[2]) Verbaal van Kinsbergen, M. S.; Hoeufft, I p. 105 e. v. alsmede II p. 79, bijlage C. C. en p. 88, bijlage H. H. e. v. Een andere brief van Haringman aan de admiraliteit van Zeeland, in de Nederlandsche Jaarboeken 1793 p. 420.

uitslag geenszins aan eigen voorzorg te danken. Dienaangaande schreef Kinsbergen, den 8sten Maart, aan den stadhouder: „Het ware wenschelyk voor het vaderland geweest, Doorluchtige Vorst, dat men een oud zeeman had gelieven te geloven, drie jaaren geleeden, wanneer hy eerbiedig aan zyne heeren en meesters zeide, van als soldaat, matroos en burger, zig verpligt te vinden, om te moeten zeggen, dat, als men geen meer zorge voor de marine droeg, men dan, by het opkomen van eenen oorlog, zig nog slechter zoude bevinden, als in den laatsten Engelschen oorlog." [1]) Nu het oogenblikkelijk gevaar voorbij was, betreurde hij het in zijn rapport, dat er niet genoeg schepen in dienst waren, om eene repectabele vloot uit te brengen, en luidde het in zijn schrijven van den 9den April aan den griffier der Staten-Generaal, nog voorhanden in het Rijks-Archief: „Het is te hoopen, dat de critique omstandigheeden waarin de republic zich bevonden heeft ons tot een les zal strekken, om de marine altoos op dien voet te houden, dat het vaderland zich nooyt weer sonder een behoorlyke defensie zal bevinden."

Op dit tijdstip was de vice-admiraal voor eenige dagen in Zeeland, om de aldaar aanwezige magt op te nemen, die behalve de kleine vaartuigen, onder welke ook de *Méfiante* en de *Levrette* genoemd worden, uit de *Gelderland* en omstreeks zes fregatten bestond. [2]) Kapitein van Bylandt had insgelijks geklaagd over den omslag, dien men er nog maakte, terwijl de vijand reeds nabij was, en op het berigt, dat er eerst nog een rapport zou worden ingewacht, alvorens over te gaan tot den aanleg eener door hem noodig geoordeelde batterij, aangemerkt: „het is te wenschen, dat de vijand zijne operatiën daarna gelieve uit te stellen." [3]) Schoon nu Kinsbergen, in dit opzigt, geen reden van klagen had, zoo ondervond hij toch onaangenaamheden van anderen aard. Melvill diende maar noode onder hem, en Schreuder Haringman, verlangde naar den Haag terug te keeren, zoodra dit, den 11den April, met voeg kon geschieden. De graaf van Rhoon, als bevelhebber der gewapende pinken, onder Kinsbergen gesteld, rekende zich, als lid der admira-

---

[1]) Hoeufft, II p. 14, bijlage D.
[2]) Verbaal van Kinsbergen, M. S.; Hoeufft, I p. 149 en II p. 206, bijlage E. R. R.
[3]) Journaal, gehouden aan boord van de *Gelderland*, M. S. i. d. 4 Maart.

liteit, bevoegd tot eigendunkelijke handelingen [1]) Bovendien achtte de vice-admiraal, die nog onlangs getoond had, hoezeer hem het personeel ter harte ging, toen hij in de Utrechtsche courant een gerucht las, dat men voornemens was het met rasphuisboeven te versterken, [2]) zich ten hoogste gegriefd door het uitreiken van gouden medailjes aan Berkeley en diens officieren, terwijl de zijne generlei openlijk blijk van goedkeuring ontvingen. Een en ander bewoog hem, den 15den April zijn ontslag te vragen, dat hem evenwel niet werd verleend. [3])

Nog meer dan twee maanden, bleef Kinsbergen als opperbevelhebber werkzaam, eer de prins zijn verzoek inwilligde, en hem vervolgens uit erkentelijkheid voor de bewezen diensten tot den rang van luitenant-admiraal verhief. [4]) Gedurende den zomer, had hij zich voornamelijk bezig gehouden met de regeling van een aantal convooijen, in verschillende rigtingen geleid, meestal door een, of hoogstens een paar schepen. Het eenige eskader van meer beteekenis, hetwelk den 22sten April onder kapitein van Bylandt in zee stak, oorspronkelijk om in de nabijheid der kust te kruisen, bestond slechts uit de *Gelderland* en vijf kleine schepen, waarvan sommige gedetacheerd moesten worden. Dien ten gevolge stevende de bevelhebber, nadat hij den 7den Mei in last had gekregen, bij Hitland op eene verwachte retourvloot te kruisen, alleen met zijn eigen schip en de *Waakzaamheid* derwaarts. Later kreeg hij nog drie andere kleine schepen, waarmede hij zich in den omtrek bleef ophouden, tot dat hij den 1sten Julij berigt ontving, dat de Oost-Indische schepen reeds binnen waren, en dat hij dus kon terugkeeren [5])

Met reden had van Bylandt opgemerkt, dat zijn kruispost voor zoo luttel schepen veel te groot was; want kapitein Vaillant, die met de *Zephyr* en de *Havik* de twaalf retourschepen geleidde, in

---

1) De Jonge, Zeewezen, V p. 130, 135. van Hall, Het leven van Kinsbergen, p. 170; Nederlandsche Jaarboeken 1793 p. 725.
2) Verbaal van Kinsbergen, M. S.; Hoeufft, I p. 65.
3) van Hall, Het leven van Kinsbergen, p. 167, 175; Hoeufft. I p. 164 en II p. 235, waar de brief aan den prins, als bijlage W. W. W. voorkomt.
4) Van Hall, Het leven van Kinsbergen, p. 178.
5) Journaal, gehouden aan boord van de *Gelderland*, M. S. De nadere instructie, bij Hoeufft, II p. 242, als bijlage Y. Y. Y.

zee tijding gekregen hebbende van den oorlog, had uit dien hoofde werkelijk de reis benoorden Schotland gedaan, zonder door iemand van het eskader van kapitein van Bylandt bespeurd te zijn. Vaillant kwam gelukkig met zijn gansche convooi onder den wal, waar hij echter een zwaren storm te doorstaan had, eer hij den 22sten Junij kon binnenloopen. Kapitein Verheull, voerende de *Havik*, was verpligt geweest de drie masten te kappen en een gedeelte zijner batterij over boord te werpen, om schip en equipage te behouden. [1]

Nadat in April vele der kleine, tot verdediging der stroomen gebezigde vaartuigen waren afgedankt, had de kapitein-luitenant Lemmers, met zestien kanonneerbooten, een togt gedaan, dien wij niet geheel onvermeld mogen laten. Hij was in Mei met zijne flottille den Rijn opgevaren, om de Pruissen, bij het beleg van Maintz, van den waterkant te ondersteunen. Het gunstig oordeel, door sommigen geveld over den uitslag dier hulp, [2] is zeker meer streelend voor het nationale gevoel, dan gegrond, omdat de kanonneerbooten eerst tot Bingen genaderd waren, toen de belegerde vesting zich den 22sten Julij overgaf. Zij keerden, in Augustus, terug. [3]

Doch weldra keerde zich de krijgskans andermaal in het nadeel der bondgenooten. Hunne zorgelooze en onderling verdeelde legerhoofden waren op den duur niet bestand tegen de Fransche republikeinen, die onder den invloed van een denkbeeld met veerkracht handelden. Zij lieten de behaalde voordeelen ongebruikt, en trokken zelfs geen partij van den afval van Dumouriez, die eerst met de Oostenrijkers heulde en vervolgens tot hen overliep. Nog in de laatste maanden van 1793, baanden de op nieuw versterkte legers der Fransche republiek zich een weg over de grenzen. Terwijl het schrikbewind te Parijs zijne bloedige taak voortzette, rukten de generaals Jourdan en Pichegru weder tegen België op.

Natuurlijk sloeg men dit, hier te lande, met veel bezorgdheid gade. Ten einde nu beter voorbereid te zijn, namen de prins en

---

[1] Rapporten van Vaillant en Verheull, bij Hoeufft, II p. 338 e. v.
[2] Schlosser, Geschiedenis der achttiende en negentiende eeuw, V p. 375.
[3] Nederlandsche Jaarboeken 1793 p. 1041 en 1436; Vaderlandsche historie, XXVI p. 160; de Jonge, Zeewezen, V p. 143.

andere autoriteiten al spoedig maatregelen. Reeds den 21sten September, werd het opperbevel over de zeemagt, bij vernieuwing, aan den luitenant-admiraal van Kinsbergen opgedragen. [1]) De uitslag, in het voorjaar onder zijne leiding verkregen, mogt vertrouwen inboezemen voor de toekomst. Daarenboven was er bereids een en ander gedaan, en behoefde alles niet met dezelfde overhaasting te geschieden, als eenige maanden geleden. Duchtende, dat sommigen het toch weder te veel op het laatste oogenblik zouden laten aankomen, schreef Kinsbergen, die in October reeds een plan had ontworpen, [2]) den 7den December, aan de admiraliteiten: ,,Permitteerd my, Edel Mogende Heeren, te mogen reflecteeren, dat na een jaar in oorlog te zijn geweest, wy niet meer dan 23 schepen in dienst hebben, waaronder slechts 5 van linie." [3]) Alvorens de uitwerking te zien dier tijdige aanmaning, zullen wij van twee Nederlandsche eskaders gewagen, die voor het einde van 1793 vertrokken, en beiden nog in tijds terugkeerden, om iets tot verdediging der republiek te kunnen bijdragen.

Het eene bestond slechts uit de *Gelderland* en de *Snelheid*, waarmede kapitein van Bylandt den 7den November onder zeil ging, om te Cork, in Ierland, eenige retourschepen af te halen. Tien dagen later, bij zijne aankomst aldaar, vond hij er zes, benevens de *Scipio* en de *Comeet*. Met het gansche convooi aanvaardde hij, den 23sten, de reis naar het vaderland, die echter alles behalve voorspoedig was. ,,Niets evenaarde", volgens de eigen woorden van kapitein van Bylandt, ,,de slechtheid van sommige der geconvooijeerde schepen, dan de stoutheid hunner bevelhebbers," die nu eens de gedane seinen niet begrepen, dan eens deze niet opvolgden, zoodat hij menig schot met scherp voorover moest doen, om alles in orde te houden. Na eenig toeven te Plymouth, waar de kommandant niet zonder bezwaar de Oost-Indische schepen in de haven toeliet, omdat er zooveel Engelsche lagen en nog andere verwacht werden, hervatte van Bylandt de reis, den 21sten Januarij 1794, te gelijk met de *Tremendous*, de *Vanguard* en een aantal Britsche koopvaarders, die

---

[1]) Nederl. Jaarb. 1794 p. 33; van Hall, Het leven van Kinsbergen, p. 180.
[2]) Nederlandsche Jaarboeken 1794 p. 36.
[3]) Brief van Kinsbergen van 7 December, M. S. in het Rijks-Archief.

hem, wegens de tegenwoordigheid van Fransche schepen in het Kanaal, tot Portsmouth vergezelden. Zonder verderen tegenspoed, bereikte het convooi de Noordzee, waar een storm het verstrooide, hetgeen voor sommige schepen, die gebrek aan proviand en andere benoodigdheden begonnen te krijgen, meer dan eene moeijelijkheid opleverde. Het moet echter met de zeewaardigheid der Oost-Indische schepen al treurig gesteld zijn geweest, als men den Nederlandschen bevelhebber, van de *Geregtigheid*, een daarvan, hoort verklaren, dat het niet vol geladen was, en dien ten gevolge „dreef, als een bos hooi." Den 10den Februarij, viel hij met een gedeelte van zijn convooi te Texel binnen, later gevolgd door de rest. Hij geleidde in Mei nog eenige uitgaande schepen der compagnie, tot benoorden Schotland, en kruiste vervolgens eene wijle op de kust van Noorwegen, eer hij den 9den Junij te Vlissingen aankwam. [1]

Het tweede eskader, dat in het najaar van 1793 uit de havens vertrok, bestond uit de *Staten-Generaal* (74), de *Admiraal de Ruyter* (68), de *Delft* (50), de *Prinses Frederika Wilhelmina* (40) en de brik *Koerier*. Onder het bevel van den schout bij nacht Melvill, moest het naar Gibraltar stevenen, waar kapitein Gobius met de *Castor* nog altijd versterking wachtte, om in de geschillen met Algiers te kunnen doortasten. Nadat Melvill, den 20sten December, in de baai was gekomen, zeilde hij, den 6den Januarij 1794, met zijne schepen en die van Gobius, naar de Middellandsche zee, waar hij eerst eenige koopvaarders naar Livorno geleidde en vervolgens, den 22sten Maart, het anker liet vallen voor Algiers. Hier moest hij eenige bezwarende voorwaarden inwilligen, alvorens den vrede te kunnen vernieuwen, die in de eerste dagen van April tot stand kwam, waarna het eskader den 17den dier maand weder vertrok. Door eenig oponthoud te Gibraltar en te Lissabon, verscheen het, eerst den 12den September, ter reede van Vlissingen, na onder weg verschillende belangrijke, deels onaangename tijdingen uit het vaderland te hebben ontvangen. [2]

---

[1] Journaal van van Bylandt, gehouden aan boord van de *Gelderland*, M. S. in het Rijks-Archief.
[2] De Jonge, Zeewezen, V p 115; journaal van Gobius, gehouden aan boord van de *Castor*, M. S. in het Rijks-Archief.

Gedurende de afwezigheid van Melvill, had de republiek de wisselingen der fortuin werkelijk in hooge mate ondervonden, en was zij eindelijk, door een zamenloop van omstandigheden, zeer in het naauw geraakt. Bij den aanvang van 1794, liet alles zich vrij gunstig aanzien, vooral toen de Nederlandsche troepen, onder het bevel der prinsen, vereenigd met de legers der bondgenooten, te lande niet onaanzienlijke voordeelen behaalden. Maar de houding der mogendheden, die allerlei bijoogmerken koesterden, verijdelde ras alle hoop, hier te lande op hare medewerking gebouwd. Eene overeenkomst, den 19den April 1794 door de republiek en Engeland met Pruissen aangegaan, en volgens het oordeel van Schlosser zeer beleefd met den naam van subsidie-tractaat bestempeld, omdat er eigenlijk het huren van 62.400 man Pruissen, ten behoeve der zeemogendheden, in was bedongen, leidde geenszins tot het beoogde doel; want de koning van Pruissen, die van Engeland het beloofde geld ontving, gebruikte later de troepen, in strijd met de overeenkomst, geheel naar eigen goeddunken. [1] Oostenrijk, hetwelk insgelijks, vooral in verband met de Poolsche aangelegenheden, de verdediging van België als van ondergeschikt belang aanmerkte, begon dit in den zomer te ontruimen. Engelschen en Nederlanders konden er zich alleen niet staande houden, en moesten terugtrekken.

Hunne rugwaartsche beweging had reeds een aanvang genomen, toen kapitein van Bylandt, den 9den Junij, met de *Gelderland* te Vlissingen kwam, waar hij, behalve eenige kleinere vaartuigen, de *Utrecht* (64), het vlaggeschip van den schout bij nacht Spengler, de *Tholen* (40) en de *Wilhelmina* (36) vond. Oogenblikkelijk gevaar voor Zeeland bestond er echter nog niet. Men was er, op dit tijdstip, voornamelijk bezorgd over het lot van een talrijk en kostbaar convooi, hetwelk, volgens een loopend gerucht, met de *Waakzaamheid* en de *Alliantie*, die het huiswaarts geleidden, den vijand was in handen gevallen. [2] Dit bleek later bezijden de waarheid te zijn, ofschoon niet geheel uit de lucht gegrepen; want de luitenant van Hamel had de *Waakzaamheid* (24), na een kloekmoedigen, doch

---

[1] Nederlandsche Jaarboeken 1794 p. 617; Vaderlandsche historie, XXVII p. 22, 64; Schlosser, Geschiedenis der achttiende en negentiende eeuw, V p. 387.
[2] Journaal van van Bylandt, gehouden aan boord van de *Gelderland*, M. S.

hopeloozen strijd tegen de *Proserpine* (44) en de *Seine* (44), inderdaad moeten overgeven. Niet vruchteloos was hij evenwel met voordacht tot de opoffering van schip en equipage overgegaan, dewijl hierdoor de *Alliantie*, die veel geld aan boord had, en meer dan vijftig koopvaarders, d. i. nagenoeg het gansche convooi behouden bleven. [1]
Slechts weinige dagen na de komst van de *Gelderland*, begon het er echter voor Zeeland bedenkelijker uit te zien. Vlugtelingen uit Ostende verspreidden er schrik over den voorspoed der Fransche wapenen, hetgeen sedert den 1sten Julij tot nieuwe maatregelen van voorzorg noopte. Ernstiger werd de toestand, nadat de vijand zich reeds een dag later voor Sluis liet zien, en de Engelschen vervolgens, den 20sten, Antwerpen ontruimden. Nu zou vermoedelijk Staats-Vlaanderen niet langer te houden zijn. Kapitein van Byland̃t, die met de *Gelderland* en eenige kleinere schepen voor Bath lag, liet tegen het einde derzelfde maand twee achttienponders als jagers op den bak plaatsen en verder alles op tegenweer voorbereiden. [2]

Zou de hier en elders bedreigde republiek thans, evenals ten vorigen jare en in 1747, den vijand het hoofd kunnen bieden? Misschien ware dit haar mogelijk geweest, bijaldien zij in eigen boezem dezelfde gegevens had gevonden. Dit was echter geenszins het geval, nu velen in den lande de Franschen meer als vrienden en verlossers, dan als vijanden te gemoet zagen; nu velen, wel verre van zich om het eminente hoofd te scharen, geheime comité's vormden, die verstandhouding met den vijand aanknoopten. Van hunne zoogenaamde leesgezelschappen, opgerigt om de begrippen der Fransche republiek onder de menigte te verbreiden, telde alleen Amsterdam er weldra 36, met 3000 leden. [3] Na den val van Robespierre en het schrikbewind, schroomden ook de gematigden niet meer, zich bij de beweging aan te sluiten. Noch de opwekking tot volkswapening, noch de aansporing tot stijving van 's lands schatkist vonden gehoor. Dreigende proclamatiën hiertegen werden verspreid, en op den vastgestelden bededag zelfs overal aangeplakt. Zij, die zoodoende alle maatregelen van den stadhouder en de Staten-

---
[1] De Jonge, Zeewezen, V p. 146 e. v.
[2] Journaal, gehouden aan boord van de *Gelderland*, M. S.
[3] Vaderlandsche historie, XXVII p. 212.

Generaal dwarsboomden, beloofden den naderenden vijand hulp en medewerking. Hunne drijfveren laten wij geheel in het midden; hunne daden moeten in rekening worden gebragt.

Nadat de Engelschen, in Augustus, vele ingenomen stellingen verlieten, oordeelde Kinsbergen, wegens de afwezigheid der meeste groote schepen, den toestand van Zeeland zoo bedenkelijk, dat hij den stadhouder aanried, ook tot verdediging der stroomen, een beroep op de hulp van Groot-Brittanje te doen. Dien ten gevolge kwam, reeds den 17^{den} der genoemde maand, een Engelsch eskader, onder den schout bij nacht Hervey, op de Schelde. Twee dagen later, bragt de luitenant van de Velde, die met zijne matrozen Sluis had ondersteund, het berigt van den onhoudbaren staat dier plaats, welke den 25sten capituleerde. Van de Velde was, met een viertal anderen, in een klein vaartuig, de vijandelijke linie gepasseerd. [1]

Over het algemeen bleven de zeelieden het bewijs leveren, dat onder hen nog genoeg mannen van den ouden stempel waren. Had niet Christiaan Cornelis, kort te voren, alleen met de hulp van een jongen, eene prijs gemaakte kof heroverd; had niet Wierd Adels iets dergelijks geheel alleen volbragt? [2] Dezelfde geest openbaarde zich onder het personeel op de Schelde, doch kon de naderende onheilen niet afweren. Zoodra Melvill, den 12^{den} September, te Vlissingen was binnengevallen, achtte men de provincie Zeeland dermate beveiligd, dat niet alleen Melvill naar de Maas vertrok, om daar het bevel op zich te nemen, maar dat ook de schout bij nacht Spengler, den 19^{den}, werd uitgezonden, met de *Utrecht*, de *Zeeland*, de *Tholen*, de *Prinses Sophia Frederika Wilhelmina*, de *Snelheid* en de *Meermin*, om in de Noordzee te kruisen. [3] Dit stond vermoedelijk in verband met de vernieling eener IJslandsche vloot door vijandelijke kapers, die insgelijks bij de haringbuizen gezien waren. [4]

Nadat de Engelschen, in September, bij Grave, achter de Maas

---

[1] De Jonge, Zeewezen, V p. 158 e. v.
[2] De Jonge, Zeewezen, V p. 152.
[3] Journalen, gehouden aan boord van de *Gelderland* en de *Castor*, M. S.
[4] Nederlandsche Jaarboeken, 1794 p. 1218.

getrokken waren, ontruimden de onzen Staats-Vlaanderen. 's Lands eskader op de Schelde, waar de schout bij nacht Spengler terugkeerde, die eerlang als bevelhebber werd vervangen door den schout bij nacht Haringman, bleef ten einde toe voor Zeeland waken. [1]) Andere schepen lagen op de Hollandsche stroomen, om insgelijks den voortgang des vijands te stuiten. Doch toen weldra voor de republiek het beslissend oogenblik aanbrak, waren de krachten harer zeemagt verlamd, omdat deze, op aanzienlijken afstand van het bedreigde punt, in het ijs lag vast gevroren. [2])
's Hertogenbosch, Venlo, Maastricht en Nijmegen geraakten achtereenvolgend in het bezit der Franschen. De Engelschen weken, over land, naar de Hanoversche grenzen, en kenmerkten hun schandelijken aftogt door allerlei daden van geweld. Vruchteloos poogden de stadhouder en de Staten-Generaal nog krachtigen bijstand van de bondgenooten te erlangen; even vruchteloos beproefden zij de binnenlandsche beweging te onderdrukken, en zelfs met den vijand een verdrag aan te gaan. Hunne eenige hoop, gedurende den winter, moesten zij vestigen op de rivieren en de hierbij aangelegde batterijen. En ook dit laatste bolwerk viel, zoodra het reeds half December begon te vriezen. [3]) Weldra baande hetzelfde ijs, dat 's lands schepen en vaartuigen besloten hield, den vijand overal den weg.

Den 27sten December, kwam Daendels, een uitgeweken Nederlander, met zijne troepen in den Bommelerwaard. De Franschen stonden, acht dagen later, in het land van Altena. Zij bereikten, den 16den Januarij 1795, Utrecht. Aan verdediging was niet te denken. Franschen en uitgewekenen werden als redders ingehaald. De Oranjegezinden zaten diep verslagen, terwijl hunne tegenstanders juichten. Willem V, wien het, blijkens de zonderlinge oorlogsverklaring, in de eerste plaats zou gelden, besloot nu op zijne beurt te wijken. Den 18den Januarij, ging hij, met zijn gezin en eenig gevolg, naar Scheveningen, van waar een aantal pinken hem en de zijnen overvoerden naar Engeland. Hetzelfde rijk, dat ruim honderd

---

1) Journalen, gehouden aan boord van de *Gelderland* en de *Castor*, M. S.
2) Journaal, gehouden aan boord van de *Hoop*, M. S.
3) Vaderlandsche historie XXVII p. 368 en de reeds aangehaalde journalen.

jaar geleden, een vorst uit het stamhuis van Oranje, als den hersteller zijner staatkundige en kerkelijke vrijheid had begroet, bood der stadhouderlijke familie voorloopig een toevlugtsoord.

En Nederland? Hier jubelde men in den zwijmel der eerste vreugde, als ware een slavenjuk verbroken. Hier plantte men den uitheemschen vrijheidsboom, met geweld, in den hard bevrozen grond. Hier liet men de Fransche generaals, in vestingen en zeeplaatsen, alle vrijheid van handelen. Hier kwam, onder hunne leiding, eene volslagen omwenteling tot stand, die spoedig heel wat verder strekte, dan oorspronkelijk was bedoeld. Want „de vreemdelingen trokken hunne zwaarden" niet te vergeefs over de republiek der Vereenigde Nederlanden. Na haar eerst den broederkus gegeven te hebben, omklemden zij haar met een ijzeren arm. Tot stervens toe benaauwd, sloeg hare bevolking, na jaren van beproeving en loutering, als een eenig man, de oogen weder op het gebannen vorstenhuis. En er volgde uitredding, zoodra de band tusschen Nederland en Oranje op nieuw was gelegd.

INHOUD.

VIERDE TIJDVAK.

HET NEDERLANDSCHE ZEEWEZEN, GEDURENDE DE OORLOGEN, WELKE DE REPUBLIEK, IN BONDGENOOTSCHAP MET ENGELAND, TEGEN FRANKRIJK HEEFT GEVOERD, 1678—1713.

a. Plannen tot versterking der zeemagt. — Toegeetlijkheid jegens de Barbarijsche staten. — Een eskader onder den luitenant-admiraal Bastiaensze naar het noorden. — Twee Nederlandsche convooijers door de Franschen aangetast. — Expeditie naar Engeland. — Willem III en Maria, koning en koningin van Groot-Brittanje. — Oorlogsverklaring van Lodewijk XIV. . . . . bladz. 1

b. Oogmerk van Willem III. — Nadere overeenkomsten tusschen de republiek en Engeland. — Het Zeeuwsche admiraalschip verongelukt. Groot-Verbond. — Blokkade der Fransche kust. — Zeeslag bij Bevesier. — Latere bedrijven en zeerampen. — Moeijelijkheden over het handelsverbod. — Regtsgeding van den Britschen opperbevelhebber. „ 19

c. Dood van den luitenant-admiraal C. Tromp. — Onbeduidende verrigtingen der vloot in 1691, onder Russell en Almonde. — Kaapvaart. — Bijzondere gevechten. — Landingsplannen van Jacobus II in 1692. — Zeeslag bij La Hogue. — Verliezen der Franschen na het gevecht. — Werkeloosheid der bondgenooten. — Rampzalig lot eener koopvaardijvloot in 1693. — Kloek gedrag van de kapiteins Schrijver en van der Poel. — Latere gebeurtenissen. . . . . „ 40.

d. Bezwaren van geldelijken aard. — Drieledige taak der zeemagt in 1694 en 1695. — Gedwongen werkeloosheid der Fransche marine. — Mislukte landing bij Brest. — Bombardeergaljooten. — Machineschepen. — Kustbombardementen. — Kaperijen. — Nalatigheid en pligtverzuim van sommigen. — Onveiligheid der Noordzee. — Maatregelen tegen de kapers. . . . . „ 62

e. Nieuwe ontwerpen van Lodewijk XIV tot herstelling van Jacobus II verijdeld. — Verwoesting op de kust van Frankrijk aangerigt. — Onveiligheid der Noordzee. — Gevecht van Wassenaer met Duguay-Trouïn, bij de Spaansche kust. — Pointis met een Fransch eskader

INHOUD.

naar West-Indië. — Laatste verrigtingen met Nederlandsche en Britsche schepen. — Vrede te Rijswijk. — Uitslag van den krijg. — Czar Peter van Rusland bezoekt de republiek. . . . . bladz. 81.

f. Algemeene spanning in Europa. — Een Engelsch-Nederlandsch eskader ondersteunt Karel XII van Zweden. — Oorzaken van den Spaanschen successie-oorlog. — Dood van Willem III. — Mislukte landing bij Cadix. — Luisterrijke overwinning in de baai van Vigos. . . . . „ 102

g. Verrigtingen der Nederlandsche en Britsche vloot in de Middellandsche zee en op de kusten van Spanje. — Verovering van Gibraltar. — Zeeslag bij Malaga. — Barcelona en andere plaatsen genomen. — Zonderling misverstand te Lissabon. — Latere bedrijven tot aan het einde van den oorlog. . . . . „ 123.

h. Maatregelen tot bescherming van handel en visscherij. — Gevecht van Roemer Vlacq. — Andere gevechten tegen Fransche kapers en kruisers. — Schade door St. Pol en Forbin aangerigt. — Uitbreiding der kaapvaart hier te lande. — Onderhandelingen met Frankrijk. — Vrede te Utrecht. . . . . „ 146.

i. Grootheid en verval in de eerste jaren der achttiende eeuw. — Waaraan dit voornamelijk te wijten? — Het materieel der zeemagt van de republiek en andere mogendheden. — Het personeel. — Taktiek. — Eenige bepalingen nopens het internationale zeeregt. . . . . . „ 165.

VIJFDE TIJDVAK.

HET NEDERLANDSCHE ZEEWEZEN GEDURENDE DE LAATSTE JAREN DER OUDE REPUBLIEK. 1713—1795.

a. Algemeen overzigt — Eskaders naar de Oostzee. — Onverantwoordelijke zwakheid tegenover de Barbarijsche staten. — Verwikkelingen met den keizer over eene handels-compagnie te Ostende. — Nieuw oorlogsgevaar in 1740. — Schromelijk verval van 's lands zeemagt. — Een eskader onder den luitenant-admiraal Grave, in 1744. . . . „ 189

b. De republiek, in 1747 door Lodewijk XV wakker geschud. — Maatregelen tot bescherming van Zeeland. — Engelsche hulp. — Verheffing van Willem IV tot erfstadhouder. — 's Lands zeemagt op de Schelde. — Wat den vice-admiraal Schrijver te Lissabon wedervoer. — Vrede te Aken. — 's Prinsen plannen tot herstel. — Zijn dood in 1751. „ 215.

c. Minderjarigheid van Willem V. — Zevenjarige zeeoorlog tusschen Frankrijk en Groot-Brittanje. — Kapitein Evertsen met een convooi aangehouden. — Dood van de prinses-gouvernante. — Voogdijschap van den hertog van Brunswijk-Wolfenbuttel. — Vruchtelooze dapperheid van kapitein Dedel. — Vrede te Parijs. — Aanhoudend gekibbel met de Barbarijsche staten. . . . . „ 239.

d. Pogingen van Willem V om het aanzien der republiek te vermeerderen. — Opstand der Noord-Amerikanen. — Invloed hiervan. —

INHOUD.

Nieuwe geschillen met Engeland. — Paul Jones. — Een eskader onder den schout bij nacht van Bylandt aangehouden. — Gewapende neutraliteit. — Onderschepte papieren. — Engeland verklaart in December 1780 den oorlog. . . . . bladz. 261

e. Kortstondige blijdschap over de vredebreuk. — St Eustatius en andere bezittingen verloren. — Medewerking der Franschen. — Onbeduidende verrigtingen van 's lands vloot. — Gevecht van de kapiteins Melvill en Oorthuys. — Zeeslag op de Doggersbank. — Teleurgestelde verwachtingen. „ 287

f. Merkbaar overwigt der Franschgezinden. — Aanhoudend gemor over het oorlogsbeleid. — Mislukte expeditie naar Brest. — Zeerampen. — Verguizing van het personeel. — Geschillen met keizer Jozef II. — Vrede met Engeland. — Volkomen zegepraal der Patriotten in Holland. — De zeemagt gedurende de troebelen. — Tusschenkomst der Pruissen. „ 319

g. Herstelling van het stadhouderlijk gezag. — Toestand van 's lands marine, en pogingen om het bestuur hierover op beteren voet te brengen. — Verrigtingen in de Middellandsche zee en elders. — Terugwerking der Fransche staatsomwenteling. — Mislukte inval van Dumouriez. — Kinsbergen opperbevelhebber. — Pichegru rukt het grondgebied der republiek binnen. — Willem V wijkt naar Engeland. „ 351

Gedrukt bij G. J. THIEME, te Arnhem.

This book should be returned to the Library on or before the last date stamped below.

A fine of five cents a day is incurred by retaining it beyond the specified time.

Please return promptly.

Check Out More Titles From HardPress Classics Series In this collection we are offering thousands of classic and hard to find books. This series spans a vast array of subjects – so you are bound to find something of interest to enjoy reading and learning about.

Subjects:
Architecture
Art
Biography & Autobiography
Body, Mind &Spirit
Children & Young Adult
Dramas
Education
Fiction
History
Language Arts & Disciplines
Law
Literary Collections
Music
Poetry
Psychology
Science
…and many more.

Visit us at www.hardpress.net

Im TheStory
personalised classic books

"Beautiful gift.. lovely finish. My Niece loves it, so precious!"

Helen R Brumfieldon

★★★★★

UNIQUE GIFT

FOR KIDS, PARTNERS AND FRIENDS

Timeless books such as:

Kids

Alice in Wonderland · The Jungle Book · The Wonderful Wizard of Oz
Peter and Wendy · Robin Hood · The Prince and The Pauper
The Railway Children · Treasure Island · A Christmas Carol

Adults

Romeo and Juliet · Dracula

- **Highly** Customizable
- **Change** Books Title
- **Replace** Characters Names with yours
- **Upload** Photo for blank page
- **Add** Inscriptions

Visit
Im TheStory.com
and order yours today!

CPSIA information can be obtained
at www.ICGtesting.com
Printed in the USA
BVHW041727230819
556656BV00010B/965/P

9 781314 984101